鈴　木　琢　郎（すずき　たくろう）

略歴
1976年　岩手県一関市に生まれる。
2000年　帝京大学文学部史学科卒業
2002年　福島大学大学院地域政策科学研究科修士課程修了
2008年　東北大学大学院文学研究科博士課程後期修了　博士（文学）取得
宮城県多賀城跡調査研究所非常勤職員・多賀城市教育委員会埋蔵文化財調査センター非常勤職員・宮城県公文書館専門調査員・東北大学大学院文学研究科助教を経て、現在、仙台市公文書館設置準備室嘱託職員・宮城学院女子大学非常勤講師・東北学院大学非常勤講師・宮城教育大学非常勤講師

主要論文
「版位制の展開と標の成立」（『行政社会論集』15巻3号、2003年）
「防鴨河使試論」（『福大史学』81号、2010年）
「近代多賀城の史跡利用」（『国史談話会雑誌』53号、2012年）
など

日本《にほん》古代《こだい》の大臣制《だいじんせい》

2018年10月10日　第1版第1刷

著　者　鈴　木　琢　郎
発行者　白　石　タ　イ
発行所　株式会社　塙　書　房
〒113-0033　東京都文京区本郷6丁目8-16
電話　03（3812）5821
FAX　03（3811）0617
振替　00100-6-8782

亜細亜印刷・弘伸製本

定価はケースに表示してあります。落丁本・乱丁本はお取替えいたします。
 ISBN978-4-8273-1298-0　C3021

事項索引

あ

朝所……332
穴穂部皇子……39, 54, 55
阿倍内麻呂……79, 109
阿倍大麻呂……78, 106
阿倍広庭……185
在原業平……348
安閑天皇……36, 37, 78, 85, 108, 117
安康天皇……21, 25, 27, 47
安帝〔後漢〕……93, 94, 99, 197

い

飯豊青皇女（飯豊王・忍海郎女）……90〜92, 96, 97, 99, 100
位階（位階制）…10, 15, 149, 153, 159, 188, 197, 201, 205, 229, 257〜259, 266, 347
位記……148, 159〜161, 169, 185
池辺双槻宮……55, 78
韋見素……189, 190, 192
石上神宮……40, 41
石上麻呂……7, 173, 208
一本御書所……291, 292, 294〜296, 304
稲荷山古墳……67, 68
射場殿……232, 239〜241, 246, 255, 264
磐井の乱……61, 80, 101, 102, 111
允恭天皇……74, 95
引見……152〜154, 157, 167
引唱……153, 155, 156
忌部氏……216

う

氏上……43, 118, 119, 129, 130, 132〜135, 138〜140
右大臣（左右大臣）……3, 5〜9, 14, 15, 79, 109, 132, 133, 136, 138, 152, 153, 162, 163, 179, 180, 186〜188, 204, 205, 207〜209, 212〜214, 220, 224〜226, 240, 242, 244〜246, 250〜253, 256, 263, 264, 267〜269, 272, 274〜279, 281〜284, 289〜291, 293, 299〜303, 313〜316, 335, 344, 345, 349, 361
右大臣外曹司町……274, 278, 279, 315
右大臣直廬……289, 291, 292
右大臣曹司……277, 291, 292, 297, 316
宇多天皇……268
ウヂ……38, 60, 114〜116, 119, 127, 138〜140, 146
ウヂ名……127

お

応天門……270, 333, 336, 337, 339〜341, 343, 349, 350, 352
応天門（炎上）事件…270, 285〜287, 298, 299, 319, 334, 335, 337〜346, 348, 349, 351, 352, 360, 361
「応天門の変」……11, 270, 333〜335, 344, 345, 352
近江令……3, 4, 61, 213
大江匡房……230
大伴氏……17, 18, 33, 35, 61, 110, 111, 179
大伴氏家記……36, 104, 111
大伴金村……36, 77, 78, 80, 82, 101〜104, 111, 112
大伴旅人……185
大伴長徳……109
大伴室屋……36, 77, 83, 102, 111
大中臣清麻呂……281, 284
大宅鷹取……335〜339, 349
大宅鷹取女子殺害事件…335, 337〜343, 351, 352
刑部親王……171, 182, 187
小墾田宮……54, 55
オホオミ……3〜6, 17, 19, 21〜25, 27, 28, 30, 32, 33, 46, 51〜53, 59〜62, 106, 203, 212, 214〜216, 223, 225, 226, 355
意富比垝（オホヒコ）…47, 68, 69, 114, 127
オホマヘツキミ（制・制論）……4〜6, 17〜24, 28〜35, 38, 39, 46, 54, 58〜62, 64, 70, 87, 106, 170, 214, 226

大連 …5, 12〜15, 17〜20, 24, 32〜46, 51, 53, 54, 59, 61, 62, 64, 73〜88, 91〜93, 96, 98, 99, 102, 104〜109, 112, 137, 146, 179, 198, 226
オミ……19, 21, 25, 27, 46, 47, 49〜52, 62, 65, 69, 106, 355
臣姓氏族……………………………17, 38, 46, 62
「祖の名」………………………………………140

か

加階……………………………156, 159, 162, 168
葛城氏………………………………………63, 110
葛城円大臣(円大使主、都夫良意富美)
……………………………21〜28, 63, 74, 108
葛城一言主大神………………………………65
カバネ…18, 21, 33〜35, 38, 44, 46, 49, 60, 79, 84, 118, 142
軽部氏…………………116, 117, 121〜128
冠位十二階…………………………………28, 29
諫官…………………………………191, 192, 200
顔師古……………………………………81〜84
官人制(律令官人制) ………10, 201, 229, 230, 255, 257〜261
官奏 …271, 272, 284, 290, 301〜305, 307, 309, 359
桓帝〔後漢〕…………………………………95, 96
官判授……………………………………154, 162
関白…………………58, 201, 254, 261, 334
桓武天皇……………………………168, 236, 238
官僚(制)機構 ……3, 6, 58, 141, 164, 201, 242, 254, 256, 259, 261
官僚制(律令官僚制)……3, 7, 10〜13, 23, 73, 74, 141, 147, 164, 215, 229, 256, 257, 260, 261, 356, 357

き

紀氏……………………………………120, 145
儀仗……………………………………204, 205
議政官 …34, 62, 129〜131, 134, 136, 139, 147, 172, 175, 176, 178, 184, 185, 187, 194, 198, 201, 349, 358
魏徴……………………………189〜192, 200
紀寺奴放賤従良問題…………………………218
畿内貴族政権論………………………………147
吉備真備……………………………………7, 205
牛仙客…………………………………………189
九品官人制………………………………………59
饗宴……235, 245, 246, 249, 252, 256, 258, 264, 268, 271
宜陽殿…………………………………………159
刑部省…………………339, 340, 342, 351
刑部省断罪文………………337, 339, 342
許敬宗…………………………………………189
清原夏野………………………………253, 329
浄御原令…………3〜5, 34, 212, 213, 226
季禄……………………………………198, 199
欽明天皇……6, 34〜36, 53, 54, 64, 70, 71, 78, 198

く

公卿……60, 70, 93, 99, 159, 183, 187, 231, 232, 234, 235, 247, 262, 273, 285, 286, 288, 297, 301〜304, 306〜309, 316, 318, 336, 359
公卿聴政………………………………151, 301
恭仁京…………………………………………247
蔵人………………232, 241, 245, 255, 264
郡領(郡司)……………………11, 175, 176
君臣関係 …19, 48, 51, 52, 60, 69, 218, 355
群臣合議……………55〜59, 70, 164, 213
群臣推戴……………96, 99, 213, 216, 223

け

啓慶 …232, 235, 237, 239〜242, 246, 261, 263
景行天皇………………………62, 179, 180
継体天皇 …17, 77, 82, 101, 102, 104, 105, 108, 109, 112, 113, 117, 120, 131〜133
外記(大・少外記) ……159, 234, 235, 242, 243, 275, 276, 291, 296, 322, 324, 325, 329, 340
外記政…151, 284, 295, 296, 301, 302, 304, 305, 309, 359
外記庁(外記局)…234, 235, 250, 277, 294, 295, 296, 302, 303, 306, 321, 359
外記日記…………242, 275, 276, 314, 315
結階…………………………149, 154, 158
検非違使…………245, 270, 271, 338, 351
外弁…………………………………232, 262
建郡……………………173, 175, 176, 198

建春門 ……… 234, 235, 241, 242, 246, 293
建春門東区 …… 293～298, 300～302, 304, 305, 307, 359
遣隋使 ……… 29, 63
乾政官 ……… 217, 220
兼宣旨 ……… 231, 237
顕宗天皇(ヲケ王) … 25, 89～95, 97～100
遣唐使 ……… 204, 237, 238
元明天皇 ……… 31
建礼門 ……… 230, 247, 249

こ

皇位継承 ……… 91, 93, 95～98
考課(制度) … 10, 149～155, 157, 158, 162, 166～168, 226, 357
功過 ……… 149, 166
合議制 ……… 5, 18, 147, 194
合議体 … 5, 15, 19, 29, 53, 55, 56, 58～60, 69, 106, 147, 163, 164, 186, 188, 192, 193, 213, 356, 358
合議体首長 … 19, 58, 147, 164, 170, 186～188, 201
皇極天皇 ……… 21, 22, 57, 79
孝謙天皇(太上天皇) …… 197, 218～221, 227, 228
孝元天皇 ……… 28, 117, 120, 131, 132
皇后 …… 37, 39, 41, 42, 78, 79, 90, 95, 97, 99, 111, 138, 220, 227, 237, 249
皇后宮職 ……… 220, 318
考状 ……… 156
考選(制) … 147～149, 153, 156, 158, 162, 163, 167
考選目録 ……… 148, 151, 156
考第 ……… 149～154, 157, 158, 166
皇太后 … 41, 78, 95, 96, 99, 220, 263, 287, 288, 317, 318
皇太后宮職庁 …… 285～287, 297, 318, 319
皇太子 …… 8, 79, 92～94, 97, 98, 145, 241, 288, 289, 361
皇太夫人 ……… 77, 317
口勅 ……… 217～220, 227, 228
孝徳天皇 ……… 79, 120, 133, 179
光仁天皇 … 236, 238, 279～281, 283, 284, 305
閤門 ……… 54, 70
考文(考選文) …… 149～156, 163, 166, 168
考問 ……… 153, 156
国司 ……… 11, 91, 151, 166, 174～176, 197
告身 ……… 161, 169, 192, 209
国母 ……… 240, 241, 264
巨勢氏 …… 101, 104, 113, 116～119, 122～124, 126, 127, 129～140, 142, 143, 145
巨勢氏系譜 … 113～115, 118～129, 132～135, 137, 139, 140, 145
巨勢大海 ……… 130～134, 139
巨勢(許勢)小柄(男柄)宿祢 … 116～118, 121, 123, 127, 128, 131～133, 142
巨勢(許勢)男人 ……… 37, 78, 80, 82, 88, 100～106, 108, 109, 111～121, 125, 126, 131～135, 137～140, 142, 144
巨勢祖父 …… 130, 131, 134～136, 144, 145
巨勢少麻呂 ……… 134, 135
巨勢足人 ……… 134, 135
巨勢徳太 … 101, 109, 120, 129～134, 136, 139, 140, 144, 145
巨勢奈弖麻呂 … 101, 105, 108, 115～119, 128, 130～140, 143
巨勢野足 ……… 130～133, 145
巨勢真人 ……… 134, 135
御前儀 …… 230, 234～237, 241～243, 246, 252, 255～258, 260, 261
「御前」合議 ……… 53～59, 213, 356
坤宮官 ……… 168, 220

さ

最 ……… 152, 153, 157, 166
最高執政官 …… 3, 12, 17, 19, 20, 33～35, 37, 38, 53, 57～59, 164, 213, 356
宰相 ……… 60, 187, 189～192, 200, 208
宰相議(宰相会議) ……… 187, 191, 193
棲鳳楼 ……… 333
雀部氏 …… 108, 117～119, 121, 123, 127, 128, 135, 137, 139, 142, 143, 145
雀部氏系譜 …… 118, 120～122, 124, 129, 133, 135, 137, 139, 140, 145
雀部真人 …… 101, 116～119, 127, 128, 143
左大臣(左右大臣) …… 3, 5～9, 14, 15, 79, 101, 109, 120, 129, 131～133, 136, 140, 144, 145, 152, 153, 169, 177, 179, 180, 182～186, 188, 193, 198, 204, 205, 207,

209, 212～214, 224～226, 238, 242～244, 246, 251, 253, 256, 264, 266, 267, 274～276, 279, 281, 285, 298～300, 302, 303, 311, 312, 315, 335, 344, 349, 358
参議(非参議)……6, 130～132, 135, 136, 159, 184～186, 201, 231～236, 238, 239, 243, 249～251, 262, 263, 265, 266, 296, 308, 336, 342
三省申政……152, 154, 155, 157, 158, 162, 163, 169

し

職事官……………………………………199
敷政門……………………………242, 243
職御曹司…235, 285～287, 297, 299, 300, 311, 312, 317～319
式部卿………………………132, 160, 162
式部省(文部省)……148, 150～161, 166～169, 185
式部輔(大輔、員外少輔)……131, 134, 162
式部銓擬…………………………………176
式部曹司庁………………………………155
式部判補……………………………207, 357
直廬…232, 252, 273, 285～292, 297, 300, 304, 305, 312, 318, 319, 332
重明親王……………………………286, 287
侍従所(局)(南所)…291～297, 302, 303, 306, 359
仁寿殿……………………………………319
史生(左右史生・権史生)…156, 199, 207, 282, 322, 324, 325, 329, 330, 336, 338
紫宸殿(南殿)…230～233, 239, 240, 242, 243, 247～249, 255, 256, 259, 264
氏族家記……………………………33～37
氏族系譜……6, 35, 38, 69, 76, 105, 113～115, 119, 127, 130, 135, 138～140, 142
氏族合議制…………………………………18
氏族伝承……6, 40, 45, 73～76, 81, 89, 90, 100, 101, 104, 106, 145
侍中………………………161, 189～192, 200
四等官制…………………………………7, 163
持統天皇(太上天皇)……33, 35, 75, 108, 110, 111, 171, 192～194, 200, 201, 216, 358
紫微中台…………………………………220
紫微令……………………………………138
治部省……………………………115, 117, 118
指名侍候者制〔官奏〕………302～305, 309
除目………………………203, 211, 228, 229
「娶生」系譜……………125, 127, 128, 129
出自系譜(父系出自系譜)…105, 114, 125, 126, 129, 133, 134, 137, 139, 141, 146
准三宮……………………………311, 312
順帝〔後漢〕…………………93, 98, 99, 111
淳仁天皇………203～205, 217～221, 223, 227, 228, 237
叙位(制度)……136～138, 147～149, 154, 157, 159～163, 168, 169, 208, 209, 217, 218, 226, 228, 357
叙位議……………………………………159
正月大臣大饗……244, 245, 256, 266, 267
上官………………………………………242, 243
上卿…187, 245, 254, 290, 296, 301～305, 307, 313, 344, 346, 348, 349, 361
上日…149, 153, 166, 199, 273, 275～277, 307, 309, 310
詔書…174, 175, 177, 184, 185, 205, 207～212, 214～216, 218, 219, 221～223, 226, 236, 254, 357
丞相(左右丞相)………5, 81, 82, 161, 214
尚書省………………………161, 189, 190
成選(成選叙位)………154～162, 168, 169
上宣(制)……187, 188, 301, 303, 312, 313, 346, 361
装束忌日御斎会司………………156, 157
少帝〔後漢〕………………………………99
杖刀人…………………47, 52, 67～69, 355
称徳天皇…187, 203～205, 217, 221～223, 237, 263
少納言……7, 134, 184, 231, 234, 235, 242, 243, 296, 322, 324, 325
常寧殿……………………………286, 319
「焼尾荒鎮」……………264, 267～269, 271
聖武天皇……………………………136, 247
承明門…230～232, 247, 248, 249, 259, 262
翔鸞楼……………………………………333
叙爵………………………156, 158, 159
舒明天皇……………………………………70
神祇官……………………………153, 167

尋常版位 ……………………………231, 233
新任大臣大饗 ‥‥230, 232, 235～237, 239, 241～246, 248～250, 252, 253, 255～260, 262, 264, 267, 268, 270～272
陣申文 …………………………………301

す

推古天皇 …………28, 29, 32, 54～56, 198
垂仁天皇 ……………………………44, 45
菅原道真 …………………………267, 271
朱雀天皇 ……………………240, 263, 264
崇峻天皇 ……………………………62, 78
鈴鹿王 ………………………183, 187, 188

せ

請客使 …………………………………244
清寧天皇 ……34, 64, 77, 89～91, 93, 95～99, 110
成務天皇 …………………77, 85, 107, 179
清涼殿 ……………………………239, 264
清和天皇(太上天皇) ……286～290, 297, 305, 317～319, 335, 342～349, 352, 359～361
摂関(制) ‥‥7～11, 13, 255, 261, 333, 334, 358, 359
摂政(制)……8, 9, 201, 240, 246, 251, 252, 254～256, 261, 333～335, 349, 352, 355, 359～361
節刀 ………………………………103, 111
善 …………………150, 152, 153, 157, 166
宣化天皇……35, 36, 61, 64, 70, 78, 85, 106
宣旨……263, 284, 290, 307, 313, 314, 323, 326, 328, 329, 332
撰式所 …………………………………250
選叙(制度) ……10, 149～151, 153～158, 167, 168, 206～208, 226, 357
専制君主(制) ……10, 163, 193～195, 358
専制国家論 ……………………………147
宣命 ‥‥10, 137, 197, 203～206, 208～212, 214～224, 226, 229～231, 236, 237, 239, 245, 247, 248, 250, 251, 253, 254, 259, 262, 263, 266, 339, 341, 343, 352, 357, 361
宣命使 ………………………206, 211, 231
宣命版位 …………………………231, 233
選文(考選文)……150～152, 155, 163, 168
宣陽門 …………………………………231

そ

造右大臣曹司所…273, 282～284, 316, 322
造館舎所 ………280, 283, 284, 321～328, 330, 331
奏慶 ‥‥232, 237, 239～242, 246, 251, 252, 255～257, 261, 263, 264
奏裁 ………………149, 150, 152, 153, 185
曹司 ……273～281, 285, 288～290, 304～306, 309, 314～316, 318, 319, 322, 330, 346, 358, 359
奏授 ………………………………154, 161
奏宣権…………………………58, 164, 213
造曹司所 ………284, 322～324, 326～332
造大臣曹司所 ……282, 316, 322, 328, 330
奏任 ……………………………207, 225, 357
蘇我氏 …………………………………107
蘇我大臣家………………………………28
蘇我石川麻呂 ……………………57, 79, 109
蘇我稲目……………18, 53, 54, 61, 78, 106
蘇我馬子 ……………………39, 54, 64, 78
即位儀礼 ……………………73, 74, 216, 262

た

大王(治天下大王) ……13, 17, 19, 25, 34, 36, 51～53, 55～57, 59, 66, 67, 69, 70, 75, 77, 82, 86, 88, 92, 96, 99, 106, 110, 116, 164, 194, 210, 212～216, 223, 226, 355～357
大化前代………3, 5, 6, 12, 17～19, 23, 30, 38, 46, 56, 74, 106, 116, 141, 142, 164, 187, 212, 213, 216, 223, 226
大化改新 ‥‥3～5, 14, 15, 76, 85, 101, 129, 136, 212, 213
大逆罪 …………………336, 338, 343, 351
大極殿 ………………………156, 204, 247
醍醐天皇 ……………………263, 268, 271
大師…………203, 204, 217～220, 228, 254
大嘗会 ……………………………347, 348
太政官(制)……4, 6～11, 147～164, 166～169, 171～177, 183～186, 195, 199, 215, 218, 220～223, 235, 243, 248, 254, 256～258, 260, 280, 282～284, 295,

301, 304, 309, 321～324, 326, 328～332, 335, 337, 339, 340, 342, 344, 349, 351, 358, 359, 361
太政官合議(制・体)……5, 56, 58, 59, 172, 185～188, 192～194, 201, 358
太政官候庁(弁外記候所)………295, 299, 322, 324, 325, 330, 359
太政官処分……………152, 166, 186, 199
太政官奏………………157, 168, 174, 297
太政官曹司(太政官庁)……155, 273, 277, 280, 296, 316, 321～325, 330, 336
太政官厨家………275, 278, 279, 282, 283, 310, 315, 321, 322, 325～327, 330
太政官符………153, 173～176, 187, 196, 268, 290, 303, 312, 313, 346
太政官量定奏聞………149, 150, 152, 153
大将軍…………………102, 103, 111, 112
太政大臣…3, 6～9, 30, 152, 160, 161, 171, 179, 180, 182, 203, 204, 206, 212, 214, 217～224, 226, 237, 239, 240, 242～249, 251, 253, 256, 263, 264, 266, 270, 275, 276, 285, 286, 297, 300, 302, 309, 310, 333, 335, 344, 346, 348, 361
太政大臣禅師…………221, 222, 228, 254
太上天皇………171, 192～194, 200, 201, 218～221, 223, 227, 228, 343, 358
大臣禅師………………………137, 220, 221
大臣曹司………10, 273～275, 277～285, 288～291, 293～295, 297～309, 314～316, 321～325, 328, 330, 345, 346, 358, 359
「大臣任命表」………36, 51, 59, 73, 84, 88, 100, 105, 106, 356
太宗〔唐〕………………189～192, 200, 343
大内裏…………………………234, 241, 295
大納言(大中納言、権大納言)…………7, 101, 108, 117, 118, 131, 133, 136, 138, 143, 160, 162, 163, 174, 185, 187, 199, 207～209, 228, 231～233, 235, 243, 249, 262, 263, 270, 273～281, 296, 298, 299, 302, 303, 313～315, 329, 335, 336, 339, 343, 344, 349, 357, 358
大納言休息局…………274, 276～280, 315
大納言曹司…………………279～285, 316
大夫…15, 20, 28, 29, 31, 34, 35, 41, 44, 46, 57, 62, 75, 78, 106, 108, 109, 194, 234
大弁(左右大弁)…132, 174, 207, 336, 357
内裏……………54, 55, 230, 234, 237, 241, 243, 246～248, 252, 259, 264, 265, 273, 274, 286～290, 292, 297, 298, 300, 301, 305～308, 316～319, 346, 348, 359
内裏直廬………286～288, 290, 297, 311, 317～319, 359
内裏侍候…………273, 306～308, 316, 359
内裏上日…………………………307, 308
高野天皇…………………………217, 218
滝口(陣)………………240, 241, 246, 255
武内宿祢(建内宿祢)……77, 85, 86, 101, 107, 128, 131～133, 145, 178～180
武内宿祢末裔系譜………………117, 120
建彦末裔系譜………118～124, 129, 133～135, 139, 140, 145
大宰少弐…………………………………134
大宰帥……………………………207, 357
「他氏排斥」……………………333, 334
多治比池守………………………………185
多治比嶋……………………………………5
橘氏公……………………………………253
橘奈良麻呂の変………………219, 270
橘諸兄…………7, 136, 138, 187, 188, 209

ち

地位継承次第……47, 69, 124～129, 132～134, 139
知政事……………………………189, 192
知西台事…………………………………189
知太政官事………6, 8, 10, 147, 162, 170～173, 175～180, 182～184, 186～189, 192～195, 197～199, 201, 358
秩石制……………………………………59
知門下省事(知尚書門下二省事)…188～193, 200
中宮…………232, 235, 239～242, 246, 263
中宮職(庁)……………167, 286, 317～319
中書省(知西台)……………………161, 189
中書令……………………161, 189, 190
忠臣………………………………………281
中重…288～290, 297, 299, 300, 305, 307, 345, 346, 359
中納言(大中納言、権中納言)……6, 130～

132, 136, 138, 144, 145, 174, 185, 232, 233, 262, 270, 303
中弁(左右中弁)……………………173～175
中務卿……………………………………160
中務省………148, 154, 160, 161, 167, 168, 185, 215, 218, 293
朝賀……………………………………247, 248
長上官………149, 151, 154～156, 158, 165
寵臣……39, 68, 280～284, 290, 297, 298, 304～306, 308, 316, 358
長孫無忌……………………189, 190, 200
朝堂…………………………186, 201, 307
朝堂院……………247, 262, 265, 293, 333
庁申文……………………………………151
勅旨………160, 207～212, 214～216, 221, 223, 236, 254
勅授…………154～162, 168, 169, 208, 209
勅任(官)…206～208, 211, 212, 215, 216, 218, 221, 223～225, 228, 236, 254, 357
勅符…………………………173～176, 196

て

「定策禁中」…………93, 95～97, 110, 111
典曹人…………………………52, 66, 355
天智天皇………3, 4, 8, 64, 129, 144, 180, 181, 198, 212, 213
天皇制……………………4, 90, 100, 334
天皇大権……………………97, 221, 240
天武天皇……8, 33, 89, 108, 109, 117, 118, 130, 144, 171, 176, 187, 193, 201, 210, 213

と

道鏡………………137, 146, 217, 220～222
東宮………232, 235, 239～241, 263, 285～288, 316～318, 348
春宮大夫……………………………131, 289
同祖関係……68, 115, 117, 118, 122, 123, 126～129, 139, 142
同祖系譜……………………69, 118, 128
東大寺…………………153, 209, 247, 326
同中書門下三品……………189, 190, 200
同中書門下平章事(同中書門下同承受進止平章事)…………………189, 190, 192
棟梁臣(棟梁之臣)………………178～180
唐令……………………111, 161, 166, 206
読申公文…………………………………151
所充…………………………325～328, 332
舎人親王…162, 172, 177, 184～186, 198, 199, 201
トモ…………………………52, 67, 68, 355
伴中庸………………336～343, 349～351
トモノミヤツコ…52, 53, 59, 67～69, 355
伴善男…270, 290, 334～345, 349, 350, 352
豊国法師……………………………54, 55
渡来系氏族………………………………22

な

内安殿……………………217, 218, 247
内記………………159, 169, 215, 253, 254
内侍宣……………………………………160
内臣……6, 79, 85, 179, 181, 182, 201, 280, 281
内大臣………179, 181, 182, 224, 264, 281
内弁……………………………231, 233, 263
内覧………………………………………58
長岡宮……………………………………316
長岡京……273, 274, 279, 282, 283, 305～307, 316, 322, 358, 359
中臣鎌子…………………………………54
長屋王…7, 134, 162, 172, 177, 184～186, 198, 208
南所申文…………301～305, 307, 309, 359

に

新田部親王………………………………199
任官(大臣任官)……148, 152, 201, 203～212, 214～217, 219～224, 226, 228, 231, 236～240, 246, 248, 253～255, 261, 263, 264, 268, 276, 278, 279, 281, 283, 297, 299, 300, 302, 310, 315, 326, 344, 357, 358
任官儀(任官儀礼・儀式、大臣任官儀礼・儀式)……10, 204～206, 211, 212, 216, 218, 223, 224, 229, 230, 236, 237, 243, 245～249, 252, 253, 255, 257～261, 265, 268
仁賢天皇(オケ王)……37, 91, 93, 94, 96～98, 105
任大臣儀………203～205, 208, 217, 224,

229, 230, 232, 233, 236～240, 242, 243, 245～252, 254, 255, 259～263, 265, 357
仁徳天皇……65, 145

ね

年終断罪奏……339, 340

は

番上官……155～157, 222
反正天皇……198
判任……207, 357

ひ

敏達天皇……36, 37, 64, 78, 85
日上(制)……296, 301～305, 309
標……231～234, 242, 266
兵部省……148, 150～156, 185
兵部曹司庁……155

ふ

斧鉞……102, 103, 111
府官制……66
副署……161, 162, 173～177, 183～186, 188, 192, 198, 201, 322
藤原氏……194, 256, 257, 285, 289, 333, 334, 358, 359
藤原顕忠……240
藤原魚名……181, 238, 274, 279～285, 306, 316, 358
藤原氏宗……253, 290, 299～303, 313
藤原宇合……136
藤原緒嗣……253, 274～280, 283, 284, 298, 307, 310, 314, 315
藤原穏子……240, 241, 263, 264
藤原兼家……8, 243, 312
藤原兼通……361
藤原鎌足(中臣鎌足・鎌子)……79, 85, 179, 181, 182, 212
藤原高子……287, 297, 346～348
藤原光明子(光明皇后・光明皇太后)……138, 220, 227
藤原是公……263, 283, 316
藤原伊尹……361
藤原伊房……262
藤原定方……253
藤原実季……262
藤原実資……312
藤原実頼……153, 246, 251, 252, 285～287
藤原順子……288
藤原忠平……239～242, 244～246, 250～253, 255～258, 261, 267, 271, 276, 285～287, 311, 312, 317
藤原多美子…289, 312, 334, 345～348, 353
藤原継縄……274, 282～284, 306, 316, 358
藤原時平……256, 267, 271, 285, 311
藤原豊成……7, 137, 138, 209
藤原永手……7, 209, 212
藤原仲麻呂……137, 138, 140, 165, 187, 203～206, 217～223, 228, 254
藤原長良……346, 347
藤原房前……136, 182
藤原不比等……136, 212
藤原冬緒……303
藤原冬嗣……274, 275, 278, 279, 283, 348
藤原麻呂……136
藤原道長……9, 311, 312, 332, 334
藤原武智麻呂……7, 136, 185
藤原明子……285～287, 317～319, 348
藤原基経……8, 244, 248, 249, 253, 285～287, 290, 297, 300～303, 306, 311～313, 317, 334, 352, 361
藤原師輔……153, 252, 263
藤原行成……325, 327, 331, 332
藤原良継……181
藤原良房……8, 244, 253, 256, 266, 270, 285～288, 290, 297, 298, 301, 302, 304～307, 309, 310, 312, 317～319, 333～335, 344～350, 352, 359～361
藤原良相……253, 288～290, 297～301, 304～307, 309, 334, 335, 344～348, 350, 359
藤原頼忠……264
藤原頼長……275
武烈天皇……36, 64, 77, 89, 100, 105
文帝〔漢〕……81～84, 104

へ

平安宮……279, 333
平安京……274, 278, 279, 283, 285, 305,

306, 315
平城宮…153, 154, 156, 167, 168, 310, 322, 323, 328
平城京………274, 279, 280, 283, 305, 306, 316, 323, 358
平群鮪(志毘・シビ)….36, 89, 91, 93, 100, 110
平群氏……………………88〜90, 100, 110
平群真鳥………36, 77, 80, 83, 88〜90, 93, 100, 101, 106, 109, 110
別当…………………………322, 324〜327
版位…………………………233, 259, 266
弁官………148, 150〜152, 154〜156, 162, 163, 174, 175, 184, 185, 234, 235, 242, 243, 291, 296, 297, 322, 324〜326, 340, 342
弁官曹司……………………………280, 321
弁官符…………………………173, 175, 176
変形古系譜…………………………125, 126

ほ

法王………………………………………222
房玄齢………………………………189, 200
墓記…………………33, 35, 75, 76, 108, 109
僕射(左右僕射)……………………189, 190
星川建日子(建彦宿祢)………116〜119, 121〜125, 127, 128, 133, 134, 139, 145
法華寺……………………………………247
穂積親王……………………173, 176, 184

ま

マヘツキミ(層・制)………15, 17〜21, 23, 29, 30, 34, 39, 53, 54, 57〜59, 62, 63, 64, 69〜71, 87, 106, 164, 213, 356
マヘツキミ合議(体・制・制論)……5, 17, 18, 20, 56, 164, 187, 194
眉輪王…………………………24, 25, 27

み

ミウチ……194, 240, 253〜255, 257, 260, 281, 357, 358
源家賢……………………………………262
源高明……………242, 262, 263, 296, 313
源融……244, 253, 270, 299, 300, 302, 303
源常………………………………………253
源光……………………………256, 268, 272
源信……253, 270, 285, 290, 298, 299, 312, 335, 344, 349, 350
源雅信………………………………242, 264
源師忠……………………………………262
源多……245, 253, 291, 293, 294, 297, 298, 300〜303, 306, 313
宮子称号事件……………………………198
明法家……………………30, 31, 148, 163
明法博士……………………277, 310, 336
三輪氏………………………………………40
三輪君逆……………………………39, 40
民部卿………………………………135, 336
民部省………………………………………11
民部少輔…………………………………134

む

村上天皇…………………………245, 250
連姓氏族……17, 19, 22, 33, 35, 38, 45, 87
无利弖(ムリテ)………49, 52, 66, 69, 355

も

母后………………………………318, 348
物部氏……17, 18, 31, 33〜35, 37, 40, 41, 44, 45, 61, 62, 88, 110, 111
物部氏系譜……………………40, 44, 45
物部麁鹿火(荒甲)……35, 36, 43, 78, 80, 82, 101〜105, 111, 112
物部木蓮子……………………36, 37, 43, 74
物部尾輿………33, 35〜37, 43, 53, 54, 78
物部十千根(十市根命)……41, 44, 45, 87, 179
物部贄子……………………………36, 37
物部守屋……33, 36, 39, 40, 43, 54, 64, 78, 87, 137, 146
門下省……………161, 189, 191〜193, 200
文徳天皇…………………………………288
文武天皇………………193, 194, 200, 201

や

八色の姓(天武八姓)………108, 116, 117
大和政権……………………17〜20, 33, 62

ゆ

雄略天皇………17, 21, 22, 24〜28, 51, 52,

59, 61, 63～66, 77, 86, 106, 108, 110, 213, 356
弓削行宮……228
弓削氏……78, 146
弓削寺……221

よ

預……322, 324～327, 329, 330
陽成天皇……297, 298, 352, 361
用明天皇……39, 54, 55, 78
陽明門……234, 235, 241～243, 246

り

履中天皇……21, 24, 27, 74, 95, 198
立太子……93, 96, 97, 99, 111
律令(制)国家……3, 4, 11, 90, 148, 171, 194, 359
律令制……3～11, 15, 18, 19, 23, 30, 38, 46, 55, 56, 58～61, 70, 97, 103, 115, 116, 136, 139～141, 146, 147, 163～165, 170, 176, 194, 201, 203, 205, 206, 210～217, 223, 224, 226, 229, 236, 281, 307, 342, 356, 357
呂諲……189
「臨朝秉政」……92, 97

れ

霊帝〔後漢〕……94～96, 99
レガリア……216
歴名……211, 357
列見……153～158, 161, 167～169, 324～326, 332

ろ

論奏……173, 174, 177, 184～186, 188, 194, 198, 337, 339, 340

わ

倭王……48, 51
倭王武……48, 50, 51, 66
獲加多支鹵大王(ワカタケル大王)……47, 50, 52, 66, 68, 114, 355

を

乎利宿祢……116, 117, 121, 123, 127, 128, 133, 139
乎利宿祢末裔系譜……133～135, 137, 139
乎獲居(ヲワケ)……47～50, 52, 66～69, 114, 355

史料・史料集索引

あ

粟鹿大明神元記……125, 129

い

稲荷山鉄剣銘……47～50, 52, 65～69, 114, 124, 127, 128, 355
伊福部臣古志……125

う

宇槐記抄……276, 309, 310

え

江田船山鉄刀銘……48, 49, 52, 66, 69, 355
延喜儀式……249, 250, 265
延喜式……14, 148, 151, 154, 155, 159, 160, 162, 169, 184, 250, 280, 283, 284, 321～332, 340

お

『大鏡』裏書……285, 286, 317, 319, 360
岡田山鉄剣銘……67

か

括地志……28, 29, 62, 63
翰苑……28, 62, 63
漢書……81～84, 104
漢書顔師古注……109
官職秘抄……293
官奏事……296, 313

き

紀氏家牒…………120～129, 133, 134, 139
儀式（貞観儀式）………204, 233, 237, 239, 247, 249, 250, 266
紀氏系図…………120, 130, 132, 140, 145
吉口伝……………………………180, 197
旧辞………………………22, 75, 89, 94, 107
宮城一古図……………………………293
九暦（九暦記）…………244, 263, 289, 352
京都御所東山御文庫記録……………267
玉篦………………………………121, 125

く

公卿補任（流布本・異型本）……120, 133, 134, 177, 178, 182, 197, 198, 310, 360
百済本記………………………………66
旧唐書………………………189, 190, 200

け

芸文類聚………………93, 94, 98, 103, 111

こ

江家次第……230, 232, 234, 236, 237, 242, 243, 247, 262, 325, 326, 332
行成記抄……………………………325, 328
弘仁儀式……………………………265
弘仁式……153, 154, 156～158, 167, 169, 284, 323～331
後漢書………………………93～96, 98, 99
呉史……………………………………93
古事記…21, 25～27, 47, 63～65, 73～75, 80, 85, 86, 88～91, 93～97, 100～103, 107, 108, 110～112, 115～117, 120, 129
後二条師通記…………………………232
権記……………………………………266

さ

西宮記……159, 228, 236, 237, 239～242, 244, 247, 262～264, 266, 291, 292, 295, 312, 325, 332
左経記…………………………………332
雑類略説………………………………263

し

史記……………………………………93
資治通鑑……………………………191, 192
下鴨系図……………………………125
釈日本紀…………………31, 34, 125, 129
拾芥抄…………………………………295
拾芥抄省略図…………………………293
准南子…………………………………103
貞観式…………………………169, 330, 331
貞観政要……………………………191, 200
上宮記逸文…………………………125, 129
尚書…………………………………70, 103
正倉院文書………………………168, 197, 198
小右記……………………234, 243, 266, 312
続日本紀…………101, 105, 108, 113, 115, 116, 134, 135, 144～146, 150, 152, 155, 156, 166, 167, 169, 174, 186, 188, 195, 198, 199, 204, 206, 208, 209, 211, 217, 220, 221, 223, 225, 227, 228, 238, 247, 279～281, 310
続日本後紀…………………………253, 340
初任大臣大饗雑例…………………242, 263
新儀式………237, 239, 245, 247, 249, 250, 265, 271, 289
新撰姓氏録……………120, 121, 142, 143, 145
新撰年中行事………………325～328, 331

す

水左記…………………………………232
水本坊屏風図…………………………293

せ

政事要略………………………………153
清涼記………………………………250, 265
撰集秘記……………………323～328, 331
先代旧事本紀……31, 40, 41, 44, 45, 64, 87

そ

荘子……………………………………93
宋書……………………………………48
帥記…………………………232, 234, 262
尊卑分脈……120, 130, 131, 140, 144, 145

た

台記……275, 276, 309, 310, 314
大内裏図考證……293, 294, 313
大唐開元礼……204, 205, 237, 238, 245
大日本古文書……167, 168, 197, 198
大宝律令……3, 34, 149, 150, 152, 156, 159, 161, 166, 173, 194, 206, 209〜212, 225, 226, 357
内裏式……204, 205, 233, 236〜239, 247, 249, 265, 266
多胡碑文……173, 176, 184, 196, 197

ち

朝野群載……253

て

帝紀……74, 75, 85, 89, 90, 107, 108
貞信公記……251, 263, 304
天寿国繡帳銘……125, 129
天孫本紀……40, 41, 44, 45, 64, 87

と

唐会要……200
東観漢記……93
藤氏家伝……199
東大寺要録……289, 290
唐令拾遺……103, 161, 166, 206
唐令拾遺補……166

な

長岡京木簡……273, 274, 279, 282, 283, 316, 322, 326, 328, 331
南都所伝図……293

に

日本紀略……253, 264, 274, 310, 312, 314, 315
日本後紀……144, 279, 310, 315
日本三代実録……248, 253, 270, 285〜287, 289, 291, 292, 295, 297〜299, 312, 313, 319, 333, 336〜339, 343, 345, 349, 351〜353, 360〜362
日本書紀……6, 18, 20〜28, 30, 32, 33〜40, 44〜47, 51, 53, 54, 56, 57, 62, 64〜66, 70, 73〜113, 115, 116, 118, 137, 143, 144, 146, 182, 198, 361
日本書紀私記……28, 34
日本文徳天皇実録……253, 312

へ

平城宮木簡……153, 154, 156, 167, 168, 322, 323
別聚符宣抄……290, 313

ほ

抱朴子……103
北山抄……237, 247, 249, 265, 313, 325, 332
本朝法家文書目録……249, 265

ま

万葉集……31, 62

み

御堂関白記……311

も

師光年中行事……167

よ

養老律令……6, 7, 14, 103, 149, 150, 155, 157, 158, 160, 165, 169, 188, 206〜209, 211, 218, 338, 351, 357

り

吏部王記……242, 263, 286, 287
梁書……93
令義解……30, 31, 148, 203, 207, 208, 214, 225
令集解……148, 152, 166, 167, 174, 203〜205, 207, 208, 224, 225, 280
　跡記……207
　穴記……148
　古記……152, 166, 167, 174, 204, 205, 224, 225, 280
　讃記……148
　令釈……152, 207, 208, 225

る

類聚国史……315

類聚三代格 ····174, 268, 290, 312, 313, 346
類聚符宣抄·········250, 284, 290, 307, 313, 314, 326, 328, 332

れ

歴運記（原『歴運記』）·······177～185, 188, 197, 198

わ

倭王武の上表文 ·························48, 51
和気系図 ····································125
和名類聚抄 ······················214, 293, 313

研究者名索引

あ

青木和夫 ···································144
阿部武彦····················64, 130, 144, 145

い

石上英一 ·······························31, 64
石塚一石 ···································265
石母田正 ··········4, 5, 12, 14, 110, 224, 226
稲岡耕二 ························210, 225, 227
井上辰雄 ···································225
井上光貞······4, 5, 8, 9, 14, 16, 61, 63, 107, 110, 144, 195, 225, 226
井上亘························53～55, 62, 70
今井啓一 ···································111
今泉隆雄 ····197, 273, 274, 283, 309～311, 316, 322, 323, 328, 331, 332
岩橋小彌太 ·························4, 14, 71
岩本次郎 ···································311

う

上田正昭 ·······························20, 62
裏松固禅························293～295, 313

え

遠藤みどり ·················96, 110, 347, 353
遠藤基郎 ························244, 252, 262

お

大久保正·····································65
大隅清陽 ·····························151, 167
太田静六 ·····························244, 262
太田亮 ·······························124, 143
大友裕二 ···································199
大平聡·················69, 196, 197, 209, 225
大町健 ······································165
尾形勇 ····························65, 69, 362
岡田精司 ····························110, 226
岡野浩二 ···································332
岡村幸子······285, 286, 297, 311, 312, 317, 318
小川良祐·····································68
沖森卓也·····································67
尾崎喜左雄 ································196
小野信 ······································143
大日方克己 ························259, 266

か

筧敏生 ················210, 212, 214, 225, 226
賀古明 ······································109
風間亜紀子 ································198
堅田修····························89, 109, 110
加藤謙吉·········15, 17, 32, 61, 62, 70, 101, 109, 111, 141
鐘江宏之 ····························175, 196
狩野久·····························65, 362
鎌田純一·····································64
鎌田元一 ·····························67, 69
神谷正昌 ····149, 158, 165, 169, 244, 246～249, 252, 256, 259, 262, 264～267, 335, 351
賀茂真淵·····································60
川上多助··························4, 14, 350
川尻秋生 ··········56, 70, 187, 196, 199, 350

き

岸俊男 ·······65, 85, 109, 145, 310, 311, 362
北川和秀·····································63

北村文治……………………………33, 61, 64
北村有貴江………………………………9, 16
北康宏……………………………28, 29, 63
北山茂夫 ………………146, 195, 200, 350
鬼頭清明 ………………………………310

く

櫛木謙周 ……………………………221, 227
熊谷公男 ……67, 68, 113, 127, 140～143, 146, 198, 226
久米邦武 ………………………………350
倉野憲司 ………………………………107
倉林正次 ………………235, 244, 262, 266
倉本一宏………5, 6, 15, 17, 18, 20, 31, 33, 35～38, 45, 46, 61, 64, 70, 71, 112, 146, 165, 170, 176, 194, 197, 201, 214, 226, 311, 362
栗木睦 ……………………262, 263, 313
黒板勝美 ……………………………333, 350
黒田達也 ……5, 6, 13, 15, 17, 18, 20, 22～24, 27, 60～62, 71, 107

け

氣賀澤保規 ……………………………200

こ

河内祥輔 ……………………………334, 351
河内春人 ……………65～67, 69, 238, 263
呉宋国 …………………………………200
小谷博泰 ………………………………227
胡宝華 …………………………………200
今正秀…………16, 312, 335, 345, 351, 352

さ

佐伯有清 …142, 143, 270, 333, 345, 350～352
酒井芳司…………………………………9, 16
坂上康俊 …………175, 196, 224, 225, 352
坂本賞三 ……………………………9, 10, 16
坂本太郎 ……3, 14, 22, 63, 64, 74, 76, 88, 90, 107, 108, 110, 111, 196, 226
笹川尚紀……35, 64, 75, 76, 90, 104, 108～110, 112
佐々木恵介 ……204～206, 224, 236, 238, 246, 247, 251, 262
佐佐木信綱………………………………64
佐藤宗諄 ……………………………333, 350
佐藤長門………15, 17, 62, 63, 68～70, 169
佐藤信……………………………………16

し

篠川賢………17, 32, 49, 62, 64, 66, 69, 80, 109, 111, 171, 172, 196, 362
清水潔 …………………………………265
下村三四吉 ……………………………350
謝元魯 ……………………………199, 200
東海林亜矢子 ………311, 314, 317～319, 348, 353

す

末松剛 ……………………………268, 271
鈴木拓也 ………………………………111

せ

関晃 ……15, 22, 62, 63, 70, 171, 184, 195, 197, 198

た

高島英之 …………………………196, 197
高島正人 ……………………130, 144, 201
高橋崇 ……………………………79, 80, 109
滝川政次郎 ……………………………111
竹内理三……171, 177, 195, 197, 264, 266, 312, 313
武田幸男…………………………………69
武田祐吉 ………………………………107
武光誠……………………15, 141, 224, 225
辰巳和弘……………………………89, 109
田中稔……………………………65, 362
田中卓 …………………………………143
谷口やすよ ……………………………110
玉井力 …………………………………266
田宮明博…………………………………15

つ

津田左右吉 …………88～90, 94, 107, 110
土田直鎮……143, 160, 169, 197, 312, 313, 352
角田文衛 …………334, 345, 350, 352, 353
鶴間和幸 ………………………………112

て

寺崎保広 …………149, 154, 165, 167, 168
寺升初代 ……………………………294, 313

と

土居嗣和 ……………………6, 15, 60, 61, 70
東野治之 ………………………173, 175, 196
遠山美都男 ……………………………66, 69
所功 ……………………265, 325, 328, 332
土橋寛……………………………………65
虎尾達哉……15, 146, 171, 177～179, 181, 184, 195, 197～199
虎尾俊哉 ……………………………324, 332

な

直木孝次郎……14, 15, 101, 105, 109, 111, 141
中野渡俊治 ………………………………227
中本和 ……………………………………266

に

仁井田陞 …………………………166, 200
西嶋定生…………………………………69
西本昌弘……224, 265, 273, 274, 279, 290, 306, 309, 314～316, 319, 325, 332
仁藤敦史 ……………53, 70, 165, 227, 228
仁藤智子 …………………………………352

の

野口武司 ……………………75, 76, 108, 109
野田有紀子 ………………………………264
野村忠夫 …………………………………195

は

橋本義則 ………………167, 266, 309, 314
橋本義彦…………………………8, 9, 16
長谷山彰 …………………………342, 351
早川庄八 ……4, 5, 14, 148, 149, 155, 165, 167 ～ 169, 196, 198, 199, 211, 224 ～ 226, 265, 362
林陸朗 ……………………………………312
原島礼二……………………………………15
原朋志 ……………………171, 195, 198, 201
春名宏昭 …9, 16, 162, 163, 165, 169, 189, 200, 266

ひ

日野昭…73, 74, 88, 101, 107, 109, 111, 141
平川南 ……………………………………196
平野邦雄 …………………………………142

ふ

服藤早苗 ………………264, 347, 348, 353
藤木邦彦 …………………………………264
藤森健太郎 ………………………………262
古瀬奈津子………165, 204, 205, 217, 224, 237, 262, 265, 309, 314, 350

ほ

保立道久 ………………289, 312, 334, 351
本位田菊士……………………………33, 61, 64

ま

益田勝美 …………………………………351
松本裕之 ……………………224, 244, 262
黛弘道……………………………………63

み

溝口睦子 …68, 69, 114, 115, 127, 142, 143
皆川完一 …………………………………143

め

目崎徳衛 …………………………………311

も

本居宣長……………………15, 60, 80, 109
森公章 ……………………………………197
森田悌 ……………………………174, 196
諸橋轍次……………………………………71

や

八木充………………………4, 14, 224, 225
弥永貞三 …………………………………270
柳雄太郎…………………………………16, 169
山尾幸久……………………50, 63, 65～68
山口英男……………………………………67
山下克明 …………………………288, 312
山下信一郎………244, 248, 262, 264, 267, 268, 271

日本古代の大臣制

鈴 木 琢 郎 著

塙 書 房 刊

目次

目　次

序章　本書の視点……三
第一節　大化前代の大臣から律令制大臣へ……三
第二節　律令制大臣の研究と摂関政治への展望……六
第三節　「大臣制」概念の有効性……一一
第一章　大臣制の成立と日本古代の君臣秩序……一七
序……一七
第一節　古訓「オホマヘツキミ」について……二〇
第二節　職位「大連」の否定と単一執政官論……三三
第三節　オホオミ成立の条件と「臣＝オミ」……四六
第四節　大臣の権能……五二
結　語……五八
第二章　『日本書紀』編纂材料としての「大臣任命表」……七三
序……七三
第一節　大臣・大連任命記事の基礎資料……七六
第二節　「大臣任命表」について……八四

目　次

第三節　個別事例の分析——平群真鳥——……八八
第四節　個別事例の分析——巨勢男人——……一〇〇
結　語……一〇五

第三章　巨勢氏系譜における大臣巨勢男人の存在意義……一一三
序……一一三
第一節　雀部真人の申請の論理……一一六
第二節　『紀氏家牒』採録巨勢氏系譜の検討……一二〇
第三節　巨勢氏氏上の傍系継承と父子直系出自系譜……一二九
結　語……一三八

第四章　考選・叙位制と律令制大臣の職掌……一四七
序……一四七
第一節　考課制度の変遷……一四九
第二節　選叙制度の変遷……一五四
第三節　勅授叙位と大臣……一五九
結　語……一六三

第五章　知太政官事の制度史的考察……一七一
序……一七一
第一節　太政官における知太政官事の序列……一七二
第二節　知太政官事の権能……一八三
第三節　唐制の知門下省事について……一八八
結　語……一九三
第六章　奈良時代の大臣任官と宣命……二〇三
序……二〇三
第一節　先行研究の整理と批判……二〇四
第二節　律令の規定にみられる大臣任官と宣命……二〇六
第三節　律令制前段階の大臣（オホオミ）任命とその再編……二一二
第四節　淳仁・称徳期の大臣任官……二一七
結　語……二二三
第七章　平安時代の大臣任官儀礼の展開……二二九
序……二二九
第一節　十一世紀の儀式構造……二三〇

第二節　儀式次第の展開過程……二三六
第三節　任大臣儀の参加者の変遷……二四六
第四節　大臣任官儀礼の意義……二五二
結　語……二六〇
第八章　大臣曹司の基礎的研究……二七三
序……二七三
第一節　京域大臣曹司の成立……二七四
第二節　宮内大臣曹司の成立……二八五
第三節　大臣の籠居と京域大臣曹司の廃絶……二九八
第四節　太政官政務における大臣の存在意義と大臣曹司……三〇一
結語――大臣曹司の歴史的意義――……三〇五
第九章　造館舎所考……三一一
序……三一一
第一節　先行研究の整理……三一二
第二節　『撰集秘記』所引『弘仁式』逸文の解釈を巡って……三一三
第三節　造曹司所の推移……三一八

結語……三三一
第十章　摂関制成立史における「応天門の変」……三三三
序……三三三
第一節　密告者・大宅鷹取女子殺害事件の検討……三三五
第二節　応天門事件の検討……三四〇
第三節　藤原良房の政治的動向……三四四
結語……三四八
総括　大王・天皇と大臣、そして摂政へ……三五五
初出一覧……三六三
あとがき……三六五
索引……巻末

本書は独立行政法人日本学術振興会　平成三十年度科学研究費助成事業（科学研究費補助金）（研究成果公開促進費）（ＪＳＰＳ科研費　ＪＰ一八ＨＰ五〇八四）の交付を受けて出版される。

日本古代の大臣制

序章　本書の視点

第一節　大化前代の大臣から律令制大臣へ

本書では日本古代において重要な政治的地位である大臣について検討する。周知の如く、律令制成立以前、特に大化前代における政治組織には大臣（オホオミ）があり、最高執政官としての地位にあった。また、七世紀半ば以降に段階的に成立する律令国家の、その官僚制機構の頂点に位置付けられた官職もまた大臣である。

従前の研究においてもこの点は強く認識されていた。戦前に発表された坂本太郎『大化改新の研究』(1)から既にみられるように、大宝律令に規定された太政大臣・左大臣・右大臣を律令官僚制における大臣の基本構成と見做し、律令制成立史の諸段階（大化改新・近江令・浄御原令）の内に律令官僚制大臣成立の画期を探ろうとする視点から分析が加えられてきた。

但し、坂本は律令官僚制大臣成立の明確な画期を設定しなかった。大化改新政府の左右大臣は、それ以前の大臣（オホオミ）を中国の制度に倣い単に左右の対偶するものに分けた固有制度的なものと見做し、天智天皇十年（六七一）の太政大臣・左右大臣は近江令に基づく官制であり、大宝律令制における大臣と大差ないものと見做しながらも、未だ固有制度尊重の態度がみられることを高く評価して過渡的なものと位置付け、続く浄御原令制の太政大臣・左右大臣を更に大宝律令制に近いものと評価する。言うなれば段階的成立・発展論である。

戦後、古代国家論や天皇制論の研究が精力的に進められ、その中で太政官制研究は主要な論点とされてきた。大臣に対する分析も主として太政官制研究の枠組みの中で進められる。特に一九六〇年代後半から七〇年代にかけて、太政官制成立を論じる一つの論拠として律令制大臣の成立が論じられてきた。

この代表的論者として、井上光貞[2]、石母田正[3]、早川庄八[4]の三名の名を挙げる。井上は太政官制の成立を近江令に求め、近江令を画期として大臣はオホオミからオホマヘツキミに変化すると論じ、この段階に律令制大臣の成立を見出す。石母田は天智天皇十年（六七一）の大臣を近江令に基づくものとは見做さず、あくまで単行法令によるものと位置付けるが、太政官制や律令制大臣の成立の画期として天智期を高く評価する。

一方、早川は天智天皇十年（六七一）の大臣を単行法令に基づくとみる石母田説に依拠しつつも、この大臣はあくまで大化改新政府の大臣を強化したものと見做し、太政官制および律令制大臣の成立の画期を浄御原令制に求める。

これら律令制大臣成立を巡る先駆的な研究は、一方で律令太政官制成立の画期を律令制大臣成立の画期とする傾向がみられる。すなわち、実証的知見に基づいて律令制大臣の成立が論じきれていないことが問題点として挙げられる。また、このような問題関心のみから大臣の歴史的評価が下された場合、律令太政官制の成立により大臣の性質も律令制的なものに一変するとの理解を導くおそれもある。確かに、律令制大臣成立の画期を探ることの有意義性は否定されるものではなく、律令太政官制の成立や律令国家の成立を考える上では重要な論点である。しかし、大臣の歴史的評価がこの一点のみから下されることは問題であろう。

無論、律令太政官制成立の問題とは一定の距離を保ち、大臣の歴史的展開について論じた研究もある。岩橋小彌太[5]、川上多助[6]、八木充[7]など、主として前述の律令制大臣成立の画期を巡る研究の前段階、おおよそ一九五〇年

代から六〇年代前半の研究である。これらの特徴は、大化前代の大臣・大連との関係を論じていることである。すなわち、大化改新政府の左右大臣を大化前代の大臣・大連と対比できる存在と位置付けるのである。

但し、これらの研究は前述の律令制大臣成立を論じた井上、石母田、早川の研究を強く規定した研究前史として位置付けられる。すなわち、大化改新政府の左右大臣を、それ以前の大臣・大連とに強く結びつけた結果、それを律令制的なものではないとの前提を与えているからである。井上も大化改新政府の左右大臣を大化前代の大臣・大連制を継承したものと明確に位置付けている[8]。

このような研究動向を一新したのが、一九八〇年代から九〇年代初頭にかけて発表された黒田達也[9]と倉本一宏[10]の研究である。両者の研究は、太政官合議制の歴史的前提であり、かつその本質的特徴として研究が進められてきたマヘツキミ合議制論[11]に基づき、大臣を合議体の長「オホマヘツキミ」と定義したことが最大の成果である。すなわち、大化前代の大臣（オホオミ）・大連（オホムラジ）の併立を否定し、大臣（オホマヘツキミ）のみを合議体の長、そして臣下最高の地位として位置付けたのである。

但し、倉本も律令制大臣の成立の画期を明確に位置付ける。すなわち、浄御原令制における多治比嶋の右大臣任命を以て大化前代から続くオホマヘツキミは終焉を迎え、唐制の左右丞相の職掌規定を導入した律令制大臣が成立すると位置付ける。この時、律令制下にみられる「オホマヘツキミ」の訓が問題となるが、倉本はこれを遺制的なものとして処理しているようである[12]。

この黒田や倉本の研究は、律令制成立以前の政権構造を理解する上で重要な論点を提示しており、以後この点を論題とした研究に大きな影響を与えた。筆者もこれまで等閑に付されていた大化前代の大臣と律令制大臣との連続性について、この可能性を見出したものとして高く評価したい。

但し、黒田と倉本によるオホマヘツキミ制論も決して磐石な学説とは言い難い。近年、この学説に対して批判的な見地から「大臣」の訓を巡る研究史整理を試みた土居嗣和の研究(13)がある。本書においても近年通説化しつつある黒田・倉本によるオホマヘツキミ制論を相対化し、批判的継承を試みることを目的の一つとしている。

本書第一章では大臣の訓「オホマヘツキミ」が律令制成立後に成立したこと、その前段階においては「オホオミ」と訓じられていたことを論旨の中核とし、大臣（オホオミ）の成立について論じる。また第二章では大臣の成立を欽明期（またはその前後）と捉える通説的理解に対する批判として、『日本書紀』に記される初期の大臣が必ずしも氏族伝承に基づく架空の存在ではないとの仮説を展開する。一方、同様の論旨から律令制下における氏族認識として大化前代の大臣がいかに理解されていたのかという問題を、氏族系譜の変遷という観点から第三章において論じる。

第二節　律令制大臣の研究と摂関政治への展望

養老職員令2太政官条の規定では太政官に太政大臣・左大臣・右大臣が置かれ、定員はそれぞれ一名である。これら各個の職掌は、太政大臣が「右師㆓範一人㆒、儀㆓形四海㆒、経㆑邦論㆑道、燮㆓理陰陽㆒。無㆓其人㆒則闕」、左右大臣が「掌、統㆓理衆務㆒、挙㆓持綱目㆒、惣㆓判庶事㆒、弾正糺不㆑当者、兼得㆑弾之」と規定される。また養老官位令では、各大臣の相当官位を規定し、太政大臣は一品・正従一位、左右大臣は二品・正従二位である。律令が規定する官司の体系では、これら三大臣が最高位の官職として位置付けられている。

しかしながら、同じく官僚機構の上層部に位置付けられながら、律令に規定のない中納言・参議・内臣・知太

政官事等が、様々な政治の局面で令外の官・職として設置されていく。研究史上、これらの令外の官・職の研究が意欲的に進められたのも、政治史的観点や特殊性を考慮すれば故あることである。大臣についての研究の多くも、これら令外の官・職との関係の中で取り上げられてきた傾向がある。後述する摂関制との関係についての研究も同様の方向性をもっている。このような傾向が生まれた要因の一つには、職員令に明確な規定がある大臣は「特殊ではない」官職とされ、大臣自体の制度史的研究の重要性が認識されなかったためと推察される。

しかし、「特殊」という観点の是非は抜きとしても、律令制大臣の特殊性は次の点からも明らかである。一つは常置されていないことである。養老元年（七一七）の石上麻呂死去後、天平感宝元年（七四九）の藤原豊成任右大臣まで左右大臣が併立したことはない。天平勝宝八歳（七五六）の橘諸兄致仕後も藤原永手任左大臣・吉備真備任右大臣まで左右大臣は併立していない。また、神亀六年（七二九）に左大臣長屋王が自刃（長屋王の変）した後、天平六年（七三四）の藤原武智麻呂の任右大臣までの間は一人の大臣も任命されなかった。

太政官の四等官制は、養老獄令25公坐相連条に「凡公坐相連、右大臣以上、及八省卿、諸司長、並為㆓長官㆒。大納言、及少輔以上、諸司弐、皆為㆓次官㆒。少納言、左右弁、及諸司糺判、皆為㆓判官㆒。諸司勘署、皆為㆓主典㆒」とあることから、大臣を長官、大納言を次官とするのが通説である(14)。よって大臣不在という状況は、長官不在時には次官がこれを代行するという四等官制の原則が適用されれば問題ない。しかし、大臣の職掌には大納言が代行できないものが存在しながらも(15)、大納言が大臣を代行するという明確な規定はない。ただ右大臣は左大臣に準じるとの規定があるのみである。いずれにせよ、大臣不在の問題や太政官における四等官制の問題等、律令官僚制の一般的な論理からみれば、大臣の特殊性は認められるべきものである。

しかし、以上の概括はあくまで左右大臣に限定されるものであり、太政大臣は異なる。すなわち、職員令の規

定が具体的な職掌を示さないこと、「無二其人一則闕」と所謂「則闕の官」という性格を有すること、また天智期以来の太政大臣は皇族が任命されていたこと等を主たる理由として、多くの研究が積み重ねられてきた。

律令太政官制の成立を天智期とみる井上光貞[16]は律令制の太政大臣を皇族太政大臣制と捉え、皇太子摂政制の系譜を引くものと位置付ける。また、律令制太政大臣は中国の三師三公の如く常置の官ではなかったため、知太政官事を設置して天武系の皇子孫をこれに任じたとの理解を示した。井上による皇族太政大臣制の理解が提唱されて以後、太政大臣は専ら皇太子制研究の中で議論されていく。但しその論点は彼我の関係論を主としており、皇族太政大臣制自体の論拠は基本的に継承されていく。

また、知太政官事に関しても同様であり、知太政官事制研究は着実に進展していくものの、太政大臣をはじめ、左右大臣の理解が大きく前進したとは言えない状況である。これは偏に、大臣の本質に迫ろうとする関心や研究動向が生まれなかった、すなわち、あくまで知太政官事を理解する上で大臣との関係を問題としてきたからである。

一方、律令制太政大臣に関する初発的専論として橋本義彦の研究を挙げねばならない[17]。橋本は権能がなく地位のみの官であるが故に太政大臣は「則闕の官」であったとする通説を全面的に否定し、次の理解を示した。すなわち、太政大臣は分掌の職ではないものの、雑政・雑務に預かる点において左大臣とは異ならない、と。

また、次の橋本の指摘は、律令制大臣の歴史的展開過程の中に摂関制成立を位置付ける画期的なものであった。すなわち、藤原良房・基経の太政大臣就任は幼帝即位と関連して捉えられること、また藤原兼家摂政就任により摂政と太政大臣とが分離し、以後太政大臣が天皇元服時における加冠役という性格はあるものの基本的に名誉職化すること、である。太政大臣と摂関制成立の関係を認めた点は、以後の太政大臣研究に重要な論点を提示した

ものであり、画期的な研究であった。

井上・橋本が明確にした太政大臣制研究の論点は、以後の研究により発展的に継承されていく。特に酒井芳司[18]、吉川真司[19]、米田雄介[20]等により摂関制成立と太政大臣の関係が積極的に論じられていく。一方で、摂関制成立と太政大臣との関係を否定的に捉える研究[21]も発表され、摂関制成立史は太政大臣の理解を中心に洗練化されていく。なお、北村有貴江[22]は太政大臣贈官の分析を通して摂関制成立による太政大臣の変質を論じる。これは摂関制成立論という枠組みの中において、柔軟に太政大臣との関係を論じたもので、太政大臣研究の進展を示す好例であると思われる。

以上のように、律令制大臣の研究は太政大臣に重点が置かれ、特に摂関制との関係が主要な論点とされてきたが、摂関制との関係という観点に関しては左右大臣も議論の対象とされた。春名宏昭[23]、山本信吉[24]等の研究はその代表である。春名は太政官首座である大臣の権能の強化・削減の過程を踏まえた摂関制の成立論を展開し、山本は律令制左大臣の特殊性に注目して摂関制の成立を論じる。

橋本が論じたように、官職としての太政大臣の本質が基本的に左右大臣と異ならないのであれば、摂関制成立史の論点は太政大臣に絞り込まれることなく、左右大臣を含めた形で議論されるべきものである。山本のように左大臣と右大臣を弁別して論じることの是非は今後の検討に委ねるが、摂関制成立論は律令制大臣を総体として扱うべきであり、春名や山本の研究は今後の方向性を的確に示したものとして評価されるだろう。

以上に加え、成立論に限定されることなく大臣と摂関との関係を論じた研究も重要である。『皇室制度史料』[25]では、摂関就任の資格の一つとして大臣、もしくはその前歴を有することを挙げる。この点を更に発展させた坂本賞三[26]は、摂政就任に際して大臣経験を重視する傾向は藤原道長の摂政就任に始まると指摘する。『皇室制度史

料』や坂本の以上の指摘は、大臣が摂関を兼任する事例や摂関就任を目的とした形式的大臣任官を巡る評価に基づく。故に分析対象は平安中・後期のものが主である。

以上、摂関制成立論において律令制大臣が重視されて研究が進展してきたことを踏まえれば、律令制大臣に関わる評価は摂関期の政権構造にまで発展的につながるものである。やや恣意的な研究史の整理を行ってきたが、これは摂関制を視野に入れた律令制大臣の研究を行うことの有効性を示さんがためである。

本書第四章から第六章までは、基本的には律令制大臣、およびその周辺制度に的を絞った考察である。摂関制を視野に入れた研究を志向するとの抱負を述べながら半ば律令制大臣に固執する題材を選択したのは、偏にその基礎となる律令制大臣の研究が十分ではないことによる。特に本書で重点を置くのは律令制大臣の本質に関わる理解である。すなわち、新たに成立した律令官僚制的な太政官機構の長官という側面と、それと同等に前代以来の大臣の性質を根強く継承した側面について論じ、律令制大臣の本質をこの両者の相即的なものとして捉えていく。

第四章では律令官人制の根幹的制度である位階授与に関わる考課・選叙における大臣の職掌から、第六章では大臣任官形態を宣命宣誥という観点から分析する。また、第五章では知太政官事と大臣の関係を分析し、専制君主天皇を輔弼する体制の展開過程を展望する。

本書第七章から第十章までは、摂関制成立の展望を視野に入れた平安期における大臣研究である。第七章では第六章での分析結果を踏まえつつ、平安時代の大臣任官儀礼の分析により律令制大臣の変質について論じる。第八章と第九章では大臣の執務施設である大臣曹司に的を絞り、奈良時代後半から平安時代中期頃までの太政官政務における大臣の位置付けや存在意義について分析する。第十章では、摂関制成立の政治史的画期と評される

「応天門の変」について、その裁判過程の分析を通して摂関制成立を論じ得ないことを証し、大臣の権能という側面から「応天門の変」の再評価を試みる。

第三節　「大臣制」概念の有効性

官僚制は、独自の秩序と規律をもった集団である。それは、律令制の成立にいたるまで、古代日本がかつて知らなかった特殊な特権的社会集団であった。それは多様な諸階層、したがって多様な特殊利害によって構成される支配階級が、階級としての単一的な支配を確保するための独自のシステムである。貴族的官人層とその家産制とのつながりのほかに、下級官人も、前記のように農繁期には帰農するほど、その口分田耕営を通じて生産手段と結びついており、その限りにおいて在地の階層的または共同体的諸関係から分離されていないという関係は、官僚制的秩序の形成に、古代独特の困難をもたらした条件であった。他方において、律令制国家の特徴は、播磨国の片田舎の駅子の口分田班給の問題についての解決さえも、郷・郡司―国司―太政官という官僚制の諸段階を通して支配階級の意思決定がおこなわれ、その権力の執行は、逆に勅裁―太政官―民部省―国郡という過程を通しておこなわれる点にある。このさい、この意思決定と執行に関与するこれらの一切の諸機関、諸官人が、単一の「国家意思」以外のいかなる特殊利害も体現してはならないという秩序と規律を確保し得るためには、官僚制という独自の集団をつくり上げることが必要であった。それは、単一で一元的な命令権の執行を保証する統一体でなければならない。国家はたんなる「精神的構造物」ではなく、被支配者階級に対して、不断に日常的に行動し機能しなければならないところの、支配階級の運動体

としての権力組織だからである。（傍点は筆者による）

いささか長文を引用した。石母田正『日本古代国家論』第一部「古代官僚制」第三節「規律と分業」冒頭の一段落である。古代国家における官僚制の位置付けを明確に記したものと評される。石母田も指摘するように、古代日本における官僚制の成立は、前代とは大きく異なった特権的社会集団の成立を意味し、それは国家意思の決定と執行を保証する統一体としての成立である。

但し、古代日本における官僚制成立の画期性は認めつつも、前代と隔絶したものではないとの理解も重要である。「官僚制的秩序の形成に、古代独特の困難をもたらした条件」（傍点部）として、貴族的官人層については家産制とのつながりを指摘し、また下級官人層については口分田耕営との関わりを指摘する。新たな支配階級の結集秩序として成立する官僚制は、それ以前の秩序に大きく規制されながら成立してくるとの視点も、前述の画期性と同等に重要なのである。

律令官僚制を評価するに当たり、前代との隔絶性や新規性のみにとらわれてはいけない。そこに内在する前代的要素を含め、それを遺制として切り捨てることなく、律令官僚制の性格を規定する重要な要素として評価していかなければならないだろう。

本書題目に掲げた「大臣制」はこのような問題意識を基として意図的に使用した概念であり、これまでの日本古代史学界で通用されてきた用語ではない。無論、「大臣制」という語を用いた研究が皆無なわけではない。但し多くの場合において、それは大化前代における最高執政官を大臣と大連の二者と捉え、この体制を「大臣・大連」制と呼ぶことと関わり、大臣を単独で制度的に捉えようとするときに用いられてきた。

前節までに述べてきたように、本書の問題関心は日本古代において重要な政治的地位であり続けた大臣を検討するものである。それは一官職・地位の沿革を追う作業ではない。日本古代において支配階級が発展し、古代国家や官僚制といった支配機構を形成していく中、その上位の地位として「大臣」という呼称が保持されたこと、この歴史的意義を問うものである。そこでの律令官僚制大臣の成立は重要な転機ではあるものの、あくまで大臣の歴史的展開の一つとして位置付けられる。

古代国家の展開、官僚制の展開を経つつも、その歴史過程の中で一貫してあり続けた大臣という存在を認識し、分析するために「大臣制」という制度的な概念は有効に機能するものと思われる。それは同音異義語として各段階の「大臣」があるのではなく、大臣の歴史的展開の上では前段階の大臣の影響下において新たな大臣の性格が付与され（もしくは捨象され）続けていくからである。

なお、黒田達也も著書書目を『朝鮮・中国と日本古代大臣制―「大臣・大連制」についての再検討』とし、「大臣制」という用語を用いている。管見の限り黒田の著作中に「大臣制」の概念規定はみられないが、書目や所収論文中において東アジアにおける古代国家で使用された「大臣」についての分析がなされていることから察し、東アジア世界に共通する「大臣」を一つの制度的なものと捉えているものと思われる。本書では東アジア世界における「大臣」使用についてては言及できていない。また、東アジア世界の中における制度的な枠組みとして「大臣」を位置付けることの是非は今後の課題である。しかし、論点の設定の仕方としては継承すべきものであろう。[27]

以下、「大臣制」という概念を掲げ、成立期（五世紀）から摂関制成立期までの大臣の個々の制度的な分析を行い、これを基礎として治天下大王や天皇との関わりに重点を置きながら、「大臣制」の歴史的展開過程を素描し

ていく。

なお、本書においては養老律令と『延喜式』に条文番号と条文名を付しているが、養老律令は日本思想大系『律令』（岩波書店、一九七六年）、『延喜式』は訳注日本史料『延喜式』上（集英社、二〇〇〇年）所収の「条文番号・条文名一覧」に依っている。

また、本書を通じて先学諸氏を紹介するに際しては敬称を省略する。

註

（1）坂本太郎『大化改新の研究』（至文堂、一九三八年）。

（2）井上光貞「太政官成立過程における唐制と固有法との交渉」（『日本古代思想史の研究』岩波書店、一九八二年、初出は一九六七年）。

（3）石母田正『日本の古代国家』（岩波書店、一九七一年）。

（4）早川庄八「律令太政官制の成立」（『日本古代官僚制の研究』岩波書店、一九八六年、初出は一九七二年）。

（5）岩橋小彌太「孝徳天皇紀の大臣及び内臣について」（『上代官職制度の研究』吉川弘文館、一九六二年、初出は一九五二年）。

（6）川上多助「古代の太政大臣について」（『中央大学文学部紀要　史学科』三、一九五七年）。

（7）八木充「太政官制の成立」（『律令国家成立過程の研究』塙書房、一九六八年、初出は一九六三年）。

（8）なお、直木孝次郎「官人制の展開」（『飛鳥奈良時代の考察』高科書店、一九九六年、初出は一九八一年）は大化改新政府の左右大臣と前代の大臣・大連との関係に関する理解を批判し、左大臣が内廷諸官司を、右大臣が外廷諸官司をそれ

ぞれ統括する前代とは隔絶した地位であると論じる。但し、直木が当該研究を発表した当時の通説的理解は、大連が内廷的姓「連」を代表する地位、大臣が外廷的姓「臣」を代表する地位であった。よって質的な意味においては大臣・大連を継承する形で大化改新政府の左右大臣を位置付けていることになる。

(9) 黒田達也の一連の研究は、同『朝鮮・中国と日本古代大臣制―「大臣・大連制」についての再検討』(京都大学学術出版会、二〇〇七年)にまとめられている。

(10) 倉本一宏「氏族合議制の成立―「オホマヘツキミ・マヘツキミ」制―」(『日本古代国家成立期の政権構造』吉川弘文館、一九九七年、初出は一九九一年)。

(11) マヘツキミに関する研究の嚆矢は本居宣長『古事記伝』(『増補　本居宣長全集』吉川弘文館、一九〇二年)であり、「大夫」の古訓「マチキミ」「マヘツキミ」を「前つ君」と解し、天皇の前に侍候する者の意とする。その後、関晃「大化前後の大夫について」(『大化改新の研究　下　関晃著作集　二』吉川弘文館、一九九六年、初出は一九五九年)によりマヘツキミ層を合議体として評価していく研究が進められる。代表的な研究を以下に列記する。原島礼二「大夫小論覚書―七世紀前半の大和政権中枢部について―」(『歴史評論』一一三、一九六〇年)、註(8)前掲直木論文、田宮明博「「大夫」に関する基礎的考察」(『明治大学大学院紀要』文学篇二七、一九九〇年)、武光誠「冠位制の展開と位階制の成立」(『日本古代国家と律令制』吉川弘文館、一九八四年、初出は一九七七年)、加藤謙吉「大夫制と大夫選任氏族」(『大和政権と古代氏族』吉川弘文館、一九九一年、初出は一九八六年)、佐藤長門「倭王権における合議制の機能と構造」(『日本古代王権の構造と展開』吉川弘文館、二〇〇九年、初出は一九九四年)、同「倭王権における合議制の史的展開」(『同』、初出は一九九六年)。またマヘツキミ層が律令制にいかに継承されたのかという点を位階制の問題から分析した虎尾達哉「律令官人社会における二つの秩序」(『律令官人社会の研究』塙書房、二〇〇六年、初出は一九八四年)がある。

(12) 倉本一宏「律令国家の権力中枢」(『日本古代国家成立期の政権構造』吉川弘文館、一九九七年)。

(13) 土居嗣和「「大臣」の訓をめぐって―日本古代「大臣」研究史再考―」(『早稲田大学高等学院研究年誌』六一、二〇一七年)。

(14) 柳雄太郎「太政官における四等官構成について」(『日本歴史』三二四、一九七五年)。
(15) 春名宏昭「知太政官事一考」(『律令国家官制の研究』吉川弘文館、一九九七年)。
(16) 井上光貞「古代の皇太子」(『日本古代国家の研究』岩波書店、一九六五年)。
(17) 橋本義彦「太政大臣について」(『日本歴史』四一〇、一九八二年)。
(18) 酒井芳司「太政大臣の職権について」(『古代文化』五一、一九九九年)、同「律令制太政大臣の成立」(吉村武彦編『律令制国家と古代社会』塙書房、二〇〇五年)。
(19) 吉川真司「摂関政治の転成」(『律令官僚制の研究』塙書房、一九九八年、初出は一九九五年)。
(20) 米田雄介「太政大臣の系譜―摂関制の成立―」(『摂関制の成立と展開』吉川弘文館、二〇〇六年)。
(21) 今正秀「摂政制成立考」(『史学雑誌』一〇六―一、一九九七年)。
(22) 北村有貴江「贈官としての太政大臣」(『寧楽史苑』四五、二〇〇〇年)。
(23) 春名宏昭「草創期の内覧について」(『律令国家官制の研究』吉川弘文館、一九九七年)。
(24) 山本信吉「摂政・関白と左右大臣」(『摂関政治史論考』吉川弘文館、二〇〇三年)。
(25) 宮内庁編『皇室制度史料』(吉川弘文館、一九八一年)。
(26) 坂本賞三『藤原頼通の時代』(平凡社、一九九一年)。
(27) 佐藤信「古代の「大臣外交」についての一考察」(『境界の日本史』山川出版社、一九九七年)、同「奈良時代の「大臣外交」と渤海」(同編『日本と渤海の古代史』山川出版社、二〇〇三年)は古代東アジア世界における執政大臣間の外交関係の存在を指摘する。

第一章　大臣制の成立と日本古代の君臣秩序

序

近年、大化前代における大和政権の最高執政官に関する理解は大きく進展した。すなわち、大和周辺を本拠地とした臣姓氏族の代表たる大臣（オホオミ）と、大王家の家政機関を構成する連姓氏族の代表たる大連（オホムラジ）が最高執政官として相並び立っていたとする通説的・伝統的理解に再検討を迫る次の批判が展開された。[1]代表的な論者は黒田達也[2]と倉本一宏[3]である。その骨子となる論旨は次の二点である。第一は「大臣」は「オホオミ」ではなく「オホマヘツキミ」と訓じられること、第二は既に指摘されていた点ではあるが、[4]最高執政官の一つとされた大連という職位は存在しないことを再評価したこと、である。これによりマヘツキミの「大＝オホ」なるオホマヘツキミが単独でマヘツキミ合議体[5]を主宰・代表するとの理解が成立し、大化前代の政権構造の理解を更に具体化させたのである。

黒田と倉本により提唱されたオホマヘツキミ制論は、その後、佐藤長門、[6]篠川賢、[7]加藤謙吉[8]らにより批判的に継承され、特に篠川と加藤により積極的に議論が展開された。

篠川と加藤の論旨の中核は「大連」の訓も「オホマヘツキミ」とすることにある。雄略期に物部・大伴両氏の就いた執政官的地位をオホマヘツキミの歴史的前提と見做し、継体即位に関する功績により両氏が大連に任命さ

れ、その後に蘇我稲目が大臣に就くことでマヘツキミを代表するオホマヘツキミが成立し、「オホマヘツキミ―マヘツキミ」による氏族合議制が成立する、というものである。

大連の存在を認めるオホマヘツキミ制論の特徴の一つは、カバネ「臣」と大臣との関係を切り離すことで成立した「大臣＝オホマヘツキミ」を、再びカバネとの関係で説明したことにある。また大連を否定したことで大伴氏・物部氏の政治的勢力を低く見積もらざるを得なかった黒田・倉本説を克服し、記紀の記す両氏の政治動向を虚構として切り捨てることなく評価したことも特徴の一つである。

以上、論者によって理解の差異はあるものの、オホマヘツキミ制論はマヘツキミ合議体を主宰・代表する地位を明確にするものであり、かつ大和政権における氏族合議制や政権中枢の構造を明確化する有効な議論とされてきた。管見の限りこのオホマヘツキミ制論に対する根本的・全面的な批判[9]が未だなされていないのも、このような研究史上の重要性が影響していることにあると思われる。

しかしながら、筆者はオホマヘツキミ制論に賛成することはできない。果たして、本章で論じるように、オホマヘツキミ制の性格規定は「オホマヘツキミ」と訓じられる職位名称を主要な論拠とする。しかし、「大臣」の訓として「オホマヘツキミ」を析出した方法は、『日本書紀』に付された古訓、および奈良・平安時代以降の史料に完全に依拠しており、大化前代に遡る地位名称の訓を特定する手法として正当ではない。

確かに八世紀以降、律令制下の史料では「大臣」を「オホマヘツキミ」と訓じている。しかし、それは律令制下の大臣がそのように訓じられていたことを示すものの、大化前代の大臣に直結的に遡及するものではない。またこのような視座は、『日本書紀』に付された「大臣」の古訓「オホマヘツキミ」が律令制大臣の訓として新たに成立したものでありながら、それを遡及的に使用した可能性を探る道を閉ざし、大臣という職位が歴史的に展

開するという可能性をも否定しかねない。

先に結論を述べると、第一に大化前代、大和政権における最高執政官（大王への奉仕や、そこから派生する様々な政務を執行していく最高統括者）[10]は「大臣＝オホオミ」という単一の職位からなる。第二に「大臣＝オホオミ」成立当初は合議体首長（最高意思決定機関・組織を領導していく責任的地位）としての地位ではなく、そのような権能もない。合議体への参画はあくまでマヘツキミとしてのものであった。合議体首長的な地位・権能は合議体の歴史的展開過程の中で「大臣＝オホオミ」に付与され、最終的に「大臣＝オホマヘツキミ」が成立する。第三にこのような「大臣＝オホオミ」の地位は、君主「治天下大王」に対する有力な臣下の地位呼称「大＋臣」として成立する。このように大臣制の歴史的展開を想定している。

以上の論証を試みるため、本章では次の点について検討を加える。第一に上記結論を呈するためにはオホマヘツキミ制論を完全に否定することが至上命題である。よってオホマヘツキミ制論の核心的論拠である訓「オホマヘツキミ」について、これが律令制以前の大臣には該当しないことを論証する必要がある。第二にもう一方のオホマヘツキミ制論の骨子となる論拠、すなわち大連という職位の存否について検討を加える。筆者は「大臣」の訓を「オホオミ」と考えるから、一面では伝統的な見解を是とする。よって研究史上の問題として再び連姓氏族の代表を最高執政官に位置付ける大連の存在が問題となり、再度の検討を要する。第三に大臣制成立に関する問題として倭語「オミ」の語義と君臣関係の成立について検討する。第四に大臣制の展開過程の画期を設定する上で、マヘツキミ層による合議と大臣の関係について検討する。

第一節　古訓「オホマヘツキミ」について

序で述べたように、オホマヘツキミ制論の基本的な論拠は次の二つである。一つは「大臣」を「オホマヘツキミ」と訓じること、もう一つは大連という執政官の職位を否定する、もしくはこれを「オホムラジ」ではなく「オホマヘツキミ」と訓じることである。この論拠を基に大和政権の最高執政官を単一職位によるものとし、それをマヘツキミ合議体主催者と位置付けるのである。

大臣の訓を「オホマヘツキミ」とすることの意義は、「オホ＋マヘツキミ」、すなわちマヘツキミ合議体の主催者・代表者を意味する語とすることにある。よって訓「オホマヘツキミ」の是非は、大臣の権能の問題とも関わりオホマヘツキミ制論成立の是非と直結する論点である。よって以下の検討では「大臣」を「オホマヘツキミ」と訓じる論拠について逐一検討していく。

大臣の訓に「オホマチキミ」があり、これと「大夫＝マチキミ」との関係を示唆する指摘は既に上田正昭[11]によりなされていた。但し、これを更に発展させ大臣を「オホマヘツキミ」と訓じオホマヘツキミ制論を展開したのは黒田達也[12]が嚆矢であり、倉本一宏も更にオホマヘツキミ制論を進展させた。

黒田は『日本書紀』の「大臣」に付された古訓のほぼ全てが「オホマヘツキミ」「オホマチキミ」のいずれかであることに注目し、かつ「オホマヘツキミ」が「オホ」と「マヘツキミ」とからなる語であることから、「臣」の訓についても検討を加えて「オホマヘツキミ」という訓の妥当性について論じる。以下、三つの論点に分けて黒田説を整理する。

第一に「臣」の用法およびその訓についての検討である。『日本書紀』における「臣」の用法およびその古訓は、①カバネ〔「オミ」「オム」「ヲフ」〕、②氏名・人名〔「オミ」「ミ」〕、③自分自身に対する呼称〔「ヤツカレ」「ヤツコ」「ヤツコラマ」「オノ」〕、④臣下・官人を表す語〔「マチキミ」「オミ」「ヤツコ」〕の四つがある。これら四つの内「大臣」の訓と関係のあるものとして、①カバネと④臣下・官人を表す語を挙げる。

①カバネの訓は「オミ」が本来のものであると確定する。また④臣下・官人を表す語の訓は「マチキミ」「オミ」「ヤツコ」の三系統に分かれるが、「ヤツコ」については「君・王に対する臣下という漠然としたものであり、官職名としての「大臣」の訓みを考える場合には相応しくない」と、考察の対象から外す。その上で「マチキミ」「オミ」の訓が奈良時代初期に遡ることを確認(13)した上で、「マチキミ」は上級官人を意味するときの訓、「オミ」は官人一般を意味するときの訓であるとする。

第二に、「臣」の用法を踏まえ、「大臣」の訓として次の三種を想定する。

（1）「オホマヘツキミ」　上級官人を意味する「マヘツキミ」に「オホ」を冠したもので、「マヘツキミの大なる者（代表者）」を意味する。

（2）「オホオミ」　官人一般を意味する「オミ」に「オホ」を冠したもので、「官人全体の大なる者」を意味する。

（3）「オホオミ」　カバネの「オミ」に「オホ」を冠したもので、「臣姓者中の大なる者」を意味する。

第三に、『日本書紀』で「大臣」に「オホオミ」と古訓を付す二つの事例、すなわち、雄略天皇即位前紀の円大臣と皇極天皇元年（六四二）二月丁未条の高句麗の大臣について検討する。円大臣は履中天皇二年十月条の円大使主、および『古事記』安康天皇段の都夫良意富美と同一人であり、「大使主」は「オホオミ」、「意富美」

は「オホミ」と訓じられるから、雄略天皇即位前紀の円大臣の「大臣」も「オホオミ」と訓じられたとした。そして「使主」「大使主」は渡来系氏族や連姓氏族の人物にも使用される称号であることから、(3)の「臣姓者中の大なる者」「オホオミ」の用例とはならないとする。よってこの「オホオミ」は「官人全体の大なる者」となる。

皇極天皇元年(六四二)二月丁未条の「大臣」の訓「オホオミ」は、訓を付したものが高句麗の大臣とわが国の大臣とが性格を異にすると考えた結果とし、高句麗の「大臣」を官職ではなく、上級官人を表す身分的呼称と考え「オホオミ」の訓を付したとする。

この事例分析により「オホオミ」を「官人全体の大なる者」の意と特定し、執政官としての大臣の訓が「オホオミ」から「オホマヘツキミ」へと変化したとは想定できないことから、大臣の訓は本来的に「オホマヘツキミ」であったと結論付けた。

さて、この『日本書紀』の「大臣」の古訓を主たる論拠として立論された黒田説に対して、筆者は以下の理由により賛成できない。すなわち、『日本書紀』に付された古訓の利用法が適切ではないからである。

坂本太郎が指摘するように、『日本書紀』に付された古訓は旧辞の読み方が伝えられている側面もあるが、基本的には朝廷での講書における読み方を淵源としたものであり[14]、平安時代以降のものと見做すのが妥当である[15]。また『日本書紀』の講書の初例は養老五年(七二一)であり、奈良時代前半の読み方が反映された可能性がその反証となるかもしれないが、養老五年(七二一)の講書は弘仁年間(八一〇~八二四)以降のものとは性格が異なり、『日本書紀』の講究という側面よりも、『日本書紀』の編纂を締めくくる披露的な性格が濃厚である、との関晃[16]の指摘を受けるべきである。よって『日本書紀』に付された訓を安易に奈良時代やそれ以前のものと断定す

ることは避けなければならない。筆者は決して『日本書紀』に付された訓に奈良時代のものや叙述対象時期のものが存在しないということを主張しているのではない。このような時期にまで訓を遡及させるには別途の論証が必要だということである。

「臣」の訓として「マヘツキミ」を想定することは、『日本書紀』本文中やその他の史料により「マヘツキミ」の語が確認できるから、一応の妥当性は有する。しかし、「オホマヘツキミ」に関する傍証史料は確認されていない。黒田説は『日本書紀』に付された訓を大化前代にまで遡らせる手続きを欠いた結果、平安時代の『日本書紀』講書段階において「大臣」がいかに理解され、いかに訓じられたのかについて論じているにすぎないのである。

以上の検討を踏まえると、この黒田説の決定的な問題を解決することなく継承されてきたオホマヘツキミ制論は、史料的・論証的に大きな欠陥を抱えた学説であると評価せざるを得ない。

また黒田説は大臣制の全体の理解に関して重要な問題を抱えている。すなわち、大臣が「官人全体の大なる者」から「マヘツキミの大なる者」へと変化するはずがない、と理解していることである。これは「円大臣」が「オホオミ」と訓じられる可能性を否定しきれないことに対する自説の補強であり、「オホオミ」と訓じられる「円大臣」を律令制大臣の前身的職位としての大臣から切り離すことを目的としている。黒田は律令制大臣の前身としての大臣を、官職としての性質を有するものに限定して捉えることにより、官職的な訓ではない「オホオミ」を大臣制の歴史的展開過程の中から除外するのである。

このような理解は、律令制・官僚制成立以前の大臣に対する検討素材を律令制大臣と同質性（官職）を有するもののみに限定することになるから、結局、大臣は官僚制的地位として成立し律令制大臣にいたる、との結論が必然的に生み出される。このような分析視座は大臣制の成立要因や展開過程に対する理解を矮小化し、大臣制を

歴史的に分析する道を閉ざすものである。

筆者は「大臣」の訓「オホマヘツキミ」は七世紀末・八世紀初頭頃に成立し、それ以前の大臣は「オホオミ」と訓じられたと考える。すなわち［オホオミ→オホマヘツキミ］とその訓が変化したとの理解をとる。よって「オホオミ」の訓の妥当性を論証する必要がある。黒田説の再確認となる部分もあるが、重要な論旨であるから、以下に論じていく。

【史料1】『日本書紀』履中天皇二年十月条

冬十月、都二於磐余一。当二是時一、平群木菟宿祢、蘇賀満智宿祢、物部伊莒弗大連、円〈円、此云二豆夫羅一。〉大使主共執二国事一。

【史料2】『日本書紀』雄略天皇即位前紀

是日、大舎人〈闕二姓字一也。〉驟言二於天皇一曰、「穴穂天皇為二眉輪王一見レ弑。」天皇大驚、即猜兄等、被レ甲帯レ刀、率レ兵自将、逼二問八釣白彦皇子一。皇子見二其欲一レ害、嘿坐不語。天皇乃抜レ刀而斬。更逼二問坂合黒彦皇子一。皇子亦知レ将レ害、嘿坐不語。天皇忿怒弥盛、乃復并為レ欲レ殺二眉輪王一、案二劾所由一。眉輪王曰、「臣元不レ求二天位一。唯報二父仇一而已。」坂合黒彦皇子深恐レ所レ疑、窃語二眉輪王一、遂共得レ間、而出逃二入円大臣宅一。天皇使レ使乞之。大臣以レ使報曰、「蓋聞、人臣有レ事、逃入二王室一。未レ見、君王隠二匿臣舎一。方今坂合黒彦皇子与二眉輪王一、深恃二臣心一、来二臣之舎一。詎忍送歟。」由レ是天皇復益興レ兵、囲二大臣宅一。大臣出二立於庭一、索二脚帯一。時大臣妻持二来脚帯一愴矣、傷懐而歌曰、

飫瀰能古簸　多倍能婆伽摩鳴　那那陛鳴絁　儞播儞陀陀始諦　阿遥比那陀須暮

大臣装束已畢、進二軍門一跪拝曰、「臣雖レ被レ戮、莫二敢聴一レ命。古人有レ云、匹夫之志難レ可レ奪、方属二乎臣一。

伏願、大王奉三献臣女韓媛与二葛城宅七区一、請三以贖レ罪。」天皇不レ許、縦レ火燔レ宅。於レ是大臣与二黒彦皇子眉輪王一、倶被二燔死一。（後略）

【史料3】『日本書紀』雄略天皇元年三月是月条

是月、立二三妃一。元妃葛城円大臣女曰二韓媛一。生三白髪武広国押稚日本根子天皇与二稚足姫皇女一。〈更名栲幡姫皇女。〉是皇女侍二伊勢大神祠一。（後略）

【史料4】『日本書紀』顕宗天皇即位前紀

穴穂天皇三年十月、天皇父市辺押磐皇子及帳内佐伯部仲子、於二蚊屋野一為二大泊瀬天皇一見レ殺。因埋二同穴一。於レ是天皇与二億計王一、聞二父見レ射、恐懼皆逃亡自匿。帳内日下部連使主〈使主、日下部連之名也。使主、此云二於瀰一。〉与二其子吾田彦一〈吾田彦、使主之子也。〉窃奉三天皇与二億計王一、避二難於丹波国余社郡一。使主遂改二名字一曰二田疾来一。尚恐レ見レ誅、従レ茲遁三入播磨国縮見山石室一、而自経死。（後略）

【史料1～3】は葛城円大臣に関する『日本書紀』の記述である。まず問題となるのは【史料1】の「大使主」の訓である。【史料4】傍線部に「使主」の訓を「於瀰＝オミ」と明記するから、『日本書紀』は「使主」「大使主」をそれぞれ「オミ」「オホオミ」と訓じている。[17] この時、円大使主と同一人である円大臣の訓が問題となる。「大臣」と「大使主」は用字が異なることから一概に同一のものを示すとは断言できず、訓が異なる可能性を考慮しなければならない。

【史料5】『古事記』安康天皇段

於レ是、其大后之先子、目弱王、是年七歳。是王、当二于其時一而、遊二其殿下一。尓、天皇、不レ知三其少王遊二殿下一以、詔二大后一言、「吾、恒有レ所レ思。何者、汝之子、目弱王、成レ人之時、知三吾殺二其父王一者、還為

㆑有㆓邪心㆒乎。」於㆑是、所㆑遊㆓其殿下㆒目弱王、聞㆓取此言㆒、便窃伺㆓天皇之御寝㆒、取㆓其傍大刀㆒、乃打㆓斬其天皇之頸㆒、逃㆓入都夫良意富美之家㆒也。

天皇御年、伍拾陸歳。御陵、在㆓菅原之伏見岡㆒也。

尓、大長谷王子、当時童男。即聞㆓此事㆒以、慷愾怨怒、乃到㆓其兄黒日子王之許㆒曰、「人、取㆓天皇㆒。為㆓那何㆒」。然、其黒日子王、不㆑驚而、有㆓怠緩之心㆒。於是、大長谷王、詈㆓其兄㆒言、「一為㆓天皇㆒、一為㆓兄弟㆒、何無㆓恃心㆒、聞㆑殺㆓其兄㆒、不㆑驚而怠乎。」即握㆓其衿㆒控出、抜㆑刀打殺。亦、到㆓其兄白日子王㆒而、告㆑状如㆑前。緩、亦如㆓黒日子王㆒。即握㆓其衿㆒以引率来、到㆓小治田㆒、堀㆑穴而、随㆑立埋者、至㆑埋㆑腰時㆒、両目走抜而死。

亦興㆑軍、囲㆓都夫良意美之家㆒。尓、興㆑軍待戦、射出之矢、如㆑葦来散。於是、大長谷王、以㆑矛為㆑杖、臨㆓其内㆒詔、「我所㆓相言㆒之嬢子者、若有㆓此家㆒乎。」尓、都夫良意美、聞㆓此詔命㆒、自参出、解㆓所㆑佩兵㆒而、八度拝白者、「先日所㆓問賜㆒之女子、訶良比売者侍。亦副㆓五処之屯宅㆒以献。〈所謂五村屯宅者、今葛城之五村苑人也。〉然、其正身所㆔以不㆓参向㆒者、自㆓往古㆒至㆓今時㆒、聞㆔臣連隠㆓於王宮㆒、未㆑聞㆔王子隠㆓於臣之家㆒。是以思、賤奴意富美者、雖㆓竭㆑力戦㆒、更無㆑可㆑勝。然、恃㆑己入㆓坐于陋家㆒之王子者、死而不㆑棄。」如㆑此白而、亦取㆓其兵㆒、還入以戦。尓、力窮矢尽、白㆓其王子㆒、「僕者手悉傷。矢亦尽。今不㆑得㆑戦。如何。」其王子答詔、「然者、更無㆑可㆑為。今殺㆑吾。」故以㆑刀刺㆓殺其王子㆒、乃切㆓己頸㆒以死也。

【史料6】『古事記』雄略天皇段

天皇、娶㆓大日下王之妹若日下部王㆒。〈無㆑子。〉又娶㆓都夫良意富美之女韓比売㆒生御子白髪命。（後略）

【史料5・6】はそれぞれ【史料2・3】の『日本書紀』に対応する『古事記』の記事である。『古事記』は

『日本書紀』で「円大臣」「大臣」「葛城円大臣」とした人物を「都夫良意富美」「都夫良意美」とする[18]。【史料1】傍線部で「円大使主」の「円」を「豆夫羅＝ツブラ」と訓じるから、『古事記』の「都夫良＝ツブラ」はこれに対応する。よって『古事記』の「意富美＝オフミ」「意美＝オミ」は『日本書紀』の「大使主」「大臣」に対応するとみて間違いない。

黒田は『古事記』が「意富美」と「大臣」とを明確に区別するから、『古事記』は「大臣」を「オホオミ」とは訓じていないとする。『古事記』における「意富美」と「大臣」の峻別については筆者も同様と考える。確かに『古事記』編纂者は都夫良に付された「意（富）美＝オ（フ）ミ」を大臣とは見做さず別の称号と認識している[19]。しかし、「オフミ」と「オホオミ」とは異なる訓であるから、『古事記』が「大臣」を「オホオミ」と訓じていないと論断することはできない。むしろ、ここで重要なのは『古事記』が大臣とは別の称号として記述した「意（富）美＝オ（フ）ミ」を『日本書紀』編纂者が「大臣」と見做したことである。

『日本書紀』の眉輪王による安康天皇殺害、および雄略天皇（大長谷王子）による円大臣討滅の物語と『古事記』のその内容はほぼ同様であるから、『日本書紀』は『古事記』の叙述を基調として成文されている。ここで『日本書紀』編纂者が『古事記』の「都夫良意（富）美」の「オフミ」を「大臣」と改変したのは、「大臣」の訓が「オホオミ」であり、かつ『古事記』の「オフミ」を「オホオミ」と見做したからである。【史料1】履中紀の「円大使主」の訓も「ツブラオホオミ」であるから、同様に『古事記』の「オフミ」を「オホオミ」と見做し「大使主」を充てたのである。ここに平安時代以降の古訓に頼ることなく、『日本書紀』編纂者の「大臣」の訓読を確認できるのである。

なお、平安時代以降も「円大臣」は「オホオミ」と訓じられている。

【史料7】『日本書紀私記』甲本　雄略天皇

円大臣〈ツフラノオホイ禾《ヲ》〉

「禾《ヲ》」の部分は「禾」の横に「ヲ」を傍書している。おそらく当初は「禾」と記し、後に「ヲ」と修正したのであろう。『日本書紀私記』甲本は「日臣〈ヒノヲミ〉」「道臣〈ミチノヲミ〉」（両者とも神武天皇条）と、「臣」を「ヲミ」と訓じており、かつ「凡国臣〈須倍久尓乎〉」（孝元天皇条）とあり「臣」の訓を「乎」とのみ記す場合もある。よって「臣」は「乎・ヲ」とのみ記せば「ヲミ」と訓じることが自明なのである。すなわち、「円大臣」の「ツフラノオホイヲ」の訓も「オホイヲミ」を表している。記紀間の比較で円大臣の訓を「ツフラノオホオミ」と復元できる環境が整っていたことが要因であることは確かだが、『日本書紀私記』甲本の成立した弘仁三年（八一二）の日本書紀講書時[20]において「大臣」を「オホオミ」と訓じたこともまた示唆的である。

以上により、少なくとも『日本書紀』編纂段階の八世紀初頭には「大臣」を「オホオミ」と訓じていたことの確実な根拠は提示し得たと思う。以上に加え、七世紀前半の推古期に「大臣」が「オホマヘツキミ」と訓じられていなかったことについても一言しておく。

推古天皇十一年（六〇三）施行の冠位十二階において、その最上位の大徳・小徳の授与対象について北康宏[21]は次のように指摘する。すなわち、徳冠は大臣・大夫や王族までをも授与の対象とした冠位であり、これまで冠位十二階制に含めず蘇我大臣家内で継承され大臣固有の冠とされてきた紫冠[22]も、実は冠位十二階の徳冠である、と。冠位十二階の徳冠授与対象に大臣が包摂される場合、次の『翰苑』所引「括地志」の記述の解釈が問題となる。

【史料8】『翰苑』「倭国」所引「括地志」

括地志曰、倭国其官有㆓十二等㆒、一曰麻卑兜吉寐、華言大徳、二曰小徳、三曰大仁、四曰小仁、五曰大義、

六曰小義、七曰大礼、八曰小礼、九曰大智、十曰小智、十一曰大信、十二曰小信。

周知のように「官有㆓十二等㆒」とはこの冠位十二階制を指している。ここではその筆頭として「麻卑兜吉寐＝マヘツキミ[23]」を挙げて大徳に相当するとしている。ここで注目すべき点は二つである。第一に北の指摘を受ければ、王族・大臣・大夫等が授与対象とされる冠位大徳をマヘツキミとしていること。第二に「二曰」から「十二曰」までは一貫して冠位名を挙げるのに、「一曰」のみ冠位名よりも先に「麻卑兜吉寐」を挙げていることである。

まず第二の点については次のように考える。すなわち、括地志の全体的な文章構造は、倭の「官」の序列体系が十二階の冠位制に基づいているとの認識を反映したものである。その中で「一曰」のみ冠位ではなくまず「麻卑兜吉寐」を挙げたのは、冠位制とは別の秩序体系があり、冠位よりもこちらが優先されることを別途認識していたことを示す。

周知のことではあるが、括地志の当該部分は十二階冠位制が施行された推古天皇十二年（六〇四）以降の遣隋使による情報に基づく。前述したマヘツキミに関する別途の認識も遣隋使からのものである。すなわち、遣隋使は倭における「官」の秩序の筆頭はあくまでマヘツキミであったと説明した可能性が非常に高い。徳冠が与えられた人物がマヘツキミとなるのではなく、マヘツキミである者に対して徳冠が与えられた、このような趣旨の説明をしたのではなかろうか。以上の解釈に大過なければ、遣隋使は合議体を構成するマヘツキミについては説明するものの、その主催者・代表者的地位としてのオホマヘツキミについての説明を一切していないこととなる[24]。

第一の点はこの理解と深く関わる。すなわち、大臣は徳冠を授与される立場にあり、合議体を構成するマヘツキミであった。よってマヘツキミという一定の権能を有した階層内において、大臣はそれを主宰・代表する地位にはなかったのであり、オホマヘツキミという職位も存在しなかった。遣隋使が倭の「官」の序列の筆頭として

マヘツキミの存在を重視したのは、これが「官」の序列の筆頭であったからに他ならず、その上位に「官」を構成する地位は存在しなかったのである。[25]

以上、律令制以前、大化前代の大臣を「オホマヘツキミ」と訓じる根拠はなく、むしろ「オホマヘツキミ」との訓は存在し得ない史料的根拠があること、一方、大臣は「オホオミ」と訓じられるべきであること、この点についての私見を提示してきた。最後に奈良時代以降のものではあるが、『日本書紀』の古訓以外の訓「オホマヘツキミ」に関する史料について検討を加える。

【史料9】紅葉山文庫本『令義解』官位令親王一品太政大臣条裏書

有二音訓両説一。若依二職員令意一読者、可レ用二訓説一。但此巻不二必読訓説一、只依二俗説一可レ用二音説一歟。

紅葉山文庫本『令義解』官位令の親王一品条では太政大臣の訓として、「太」の訓を省略した「マツコトオホマヘツキミ」と、全四字に対して「オホイマツリコトノオホイマチキミ」との二様の訓が付されている。これを踏まえると裏書の意味するところは、「但」までの前半部分は、「太政大臣」には音「ダイジョウダイジン」と訓「(オホイ)マツ(リ)コト(ノ)オホマヘツキミ」「オホイマツリコトノオホイマチキミ」の二様の読み方があり、職員令の令意に基づいて読む場合には訓読を用いる、となる。これは裏書筆者(清原氏)に伝えられた明法家清原氏の家伝と思われるが、裏書筆者はこの説に対して「但」として次のような私見を記す。すなわち、「此巻」(本条を収める官位令の巻、ないし家伝部分にある職員令を収める巻)は読み方について規定するものではない(「不二必読訓説一」)から、「俗説」(清原家家伝ではない説のことか。一般に流布する読み方を指しているものと思われる)のように音「ダイジョウダイジン」と読むべきであろうか、と。

天長十年(八三三)に撰進された『令義解』には訓読に関する傍註はなく、【史料9】裏書もそれを裏付ける。

国史大系本『令義解』官位令や、その定本の塙保己一検校本（寛政十二年）、およびその定本となる紅葉山文庫本には傍訓が付される。しかし、石上英一[26]によれば、紅葉山文庫本の『令義解』官位令は金沢文庫本の忠実な写本であり、そこに記される訓も清原教隆から北条実時に伝授された際に記されたものである。よってこの訓は明法家清原家に伝わったものであり、訓読年代は不明なものの『令義解』撰進時にまで遡るものではない。倉本は『令義解』官位令の傍訓と【史料8】を論拠に訓「オホマヘツキミ」を論じるが、これも中世の訓読法を示す史料と評する他ない。

倉本はこの他にも『釈日本紀』「秘訓」と『先代旧事本紀』の訓を論拠として挙げる。しかし、これも平安時代以降のものであり、これまで同様の反証が可能である。但し次に掲げる『万葉集』の和銅元年（七〇八）の歌謡は奈良時代の初期において「オホマヘツキミ」という語が存在した可能性を示す。

【史料10】『万葉集』巻第一、七十六番歌

　和銅元年戊申
　　天皇御製
大夫之　鞆乃音為奈利　物部乃　大臣　楯立良思母
（ますらをの　とものおとすなり　もののふの　おほまへつきみ　たてたつらしも）

元明天皇御製歌中の「大臣」は字数の問題から「オホマヘツキミ」ないし「オホイマチキミ」であったと指摘[27]する。歌謡における文字数からの指摘であり、「オホマヘツキミ」と訓じた可能性は認めてよい。

しかし、本史料はあくまで「大臣」の訓が七字であることは示すものの、その訓を「オホマヘツキミ」とする根拠は、和銅元年以前の史料から訓「オホマヘツキミ」を析出できていない以上、結局、平安時代以降の訓に依

拠している。

八世紀初頭において「大臣」を七字で訓じている以上、「オホオミ」とは異なる訓が存在したことは確かである。結論としては「オホマヘツキミ」と訓じているとみて大過ないと判断するが、それは以下に行う大臣の訓に対する年代的な整理が必要である。

これまでの検討により「大臣」の訓について次の点が確認された。第一に推古期の大臣は「オホマヘツキミ」という訓により表現される職位ではない。第二に八世紀初頭の和銅元年（七〇八）には大臣に「オホオミ」以外の七字の訓が存在した。第三に、しかながら同じく八世紀初頭の養老四年（七二〇）頃には大臣を「オホオミ」と訓じ、正史（『日本書紀』）もそれを採用している。この三点である。

ここから確認できることは、八世紀初頭における大臣の訓は「オホオミ」とそれとは異なる七字の訓の両様が存在したということである。この七字の訓は八世紀初頭以前には確認できないもので、八世紀初頭以降に一般化していくものとみて大過ないであろう。このような意味において、明らかに平安時代には一般化している訓「オホマヘツキミ」が該当する蓋然性は高い。

一方、「オホオミ」は『日本書紀』編纂という時系列的には一点においてのみ確認できるものではあるが、『日本書紀』編纂者がこの訓を歴史的に遡る訓であると認識していたことも確かである。八世紀初頭で確認できる大臣の二つの訓の内、推古期の大臣が「オホマヘツキミ」とは訓じられていないことを踏まえると、これも「オホオミ」と訓じられた蓋然性が非常に高い。無論、この「オホオミ」の訓は推古期に限定されるものではなく、八世紀初頭以前の大臣全般の訓とすべきであろう。

なお、前述の如く篠川賢と加藤謙吉は「大連」も「オホマヘツキミ」と訓じる説を展開するが、この説が成立

し難いこともまた明らかである。すなわち、八世紀初頭以前に訓「オホマヘツキミ」を想定することが困難である以上、大臣と大連を同一訓の執政官とみるには、大臣を「オホムラジ」、もしくは大連を「オホオミ」と訓じるか、または別の訓を想定するかのいずれかの論証を要するからである。

第二節　職位「大連」の否定と単一執政官論

古訓に続きオホマヘツキミ制論の重要な論拠となるのは、最高執政官としての大連の否定である。北村文治や本位田菊士は大連を連姓氏族の代表的地位と考える立場から、カバネ「連」の成立を天武期頃まで引きさげた結果として、それ以前における大連の存在を否定する。(28) また倉本一宏(29)は、史料上確認できる大連を大和政権内の職位や政治的地位ではなく、連姓氏族内部における祖先顕彰の敬称であり、カバネ「連」に美称「大」を冠したもので、七世紀後半以降に造作されたものとした。カバネ「連」の成立時期に関しては、カバネ成立の問題とも直結する問題であり、本章で論じきれるものではない。あくまで政治的職位としての大連否定に論点を絞る都合、倉本一宏の提示した論点に限定して検討する。倉本の論拠は次の九点である。

第一に、『日本書紀』の大連掲載記事の多くは物部氏や大伴氏の家記に基づいており、(30) それは持統天皇五年（六九一）に提出を命じられた物部・大伴両氏の墓記を原史料としている。

第二に、『日本書紀』における物部尾輿と物部守屋の大連任命記事は、両者初出であるにもかかわらず「如レ故」とされている。これは前朝でも物部氏から大連を輩出しており、再び物部尾輿と物部守屋が物部氏の大連として任命されたことを記したものであり、すなわち物部氏の家記の立場からの記述である。

第三に、同一時期内に複数の大連の在位例があり、またそれが同一氏からの就任例であることもある。これは大連が大臣と並ぶ最高執政官であることの反証となる。このような事例は、個々の説話の主人公として登場すべき一定の地位にあった父祖を全て大連と呼称した家記の立場に基づいたものである。

第四に、大連とされた人物の人名表記法は、ほぼ全て大宝律令［氏名＋大連＋名］や、浄御原令以前のカバネの表記法［氏名＋名＋大連、氏名＋大連、名＋大連］による。すなわち、大連はカバネとして表記されている。『日本書紀』が大連を職位として認識していれば任命記事は「［氏名＋連＋名］を大連となす」と記されるべきだが、このような例は三例しか確認できず、残る十例は「［氏名＋名＋大連］を大連となす」とあり、職位と見做されてはいない。よって『日本書紀』における大連の用法は職位ではなく、カバネもしくは称号である。

第五は、大連に対して『日本書紀』『日本書紀私記』『釈日本紀』はほとんど古訓を付さないものの、確認できる古訓はオホマヘツキミ制が成立する以前（清寧紀以前）は「オホムラジ」、オホマヘツキミ制成立以後（欽明紀以後）は「大臣」「臣」と同じ訓である。これは『日本書紀』に古訓がふられた平安時代中期以降において「大連」が「大臣」「臣・大夫」と同様のものと認識されていたことを示す。

第六は、大連の職掌に関する『日本書紀』の認識が、奏上・奏宣者、マヘツキミの代表、議政官、大王待奉官、軍事的統率者であり、これらはマヘツキミやオホマヘツキミの職掌に対する認識と同じである。

第七は、マヘツキミ達への歴問に対して大連が奉答する例や、大臣と大連とを合わせて「二臣」や「両大臣」と表記する例が『日本書紀』にみられる。これは『日本書紀』編纂者が大連とマヘツキミ・オホマヘツキミとを明確に区別していなかったことを示す。

第八は、『日本書紀』で大連とされる人物が、他史料において大臣や大夫と記される例がある。これも物部・

大伴両氏の家記を含め、様々な史料において大連と大臣・大夫との区別が厳密なものではなかったことを示す。

第九は、氏族系譜の中で自己の父祖を大連とする例がある。これは「大連」という語が連姓氏族において祖先継承に用いられた敬称、すなわちカバネ「連」に美称「大」を冠したものであることを示し、最高執政官の名称ではない。

以上が最高執政官の職位としての大連を否定する倉本の論拠である。多角的な視点からの検討ではあるが、概括的に論旨を整理すると、その中軸は連姓氏族側の論理により形成された敬称である点、大臣（オホマヘツキミ）と同質性を有する点、この二点になる。

さて、以下に各個の論点について検討を加えていくが、結論を先に述べれば上記九点の論拠の全てが成立するとは考え難いものの、結論として最高執政官位「大連」の否定は論証可能と判断する。

第一の点は大連輩出氏族である物部・大伴両氏の家記と『日本書紀』とを結びつけることを主眼としているが、笹川尚紀[31]が指摘するように、持統天皇五年（六九一）の墓記進上と『日本書紀』編纂事業とは別個のものと考えるべきである。

第二と第三の点は『日本書紀』の大連任命記事が大連輩出氏族の家記に基づくとする主張であるが、本書第二章で論じるように『日本書紀』の大臣・大連任命記事はあくまで『日本書紀』編纂者が成文したものであり、そこに各氏族の家記の論理が入り込む余地はない。また、『日本書紀』編纂者が大臣・大連の任命が天皇即位時のみに限定されるとの認識を有していないことを踏まえると、実質的な初任記事が欠落している可能性が多分にある。

欽明天皇即位前紀における物部尾輿の再任記事[32]についても、宣化天皇元年（五三六）七月の大連物部麁鹿火の死去[33]を受け後任人事として物部尾輿が大連に任命されるが、その初任記事が欠落した結果、初出記事が再任記事

となった可能性がある。敏達天皇元年（五七二）四月条の物部守屋についても、前任大連の物部尾輿は欽明天皇十三年（五五二）十月まで活動が確認されるが、その後に死去記事がないまま物部守屋任大連の初出記事となる。推測の域は出ないものの、物部尾輿死去記事と物部守屋の大連初任記事が欠落した結果、初出の任命記事が再任記事となってしまった可能性は捨てきれない。

いずれにせよ、『日本書紀』の大臣・大連任命記事が氏族家記の論理に基づくとすることには賛成できない。筆者は『日本書紀』の大臣・大連任命記事は根拠となる公的な資料「大臣任命表」に忠実に基づいて成文されたと考えている（本書第二章参照）。

また同じ大王の世代に同氏族から複数の大連が確認されることについても次のよう考えられる。倉本の挙げる事例は武烈期の大伴室屋と大伴金村の例、安閑期の物部麁鹿火と物部尾輿と物部木蓮子の例、敏達期の物部守屋と物部贄子の例、以上の三つの事例である。

武烈期の事例は次のように考えられる。武烈天皇即位前紀は、「大伴連金村」が平群真鳥・鮪父子の討滅に多大な功績を残し、その結果として武烈即位が実現する叙述である。大伴金村の大連任命もこの恩賞と見做して大過ない。仮に大伴氏家記により個々の説話に登場する祖を大連としたならば、武烈即位以前の段階においても大伴金村は大連とされていなければならないだろう。筆者はこの事例から大伴氏家記の論理を抽出することは困難であり、あくまで天皇を中心に叙述される『日本書紀』の論理によるものと考える。

安閑期の物部尾輿の例は次のように考えられる。物部麁鹿火は安閑紀・宣化紀の両方に任命記事がある。一方、物部尾輿の任命記事はこの後の欽明紀に再任記事として初出する。すなわち、『日本書紀』編纂者は宣化即位以前に物部尾輿が大連に任命されたとは位置付けていない。よって安閑紀の物部尾輿の例は明確に『日本書紀』の

論理に基づいているとは言えず、倉本の指摘が成立する余地は多分に残る。

但し、物部尾輿を大連と記す『日本書紀』安閑天皇元年（五三四）閏十二月是月条の内容は次の如くである。すなわち、廬城部連枳莒喩の娘である幡媛が物部尾輿の瓔珞（首飾り）を盗み、それを春日皇后（安閑皇后・仁賢天皇皇女）に献上するものの、これが盗品であることが発覚する。ここで贖罪のために廬城部連枳莒喩が屯倉を献上する中で、なぜか被害者である物部尾輿も贖罪のために部民を献上している。この物語の真意を測ることはしないが、この物語が物部氏の祖を顕彰する性格のものでないことは確かである。

また安閑期には物部木蓮子の例もある。宅媛を妃に立てる記述の中でその父物部木蓮子を大連とするのだが、ここでは仁賢天皇皇女の春日山田皇女を皇后に、許勢男人大臣の娘紗手媛と香香有媛が妃に立てられる。『日本書紀』編纂者が皇妃記事を立てる上で父の地位について調整を図り、物部木蓮子を大連とした可能性も捨てきれない。

敏達期については任命記事のない物部贄子大連が問題となる。物部贄子は『日本書紀』敏達天皇十二年（五八三）是歳条における日羅諮問の場面に登場する。ただ物部贄子はこの一連の叙述の中で「物部贄子連」「贄子大連」の二様の記載がなされる。仮に物部氏家記の論理により叙述がなされたならば、このような混在はなく、また正式名を記す「物部贄子連」の方が大連とされるのではないだろうか。この事例については断案を得ないものの、筆者は『日本書紀』の誤記と判断する。

以上の検討から、同一氏から複数名の大連が輩出されていることは、大連を最高執政官として位置付けることが困難であることは示せるものの、それを氏族家記の論理から説明する点については妥当性を欠く。むしろ、『日本書紀』が同一氏でも複数名の大連が在位し得るとの認識を有していたことが重要である。

第四の人名表記法については、確かに大連とされる人物の表記法は［氏名＋大連＋名］［氏名＋名＋大連］［氏名＋大連］［名＋大連］の如く後世のカバネの表記法と合致するが、一方、大臣についても同様の表記法がなされており、この点をもって「大連」のみを輩出氏族における敬称［美称＋カバネ］とする理解は成立しない。「大臣」も臣姓氏族における同様の敬称との結論が必然的に導かれるからである。

この点に関する倉本の指摘は、一方で『日本書紀』編纂者が大臣・大連をカバネに通じる称号として認識し、表記していたことを明らかにしている。後述するように、本来は「大臣」という単一執政官が置かれていたにもかかわらず、『日本書紀』編纂者が「大臣」をカバネ「臣」に美称「大」を付した、いわゆる臣姓氏族を代表する地位と認識した結果、連姓氏族が輩出した大臣についても同様の論理から「大連」と改定したことを示す一つの根拠となる。

第五の古訓の問題については、前節における訓「オホマヘツキミ」の問題と同様、あくまで平安時代以降の認識を示すものであり、そのまま律令制以前・大化前代の実態について論じることはできない。

第九の氏族系譜上の「大連」の使用法については次のように考える。本書第三章で検討するように、氏族系譜は系譜作成時の「現在の自己」「現在のウヂ」の政治的正当性を示すことを目的として作成され、また加上・付会され続けていく性質を有する。よって氏族系譜が『日本書紀』に記される大連、すなわち大臣と同様に政治的に重要な役割を果たす職位「大連」を祖の地位として加上している可能性がある。『日本書紀』における大連就任者は全て連姓であるから、連姓氏族にとって祖の「大連」就任は加上可能な操作と認識されていた可能性が高い。よって一概に氏族系譜上に記された「大連」が最高執政官としての性格を有さないとは断言できない。

さて、残る第六、第七、第八の論点は、大臣と大連の共通性について論じている。特に『日本書紀』において

大連である人物が他史料で大臣とされていることは重要であり、[34]特に第七、第八の指摘の中で、「大臣（オホマヘツキミ）」「臣（マヘツキミ）」と「大連」との区分において厳密性がないことを指摘したことは重要である。

筆者は種々史料間において特定人物の職位として大臣と大連が混在することは認めるものの、それにより一般論として大臣と大連との区別が厳密ではなかったとの結論には賛成できない。すなわち、各個史料において両者が厳密に区別されていることを踏まえた上で、異なる史料間において、なぜそれが混在するのかを検討すべきである。

【史料11】『日本書紀』用明天皇元年（五八六）五月条

夏五月。穴穂部皇子欲レ奸二炊屋姫皇后一、而自強入二於殯宮一。寵臣三輪君逆乃喚二兵衛一重二璅宮門一、拒而勿レ入。穴穂部皇子問曰、「何人在レ此。」兵衛答曰、「三輪君逆在焉。」七呼レ開レ門、遂不二聴入一。①於レ是穴穂部皇子謂二大臣与二大連一曰、「逆頻無レ礼矣。於二殯庭一誄曰、「不レ荒二朝庭一、浄如二鏡面一、臣治平奉仕。」即是無レ礼。方今天皇子弟多在、②両大臣侍。誰得三恣レ情、専言二奉仕一。又余観二殯内一、拒不二聴入一。自呼レ開レ門、七廻不レ応。願欲レ斬之。」③両大臣曰、「随レ命。」於レ是穴穂部皇子陰謀下王二天下一之事上、而口詐在三於殺二逆君一。遂与二物部守屋大連一、率レ兵囲二繞磐余池辺一。逆君知之、隠二於三諸之岳一。是日夜半、潜自レ山出隠二於後宮一。〈謂二炊屋姫皇后之別業一。是名二海石榴市宮一也。〉逆之同姓白堤与二横山一、言二逆君在処一。

『日本書紀』において特定人物（ここでは物部守屋）の職位として大臣と大連が混在する唯一の事例である。ここでは三輪君逆の行動が無礼であり、よって斬刑に処すべき旨を穴穂部皇子が「大臣与大連」（傍線①）、すなわち大臣蘇我馬子と大連物部守屋に命じ、「両大臣」（傍線③）がそれを受けたとある。この「両大臣」は「発令―受命」の関係から傍線①の「大臣与大連」と同義であり、よって「両大臣」は大連物部守屋を含めた表現となる。

傍線②の「両大臣」も文脈上、傍線部③の「両大臣」と同義である。[35]
『日本書紀』において大臣と大連が列記される場合、傍線①のように「大臣大連」か、または「大臣与大連」とするのが一般的であり、大臣という概念に大連を包含させて「両大臣」とするのは本例のみである。よって『日本書紀』編纂者が大臣と大連とを合わせて「両大臣」という概念を作成したとは考え難い。本条が三輪氏の伝承（三輪君逆の顕彰）に基づき成文されていることを踏まえると、[36]「両大臣」も三輪氏伝承の段階で使用されていた文言である可能性が高く、理由は定かではないものの『日本書紀』は「両大臣」をそのまま採用して成文したものと考えられる。

三輪氏伝承中の「両大臣」の中に物部守屋が包摂されていたことから勘案すると、「両大臣」に物部氏による祖の顕彰という性格は皆無であるから、そもそもの物部守屋の職位が大連ではなく大臣であった可能性が浮上する。『日本書紀』編纂者はこの伝承を採用して成文するとき、伝承地文の「大臣」物部守屋を編纂時の認識に基づき「大連」物部守屋と書き換えたのではないだろうか。

これに類似する事例は『先代旧事本紀』「天孫本紀」における石上神宮に奉斎した物部氏系譜にもみられる。以下、表1『先代旧事本紀』「天孫本紀」中の職位記載を中心に検討を進めていく。ここで注目されるのは三世孫「弟」出雲醜大臣命（6）が大臣とあり、「其大臣之号始起二此時一也」と譜文が付されるのを始めとして、同じく三世孫「弟」出石心大臣命（7）、五世孫鬱色雄命（13）、五世孫「弟」大綜杵命（15）、六世孫「弟」伊香色雄命（19）、七世孫「弟」大新河命（22）、八世孫「孫」物部胆咋宿祢（30）までの計七名が大臣であったとする。一方の大連は七世孫「弟」大新河命に「其大連之号始起二此時一」と譜文があるのを始めとして、計二十四例確認できる（22・23・26・35・36・42・47・48・53・54・57・58・61・64・66・67・68・73・74・77・80・90・99・107）。

表1　『先代旧事本紀』「天孫本紀」中の職位記載

No.	続柄	名前	職位の変遷とその内容	職位注記	父子関係
1	弟	宇摩志麻治命			
2	児	宇摩志麻治命	1宿祢／2申食国政大夫（奉斎大神）		
3	孫	味饒田命			
4	弟	彦湯支命	1宿祢／2申食国政大夫（奉斎大神）		
5	三世孫	大祢命	侍臣（奉斎大神）		
6	弟	出雲醜大臣命	1申食国政大夫／2大臣（奉斎大神）	「其大臣之号始起此時也」	
7	弟	出石心大臣命	大臣（奉斎大神）		
8	四世孫	大木食命			6の子
9	弟	六見宿祢命			
10	弟	三見宿祢命	1足尼／2宿祢（奉斎大神）	「其宿祢者始起此時也」	
11	孫	大水口宿祢命			7の子
12	弟	大矢口宿祢命	宿祢（奉斎大神）		
13	五世孫	欝色雄命	大臣（奉斎大神）		
14	妹	欝色謎命	1皇后／2皇太后／3太皇大后		
15	弟	大綜杵命	1大祢／2大臣（奉斎大神）	「則皇后大臣奉斎大神」	
16	弟	大峯大尼命	大尼（供奉）	「其大尼之起始発此時矣」	
17	六世孫	武建大尼命			13の子
18	孫妹	伊香色謎命	1皇妃／2皇后／3皇太后／4太皇大后		15の子
19	弟	伊香色雄命	大臣（奉斎神宮）	「則皇后大臣奉斎神宮」石上神宮成立	
20	七世孫	建胆心大祢命	大祢（供奉）	「始為大祢供奉」	
21	弟	安毛建美命	侍臣（供奉）		
22	弟	大新河命	1大臣／2大連（奉斎神宮）	「次賜物部連公姓、則改為大連、奉斎神宮、其大連之号始起此時」	
23	弟	十市根命	1大夫／2大連（奉斎神宮）	「賜物部連公姓、元為五大夫一、次為大連奉斎神宮」	
24	弟	建新川命	侍臣（供奉）		
25	弟	大咩布命	侍臣（供奉）		

26	八世孫	物部武諸隅連公	大連（奉斎神宮）		22の子
27	弟	物部大小市連公	侍臣（供奉）		
28	弟	物部大小木連公	侍臣（供奉）		
29	弟	物部大母隅連公	侍臣（供奉）		
30	孫	物部胆咋宿祢	1大臣／2宿祢（奉斎神宮）	「其宿祢之官始起此時矣」	23の子
31	弟	物部止志奈連公	侍臣（供奉）		
32	弟	物部片堅石連公	侍臣（供奉）		
33	弟	物部印岐美連公	侍臣（供奉）		
34	弟	物部金弓連公	侍臣（供奉）		
35	九世孫	物部多遅麻連公	大連（奉斎神宮）		26の子
36	孫	物部五十琴宿祢連公	1大連／2宿祢（奉斎神宮）		30の子
37	妹	物部五十琴姫尊	皇妃		
38	弟	物部五十琴彦連公			
39	弟	物部竺志連公	侍臣（供奉）		
40	弟	物部竹古連公	侍臣（供奉）		
41	弟	物部椋垣連公	侍臣（供奉）		
42	十世孫	物部印葉連公	大連（奉斎神宮）		35の子
43	姉	物部山無媛連公	1皇妃／2皇后		
44	弟	物部伊与連公	侍臣（供奉）		
45	弟	物部小神連公	侍臣（供奉）		
46	弟	物部大別連公	侍臣（奉斎神宮）	「詔為侍臣、奉斎神宮」	
47	孫	物部伊莒弗	大連（奉斎神宮）		36の子
48	弟	物部麦入宿祢連公	1大連／2宿祢（奉斎神宮）		
49	弟	物部石持連公			
50	孫	物部目古連公			38の子
51	弟	物部牧古連公			
52	十一世孫	物部真椋連公			47の子
53	弟	物部布都久留連公	大連（奉斎神宮）		
54	弟	物部目大連公	大連（奉斎神宮）		
55	弟	物部鍛冶師連公			
56	弟	物部竺志連公			
57	孫	物部大前宿祢連公	1大連／2宿祢（奉斎神宮）		48の子
58	弟	物部小前宿祢連公	1大連／2大宿祢（奉斎神宮）		
59	弟	物部辞連公			
60	弟	物部石持連公			

61	十二世孫	物部木蓮子連公	大連（奉斎神宮）		53の子
62	弟	物部小事連公			
63	弟	物部多波連公			
64	孫	物部荒山連公	大連（奉斎神宮）		54の子
65	弟	物部麻作連公			
66	十三世孫	物部尾輿連公	大連（奉斎神宮）		64の子
67	孫	物部麻佐良連公	大連（奉斎神宮）		61の子
68	弟	物部目連公	大連（奉斎神宮）		
69	弟	物部長目連公			
70	弟	物部金連公			
71	弟	物部呉足尼連公	宿尼		
72	弟	物部建彦連公			
73	十四世孫	物部大市御狩連公	大連（奉斎神宮）		66の子
74	弟	物部守屋大連公	大連（奉斎神宮）		
75	弟	物部今木金弓若子連公			
76	妹	物部連公布都姫夫人	１夫人／２参朝政（奉斎神宮）	「亦参朝政奉斎神宮」	
77	弟	物部石上贄古連公	大連（奉斎神宮）		
78	弟	物部麻伊古連公			
79	弟	物部多和髪連公		99に「大連」とあり	
80	孫	物部麁鹿火連公	大連（奉斎神宮）		67の子
81	弟	物部老古連公			
82	孫	物部金連公			68の子
83	弟	物部三楯連公			
84	弟	物部臣竹連公			
85	弟	物部倭古連公			
86	弟	物部鹽古連公			
87	弟	物部金古連公			
88	弟	物部阿遅古連公			
89	十五世孫	物部大人連公			73の子
90	弟	物部目連公	大連（奉斎神宮）		
91	孫	物部雄君連公	氏上内大紫冠位（奉斎神宮）		74の子
92	孫	物部鎌束連公			77の子
93	弟	物部長兄若子連公			
94	弟	物部大吉若子連公			
95	妹	物部鎌姫大刀自連公	参政（奉斎神宮）	「為参政奉斎神宮」	
96	孫	物部石弓若子連公			80の子
97	弟	物部毛等若子連公			
98	孫	物部奈西連公			「押甲大連之子」
99	孫	物部恵佐古連公	大連（奉斎神宮）		78の子

100	十六世孫	物部耳連公			89の子
101	孫	物部忍勝連公			91の子
102	弟	物部金弓連公			
103	孫	物部馬古連公	大華上（奉斎神宮）	「授大華上氏印大刀、賜食封千烟、奉斎神宮」	90の子
104	孫	物部荒猪連公	大華上位		99の子
105	弟	物部弓梓連公			
106	弟	物部加佐夫連公			
107	弟	物部多都彦連公	大連（奉斎神宮）		
108	十七世孫	物部連公麻侶		「天下万姓改定八色之日、改連公賜物部朝臣姓、同朝御世、改賜石上朝臣姓」	103の子

ここで注目されるのは、この大連号成立後、一つの例外を除き物部氏系譜上から大臣号が姿を消す。しかも本系譜にはこの他様々な称号（宿祢・大尼など）が使用され、その初例については大臣・大連と同じく譜文に注記されるが、それらを「号」と位置付けるのは大臣と大連のみである。

また大連の初例である大新河命の譜文には「纏向珠城宮御宇天皇御世、元為二大臣一、次賜二物部連公姓一、則改為二大連一」とあって、「物部連公」のカバネ賜与に伴い大臣から大連へ変更されたとする。

これらの点を踏まえると、『先代旧事本紀』「天孫本紀」の物部氏系譜は、「物部連公」のカバネ名の賜与と大連任命が相即不離の関係にあると認識し、また大連号の前身的な地位称号は大臣号であったと認識しているのである。

ここで『日本書紀』における物部氏の大連の任命状況を確認すると、垂仁天皇二十六年八月庚辰条における「物部十千根大連」が初例であり、同人は「物部連遠祖十千根」として『同』垂仁天皇二十五年二月甲子条に五大夫の一人として登場する。これは「天孫本紀」における七世孫「弟」十市根命（23）の譜文「纏向珠城宮御宇天皇御世、賜二物部連公姓一、元為二五大夫一、次為二大連一」と合致する。

しかしながら、「天孫本紀」における大連の初例は大新河命である。大新河命は管見の限り『日本書紀』や他史料でも確認できない。おそらく物部氏系譜上にのみ伝えられた人物であろう。

大新河命を以上のように位置付けると、この人物の大連任命は『日本書紀』や他史料に基づいて付会されたものではなく、「天孫本紀」著者の判断である。ここで大新河命の大連任命以前の地位が大臣であったことに注目する。前述のように「天孫本紀」著者は大連の前身を大臣と認識しており、大連の成立は『日本書紀』に記された「史実」では垂仁天皇のときである。十市根命は物部氏系譜上において大新河命と同世代である。よって系譜上は大臣とあった大新河命も大連に任じられたものと確信し、大新河命の大連任命が記されたのではないだろうか。

また大連成立と「物部連公」姓の成立が同時であるとの記述を踏まえれば、確かに大連は連姓氏族が任じられるものとの認識があり、よって大連成立・任命と同時に「物部連公」の成立・賜与があったはずであるとの認識に基づき「天孫本紀」が記されたと考えられる。

「天孫本紀」叙述の論理を以上のように解すると、「天孫本紀」中の大連は『日本書紀』に基づいて付会されたものである一方、大臣に関しては『日本書紀』やその他の史料により付会されたものではなく、『日本書紀』成立以前の物部氏系譜上[37]に存在した地位名称であるとの結論を導くことができる。

以上により、『日本書紀』と『先代旧事本紀』「天孫本紀」の検討から、筆者は大連が『日本書紀』編纂過程で成立した職位であり、それは連姓氏族の内、大臣の地位にあった者、ないしそのような伝承が存在した人物に対して与えられた職位であったと考える。

なお、倉本が指摘する諸史料間における大臣と大連の混在は、『日本書紀』に基づき記述された場合は大連と

され、それ以前の史料に基づき記述された場合は大臣とされたために生じたものと考える。このような理解に立てば、倉本の指摘の第六、すなわち大臣・大夫と大連の職掌が酷似するのは、本来は大臣としての職掌を担っていたからであり、ただ職位名称のみが変更された結果、必然的に職掌の類似性・同一性が残存したのである。

第三節　オホオミ成立の条件と「臣＝オミ」

前節まではオホマヘツキミ制論の批判を通して、律令制以前・大化前代の大臣は「オホオミ」と訓じられるべきこと、そして職位としての大連はもともと大臣であった人物に対して『日本書紀』がカバネの理解に基づき付与したものであること、この二点の私見を提示してきた。残る課題は律令制以前・大化前代史の中で、この体制の成立と展開を位置付けることである。

「大臣＝オホオミ」は「臣＝オミ」に美称「大＝オホ」を冠した倭語である。但し、訓「オホオミ」を再評価したのは、決して臣姓氏族の代表者として大臣を位置付けてきた伝統的なオホオミ論に回帰させることを目的としているのではない。

「オミ」にはカバネとしての用法の他にも、主に記紀歌謡中の「オミノコ」[38]「オミノオトメ」[39]のように、「宮廷に仕える者」「宮仕えする者。臣。臣下。男女、共に言う」という語義がある。[40]更に「オミ」には「人」を意味する用例が確認でき、おそらくこれが「オミ」の原義であろう。[41]語義の関係からも、広く「人」全般を示す概念であった「オミ」から派生する形で、政治的な概念として臣下や臣従する者を意味する「オミ」の用法が後次的に成立し、これが一般化していくとみて大過ない。カバネ「オミ」の成立も臣下・臣従する者という意味から後

次的に成立したものである[42]。

「臣」を「オミ」と訓じた確実な例は八世紀初頭までしか確認できない。管見の限り、史料上「臣」を「オミ」と訓じた確実な上限は『日本書紀』編纂の八世紀初頭である。すなわち、『古事記』安康天皇段の「根臣」を、『日本書紀』安康天皇元年二月戊辰朔条では「根使主」とし、『日本書紀』は「使主」を「使主、此云二於瀰一」（【史料4】）と「オミ」と訓じている。

但し、記紀歌謡中の「オミノコ」「オミノオトメ」は臣下や臣従する者の意として「オミ」を用いていることから、この歌謡が成立した段階では「臣」を「オミ」と訓じていた可能性は高い。七世紀段階では既に「臣」は「オミ」と訓じられていたとみて大過ない。

またこれに遡る例としては、五世紀末の埼玉県稲荷山古墳出土鉄剣銘文中の「臣」がある。但し、鉄剣銘文の「臣」の訓を「オミ」とする史料的根拠はないのであるが、以下に論じるように「オミ」と訓じるべきものと考える。

【史料12】埼玉県稲荷山古墳出土鉄剣銘文[43]

（表）辛亥年七月中記。乎獲居臣上祖名意富比垝、其児多加利足尼、其児名弖已加利獲居、其児名多加披次獲居、其児名多沙鬼獲居、其児名半弖比、

（裏）其児名加差披余、其児名乎獲居臣、世々為二杖刀人首一、奉事来至レ今。獲加多支鹵大王寺在二斯鬼宮一時、吾左二治天下一。令レ作二此百練利刀一、記二吾奉事根源一也。

周知のように、この銘文は「乎獲居臣」（以下、ヲワケ臣とする）が杖刀人首として「獲加多支鹵大王」（ワカタケル大王）に奉仕するその根源を、系譜に基づき示した「地位継承次第」である[44]。銘文中の辛亥年は西暦四七一

年とみて問題ないから、五世紀中頃の「臣」の用例である。

一方、中国南朝宋の昇明二年（四七八）の倭王武の上表文（『宋書』夷蛮伝倭国条）中にも「臣雖二下愚一」「臣亡考済」などの用例が確認される。ここでの「臣」は上表主体の倭王武であるから、南朝皇帝に対して自ら臣下・臣従する者として「臣」を自称したものである。この他にも『宋書』中には倭五王による遣使記事が散見され、特に倭王珍の遣使記事（「夷蛮伝倭国条」）には「表求二除正一」と上表により爵号の要求がなされているから、この上表中において倭王珍は宋皇帝に対し自らを「臣」と自称したものと思われる。

これら倭王による上表文中の「臣」は、皇帝に隷属し明確な君臣関係を示す際の自称形式「臣＋名」の正規の用法[45]とはいえない。但し、「臣」が用いられた文脈が自らの名を名乗る場面ではないから、一概に「臣」を用いた正規の自称形式が認識されていなかったと断ずることはできない。この上表文が渡来系人物により成文されたこと[46]を踏まえると、自称形式の正規の用法も倭国内では認識されていたとみても大過ないだろう。いずれにせよ、倭王武の政権内部において「臣」の字義が正しく理解され、そして使用されていたと思われる。

一方、稲荷山鉄剣銘文は「ヲワケ臣」、すなわち「名＋臣」であり、君主に対する自称形式としての正しい「臣」の用法ではない[47]。この点については、南朝宋の皇帝への上表文とは史料の性格が異なるから、その成文者も漢文法に卓越した渡来系人物ではなく、漢文法に不慣れな倭人による稚拙な文章と評する見方があるかもしれない。

しかし、稲荷山鉄剣銘文の全体的な構成は五字・七字と字数を整え、かつ中国古典に用例のある漢語を使用している[48]。これはこの銘文が正格漢文であったことを示す。また稲荷山鉄剣と同時期の在銘刀剣である江田船山古墳出土鉄刀銘文が渡来系人物「張安」により成文されていることを踏まえると、稲荷山鉄剣銘も渡来系人物によ

り成文された可能性が高い。

よってヲワケの自称部分で用いられた「名＋臣」の用法は、正格漢文中の表現という点から評価する必要がある。[49] すなわち、「名＋臣」という一見特殊な自称形式であっても、「臣」の字義から逸脱せず、君主に対して臣従を示す自称形式と捉え、かつ正格漢文の中で適切に位置付けなくてはならない。

稲荷山鉄剣銘の「ヲワケ臣」の「臣」を臣下・臣従を意味する漢語と解することは既に『概報』の段階から指摘されている。但しこの読み方は、「ヒコ」「スクネ」「ワケ」が音仮名表記であることを踏まえて「オミ」と訓じることを否定する。また訓「オミ」を否定する要素の一つとして、これをカバネと解していることも重要である。

更に近年では篠川賢[50]が「臣」を漢音「シン」で読むべきであると主張する。この論拠の一つに、倭語が存在するものは音仮名で表記されるから、それ以外は漢音で読むべきである、との理解がある。[51]

但し、「臣」を「シン」と漢音で読み、正しく漢語として使われたと理解した場合、「名＋臣」と表現された理由が不明となる。しかし筆者は、「臣」を臣下・臣従する者を意味する倭語「オミ」の漢訳[52]と理解することで、この問題について次のような説明が可能であると考える。

前述のように、稲荷山鉄剣銘文は渡来系人物により成文された正格漢文である。但し五世紀代の刀剣銘文中の主体はヲワケやムリテ（无利弖、熊本県江田船山古墳出土鉄刀銘）といった倭人である。すなわち成文者は作成主体であるヲワケやムリテが理解できる文章を成文する必要がある。また稲荷山鉄剣銘文の目的がヲワケの奉事の根源[53]を示すことにあることも重要である。この情報の受取者[54]として誰が想定されていたかは難問であるが、少なくともヲワケ自身を含め、一族やその末裔を意識しているとみて大過ないであろう。[55] つまりこの銘文文章は倭人

が理解できる、すなわち倭語の概念で読解（倭語訳）可能な文章として解釈する必要がある。

以上の理解を成文の論理に読み替えれば、稲荷山鉄剣銘文は漢訳可能な限り倭語を漢訳した文章であると位置付けるのが適当である。山尾幸久[56]が指摘するように、音仮名表記された文言はあくまで漢訳が不可能（地名・人名などの固有の名称）なものに限られるのである。

以上から、「ヲワケ臣」の「臣」には対応する倭語があったことが確認できる。問題はその倭語の比定だが、行論の都合上、結論だけを述べれば「オミ」と考えられる。ここで「臣」は倭語「オミ」の漢訳であるから「乎獲居臣」は「ヲワケ（ノ）オミ」と一体的な倭語として理解することができる。すなわち鉄剣銘文成文者は「オミ」を「臣」と漢訳しつつも、「ヲワケ（ノ）オミ」という一体的な倭語に関しては漢訳しなかったのである。

当該期の倭国・倭王武は南朝宋の冊封下にある。よって「臣＋名」の自称形式は南朝宋の皇帝に対する臣下・臣従を意味する。一方、ヲワケが「オミ」を自称することで臣従する相手はワカタケル大王であり、南朝宋の皇帝ではない。鉄剣銘文もワカタケル大王に臣従し奉事したことを要点としている。この臣従対象の決定的な相違を認識し、かつ正格漢文における「臣＋名」の有する意味を正しく理解していた銘文成文者は、倭語のままに「名＋オミ」と記載することが適切であると判断したのである。

以上、若干結論の先取りもしたが、稲荷山鉄剣銘文中の「臣」は臣下・臣従する者を意味する和語を漢訳したものであり、確認される漢字「臣」の訓読例からその候補を探れば、「オミ」であったと見做すことに大きな問題はないだろう。

倭国において漢字「臣」が使用された明確な上限は不明であり、同様に倭語「オミ」成立の上限、そして倭語「オミ」が臣下・臣従する者を意味するようになった時期についても史料上は不明である。ただ筆者は「オミ」

の原義が「人」一般を示すものであったことと、漢字「臣」には明確に君主に対する隷属・臣従する意が存したことから、漢字「臣」が政治的に導入された段階で、「君主―臣下」に類する関係の中で、臣下に該当する側の「オミ（人）」が「臣＝オミ」とされたと考える。

　無論、それは「臣」を用いることで中国的な君臣関係を構築しようとする明確な政治的意図によりなされたものであり、君主号「治天下大王」の成立と同じ政治的契機によるとみられる。君主号「治天下大王」は倭国独自の「天下」的世界、すなわち倭王武の上表文に「自レ昔祖禰、躬擐二甲冑一、跋二渉山川一、不レ遑二寧処一。東征二毛人一五十五国、西服二衆夷一六十六国、渡平二海北一九十五国」とある五王による版図拡大を前提とし、雄略期を下限として成立する。[57]一方で南朝宋の皇帝から倭王や王族・有力豪族に授与された将軍号の官品の問題から、王族の中でも倭国王についた人物が隔絶した地位を有してはいなかったとの指摘もある。[58]倭王により除正された将軍号については、倭王済遣使時の二十三人の「軍郡」の具体的将軍号が不明である以上断定はできないが、少なくとも「治天下大王」号の成立は倭王済以降であったと見做すべきであろう。そして南朝宋との政治的交渉の停止、冊封体制から離脱したのが倭王武の段階であり、これは倭国において「天下」的世界が形成されたことと連動するものとの指摘[59]を受ければ、「治天下大王」号も倭王武により始まると考えて大過ないであろう。

「大臣＝オホオミ」はこのような君臣関係が構築された中で、さらに「臣＝オミ」内の有力者の地位呼称が必要とされたときに成立する。このような意味において雄略期には既に大臣が成立していた可能性は捨てきれない。「大臣任命表」に基づいて立条された『日本書紀』大臣・大連任命記事[60]が雄略紀から始まるのも示唆的である。

第四節　大臣の権能

「大臣＝オホオミ」が「臣＝オミ」を前提として成立するものである以上、その権能も「臣＝オミ」との関わりから検討すべきである。よって第一の検討課題は、五世紀末段階の雄略政権の内部で「臣＝オミ」を自称した集団の性格についてである。ここで筆者は五世紀末の段階で使用されていた「臣＝オミ」概念が、中国の「臣」概念とは性質が異なっていたことに注目する。

古代中国における「臣」は、王侯や官吏といった支配層上部のみならず、広く民庶にまで対象とされる概念である。[61] 一方、雄略政権の内部では限定的な範囲にのみ「臣＝オミ」が適用されていた。すなわち、稲荷山鉄剣銘のヲワケ臣と同様にワカタケル大王に奉仕した江田船山鉄刀銘のムリテは「臣」を自称しない。「臣」の使用に関する両者の相違は、ヲワケは「杖刀人首」であるに対し、ムリテは「典曹人」であったこと、すなわ「首＝カシラ」という地位の有無をその要因としているものと考えられる。[62]

杖刀人の「首＝カシラ」とは、大王の身辺警護をする奉仕集団トモ（杖刀人）を統括するトモノミヤツコである。[63] この［トモノミヤツコ―トモ］体制による大王への奉仕は、稲荷山鉄剣銘文が強く主張しているように「杖刀人首」として「奉事」すること、すなわち半ば分業化された特定職掌による大王への奉仕である。筆者は五世紀末段階に確認される倭国の君臣関係は、「臣」の使用にみられるように中国的君臣関係を模倣しながらも、実質的には大王とトモノミヤツコとの間に構築された非常に限定的なものと考える。[64]

すなわち、トモノミヤツコを中国的君臣観念により「臣＝オミ」と秩序化し、更にその政治的上位の地位とし

て定立された「大臣＝オホオミ」とは、トモノミヤツコ層を代表するものである。つまり、様々な形でなされる大王への奉仕を統括する権能を与えられた最高執政官と位置付けられる。

「大臣＝オホオミ」の権能をこのように位置付けた場合、国家意思決定に関わる権能、すなわち合議体との関係が問題となる。第一節で論じたように、そもそも大臣はマヘツキミに包摂される存在である。よって合議体の主要構成員をマヘツキミと捉える以上、合議体の中にあっては大臣も他のマヘツキミ達と同等の地位なのである。

本来、大臣が合議体を主宰しなかったことは、実際の合議における天皇（大王）との関係からもうかがえる。すなわち、井上亘や仁藤敦史[65]が指摘するように、合議は基本的に大王の御前（以下、天皇（大王）を交えた合議を「御前」合議とする）で行われるのであり、大臣が天皇（大王）を差し置いて合議を主宰し領導するとは考え難い。大臣を含めたマヘツキミはあくまで自己の意見を開陳するのみである。このような「御前」合議におけるマヘツキミ達は最終決定権者である天皇（大王）の諮問機関であり、国家意思の決定においては副次的なものである。[66]

【史料13】『日本書紀』欽明天皇十三年（五五二）十月（傍線は筆者）

冬十月。百済聖明王〈更名聖王。〉遣二西部姫氏達率怒唎斯致契等一、献二釈迦仏金銅像一軀、幡蓋若干、経論若干巻一。（中略）是日。天皇聞已、歓喜踊躍、詔二使者一云、「朕従レ昔来、未三曾得レ聞二如レ是微妙之法一。然朕不二自決一。」乃歴二問群臣一曰、「西蕃献仏相貌端厳全未二曾看一。可レ礼以不。」蘇我大臣稲目宿祢奏曰、「西蕃諸国一皆礼之。豊秋日本豈独背也。」物部大連尾輿、中臣連鎌子同奏曰、「我国家之王二天下一者、恒以二天地社稷百八十神一、春夏秋冬、祭拝為レ事。方今改拝二蕃神一、恐致二国神之怒一。」天皇曰、「宜下付二情願人稲目宿祢一、試令中礼拝上。」大臣跪受而忻悦、安二置小墾田家一。懃修二出世業一、為レ因浄二捨向原家一為レ寺。

百済聖明王から献上された釈迦仏金銅像などの礼拝に関する合議の事例である。群臣に対して「歴問」（傍線

部）するとあるから、合議参加者の各人に対して意見を奏上させ、この天皇の諮問に対して蘇我稲目・物部尾輿・中臣鎌子が奏上した意見が採録されている。この合議は天皇の発議により開催され、天皇の面前で群臣が意見を奏上し、かつ議題に関する最終決定は欽明天皇自身が下している。大臣蘇我稲目や「大連」物部尾輿はあくまで合議に参加し、意見を開陳したマヘツキミの一人と位置付けられる。

「御前」合議は推古期の小墾田宮成立以前に限定される、と井上は指摘する。すなわち、小墾田宮の段階から閤門（大門）により「王の空間」と「群臣衆議の空間」とが分けられるのであり、王を交えた合議はこのような空間が成立する以前の特徴と見做すのである。なお、井上は小墾田宮における空間分離によって、「群臣衆議の空間」の代表的地位としての大臣の権能が確立し、このような局面においてオホマヘツキミ制論と自説の接近を図っている。

小墾田宮において「王の空間」と「群臣衆議の空間」を隔てる遮蔽施設が存在したことは確かであろう。しかし小墾田宮の段階でこの遮蔽施設が成立したことについての論証はなされていない。筆者は「王の空間」と「群臣衆議の空間」を隔てる遮蔽施設の有無は別として、小墾田宮以前の段階から「王の空間」と「群臣の空間」とは概念的に分離しており、「御前」合議は「王の空間」において開催されていたと考える。[67]

【史料14】『日本書紀』用明天皇二年（五八七）四月丙午条（傍線は筆者）

是日。天皇得レ病、還二入於宮一。①群臣侍焉。②天皇詔二群臣一曰、「朕思レ欲レ帰二三宝一。卿等議之。」群臣入レ朝而議。物部守屋大連与二中臣勝海連一、違レ詔議曰、「何背二国神一敬二他神一也。由来不レ識二若レ斯事一矣。」蘇我馬子宿祢大臣曰、「可二随レ詔而奉レ助。詎生二異計一。」於レ是皇弟皇子〈皇弟皇子者穴穂部皇子、即天皇庶弟。〉引二豊国法師一〈闕レ名也。〉③入二於内裏一。物部守屋大連邪睨大怒。（後略）

この合議の場は池辺双槻宮である。用明が病により「宮」（傍線①）に還御し、そこで群臣に対して三法帰依に関する議題とともに合議開催を命じ、群臣は改めて「入レ朝而議」する（傍線②）。この合議の最中、穴穂部皇子が豊国法師を引き連れて「内裏」（傍線③）に参入する。ここで穴穂部皇子と豊国法師が参入した「内裏」と、用明が還御し群臣に合議開催を命じた「宮」とは同義である。すると、「王の空間」としての「宮」・「内裏」と合議を開催するために群臣が改めて参入した「朝」とは、別の性質の空間として認識されていたことになる。

本事例は、「御前」合議を開催すべきであるにもかかわらず、天皇の病を理由として、別の空間で合議が開催されたものと解すべきものである。合議開催の命や議題の提示を病床の天皇が行ったのも、「御前」合議の開催を前提としていたからに他ならない。よって合議は「王の空間」と「群臣の空間」との分離を問題とせず、「御前」合議により行われるべきものである。

以上、国家意思決定に関わる合議は「御前」合議として「王の空間」で行われるべきものである。小墾田宮以前の宮の具体的構造が判然としない以上、井上の説はあくまで一つの仮説として位置付けておきたい。なお【史料14】用明天皇二年（五八七）四月の例が管見の限り確認し得る「御前」合議の最後の事例であり[68]、天皇が参加しない合議（以下、天皇が参加しない合議を群臣合議とする）の初見は後掲【史料15】の推古天皇三十一年（六二三）の小墾田宮段階のものである。よって群臣合議の成立は推古期小墾田宮である可能性は十分にある。

さて、律令制成立以前の合議の基本的性格が以上の如くであれば、「御前」合議から群臣合議へと合議形態が変化しても、合議自体が「意見の開陳の場」であり続ける以上、両者の機能に本質的な差異は認められないことになる。よって大臣が合議体内部において特権的な権能を獲得するには、合議の場から天皇（大王）が姿を消し（群臣合議の成立）、かつ群臣合議それ自体の主体性が一定程度確立する必要がある。

果たして、川尻秋生が指摘するように、大化前代以来の合議は全会一致を必要としない[69]。対して律令制下太政官合議は全会一致を必要とし[70]、個々開陳された意見を調整・統合、ないし却下しながら統一見解を定立することが必要とされた。当初、国家意思定立に対して副次的な機能しか有さなかったマヘツキミによる合議は、統一見解定立という責務が課された段階で主体性を獲得するのである。この段階になって初めて合議を領導して統一見解を定立する権能を保有する首長的な地位が必要とされる。大臣が合議体を単に代表するのではなく、それを領導する首長的役割を果たすためには、合議の実態の質的転換が必要なのである。

一方、合議への天皇不参加（群臣合議の成立）も重要な論点を提示する。すなわち、合議開催権者であり最終決定権者である天皇（大王）と、実際に合議を行う合議体との間に、その議題と結果を伝達する奏宣（会議の開催と議題を「宣」し、会議で出された各意見を「奏」する）者の存在が必要となるからである[71]。

【史料15】『日本書紀』推古天皇三十一年（六二三）是歳条

是歳。新羅伐二任那一。任那附二新羅一。於レ是天皇将レ討二新羅一、謀二及大臣一、詢二于群卿一。田中臣対曰、「不レ可二急討一。先察レ状、以知レ逆後撃之不レ晩也。請試遣レ使覩二其消息一。」中臣連国曰、「任那是元我内官家。今新羅人伐而有之。請戒二戎旅一征二伐新羅一、以取二任那一附二百済一。寧非レ益レ有二于新羅一乎。」田中臣曰、「不レ然。百済是多二反覆一之国。道路之間尚詐之。凡彼所レ請皆非之。故不レ可レ附二百済一。」則不レ果征レ焉。（後略）

【史料15】では、直接天皇が群臣に対して議題を発しておらず、一度大臣を経て合議が開催されている。傍線部の「謀二及大臣一」は合議開催自体を大臣に諮ったもので、実際の「詢二于群卿一」は「御前」合議であったとの批判も予想されるが、筆者は「謀」と「詢」が同義であること[72]から、成文上同字を避けた結果の表現であり、文意は「天皇が大臣に諮り、大臣が群臣に諮った」と、大臣を経由して天皇から合議の開催が命じられたものと考

える。天皇（大王）が合議の開催と議題とを直接的に群臣の面前で命じたものとは異なり、明らかに天皇（大王）の合議への参加は予定されていない。よって群臣合議の結果（提出された全意見）も奏宣者により天皇に奏上されたとみて大過ない。

【史料16】『日本書紀』大化元年（六四五）七月己卯・庚辰条

己卯。天皇詔二阿倍倉梯麻呂大臣、蘇我石川万侶大臣一曰、「可下歴中問大夫与二百伴造等一、以レ悦使レ民之路上。」

庚辰。蘇我石川麻呂大臣奏曰、「先以祭二鎮神祇一、然後応レ議二政事一。」

己卯条では「大夫与二百伴造等一」[73]と伴造層までを対象としていることから、正しく群臣合議とは言えないが、合議開催と議題は天皇から大臣に伝えられている。合議内容は「以レ悦使レ民之路」について「大夫与二百伴造等一」に歴問するものであり、「御前」合議とほぼ同質であるが、天皇の参加が予定されていないことは明白である。なお、この翌日の大臣蘇我石川麻呂による奏上は、合議結果の奏上ではなく、「然後応レ議二政事一」とあるように、合議開催に先立って「祭二鎮神祇一」をすべきことを奏上するものであり、大臣が合議結果を奏上した事例とはならない。しかし、合議開催に関わる奏上を大臣が行っている点は注目される。

さて、合議への天皇不参加に対応して、大臣が群臣合議に関わる奏宣を行い得たのは、執政という合議とは異なる政務体系において大臣が同様の権能を行使していたからである。無論、重要度のあまり高くない案件は大臣以外のマヘツキミが担当したのであろうが[74]、重要な案件については、天皇（大王）から最高執政官たる大臣に直接命が下り、また逆に奏上されていたものと思われる。

【史料17】『日本書紀』皇極天皇元年（六四二）九月乙卯条・辛未条

九月癸丑朔乙卯。天皇詔二大臣一曰、「朕思三欲起二造大寺一。宜レ発二近江与レ越之丁一。〈百済大寺。〉」（後略）

辛未。天皇詔㆓大臣㆒曰、「起㆓是月㆒限㆓十二月以来㆒、欲㆑営㆓宮室㆒。可㆔於国国取㆓殿屋材㆒。然東限㆓遠江㆒、西限㆓安芸㆒、発㆓造㆑宮丁㆒。」

あくまで参考事例の一つだが、ここでは百済大寺と飛鳥板蓋宮造営に関して天皇から大臣に直接に「詔」が出されて、百済大寺と飛鳥板蓋宮の両造営事業が命じられる。これらのように、群臣合議の開催や国家的重要事項の執政命令が、大臣に直接命じられていくことは大臣の権能上昇という観点からは重要な画期となる。

また同様に群臣合議の結果を天皇に奏上することも大臣の権能上昇を考える上では重要である。すなわち、平安時代における内覧や関白の事例のように、単独での天皇への案件上奏は、天皇が行う最終決定に大きな影響を与え得るからである。

以上、大臣の権能の歴史的展開過程について私見を提示してきた。大臣が本来有していた最高執政官という権能に加え、合議から天皇が姿を消したこと（「御前」合議から群臣合議への展開）を契機とし、群臣合議に関する天皇への奏宣権が大臣に集約した結果、大臣は天皇との結びつきをより強めることになる。律令制成立とともに大臣が太政官合議において首長的権能（統一見解の定立に関わり合議を領導していく権能）をも担うようになるのは、単に官僚機構の頂点に位置する官職であったからではなく、合議そのものにおける段階的な権能の上昇こそがその前提としてあるのである。八世紀以降に確認される大臣の訓「オホマヘツキミ」はマヘツキミにより形成される合議体の主体性が確立し、その中での首長的地位を獲得して初めて成立(75)するのである。

結語

多く先行研究の再定義・再解釈に終始した感はあるが、古代日本における成立期大臣の問題について一応の私見を得ることができた。第一に、大臣は「オホオミ」と訓じられる職位であり、単独で最高執政官の役割を果たす地位である。最高執政官として大連という職位が存在しないことは、オホマヘツキミ制論により提唱された論拠を更に整理・検討することで確認し得るし、本書第二章で検討する「大臣任命表」が存在する可能性が高いことも、その証左となる。

第二に、大臣の成立は古代日本において中国的君臣秩序が成立することを契機としている。すなわち君主「治天下大王」に対する臣下「臣」の存在を前提とし、その「臣」の中でも最有力の者数名が「大臣」とされたのである。「治天下大王」号と「臣」が成立した雄略期には既に大臣が成立し得る前提が整っている。

第三に、「臣」はトモノミヤツコ層を中国的君臣秩序に基づき秩序化したものである。この大王への奉仕体系の枠組みの中で最上位の「臣」とされた大臣は、大王への奉仕を統括する最高執政官と考えるべきである。また「臣」層の階層分化の結果、その上層の者によりマヘツキミ層が形成され、それが合議体を形成する。[76]大臣もこのマヘツキミ層に含まれるが、しかしその内部での特権的な権能は与えられていなかった。あくまでマヘツキミの一人である。しかし、合議の形式が「御前」合議から群臣合議へと変化し、更に群臣合議の主体性が確立（統一見解の定立）するにいたり（律令制下の太政官合議）、それを領導する地位として相応しい訓「オホマヘツキミ」が成立する。

古代中国における「大臣」は個別の官職名ではなく、高位の執政官や重職にある臣下を示すものである。[77]秩石制下の前漢では比二千石以上、後漢では中二千石以上の官人が、九品官人制下の魏以降ではおおよそ三品以上の官人が大臣とされる高官の範囲である。[78]前漢と後漢との間でその範囲に大きな差があることは注目されるが、い

ずれにせよその中には宰相である三公と具体的な政務分担がなされる機構の長官である九卿、すなわち公卿と呼ばれる中央行政府の主要部門の長官までをも包摂した概念であるところに特徴がある。

古代日本における大臣が、古代中国における大臣を模倣して成立したと論じるつもりはない。確かに上位執政官であり、合議体を形成しているという意味においては、三公九卿との類似性は認められる。しかし、そもそも五世紀段階の倭国において当代中国と同等の国家機構や合議システムが構築されていたとは考え難い。あくまで「臣の中でもより上位の者に「大」を付して大臣とした」という理由によるか、これとほぼ同質ではあるが、単に中国の「大臣」という名称を模倣したか、いずれかであろう。ただ筆者が主張したいのは、古代中国における君臣関係の導入を契機として成立した、ということである。

なお、本章はあくまで大臣制の成立と展開に論点を絞り検討を加えた結果、関連する論点であるウヂとカバネの問題、すなわち臣下の称号であった「臣」がカバネ「臣」となる契機や「連」の問題について、大臣との関係から論じることができなかった。今後の課題としたい。

註

（1）この伝統的理解が本居宣長『古事記伝』に発し、賀茂真淵にまで遡る可能性が黒田達也「日本古代の「大臣」」（『朝鮮・中国と日本古代大臣制―「大臣・大連制」についての再検討』京都大学学術出版会、二〇〇七年、初出は一九八三年）、土居嗣和「「大臣」の訓をめぐって―日本古代「大臣」研究史再考―」（『早稲田大学高等学院研究年誌』六一、二〇一七年）により指摘されている。特に土居による研究史の整理では、「オホオミ」を律令制大臣とそれ以前の大臣との差異を見出すために適用されたもの、「オホマヘツキミ」を大臣への権力集中がなされたことに着目して適用されたもの、

とそれぞれが研究概念であったとする。この理解に基づき「令制との差異を見出そうとする際には、大臣に「オホオミ」という訓を与えることは、研究用語としての取り扱いであれば認められるべき」と述べる。しかし本章で論じるように、オホマヘツキミ制論の理路は大臣の倭語がオホマヘツキミであることを議論の核心とし、この名称から大臣の権能を復元し、故に大臣への権力集中を認める、というものである。よって大臣の訓をオホオミとするか、オホマヘツキミとするかは、概念適用の問題ではなく、あくまで実証の段階において検討されるべき課題なのである。土居の理解はオホマヘツキミ制論提唱以前の研究動向としては正しいが、今後の大臣制研究における訓の位置付けについては賛成できない。

なお、この通説を批判的・発展的に継承したものとして、井上光貞「太政官成立過程における唐制と固有法との交渉」（『日本古代思想史の研究』岩波書店、一九八二年、初出は一九六七年）がある。井上は近江令肯定論の立場から、近江令成立段階で大臣は「オホオミ」から「オホマヘツキミ」へと変化すると指摘する。律令制成立を画期としてこの変化がみられるとする点は本章の結論と合致するものの、近江令成立を画期とする点については首肯できない。また加藤謙吉『蘇我氏と大和王権』（吉川弘文館、一九八三年）は、大和の在地豪族の勢力が拡大していくなか、雄略期には既に成立していた大連制が朝鮮半島経営の悪化や磐井の乱等により動揺（大伴氏と物部氏の分裂）し、ここに大和在地豪族が政権中枢部に介入していく機会を得、宣化期にいたり蘇我稲目が大臣に任じられ大臣制が成立するとする。加藤は大連を王権直属の軍事力を構成する氏族が任じられるもの、大臣を大和在地豪族の代表とみるから、大臣を「オホオミ」、大連を「オホムラジ」と解釈した議論である。なお、本章でも紹介するように、加藤は後にオホマヘツキミ制論に基づき自説を再構成している。

（2）註（1）黒田前掲書。

（3）倉本一宏「氏族合議制の成立―「オホマヘツキミ―マヘツキミ」制―」（『日本古代国家成立期の政権構造』吉川弘文館、一九九七年、初出は一九九一年）。

（4）北村文治「カバネの思想と姓の制度」（坂本太郎博士古稀記念会編『続日本古代史論集　上』吉川弘文館、一九七二年）、本位田菊士「「大臣」制と七世紀前半の貴族政治―律令官制成立の前提―」（古代を考える会編『藤澤一夫先生古稀

記念　古文化論叢』藤澤一夫先生古稀記念論集刊行会、一九八三年）。

（5）関晃「大化前後の大夫について」（『大化改新の研究　下　関晃著作集　二』吉川弘文館、一九九六年、初出は一九五九年）。

（6）佐藤長門「倭王権における合議制の史的展開」（『日本古代王権の構造と展開』吉川弘文館、二〇〇九年、初出は一九九六年）。

（7）篠川賢A「物部氏の成立」（『東アジアの古代文化』九五号、一九九八年）、同B「物部氏の盛衰」（『物部氏の研究』雄山閣、二〇〇九年）、同C『日本古代の歴史2　飛鳥と古代国家』（吉川弘文館、二〇一三年）、同D『人物叢書　継体天皇』（吉川弘文館、二〇一六年）など。

（8）加藤謙吉『大和の豪族と渡来人—葛城・蘇我氏と大伴・物部氏—』（吉川弘文館、二〇〇二年）。

（9）吉田晶『古代日本の国家形成』（新日本出版社、二〇〇五年）は、大臣を臣姓氏族の代表と位置付けたまま、崇峻期の物部戦争により大連が消滅した結果、大臣（オホオミ）は臣（オミ）の代表から、マヘツキミの代表となり大臣（オホマヘツキミ）になったとする。李在碩「大化前代における大臣の位相」（瀧音能之編『日本古代の都と鄙』岩田書院、二〇〇〇五年）もほぼ同様の論旨を展開するが、吉田との相違点は大連の消滅以前の段階でオホオミとオホマヘツキミが併存可能であるとする点である。これらは大連を否定せずにいかにオホマヘツキミを位置付けるか、という観点からの検討であり、オホマヘツキミ制論を根本的に問いただしたものではない。

（10）大和政権の機能として合議と執政とに分けることについては、大夫・マヘツキミの歴史的展開を執政官と議政官という二つの機能を弁別することで説明する井上亘「大夫制冠位考」（『史聚』三二、一九九九年）の指摘に示唆を受けた。

（11）上田正昭「倭国の政治形態」（『日本古代国家論究』塙書房、一九六八年）。

（12）註（1）前掲黒田論文。

（13）『万葉集』巻第一、七十六番歌、和銅元年（七〇八）天皇御製。本文後掲。『日本書紀』景行天皇十八年七月甲午条所引の歌謡、『翰苑』巻三十蕃夷部倭国条所引「括地志」。

(14) 坂本太郎『六国史』(吉川弘文館、一九七〇年)。
(15) 註(14)坂本前掲書、同「律令及び『日本書紀』の古訓について」(『坂本太郎著作集　二』吉川弘文館、一九八八年、初出は一九八一年)。
(16) 関晃「上代に於ける日本書紀講読の研究」(『日本古代の政治と文化　関晃著作集　五』吉川弘文館、一九九七年、初出は一九四二年)。
(17) 山尾幸久「庚午年籍以前の称号の検討」(『カバネの成立と天皇』吉川弘文館、一九九八年)。
(18) 井上光貞「帝紀からみた葛城氏」(『日本古代国家の研究』岩波書店、一九六五年、初出は一九五六年)。『古事記』の「都夫良」を葛城氏の人物とみることについて、「都夫良」が大長谷王子(雄略)に献上した「五処之屯宅」を、『古事記』は「今葛城之五村苑人也」と注するから問題はないとする。
(19) 【史料5】の「賤奴意富美」に対する日本古典文学全集『古事記』(小学館、一九九七年)の頭注では「オホミが固有名詞の一部と意識されている可能性がある」と指摘する。
(20) 註(16)前掲関論文、北川和秀「日本書紀私記」(『国史大系書目解題　下』吉川弘文館、二〇〇一年)など。
(21) 北康宏「冠位十二階・小墾田宮・大兄制―大化前代の政権構造―」(『日本古代君主制成立史の研究』塙書房、二〇一七年、初出は二〇一〇年)。
(22) 黛弘道A「冠位十二階考」(『律令国家成立史の研究』吉川弘文館、一九八二年、初出は一九五九年)、同B「冠位十二階の実態と源流」(『同』、初出は一九七九年)。
(23) 註(22)前掲黛A論文。
(24) 『翰苑』所引「括地志」(同註(13))の「麻卑兜吉寐」について、「大徳」のみを指すとする見解(註(6)前掲佐藤論文)と、「二日小徳」までを含め徳冠全体を指すとする見解(註(22)前掲黛B論文)がある。筆者は括地志の文意上は大徳のみを指していると解すべきと考えるが、しかし遣隋使によりもたらされた情報が数段階を経て括地志に採録されたことを考慮すると、実態としてのマヘツキミの冠位については註(21)前掲北論文の指摘を重視すべきであると考える。

(25) 註(3)前掲倉本論文ではオホマヘツキミを「基本的にはマヘツキミの一部と見做されていた」とも指摘する。本章の観点からすれば示唆に富む指摘である。
(26) 石上英一「令義解」(『国史大系書目解題　下』吉川弘文館、二〇〇一年)。
(27) 佐佐木信綱編『岩波文庫　新訂新訓万葉集』(岩波書店、一九二七年)、日本古典文学全集『万葉集』(小学館、一九九四年)。
(28) 註(4)前掲北村論文、註(4)前掲本位田論文。
(29) 註(3)前掲倉本論文。
(30) 坂本太郎「纂記と日本書紀」(『日本古代史の基礎的研究　上』東京大学出版会、一九六四年、初出は一九四五年)。
(31) 笹川尚紀「墓記考」(『日本書紀成立史攷』塙書房、二〇一六年)。
(32)『日本書紀』欽明天皇即位前紀。
(33)『日本書紀』宣化天皇元年(五三六)七月条。
(34) 但し『日本書紀』敏達天皇十四年(五八五)八月己亥条の「由レ是二臣微生二怨恨一」は、確かに大臣蘇我馬子と大連物部守屋の両名を指しているが、ここでの「臣」の用法は一般的な臣下を示すものであるから、特別に大臣と大連を合わせて「二臣」と表記しているのではない。
(35) 註(7)前掲篠川A論文。
(36) 註(30)前掲坂本論文。
(37)『先代旧事本紀』「天孫本紀」の性格については鎌田純一『先代旧事本紀の研究　研究の部』(吉川弘文館、一九六一年)、阿部武彦「先代旧事本紀」(『国史大系書目解題　上』吉川弘文館、一九七一年)による。特に「天孫本紀」が『日本書紀』などと整合性を図りつつ叙述されるも、原型となる史料が古く遡る可能性を指摘することを重視する。
(38)『古事記』清寧天皇段、『日本書紀』雄略天皇即位前紀、同三年八月条、武烈天皇即位前紀の二首、天智天皇十年(六七一)十二月癸酉条、の計六首。

(39)『古事記』雄略天皇段、『日本書紀』仁徳天皇十六年七月条の計二首。

(40)『時代別国語大辞典　上代編』（三省堂、一九六七年）、土橋寛『古代歌謡全注釈　古事記編』（角川書店、一九七二年）、同『古代歌謡全注釈　日本書紀編』（角川書店、一九七六年）、大久保正『講談社学術文庫　日本書紀歌謡全注釈』（講談社、一九八一年）、同『講談社学術文庫　古事記歌謡全注釈』（講談社、一九八一年）、『古語大鑑　一』（東京大学出版会、二〇一一年）など。

(41)『古事記』雄略天皇段の葛城一言主大神の物語中にみられる「宇都志意美＝ウツシオミ」の「意美＝オミ」である。日本古典文学全集『古事記』（小学館、一九九七年）では「ウツシオミ」を雄略が自分自身を表現した言葉と捉え、「人間を現世において神に仕える存在として捉える語」とする。しかし、物語の序盤では雄略の葛城山行幸の従者について「悉給下著二紅紐一之青摺衣上服」とその装束について明記し、これを踏まえ葛城一言主神の行列の規模や従者の服装がこれに酷似していたとする。よって雄略が葛城一言主大神の行列を大神の行列とは認識できなかったことを弁明した「有二宇都志意美一者、不レ覚」は「葛城一言主大神が人の姿であったから分からなかった」と解することで物語の序盤との整合性がとれる。「ウツシオミ」は人間の姿をした葛城一言主の状態を説明するためのものであり、ここでの「オミ」は単純に「人」の意味である。

(42)註(17)前掲山尾論文。

(43)銘文釈文は岸俊男・田中稔・狩野久「銘文の釈読と解説」（埼玉県教育委員会『稲荷山古墳出土鉄剣金象嵌銘概報』一九七九年）による。以下、『概報』とする。

(44)義江明子「「児（子）」系譜にみる地位継承―「稲荷山鉄剣」・「海部系図」―」（『日本古代系譜様式論』吉川弘文館、二〇〇〇年、初出は一九八八年）。

(45)尾形勇「自称形式より見たる君臣関係」（『中国古代の「家」と国家』岩波書店、一九七九年）。

(46)河内春人「倭王武の上表文と文字表記」（『日本古代君主号の研究―倭国王・天子・天皇―』八木書店、二〇一五年、初出は二〇〇三年）。

(47) 遠山美都男「古代氏族系譜の形成をめぐる二題」(『学習院史学』三八、二〇〇〇年)は稲荷山鉄剣銘の「臣」がワカタケル大王の時代に府官制を基礎として制定・授与された称号であり、ヲワケに限れば軍事的官僚として奉仕する様を集約的に表現したものであるとする。しかしながら、河内春人「倭国における南朝官爵の指摘意義」(『日本古代君主号の研究―倭国王・天子・天皇―』八木書店、二〇一五年、初出は二〇一〇年)が指摘するように、倭国を含めた東アジア諸国において府官は渡来系人士を組織するものであり、明らかに渡来系ではないヲワケを府官に当てることはできない。また長史・司馬・参軍といった府官の名称とも全く異なる。

筆者もこれに加え、府官制が南朝皇帝との臣従関係の構築を前提に授与される官職・地位を根拠に官制を敷設するという本質論から、倭王武・雄略期に府官制は実施されていないと考える。すなわち、本章で後述するように、倭王武の段階において倭国独自の「天下」的世界が形成され、「治天下大王」号も成立する。このような段階で倭王武自身が「臣下」の身分にあることを全面的に表明することにもなる府官制を実施したとは到底思えない。但しこの私見は河内説との間に一部齟齬をもたらすから、その説明をしておく。すなわち、河内は江田船山古墳鉄刀銘を「奉㆓事典曹㆒人」と釈読し、過渡的段階と位置付けながらも「典曹」を府官の事例とみる。しかし河内が指摘するように府官はあくまで渡来系人士に対するものである以上、ムリテの奉事内容とされる「典曹人」を府官と位置付けることはできない。おそらく成文者張安により、文筆に関わる職務を漢籍等に基づき「典曹」と漢訳したものではないだろうか。

(48) 註(43)前掲『概報』。

(49) 註(17)前掲山尾論文は『日本書紀』所引の「百済本記」における「臣」の用法(印奇臣・烏胡跛臣など)から、稲荷山鉄剣銘の「臣」を含め六世紀から倭で使用された「臣」についても百済で使用された字義と同じものであったと指摘する。筆者はこの指摘を受けつつ、更に次の点を指摘したい。すなわち、百済本記でも君主に対する臣下の正規の自称形式「臣+名」とは異なる「名+臣」をあえて用いていることから、百済本記の記主は倭における「臣」の用法が正規表現「臣+名」とは異なると理解していたことを示している。

(50) 篠川賢「カバネ「連」の成立について」(『日本常民文化紀要』二六、二〇〇七年)。

(51) 沖森卓也「日本語表記の黎明」(『日本古代の表記と文体』吉川弘文館、二〇〇〇年、初出は一九九八年)は漢文における和訓、すなわち倭語の漢訳の初例は岡田山一号墳出土鉄剣銘の「額田部」であり、和訓の成立を六世紀第Ⅲ四半期とする。これを受けて註(46)前掲河内論文も五世紀段階の金石文資料の文体が正格漢文であることをもって、文字表記が社会に本格的に受容される段階にはなく、あくまで政治的所為として機能するものとし、和訓(漢訳)の成立はこの次の段階にあると指摘する。この内、河内は金石文資料の正格漢文を「読まれない文章」と位置付けていると思われる。この点の批判については本文中で行う。

(52) 註(17)前掲山尾論文。

(53) 註(44)前掲義江論文。

(54) 山口英男「文書と木簡」(石上英一編『日本の時代史30　歴史と素材』吉川弘文館、二〇〇四年)でなされた次の指摘に示唆を受けた。すなわち、物事を文字で記述するとは、文字によって情報を媒体に定着させることであり、そして情報を定着させることは、その定着させた情報に触れる者、つまり情報の受取者の存在を前提とする。稲荷山鉄剣銘文も情報の発信者と受取者の双方の関係の中で読解する必要がある。

(55) 鉄剣銘文の情報の受け手としてヲワケの末裔を想定したのは、この鉄剣が最終的に副葬品として埋葬されているからである。但し鉄剣が出土した稲荷山古墳礫槨(第一主体部)の被葬者がヲワケ本人であるかについては見解の一致をみていない。筆者は礫槨被葬者とヲワケを同一人とみる近年の熊谷公男『日本の歴史03　大王から天皇へ』(講談社、二〇〇一年)の説明が最も整合的であると考える。しかし、後述するようにヲワケをトモ「杖刀人」を統率するトモノミヤツコ「杖刀人首」とする私見は、礫槨被葬者とヲワケは別人であるとする鎌田元一「部民制の構造と展開」(『律令公民制の研究』塙書房、二〇〇一年、初出は一九八四年)によっている。鎌田は礫槨被葬者をトモ「杖刀人」として出仕した武蔵の豪族とし、これと服属関係を構築したトモノミヤツコ「杖刀人首」である中央豪族ヲワケがその象徴として鉄剣を賜与したとする。よって無条件的にこの点について熊谷説に賛成することは自己矛盾となる。

筆者は銘文の主旨があくまでヲワケ個人(もしくはその母集団を含める)の自己正当性(杖刀人首として大王に奉仕す

ることの正当性）を示すことに主眼があり、ヲワケ、およびその地位を継承していく集団の首長が所持し続けることに意味のあるものと考える。銘文文面上はヲワケと隷属関係を構築した人物（集団）についての考慮は一切なく、仮にトモノミヤツコが配下のトモと服属関係を構築するときにこのような有銘鉄剣等が賜与されるのであれば、この種の遺物の出土例はここまで僅少ではないだろう。そこで筆者はヲワケがトモノミヤツコであり、かつ稲荷山古墳礫槨被葬者であったと理解する以上、トモノミヤツコは必ずしも中央豪族（畿内周辺）には限られなかった、と考える。すなわち武蔵からワカタケル大王の王宮に出仕したヲワケがトモノミヤツコの地位に就いたと考える。寵臣であることも群臣に参画し得る一つの資格であることを指摘する註(6)前掲佐藤論文の指摘も示唆的である。但し、あくまでそれは異例であったから、ヲワケはトモノミヤツコの地位に就いた正当性を示すため、オホヒコに始まる系譜に自己の系譜を接続（同祖関係の構築、溝口睦子「氏族系譜に共通する形式と構造及び問題点」（『日本古代氏族系譜の成立』学習院、一九八二年）を参照）し、「世々為㆓杖刀人首㆒奉事来至㆑今」としたのではないだろうか。

なお、ヲワケを稲荷山古墳の被葬者と考える上での障害の一つに鉄剣出土遺構の問題がある。稲荷山古墳後円部には二つの埋葬施設があり、一つは鉄剣が出土した礫槨（第一主体部）、もう一つは粘土槨（第二主体部）である。一般的に埋葬施設としては粘土槨の方が格上であることなどから、鉄剣が副葬された礫槨被葬者を古墳造営集団の族長と位置付けることが問題とされてきた。しかし、稲荷山古墳の正報告書（埼玉県教育委員会『埼玉稲荷山古墳』一九八〇年）によれば、粘土槨とされてきた第二主体部の遺構埋土の観察上、それは粘土槨ではなく木棺直葬であった可能性が高いと報告されている。よって現段階では礫槨被葬者を古墳造営集団の族長と見做すことに大きな障害はない。但し未発見の埋葬施設が存在する可能性も指摘されており（小川良祐「埼玉稲荷山古墳の新情報」『ワカタケル大王とその時代―埼玉稲荷山古墳』山川出版社、二〇〇三年）、この推定が確かであれば稲荷山古墳の造営自体は礫槨被葬者埋葬を契機としたものではなくなる可能性が生じる。今後の考古学的調査の成果が待たれる。

(56) 註(17)前掲山尾論文。

(57) 註(55)熊谷前掲書。

(58) 武田幸男「平西将軍倭隋の解釈」（『朝鮮学報』七七、一九七五年）、註(47)前掲河内論文。
(59) 西嶋定生『日本歴史の国際環境』（東京大学出版会、一九八五年）、大平聡「ワカタケル―倭の五王の到達点―」（『古代の人物1　日出づる国の誕生』清文堂出版、二〇〇九年）。
(60) 本書第二章。
(61) 尾形勇「「臣某」の意義と君臣関係」（『中国古代の「家」と国家』岩波書店、一九七九年）。
(62) 註(50)前掲篠川論文。なお篠川はこの点について次のようにも指摘する。すなわち、溝口睦子の氏族系譜論を踏まえ、ヲワケは大王から「オホヒコ」に始まる同祖系譜を称することを認められるとともに「臣」の称号が与えられた。一方、ムリテは同祖系譜の共有を認められず、故に「臣」の称号も大王から付与されなかった、と。註(47)前掲遠山論文も稲荷山鉄剣銘の「臣」と系譜記載との関係を重視し、そもそも鉄剣銘文はヲワケが「臣」の称号を授与されたことを契機に作られた、と指摘する。しかしながら、系譜記載の有無は両刀剣の作成と銘文記載の意図が異なることに起因するものである。稲荷山鉄剣銘はヲワケが杖刀人首として大王に奉仕することの根源（正当性）を系譜（地位継承次第）に求めたが故に系譜が記載されたのであり、江田船山鉄刀銘は「長寿」や「子孫洋々」「不失其所統」等の文言からも、繁栄の持続を願うものである。
(63) 註(55)前掲鎌田論文。
(64) 遠山美都男「「部」の諸概念の再検討　覚書」（『学習院史学』二七、一九八九年）は特定の有力首長がマヘツキミとして合議への参加資格、すなわち大王宮構成員資格を有していたが故に部民の所有が可能になったとし、これを踏まえた佐藤長門「倭王権における合議制の機能と構造」（『日本古代王権の構造と展開』吉川弘文館、二〇〇九年、初出は一九九四年）も群臣の合議体への参加資格をトモノミヤツコとして大王に近侍し奉仕する政治的地位から説明する。筆者は「臣＝オミ」がトモノミヤツコを君臣関係に基づき秩序化したことを歴史的前提として、群臣層が成立したと考えている。無論、所謂トモノミヤツコ層全てが合議体を形成する群臣となったのではなく、さらなる階層分化があり、その上位のみがマヘツキミを形成したことは言うまでもない。

(65) 井上亘「推古朝の朝政」(『日本古代朝政の研究』吉川弘文館、一九九八年、初出は一九九五年)、仁藤敦史「小墾田宮と浄御原宮」(『古代文化』五一—三、一九九九年)。
(66) 吉川真司「律令太政官制と合議制」(『律令官僚制の研究』塙書房、一九九八年、初出は一九八八年)、註(64)前掲佐藤論文など。
(67) 註(65)前掲仁藤論文。合議は閤門内部の[大殿—庭]の空間で行われたとし、これに従う。
(68) なお、ここでは新天皇(大王)推戴に関わる群臣合議は含めていない。すなわち、新天皇(大王)推戴は必ず天皇(大王)不在時に行われるのであり、群臣合議の中でも異質のものだからである。
(69) 川尻秋生「日本古代における合議制の特質」(『歴史学研究』七六三、二〇〇二年)。
(70) 川尻秋生「日本古代における「議」」(『史学雑誌』一一〇—三、二〇〇一年)。
(71) 註(65)前掲井上論文。
(72) 日本古典文学全集『日本書紀』(小学館、一九九六年)の当該条頭注では『尚書』孔子伝「詢、謀也」を引いて、ともに「相談する意」とする。
(73) これは古代中国において公卿・百官・群臣により行われた大議に相当すると思われる。渡辺信一郎「朝政の構造」(『天空の玉座』柏書房、一九九六年)。但し、「百官」等ではなく「百伴造」とあることからみて、成文上漢籍等に仮託したものではなく、実態を示したものと判断される。推測ではあるが、このように実際に広く伴造層にまで歴問の対象を広げたのは、古代中国における群臣会議(大議)のあり方を参考とした可能性がある。
(74) 註(5)前掲関論文。
(75) 註(1)前掲土居論文は、『日本書紀』の古訓「オホマヘツキミ」が、オホマヘツキミとしての大臣のみが存在する律令制下の史観によるとする。あくまで研究史整理に基づく提言ではあるが、継承すべき指摘である。
(76) マヘツキミの成立については宣化期とする加藤謙吉「大夫制と大夫選任氏族」(『大和政権と古代氏族』吉川弘文館、一九九一年、初出は一九八六年)、欽明期とする註(3)前掲倉本論文がある。筆者は『日本書紀』舒明天皇即位前紀の

「自二磯城嶋宮御宇天皇之世一、及二近世一者、群卿皆賢哲也」が欽明期におけるマヘツキミ制成立を示すものと評価する倉本説に賛成である。

（77）諸橋轍次『大漢和辞典』（大修館書店、一九五六年）、岩橋小彌太「孝徳天皇紀の大臣及び内臣について」（『上代官職制度の研究』吉川弘文館、一九六二年、初出は一九五二年）、日中民族科学研究所編『中国歴代職官辞典』（国書刊行会、一九八〇年）、漢語大詞典編輯委員会編『漢語大詞典』（上海辞書出版社、二〇〇七年）、註（3）前掲倉本論文など。

（78）註（1）前掲黒田論文。

第二章　『日本書紀』編纂材料としての「大臣任命表」

序

『日本書紀』における大臣・大連の任命記事は明らかに『日本書紀』編纂者が成文したものである[1]。日野昭が指摘するように、『古事記』と異なり『日本書紀』が大臣・大連任命記事を歴朝にかけて記述するのは、史書としての体裁を整え、かつ中国風の重厚さをもたせようとした編纂者の意図によるし[2]、天皇の政治には必ず臣下による輔弼を要するという、官制が整備されて以降に成立した政治通念に基づいている[3]。

また日野は『日本書紀』が『古事記』にはみられない大臣・大連を採録している点についても指摘し、編纂者が執政記事の必要性を強く意識し、たとえ原資料に執政の事実が明確ではなくとも、なんらかの手がかりがあれば執政の記事を立てたことが理由であり[4]、『日本書紀』の史実認定の杜撰さを論じる。

以上の日野の指摘に対し、若井敏明[5]は吉村武彦[6]の次の指摘を重視し日野の批判を試みる。すなわち、天皇即位時における大臣・大連の留任記事の本質は天皇の代がわりにおける新たな職位の確認であるから、大臣・大連任命は天皇即位儀礼の一環である、と。若井はこの点を考察の基本に据え、このような任命記事は特定氏族の伝承に基づき、かつ後世に造作されたような人物が記される可能性は低い、と論じる。

筆者は、日野の指摘のうち、大臣・大連任命記事の性格を官僚制的なものと捉える点は首肯すべきものと考え

る。しかし、より個別的な大臣・大連の認定については批判の余地がある。すなわち、『日本書紀』が大臣と認めつつも任命記事が立てられなかった葛城円大臣[7]や物部木蓮子大連の例からは、『日本書紀』の大臣認定と任命記事の立条とには別の論理が働いていることがうかがえる。また『古事記』履中天皇段には隼人の曾婆加理が、允恭天皇段には大前小前宿祢がそれぞれ大臣として記されるが、『日本書紀』はこれらを採録しないから、決して無批判的に大臣認定をしているわけではない。

若井が的確に批判するように、大臣・大連任命記事は天皇即位記事と一体的に理解する必要があり、安易に氏族伝承に由来する人物と判定するのは慎むべきである。しかし、若井の論証にも問題はある。すなわち、天皇即位儀礼と一体的記事であるとの指摘は首肯すべきものの、実在性が疑問視されている個々の大臣の実在性を論じる姿勢は、非実在の論証が成功していないことを指摘するに留まっている。

また、天皇即位儀礼との一体性についても、氏族伝承に由来した任命記事という点の批判には成功しているが、天皇即位に関わる大臣・大連任命の情報源を探ることまでは論が及んでいない。大臣・大連の実在性を論じようとするときには、『日本書紀』が何を根拠に大臣・大連任命記事を立てたのか、その史料に対する史料批判が求められる。歴代天皇の即位に関わる基本史料である帝紀には大臣・大連任命記事がないことも考慮しておく必要があろう。

筆者は大臣・大連任命記事が官僚制的認識下で作られたとする日野の指摘を重視し、『日本書紀』が任命記事を定立するにあたり基準とした編纂材料を想定し、かつ天皇即位と一体的に大臣・大連任命記事を立てた『日本書紀』の論理の究明を試みる。この作業は大化前代の大臣について検討する、最も基礎的な作業となるだろう。

さて、『日本書紀』の編纂材料については坂本太郎[8]の説が通説である。坂本は記事内容の資料となったものと、

作文の典拠となった漢籍との二つに分け、前者については、①帝紀、②旧辞、③諸氏に伝えた先祖の物語の記録（諸氏の伝承・記録）、④地方諸国に伝えた物語の記録、⑤政府の記録、⑥個人の手記、⑦寺院の縁起、⑧百済に関する記録、の八つを指摘した。

この八つの内、④地方諸国に伝えた物語の記録、⑥個人の手記、⑦寺院の縁起、⑧百済に関する記録、以上の四つに一貫した大臣・大連の任命記事があったとは思われない。また②旧辞についても、それを基に編纂された『古事記』に大臣・大連任命記事はなく、あくまで物語中に大臣・大連が登場するのみである。よってこれらは大臣・大連任命記事定立にあたっての根本資料とはなり得ず、あくまで補足的利用にのみ堪え得るものである。

残る①帝紀、③諸氏の伝承・記録、⑤政府の記録の内、①帝紀は天皇即位に関する基本的な情報が記されたものであり、かつ大臣・大連は各大王就任時に任命され直すことから[9]、根本資料である可能性がある。

しかし帝紀の構成要素は、続柄、天皇名、皇居と治天下、皇妃と皇子女、没年齢・崩御年月日と山陵のみからなり[10]、大臣・大連任命に関する記述は確認されていない[11]。よって帝紀もあくまで補足的な利用にしか堪えないであろう[12]。

③諸氏の伝承・記録については、野口武司[13]がこれを高く評価している。すなわち、『日本書紀』持統天皇五年（六九一）八月辛亥条の「墓記」を、通説[14]に準じて「氏の一構成員たる氏人一個人に係わる系譜・事歴・業績・没年、等々といった事柄を認めた記録」とし、これに基づき『日本書紀』の大臣・大連・大夫の任命記事が記された、と。

しかし、笹川尚紀の指摘[15]のように持統天皇五年（六九一）の「墓記」は、未認定の先皇陵治定作業のために各氏の祖先の墳墓所在地を調査したものであり、『日本書紀』編纂とは無関係である。そもそも「墓記」と諸氏の

記録と大臣・大連任命記事を関連付ける野口の論理展開には種々の問題[16]があり賛成できない。

諸氏の伝承・記録も根本資料とはなり得ず、補足資料とすべきである。笹川[17]が論じるように、『日本書紀』が採録した氏族伝承は朝廷が内容を肯定したものである。よって仮に各氏族が自氏系譜上にある大臣・大連を主張したとしても、『日本書紀』に採用されるには公的に認められる根拠が必要となる。すなわち、問題は『日本書紀』編纂者（公的な存在としての朝廷）が、何を根拠として公的正当性を付与したのか、である。

ここで「墓記」を進上する十八氏を選出する際、朝廷が把握していた大臣・大連等の輩出氏族が対象とされた、とする野口の指摘は示唆に富む。朝廷が歴代大臣・大連等を把握していたことは十分に想定可能であり、坂本が想定した⑤政府の記録の範疇に含まれるものとして追究する価値がある。

以上の問題意識に基づき、第一に『日本書紀』の大臣・大連任命記事の分析から、大臣・大連任命者に関する公的な記録を朝廷が保有していたことについて検討を加える。第二に、これまで自氏伝承等に基づく諸氏の主張により『日本書紀』に架上されたと評されてきた大臣について検討し、これらの人物を『日本書紀』が採録した論理について分析していく。

第一節　大臣・大連任命記事の基礎資料

『日本書紀』が大臣・大連任命記事を定立するに際して参考とした資料について究明するには、『日本書紀』の大臣・大連任命記事そのものの分析が必須である。以下、『日本書紀』中の大臣・大連任命記事を掲げるが、便宜上、大化改新までのものとした（傍線は筆者。大臣・大連任命の記述部）。

【史料1】『日本書紀』成務天皇三年正月己卯条

三年春正月癸酉朔己卯。以㆓武内宿祢㆒為㆓大臣㆒也。初天皇与㆓武内宿祢㆒同日生之。故有㆓異寵㆒焉。

【史料2】『日本書紀』雄略天皇即位前紀

十一月壬子朔甲子。天皇命㆓有司㆒設㆓壇於泊瀬朝倉㆒即㆓天皇位㆒。遂定㆑宮焉。以㆓平群臣真鳥㆒為㆓大臣㆒。以㆓大伴連室屋、物部連目㆒為㆓大連㆒。

【史料3】『日本書紀』清寧天皇元年正月壬子条

元年春正月戊戌朔壬子。命㆓有司㆒、設㆓壇場於磐余甕栗㆒、陟㆓天皇位㆒。遂定㆑宮焉。尊㆓葛城韓媛㆒為㆓皇太夫人㆒。以㆓大伴室屋大連㆒為㆓大連㆒、平群真鳥大臣為㆓大臣㆒、並如㆑故。臣連伴造等、各依㆓職位㆒焉。

【史料4】『日本書紀』武烈天皇即位前紀

（中略）十二月、大伴金村連平㆓定賊㆒訖、反㆓政太子㆒。請㆑上㆓尊号㆒曰、「今億計天皇子唯有㆓陛下㆒。億兆攸㆑帰、曾無㆓与二㆒。又頼㆓皇天翼戴㆒、浄㆓除凶党㆒。英略雄断以盛㆓天威天禄㆒。日本必有㆑主。主㆓日本㆒者、非㆓陛下㆒而誰。伏願陛下仰答㆓霊祇㆒、弘㆓宣景命㆒、光㆓宅日本㆒、誕受㆓銀郷㆒。」於㆑是太子命㆓有司㆒、設㆓壇場於泊瀬列城㆒、陟㆓天皇位㆒。遂定㆑都訖。是日、以㆓大伴金村連㆒為㆓大連㆒。

【史料5】『日本書紀』継体天皇元年（五〇七）二月甲午条

二月辛卯朔甲午。大伴金村大連乃跪上㆓天子鏡剣璽符㆒再拝。男大迹天皇謝曰、「子㆑民治㆑国重事也。寡人不才不㆑足㆓以称㆒。願請廻㆑慮択㆓賢者㆒。寡人不㆓敢当㆒。」大伴大連伏㆑地固請。男大迹天皇西向譲者三、南向譲者再。大伴大連等皆曰、「臣伏計之、大王子㆑民治㆑国、最宜称。臣等為㆓宗廟社稷㆒計、不㆓敢忽㆒。幸藉㆓衆願㆒、乞垂㆓聴納㆒。」男大迹天皇曰、「大臣大連将相諸臣、咸推㆓寡人㆒。寡人敢不㆑乖。」乃受㆓璽符㆒。是日、即㆓天皇

位一。以二大伴金村大連一為二大連一、許勢男人大臣為二大臣一、物部麁鹿火大連為二大連一、並如レ故。是以大臣大連等、各依二職位一焉。

【史料6】『日本書紀』安閑天皇即位前紀

二十五年春二月辛丑朔丁未。男大迹天皇立二大兄一為二天皇一、即日男大迹天皇崩。是月、以二大伴大連、物部麁鹿火大連一為二大連一、並如レ故。

【史料7】『日本書紀』宣化天皇元年（五三六）二月壬申朔条

二月壬申朔。以二大伴金村大連一為二大連一、物部麁鹿火大連為二大連一、並如レ故。又以二蘇我稲目宿祢一為二大臣一、阿倍大麻呂臣為二大夫一。

【史料8】『日本書紀』欽明天皇即位前紀

（前略）冬十二月庚辰朔甲申。天国排開広庭皇子即二天皇位一。時年若干。尊二皇后一曰二皇太后一。大伴金村大連、物部尾輿大連為二大連一、及蘇我稲目宿祢大臣為二大臣一、並如レ故。

【史料9】『日本書紀』敏達天皇元年（五七二）四月是月条

是月、宮二于百済大井一。以二物部弓削守屋大連一為二大連一、如レ故。以二蘇我馬子宿祢一為二大臣一。

【史料10】『日本書紀』用明天皇即位前紀

九月甲寅朔戊午。天皇即二天皇位一。宮二於磐余一。名曰二池辺双槻宮一。以二蘇我馬子宿祢一為二大臣一、物部弓削守屋連為二大連一、並如レ故。

【史料11】『日本書紀』崇峻天皇即位前紀

八月癸卯朔甲辰。炊屋姫尊与二群臣一、勧二進天皇一、即二天皇之位一。以二蘇我馬子宿祢一為二大臣一如レ故。卿大夫之

位亦如レ故。

【史料12】『日本書紀』皇極天皇元年（六四二）正月辛未条

元年春正月丁巳朔辛未。皇后即二天皇位一。以二蘇我臣蝦夷一為二大臣一如レ故。大臣児入鹿〈更名鞍作。〉自執二国政一、威勝二於父一。由レ是盜賊恐摂、路不レ拾レ遺。

【史料13】『日本書紀』孝徳天皇即位前紀

（前略）是日。奉二号於豊財天皇一、曰二皇祖母尊一、以二中大兄一為二皇太子一。以二阿倍内麻呂臣一為二左大臣一、蘇我倉山田石川麻呂臣為二右大臣一。以二大錦冠一授二中臣鎌子連一為二内臣一、増レ封若干戸云云。中臣鎌子連懐二至忠之誠一、拠二宰臣之勢一処二官司之上一。故進退廃置計従事立、云々。以二沙門旻法師、高向史玄理一為二国博士一。

大臣・大連任命史料の特徴として次の三点が挙げられる。第一に記述の簡略性である。大臣・大連任命について記した傍線部の文章構成をみると「以二某人一為二大臣一」であり、その任命の事実（あくまでも『日本書紀』の認識という意味）を端的に記すのみである。

第二に新任と再任との書き分けである。周知の通り再任の場合には「（並）如レ故」が付され、新任者より先に記す。すなわち、「以二某人一為二大臣（大連）一如レ故（以上再任）。以二某人一為二大臣（大連）一（以上新任）」の構成をとるのが原則である。この第一と第二の点は、大臣・大連任命記事が形式的に成文されたことを示している。

第三は、原則的に大臣を大連の先に記すことである。これは『日本書紀』における大臣・大連間の序列認識を示す。高橋崇(18)はカバネ秩序の原則が［臣―連］であるから、臣・連それぞれの氏族が輩出する大臣と大連の関係は［大臣―大連］で表されるのが当然であるとした。『日本書紀』の有する序列認識という観点からは妥当な説明である。『日本書紀』が大臣・大連を併記するとき、確認される文言は「大臣大連」であり、逆に「大連大臣」

とする例はない。また【史料1～13】を通覧すると、大臣・大連の記載順番が混在している観を呈するが、前述の第二の特徴、すなわち再任を先に、新任を後にという原則を踏まえると［大臣―大連］の順で記載が統一されている。

但し【史料3】と【史料5】は例外である。【史料3】は［大連―大臣］、【史料5】は［大連―大臣―大連］の順である。特に【史料5】は大臣・大連の混在が顕著である。これらの例から、本居宣長、高橋崇[19]は『日本書紀』の任命記事の一般的な記載順を政治権力的な実力者順とした。しかし［大臣―大連］という序列認識は確かに存在するから、あくまでこの二例は例外とすべきであるし、『日本書紀』の記述が官制整備以降に成立した政治通念に基づくものであるとの批判的見地からも、史実としての政治権力順を安易に想定することには賛成できない。

一方【史料5】に関して、篠川賢[20]は『日本書紀』の当初の文は大連大伴金村と大臣巨勢男人（『日本書紀』には「許勢」とあるが、史料引用以外は「巨勢」とする）の二名のみの任命記事であり、大連物部麁鹿火の部分は追記であるとした。しかし、物部麁鹿火は大連として『古事記』に登場し、『日本書紀』でも磐井の乱に関する叙述の中心的人物であるから、その任命記事が当初脱落し後付的に追記されたとは考え難い。また、【史料5】の抱える問題の核心は『日本書紀』の［大臣―大連］という序列認識に異なるという点にあり、［大連大伴金村―大臣巨勢男人］部分の記載順の説明まではいたっていない。

以上から、筆者はこの問題を、まずは『日本書紀』の編纂方針・論理という観点から検討すべきであると考える。そこで『日本書紀』の叙述として【史料3・5】をみたとき、次の共通点が確認できる。第一に、大臣の平群真鳥と巨勢男人は『古事記』では確認できない人物である。通説的理解ではこの記紀間での相異を論拠の一つ

として両者の実在性を認めず[21]、あくまで氏族伝承に基づく人物とする。但し、この説は『日本書紀』編纂者側には両者に関する記録がないこと、そして両氏の伝承のみを根拠として採用された、との理解を前提とせざるを得ない。

しかし、以上の理由で両名の任命記事が立てられた場合、『日本書紀』編纂者は自身の序列認識、すなわち［大臣―大連］という記載順をとるのではないだろうか。しかし、そうではない以上、【史料3・5】は『日本書紀』編纂者の認識とは別のものに基づいていると考えなくてはならない。

この点に関して重要となるのが第二の共通点である。すなわち、この両史料には「各依二職位一焉」と、他ではみられない文言が付されている。日本古典文学全集本『日本書紀』[22]では【史料3】該当箇所を「臣・連・伴造たちはそれぞれの職位に従ってお仕えした」、【史料5】を「そうして大臣・大連たちはそれぞれの職位に任じられた」と、直前の任命記事を再確認するものと釈読するが、果たしてこのような確認文章が大臣・大連任命記事中の異例である【史料3・5】のみに付随させられた必然性はない。

そもそも「各依二職位一焉」は、『日本書紀』のこの二例と『漢書』文帝紀の顔師古注でのみ確認できる。そして【史料5】は『漢書』文帝紀の該当部分を参照し成文され[23]、かつ『日本書紀』は『漢書』の顔師古注を参照[24]しているから、【史料5】の「各依二職位一焉」は顔師古の注文に基づくとみて間違いない。

【史料14】『漢書』本紀四「文帝紀」（文中傍線の通し番号は再掲【史料5】と対応）

閏月己酉。入二代邸一。群臣従至、上レ議曰、「丞相臣平、太尉臣勃、大将軍臣武、御史大夫臣蒼、宗正臣郢、朱虚侯臣章、東牟侯臣興居、典客臣掲、再拝言二大王足下一、子弘等皆非二孝恵皇帝子一、不レ当レ奉二宗廟一。臣謹請二陰安侯、頃王后、琅邪王、列侯、吏二千石一議、大王高皇帝子、宜レ為レ嗣。願大王即二天子位一。」

②代王曰、「奉二高帝宗廟一、重レ事也。寡人不レ佞、不レ足二以称一。願請二楚王一計二宜者一、寡人弗二敢当一。」③群臣皆伏、固請。代王西郷譲者三、南郷譲者再。④丞相平等皆曰、「臣伏計レ之、大王奉二高祖宗廟一最宜称、雖二天下諸侯万民一皆以為レ宜。⑤臣等為二宗廟社稷一計、不二敢忽一。願大王幸聴二臣等一。①臣謹奉二天子璽符一再拝上。」

⑥代王曰、「宗室将相王列侯以為（其莫レ）宜二寡人一、寡人不二敢辞一。」

⑦遂即二天子位一。⑧群臣以レ次侍〈師古曰、各依二職位一〉。使下太僕嬰、東牟侯興居一先清上レ宮、奉二天子法駕一迎二代邸一。皇帝即日夕入二未央宮一。夜拝二宋昌一為二衛将軍一、領二南北軍一、張武為二郎中令一、行二殿中一。還坐二前殿一、下レ詔曰、「制二詔丞相、太尉、御史大夫一、間者諸呂用レ事擅レ権、謀為二大逆一、欲レ危二劉氏宗廟一、頼二将相列侯宗室大臣一誅レ之、皆伏二其事一。朕初即位、其赦二天下一、賜二民爵一級、女子百戸牛酒、酺五日一。」

【史料5】『日本書紀』継体天皇元年（五〇七）二月甲午条

二月辛卯朔甲午。①大伴金村大連乃跪上二天子鏡剣璽符一再拝。②男大迹天皇謝曰、「子レ民治レ国重事也。寡人不才不レ足二以称一。願請廻レ慮択二賢者一。寡人不二敢当一。」③大伴大連伏レ地固請。男大迹天皇西向譲者三、南向譲者再。④大伴大連等皆曰、「臣伏計之、大王子レ民治レ国、最宜称。⑤臣等為二宗廟社稷一計、不二敢忽一。幸藉二衆願一、乞垂二聴納一。」⑥男大迹天皇曰、「大臣大連将相諸臣、咸推二寡人一。寡人敢不レ乖。」乃受二璽符一。

是日、⑦即二天皇位一。⑧以二大伴金村大連一為二大連一、許勢男人大臣為二大臣一、物部麁鹿火大連為二大連一、並如レ故。是以大臣大連等、各依二職位一焉。

継体即位に関する『日本書紀』継体天皇元年（五〇七）二月甲午条は人名・職名や一部表現を除き、ほぼ全文が『漢書』文帝紀を参照して成文されている。「各依二職位一焉」も文言の位置関係から『漢書』文帝紀の顔師古

注によるとみて間違いない。

さて、顔師古の注文「各依㆓職位㆒」は文帝即位後の「群臣以㆑次侍」に対して付されており、その侍候に際しての「以㆑次」とは「職位」であると説明する。よって「群臣以㆑次侍〈各依㆓職位㆒〉」は「群臣は順序により侍候する〈(順序とは)官職の序列である〉」と解される。よって『日本書紀』編纂者は『漢書』本文の「以㆑次」よりも、官職の序列という文意がより明確な顔師古注の「各依㆓職位㆒」を最適なものとして採用したのである。

繰り返しとなるが、本条の大臣・大連の記載順は「大連・大臣・大連」と大臣・大連が混在し、かつ「大臣―大連」という序列認識にも背く。果たしてこのような記載の末尾に「各依㆓職位㆒焉」と、官職序列を明確に意味する文言を採用したのは、この記載順が正しく官職の序列に基づいたものであることを明言するためである。すなわち、この三者が『日本書紀』編纂者とは異なる序列認識により配列されたからこそ、『日本書紀』編纂者はそれを正当化する文言として「各依㆓職位㆒焉」を採用したのである。この配列はあくまで職位によっているのである、と。おそらく『日本書紀』は権威ある別資料を参照し、その配列も含めて大臣・大連任命記事を成文した結果ではあるまいか。

但し【史料5】のみの分析では、成文技巧上の漢籍引用である可能性が残される。そこで「各依㆓職位㆒焉」を有し、かつ『漢書』文帝紀に依拠せずに成文された【史料3】についても検討を加える。

【史料3】には「以㆓大伴室屋大連㆒為㆓大連㆒、平群真鳥大臣為㆓大臣㆒、並如㆑故。臣連伴造等、各依㆓職位㆒焉」とあり、「各依㆓職位㆒焉」の部分のみが『漢書』文帝紀と【史料5】を踏まえている。但し「各依㆓職位㆒焉」が大臣・大連の任命ではなく、直前の「臣連伴造等」に付されているのが【史料5】と異なる。すなわち、【史料3】において官職序列に基づいているのは「臣連伴造等」となるのである。

しかし、そもそもカバネ「臣連」を任命したと解するのは不信であり、また大臣・大連と同様に伴造職の任命が『日本書紀』に記載されたと解することも不信である。そこで再度『漢書』文帝紀と顔師古注の記載をみると、「群臣以レ次侍〈各依二職位一〉」とあり、「以レ次（職位）」により侍候するのは「群臣」である。つまり【史料3】では「臣連伴造等」の任命について「各依二職位一焉」としたのではなく、『漢書』文中の「群臣」を「臣連伴造等」と訳して成文した結果、一見して大臣・大連任命記事と「各依二職位一焉」が切り離されてしまったのである。本条の文章構成はあくまで［大臣・大連任命＋『漢書』文帝紀顔師古注の訳文］であり、「各依二職位一焉」は【史料5】と同様に大臣・大連の配列が官職の序列に基づくことを示しているのである。

以上から、「各依二職位一焉」は【史料5】の成文時に採用された文言であり、大臣・大連任命記事における記載順序に問題が生じたとき、その配列の正当性を示すために使用された文言であることが明らかとなった。また、この序列記載の問題は、『日本書紀』編纂者が有する大臣・大連間の序列認識と、『日本書紀』が参照した資料に記載されていたものとが相違し、かつ『日本書紀』編纂者が後者を尊重して成文したことに起因するのである。

第二節　「大臣任命表」について

本節では『日本書紀』が大臣・大連任命記事成文時に参照した資料の具体的な内容について検討する。勿論、この資料は『日本書紀』の大臣・大連任命記事の分析から存在の可能性を析出したものであり、逸文はおろか名称さえも伝わらない。よって具体的内容も『日本書紀』の大臣・大連任命記事から探らざるを得ない。

さて、前節では『日本書紀』大臣・大連任命記事の特徴として三点を挙げたが、更にもう一点指摘できる。す

なわち、天皇即位と関わって記されることである。【史料2〜6・8・10〜13】は明確に天皇即位記事と一体であり、【史料7】も前年十二月の安閑天皇崩御に続き宣化天皇即位、翌年正月の遷宮、そして二月朔日の大臣・大連任命という流れであるから、その一体性を認めることができる。【史料9】もこの前条の元年夏四月条に敏達即位記事があり、それに続く是月条として遷宮記事とともに立てられていることから同様に解せる。

一般論として執政官である大臣・大連の任命事情を想定した場合、前任者の離職ないし死去による新任人事が考えられる。しかし、このような例は大化改新以後は確認[25]できるものの、それ以前に関しては武内宿祢の一例を除いて確認できない。

但し『日本書紀』編纂者は、天皇即位と任大臣・大連が一体でなくてはならないとする歴史認識を有してはいない。武内宿祢の事例（【史料1】）がそれを証する。岸俊男[26]が指摘するように、武内宿祢伝承の成立は七世紀後半頃であり、内臣藤原鎌足との関わりにより成立したもので、『古事記』に描かれた歴代宮廷に近侍奉仕した廷臣・大臣としての原初的な属性が、『日本書紀』編纂段階でより「理想的な廷臣」像として強調されていく。武内宿祢伝承の発展過程をこのように捉えると、『日本書紀』が武内宿祢の大臣任命記事を立てる上でも、その伝承の原典は『古事記』に求めるべきであろう。

【史料15】『古事記』成務天皇段

（前略）此天皇、娶二穂積臣等之祖、建忍山垂根之女、名弟財郎女一、生御子、和訶奴気王。〈一柱。〉故、建内宿祢為二大臣一、定二賜大国小国之国造一、亦、定二賜国々之境及大県小県之県主一也。

ここでは、帝紀的記述である皇妃・皇子女の記述と「故」で区切られ、国造・県主任命記事とともに一括された天皇の業績の一つとして建内宿祢（武内宿祢）の任大臣が記される。但しその任命時期については記していな

い。よって『日本書紀』は『古事記』の叙述に束縛されることなく、他の事例と同様に天皇即位と一体的な任命記事を立てることができたはずである。

しかし『日本書紀』は武内宿祢大臣任命記事を天皇即位時とはしていない。これは『日本書紀』が天皇即位時以外にも大臣・大連の任命が行われ得るとの認識を有していたからに他ならず、実際に天皇・大王即位時以外に大臣・大連の任命がなければ生じないものだろう。

以上を踏まえると、武内宿祢以外の大臣・大連任命記事は天皇（大王）即位時に任命された大臣・大連に関する資料を典拠として、一括して立条された可能性が指摘できる。吉村武彦[27]が指摘するように天皇・大王が新たに即位する毎に大臣・大連は改めて任命され直すから、これに関する資料が『日本書紀』編纂者の手元にはあり、この資料上の新出の者は新任として、再掲の者は再任として大臣・大連任命記事が立てられたものと思われる。また天皇（大王）即位に伴う大臣・大連任命記事は雄略期から継続的に確認できるから、雄略以降における歴代天皇即位時の大臣・大連の任命一覧として作成されたものと思われる。

さて、この天皇即位時における大臣・大連任命表について、更に記載内容の特徴を挙げることができる。すなわち、大臣・大連の任命表であると性格付けをしたにもかかわらず、それに記載された人物について大臣・大連の書き分けがなされていなかった可能性がある。

前節で確認したように、【史料3・5】における大臣・大連の配列はこの任命表の記載順に基づくのであるが、このように考えると、この任命表も［大臣―大連］、もしくは［大連―大臣］という一貫した序列に基づいてはいないと考えざるを得ない。しかし、名称の異なる二つの地位の間に一定の序列が存在しなかったとも考え難い。仮にこの両者の地位が並列的であったとしても、この両者をまとめて記録するときには混在させることはないだ

ろう。

この問題について筆者は次のように考える。すなわち、この任命表はそもそも「大臣」「大連」という異なる二つの職位について記したものではなく、単一の職位に関するものであり、『日本書紀』編纂者がこの表に記された人物を採録するときに「大臣」と「大連」とに分類した、と。このように考えれば、記載される人名の順は任命表のままで、かつ後付で「大臣」「大連」を付したのであるから、大臣と大連が混雑した記載が成立することは十分にあり得る。

以上の私見は、近年通説化しているオホマヘツキミ制論の論拠の一つからも傍証できる。すなわち、オホマヘツキミ制論は「大臣」をオホマヘツキミと訓じ、マヘツキミ層を代表する地位とするのであり、同時に「大連」という執政官的地位を否定することで成立している。本書第一章で論じたように「大臣」をオホマヘツキミと訓じることについては賛成できないものの、単一執政官として「大臣」があったことについては賛成である。その論拠の概要を以下に示す。

すなわち、『日本書紀』には「大臣」と「大連」とを弁別して記す条文中に、この両者を合わせて「両大臣」と記す例がある。これは、基となる資料では大臣と大連の区別なく全て大臣として記載されていたことを起因とし、故に「両大臣」なる文言も記されていた。しかし『日本書紀』編纂時に連姓氏族の物部守屋のみ職位が大臣から「大連」に書き換えられ、「両大臣」はそのままの形で採録された結果、この文言が大臣と大連とを包括するかの如き文言となった。

また同じく本書第一章で論じたように、『先代旧事本紀』「天孫本紀」における物部父祖の職位記載も、『日本書紀』に大連とある十市根命以降は一貫して大連の職位が登場するが、それ以前は大臣とされている。これも

『日本書紀』が物部氏の輩出した執政官の職位として新たに「大連」を設定した結果、この記載を受けて改変された系譜において、大臣と大連の両方がみられる結果になったのである。

大臣と大連という異なる二つの地位として執政官が置かれていたのではなく、あくまで執政官は大臣という単一の地位であったと考えるべきである。

以上、天皇（大王）即位時毎に行われた単一の執政官である大臣の任命表に基づき、『日本書紀』は大臣・大連任命記事を立てたこと、そして『日本書紀』編纂時にこれを「大臣」と「大連」とに分類し、職位名称として各個に冠されたこと、この点について論じてきた。このような基礎資料と編纂過程の関係を想定することにより、始めて大臣と大連が混在する任命記事の成立事情を説明できるものと考える。筆者はこの大臣・大連任命記事立条の基礎資料を「大臣任命表」と仮称し、坂本太郎が『日本書紀』の編纂材料の一つとして想定した⑤政府の記録の一つと位置付ける。

第三節　個別事例の分析——平群真鳥——

ここまでの考察は、『日本書紀』の大臣・大連任命記事自体の分析により、これらの記事が「大臣任命表」を基礎資料として立てられた蓋然性について論じてきた。本節と次節では、『古事記』には登場しない平群真鳥と巨勢男人の二人の大臣を『日本書紀』が採録した理由、すなわち『日本書紀』編纂者がこの二名の存在を認めた根拠という観点から「大臣任命表」に関する前記私見の蓋然性を高めたい。

本節では平群真鳥について検討する。個別氏族研究としての平群氏の分析は津田左右吉と日野昭が先駆となり、

堅田修や辰巳和弘[28]がこれに続く。平群真鳥は初期平群氏の政治的位置付けや台頭時期の問題と深く関わり、その実在性が重要な論点の一つとなるが、現段階では実在しないとするのが通説である[29]。

さて、平群真鳥に関する記紀間の内容の相違は、平群真鳥の子息であるシビ（『古事記』は「志毘」、『日本書紀』は「鮪」とする）に関する叙述も含めて検討する必要がある。すなわち、『古事記』清寧天皇段では「平群臣之祖」の平群シビがヲケ王（『古事記』は「袁祁」、『日本書紀』では「弘計」）と歌垣で争い、最終的に平群シビが倒滅されてヲケ王が顕宗天皇として即位する。対して顕宗即位に関する『日本書紀』の叙述には平群氏倒滅のことはなく、後の武烈即位時に武烈と平群シビとの歌垣、そして平群真鳥の専横とその倒滅が記される。

津田左右吉[30]は、武烈天皇以降の旧辞が存在しないことに注目し、『日本書紀』の内容が武烈紀から急変することの緩和策として、『古事記』清寧天皇段の歌垣の叙述が武烈紀に移されたとし、かつ政治的意義のある叙述を行うとの『日本書紀』の編纂方針に基づき、平群真鳥の専横と討滅のことが追加されたとした。前者の指摘は賛成できないものの、『日本書紀』の政治的叙述という観点からの説明は継承すべきである。しかし津田以降の研究では叙述の史実性を論じることに重点が置かれ、平群真鳥についてもその実在性を疑うことにのみ議論が終始した感がある。『日本書紀』編纂の論理という視点から平群真鳥を採録した理由が追究されることはなかった。

しかしながら、物語自体の史実性と、そこに登場する人物の実在性は必ずしも一致するものではない。平群真鳥の実在性を問題とするには、『日本書紀』が平群真鳥を採用した根拠それ自体について検討を加える必要がある。

なお、平群真鳥の実在性を疑う上での重要な論拠として、平群氏の伝承上の人物であるとの理解がある。堅田修[31]は天武天皇十年（六八一）の「令㆑記㆓定帝紀及上古諸事㆒」に参画した平群臣小首により、『日本書紀』に平

群氏伝承が採用されたとするが、果たして一編纂官の個人的見解で正史（ここでは帝紀か上古諸事）の叙述が定立されるとは考え難い。笹川尚紀[32]が指摘するように、この記定事業が『日本書紀』編纂事業の嚆矢であり、平群臣小首が平群氏伝承の採録に尽力したことは想像に難くないが、あくまで『日本書紀』に採録された氏族伝承は、朝廷により公的に肯定されたものであり、その肯定には相応の根拠が必要とされたはずである。また、叙述の原典を氏族伝承に求めるのであれば、それが氏族伝承であること自体を証明する必要がある。それには坂本太郎や笹川[33]のように、特定氏族の人間を顕彰する内容を主軸とした叙述であることが条件となる。

研究史上の問題点を以上のように整理し、筆者は津田と同様、『日本書紀』の編纂方針・叙述方針という点から、顕宗即位について記紀間で叙述内容が相違する理由を明らかにする必要があると考える。それによって『日本書紀』における平群真鳥の位置付けと、『日本書紀』が平群真鳥を採用した理由が明確になるだろう。氏族側の能動性を高く評価してきた従来の研究に対し、筆者は『日本書紀』編纂者側、すなわち律令国家・律令天皇制の前史を編纂する側の能動性を積極的に評価する。

まずは『古事記』の叙述内容について確認していく。

【史料16】『古事記』清寧天皇段

御子、白髪大倭根子命、坐二伊波礼之甕栗宮一、治二天下一也。此天皇、無二皇后一、亦、無二御子一。故、御名代定二白髪部一。故、天皇崩後、無下可レ治二天下一之王上也。於レ是、問二日継所レ知之王一、市辺忍歯別王之妹、忍海郎女、亦名飯豊王、坐二葛城忍海之高木角刺宮一也。

（中略　二王発見にいたる経緯）爾、即小楯連、聞驚而、自レ床堕転而、追二出其室人等一、其二柱王子坐二左右膝上一、泣悲而、集二人民一作二仮宮一、坐二置其仮宮一而、貢二上駅使一。於レ是、其姨飯豊王、聞歓而、令レ上二於宮一。

故、将レ治二天下一之間、平群臣之祖、名志毘臣、立二于歌垣一、取二其袁祁命将レ婚之美人手一。其娘子者、菟田首等之女、名大魚也。尓、袁祁命、亦、立二歌垣一。於レ是、志毘臣歌曰、（歌謡略）如此歌而、闘明各退。明旦之時、意祁命袁祁命二柱議云、「凡朝庭人等者、旦参二赴於朝庭一、昼集二於志毘門一。亦、今者志毘、必寝。亦、其門無レ人。故、非レ今者、難レ可レ謀。」即興レ軍囲二志毘臣家一、乃殺也。於レ是、二柱王子等、各相二譲天下一。意富祁命、譲二其弟袁祁命一曰、「住二於針間志自牟家一時、汝命不レ顕レ名者、更非下臨二天下一之君上。是既為二汝命之功一。故吾雖レ兄、猶汝命先治二天下一而、」堅譲。故不レ得レ辞而、袁祁命先治二天下一也。

論点に関わる範囲で傍線部を中心に内容を整理すると、第一に清寧天皇が皇子を儲けないまま死去し皇位継承者が不在となったので、忍海郎女（飯豊王）が葛城忍海之高木角刺宮に「坐」す（即位を意味するか）[34]。第二に小楯連がオケ王（『古事記』は「意祁」「意富祁」、『日本書紀』は「億計」）・ヲケ王の兄弟を発見し、飯豊王がこの王を即位させるため宮に迎え入れる。第三にこの兄弟を迎え、まさに即位しようとする段階において、菟田大魚を巡るヲケ王と平群シビとの歌垣があり、その後にこの兄弟の協議により平群シビを誅殺する。第四に兄のオケ王が皇位を弟のヲケ王に譲渡し、ヲケ王が即位する。

続いて『日本書紀』の対応する部分についてみていく。

【史料17】『日本書紀』顕宗天皇即位前紀

（前略　二王発見にいたる経緯）小楯、大驚離レ席、悵然再拝、承事供給、率レ属欽伏。於レ是悉発二郡民一造レ宮。不日権奉二安置一。乃詣二京都一、求レ迎二二王一。白髪天皇聞、憙咨歎曰「朕無レ子也。可二以為レ嗣。」与[①]二大臣大連一定二策禁中一。仍使下播磨国司来目部小楯、持レ節将二左右舎人一、至二赤石一奉上レ迎。

白髪天皇三年春正月、天皇随二億計王一到二摂津国一、②使下臣連、持レ節以二王青蓋車一、迎中入宮中上。

夏四月、立二億計王一為二皇太子一、立二天皇一為二皇子一。

五年春正月、白髪天皇崩。

是月、皇太子億計王与二天皇一譲レ位、久而不レ処。由レ是天皇姉飯豊青皇女於二忍海角刺宮一、臨朝秉政、自称二忍海飯豊青尊一。当世詞人歌曰、（歌謡は略）

冬十一月、飯豊青尊崩。葬二葛城埴口丘陵一。

十二月、百官大会。皇太子億計取二天皇之璽一、置二之天皇之坐一、再拝従二諸臣之位一曰、「此天皇之位、有功者可二以処一之。著レ貴蒙レ迎、皆弟之謀也。」以二天下一譲二天皇一。天皇顧譲以レ弟、莫二敢即一レ位。又奉三白髪天皇先欲レ伝レ兄立二皇太子一、前後固辞曰、③「日月出矣、而爝火不レ息、其於レ光也、不二亦難一乎。時雨降矣、而猶浸潅、不二亦労一乎。④所レ貴レ為二人弟一者、奉レ兄、謀レ逃二脱難一、照レ徳解レ紛、而無レ処也。即有レ処者、非二弟恭之義一、弘計不レ忍レ処也。兄友弟恭不易之典。聞二諸古老一、安自独軽。」皇太子億計曰、「白髪天皇以二吾兄之故一、挙二天下之事一、而先属レ我。我其羞之。惟大王首建二利遁一、⑤聞之者歎息。彰二顕帝孫一、見之者殞涕。憫憫搢紳、忻レ荷二戴天之慶一、哀哀黔首、悦レ逢二履地之恩一。是以克固二四維一、永隆二万葉一、功隣二造物一、清猷映レ世。超哉、邈矣。粤無二得而称一。雖二是曰一レ兄、豈先処乎。⑥非レ功而拠、咎悔必至。⑦吾聞、天皇不レ可二以久曠一、天命不レ可二以謙拒一。大王以二社稷一為レ計、百姓為レ心。」⑧発レ言慷慨、至二于流涕一。天皇於レ是知二終不一レ処、不レ逆二兄意一、⑨乃聴。而不レ即二御坐一。⑩世嘉二其能以レ実譲一曰、「宜哉。⑪兄弟怡怡、天下帰徳。篤二於親族一、則民興レ仁。」


【史料18】『日本書紀』顕宗天皇元年正月己巳朔条

元年春正月己巳朔。⑫大臣大連等奏言、「皇太子億計、聖徳明茂、奉譲二天下一。陛下正統。当下奉二鴻緒一、為二郊

廟主一、承二続祖無窮之列一、上当二天心一、下厭中民望上。而不レ肯二践祚一。遂令二金銀蕃国、群僚遠近莫レ不レ失レ望。天命有レ属。皇太子推譲。聖徳弥盛、福祚孔章。⑬在レ孺而勤、謙恭慈順。宜下奉二兄命一、承中統大業上。⑭」制曰。「可。」乃召二公卿百寮於近飛鳥八釣宮一、即二天皇位一。百官陪レ位者皆忻忻焉。〈或本云、弘計天皇之宮有二二所一焉。一宮於二少郊一、二宮於二池野一。又或本云、宮二於甕栗一。〉

『日本書紀』では、第一に二王の発見とオケ王立太子が清寧天皇在位中のものとされていること、第二に、前述のように平群シビとの歌垣やその倒滅の叙述はなく、逆に二王発見後の皇位継承者選定に関わる「定策禁中」に「大臣」平群真鳥が関わること、大きくこの二点が『古事記』と異なる。またこれに加え『日本書紀』の叙述が多く漢籍を参照して成文されていることが特徴として挙げられる。果たして『日本書紀』は顕宗即位の物語を構築する上で、中国史上にその適切な前例を求め、結果、漢籍を多用したのであるが、以下、この点について確認していく。

まず、日本古典文学全集本の頭注に従い出典を整理しておく。【史料18】は大臣・大連の奏請によりヲケ王が即位するもので、一部『後漢書』安帝紀の文章（傍線部⑬）が使用される。しかし全体的な内容と構成は『後漢書』順帝紀から成っており（傍線⑫・⑭）、後漢順帝即位の事例に仮託していることは明らかである。

次に【史料17】顕宗即位前紀の内、皇太子オケ王からの皇位譲渡に対しヲケ王がそれを辞退する際の発言内容は、『芸文類聚』人部五「譲」所引『荘子』（傍線部③）、『同』人部五「譲」所引『史記』（傍線部④）から成る。オケ王の再度の譲位の発言内容は、『梁書』武帝紀（傍線部⑤）、『芸文類聚』人部五「譲」所引『呉史』（傍線部⑥）、『後漢書』光武帝紀（傍線部⑦）から成る。またこの譲り合いに対する世間の評価は『芸文類聚』人部五「譲」所引『呉史』（傍線部⑧・⑨・⑩）、『同』人部五「友悌」所引『東観漢記』（傍線部⑪）から成る。

この譲り合いとその評価により一体的に構成された部分は、漢籍上（多くは『芸文類聚』）の文例を適宜組み合わせて成文されており、【史料18】とは性質が異なる。おそらく中国史上に適切な事例が確認されなかったため、類似した事例で用いられる文章を用いて構成されたものであろう。

残る【史料17】の冒頭部は『後漢書』霊帝紀からの引用である。当該部分は引用個所が短いこともあり文例として参照された可能性もある。しかし、他文章との組み合わせはなく、またオケ皇太子の擁立手続きとして完結した内容を備えていることから、筆者は【史料18】と同様に後漢安帝の擁立に関わる事例に仮託したものと考える。

以上を踏まえ、顕宗即位に関して記紀間で内容が異なる理由を次のように考える。すなわち、津田が指摘するように、記紀間で内容が共通する部分は、『日本書紀』が『古事記』ないし旧辞の叙述を採用したか、またはそれを潤色、あるいはそれを粉本として構想したかのいずれかであり、[35]あくまで『古事記』の記述を基調として改変されたものである。顕宗即位に関する部分も『古事記』の記す内容を骨子とし、かつ漢籍を参照して再構成したものである。但し、成文時の技巧的な要請から漢籍上の文例を使用したに留まらず、叙述する内容自体を中国史上の事例に仮託したため、物語の具体的な内容が大きく『古事記』と異なったのである。

よって、『日本書紀』顕宗即位の叙述を叙述目的まで含めて理解するには、参照元である漢籍の内容と、『日本書紀』編纂者がその事例を採用した理由について明らかにする必要がある。これを踏まえて始めて記紀間で内容が相違する意義が明らかになる。

まずはオケ王擁立手続きの参照元である後漢霊帝即位について検討する。

【史料19】『後漢書』孝霊帝紀第八

（前略）桓帝崩、無レ子、皇太后与二父城門校尉竇武一定二策禁中一、使二守光禄大夫劉儵一持レ節、将二左右羽林一至二河間一奉レ迎。

建寧元年春正月壬午。城門校尉竇武為二大将軍一。

己亥。帝到二夏門亭一、使二竇武一持レ節、以二王青蓋車一迎二入殿中一。

庚子。即二皇帝位一、年十二。改二元建寧一。

後漢十一代皇帝桓帝が嫡子不在のまま死去したため、従兄弟の子である霊帝が即位するのであるが、その選出にあたり竇皇太后（十代質帝の母）とその父である城門校尉竇武が「定策禁中」を行う。その後は霊帝を迎え入れる過程、そして即位へと叙述が進む。【史料17】傍線部①・②は桓帝死去直後の「定策禁中」から霊帝を宮中に迎え入れるまでを参照している。

『古事記』における顕宗即位の叙述は、清寧天皇（允恭天皇系）に嫡子がなく、故に新たに発見された履中天皇（允恭天皇兄弟）の孫ヲケ王が即位するものである。『後漢書』には別所で生育していた王族の発見という物語はないが、一見して類似した事例である。よって『日本書紀』の意図は、嫡子不在という状況で直系ではない別系統の人物を皇位継承者に立てる正統的な手続きとして霊帝即位の事例を位置付け、これに仮託したのである。

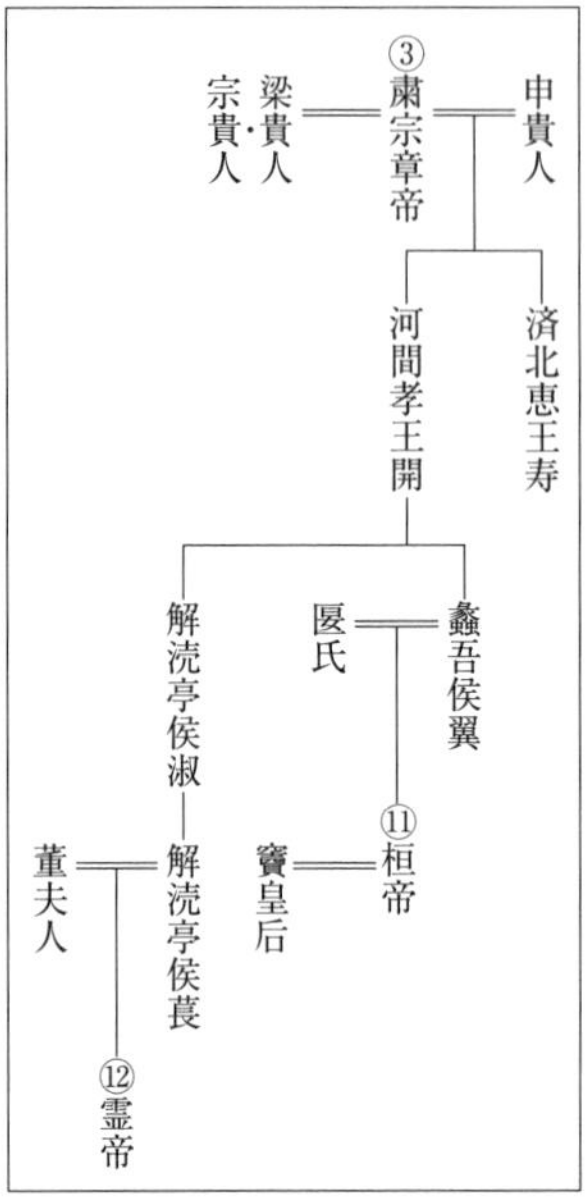

図1　後漢十二代霊帝即位関係系図

一方、『日本書紀』は霊帝即位に関する手続きの一部を改変して採録している。すなわち、『後

漢書』では竇皇太后とその父竇武が「定策禁中」を行うのに対し、『日本書紀』はこれを大臣・大連の行為とする。前述のように、『古事記』には飯豊王の叙述があり、これに「定策禁中」を行わせれば、より『後漢書』の記述に近くなるのだが、このような叙述はしなかったのである。

飯豊青皇女ではなく大臣・大連を「定策禁中」の主体としたのは、後述のように飯豊青皇女がこれに相応しい人物ではなかったためである。しかし、大臣・大連に「定策禁中」を行わせた積極的な理由は、遠藤みどり[36]が指摘するように、天皇・大王の即位や後継者の擁立に際しては、必ず臣下による承認行為、すなわち群臣推戴[37]を必要とするとの認識が働いたからである。

また『日本書紀』が「定策禁中」を天皇不在時の行為として認めなかったことも重要である。前述のように『後漢書』霊帝紀は桓帝死後に竇皇太后とその父竇武による「定策禁中」において新たな皇帝が選定される。これは皇帝不在時に皇太后が新たな皇帝を選定することができる権限[38]を行使したものである。『古事記』では清寧死去後に二王が発見されることから、『日本書紀』もこれと同じく清寧死去後に「定策禁中」を設定すれば、霊帝即位と同じ状況を描くことができる。しかし『日本書紀』は「定策禁中」、そしてオケ立太子まで清寧天皇を存命させているのである。

『日本書紀』が『後漢書』の霊帝即位に仮託した一番の理由は前帝に嫡子がなかったことにある。よって桓帝が嫡子不在のままに死去したことを示す「無㆑子」という文言は重要な意味をもつ。しかし、『日本書紀』は同様の状況を許さず、「無㆑子」を嫡子不在のまま前皇が死去したという文脈から分離し、清寧天皇の「朕無㆑子也。可㆓以為㆒㆑嗣」という二王を皇位継承者とする発言の中に組み込み、天皇在位中に皇位継承者が定められたこととするのである。

この文脈は、皇位に即くのは皇太子であること、および皇太子を定め得るのは天皇のみであるという論理、すなわち、特に後者に関しては律令制下における天皇大権事項の一つである皇太子・皇后を冊立する権限(39)を前提としているものと解され、果たしてオケ王が立太子されれば清寧天皇は役割を終えたことになる。立太子の次条で清寧天皇死去の記事が立てられた理由はここにある。また「定策禁中」に飯豊青皇女を関与させなかったのも、そもそも立太子時に天皇の存命は必須であるから(40)、この段階で飯豊青皇女を登場（臨朝・即位など）させることはできないのである。

『日本書紀』が以上の論理構成を企図した場合、『古事記』で二王を宮中に迎え入れる役割を果たしていた飯豊王の存在は不要である。しかし『日本書紀』は飯豊青皇女の存在までは否定せず、『古事記』の叙述に次のような技巧を施して採録した。すなわち、オケ王からヲケ王への皇位譲渡の叙述を二度に分け、一度目のオケ王の即位拒否により天皇不在という状況を作り、ここに飯豊青皇女による「臨朝秉政」の必然性とその叙述を創出したのである。

そして二度目の皇位譲渡は『古事記』の如くヲケ王即位の直接的契機とされた。但し『日本書紀』は飯豊青皇女の「臨朝秉政」という政局を作り出しているから、ヲケ王を即位させるにはこの政局を早急に終わらせなければならない。よって『古事記』を尊重し、登場することにのみ意義が与えられた飯豊青皇女は、「臨朝秉政」記事の次条でその役割を終え死去するのである。

上記の過程を経て、ようやく顕宗即位に直結する皇太子オケ王による弟ヲケ王への皇位譲渡となる。しかし、ここでも重要な問題が生じる。すなわち、皇太子が即位を拒否するということは、天皇が定めた皇位継承者を否定することになるからである。『古事記』では兄オケ王が弟ヲケ王に皇位を譲渡した理由として「住二於針間志自

牟家一時、汝命不レ顕レ名者、更非下臨二天下一之君上」とする。すなわち、即位にいたる状況を作り出した功績を問題とし、自分達の身の上を明らかにしたヲケ王こそが相応しい、と。

『日本書紀』もこの論理は採用しており、オケ王による皇位譲渡に関わる第一声を「此天皇之位、有功者可二以処一之。著レ貴蒙レ迎、皆弟之謀也、以二天下一譲二天皇一」とし、弟ヲケ王の功績を述べる。しかし、この論理のみでは天皇が定めた皇位継承者を否定することはできなかったのであろう。ヲケ王がこれを固辞する姿勢として、前天皇（清寧）が定めた皇太子を尊重していることがその証左である。

またヲケ王側の論理として「兄友弟恭」、すなわち、弟は兄に恭敬の意を尽くすものであり、清寧天皇の意向もこれに基づくものとする。これに対し、オケ王による再度の譲渡では功績重視の論理が再び主張され、皇位継承の論理としては功績の論理が兄弟の論理を超えるものと位置付ける。『日本書紀』はこの兄弟間の応酬を『芸文類聚』の地位譲渡に関する中国史上の既存の論理を適宜利用し、功績の論理が兄弟の論理を超える正当性を作り出して、ヲケ王が前天皇の決定に反して即位を決意したことに正当性を付与したのである。

続いては、大臣・大連による即位要請の奏上の事例として参照された後漢順帝即位についてみていく。

【史料20】『後漢書』孝順孝沖孝質帝紀第六（順帝紀）

十一月丁巳、京師及郡国十六地震、是夜、中黄門孫程等十九人共斬二江京・劉安・陳達等一、迎二済陰王於徳陽殿西鍾下一、即二皇帝位一、年十一、近臣尚書以下、従レ輦到二南宮一、登二雲台一、召二百官一、尚書令劉光等奏言、「孝安皇帝聖徳明茂、早棄二天下一、陛下正統、当奉二宗廟一、而姦臣交搆、遂令下陛下龍中潜蕃国上、群僚遠近、莫レ不二失望一、天命有レ常、北郷不レ永、漢徳盛明、福祚孔章、近臣建策、左右扶翼、内外同レ心、稽二合神明一、陛下践祚、奉二遵鴻緒一、為二郊廟主一、承二続祖宗無窮之烈一、上当二天心一、下厭二民望一、而即位倉卒、典章多レ缺、請

条二案礼儀一、分別具奏、」制曰、「可、」乃召二公卿百僚一、使下虎賁・羽林士一屯中南北宮諸門上、閻顕兄弟聞二帝立一、率レ兵入二北宮一、尚書郭鎮与交二鋒刃一、遂斬二顕弟衛尉景一、

後漢八代皇帝順帝は同年十月二十七日の前帝少帝の死去をうけ、少帝を擁立していた六代皇帝安帝の皇后閻氏とその一族、およびその一派である江京・劉安・陳達を排除して即位する。本条はその反乱勃発と、その後の順帝への即位要請の奏上からなる。尚書令劉光による即位要請の奏上は皇帝に加え、皇帝の立太子権を代行し得る皇后も存在しなかったため行われたものである。[41]

『日本書紀』はこの即位要請の奏文を参照して成文している。順帝即位の事例は清寧天皇と飯豊青皇女が既に死去している顕宗天皇即位直前の状況に類似する。皇位譲渡の応酬により付与された正当性は、あくまでヲケ王が即位を決意することに対するものであり、実際の即位の手続きについては及んでいない。立太子していないヲケ王をそのまま即位させるのは問題だったのであろう。そこで立太子権を有する前帝も皇太后も存在しない状況下で即位した順帝の事例は仮託すべき最良の先例であり、ここにみられた臣下による奏上という手続きをとることでヲケ王即位に正当性を付与したのである。

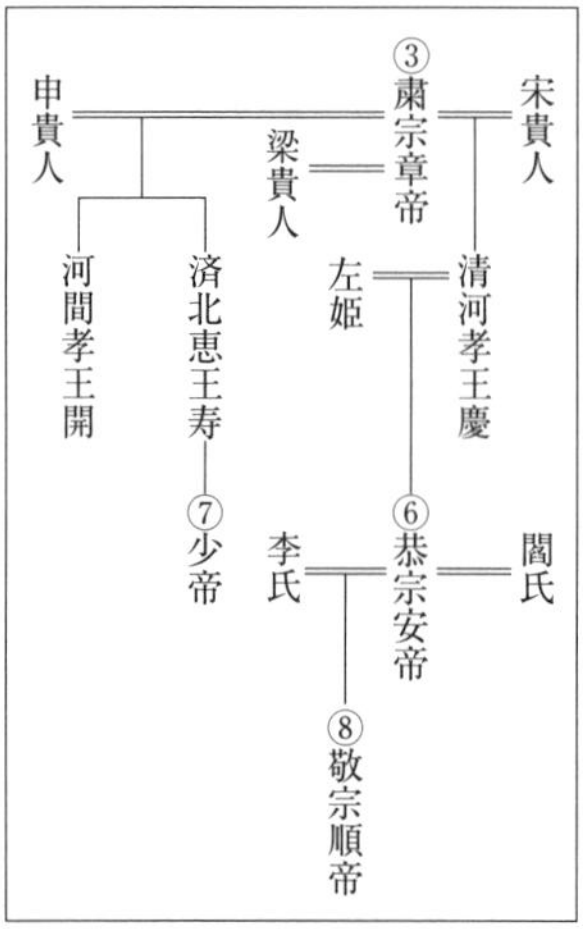

図２　後漢八代順帝即位関係系図

但し、『後漢書』では尚書令劉光の単独奏上であるのに対し、『日本書紀』は大臣・大連による奏言とした。これも前述の『後漢書』霊帝紀の事例と同様に、天皇（大王）即位時における群臣推戴に基づく記述であるとみて大過なく、群臣の代表はあくまで「大臣大連」とされている。

以上、顕宗天皇即位に関わる『日本書紀』叙述の論理を、

『古事記』と漢籍上の事例との関係から論じてきた。『日本書紀』は『古事記』の叙述を基本としつつ、律令天皇制の前史として相応しい歴史を叙述するため、中国史上の事例に仮託しているのである。ここで本論に戻ると、平群真鳥はこのような論理と編纂方針に基づく叙述の中で、その構成要素の一つとして登場するのである。

　平群シビに関する記紀間の相違も次のように説明できる。すなわち、『古事記』におけるヲケ王と平群シビの歌垣の叙述は上記の論理に基づき『日本書紀』には採録されなかった。しかし一方で『日本書紀』は『古事記』の叙述を尊重する姿勢も有していたから、飯豊青皇女と同様に平群シビも切り捨てられることなく、天皇に対立した人物として新たに武烈天皇即位前紀に挿入されたのである。さらに歌垣から平群氏倒滅へと続く『古事記』の物語の一体性も保持され、既に大臣としてある平群真鳥をシビの父とし、その政治活動を「専㆓擅国政治㆒、欲㆑王㆓日本㆒」と政治事件的に再編し叙述したのである。

　以上、『日本書紀』は顕宗天皇即位に関しその正当性を付与することに叙述の主眼があり、その結果、『古事記』よりも平群氏を貶めるような叙述となった。ここに平群真鳥に対する顕彰的な性格は皆無であるから、平群氏の伝承のみに基づく人物と位置付けることは適当ではない。むしろ顕宗即位に関するの叙述の中で重要な位置を占めていることからも、信憑性が高く評価された基礎資料に基づき『日本書紀』編纂者が採用した人物とすべきではないだろうか。筆者はこの基礎資料こそ「大臣任命表」と考える。

第四節　個別事例の分析――巨勢男人――

　本節では巨勢男人について検討する。巨勢男人も前節で検討した平群真鳥と同様に『古事記』にはみられず、

実在性が低いとする日野昭、直木孝次郎の説が通説[42]となっている。

日野は『古事記』に記述がないことに加え、記紀ともに記述のある磐井の乱において、『古事記』では大伴金村と物部荒甲（『日本書紀』では「麁鹿火」）の二名のみが記されていることを積極的に評価し、『日本書紀』における巨勢男人の記事は巨勢氏系統の伝承の主張であるか、もしくは『日本書紀』編纂者の潤色によるものとした。

この日野の説を積極的に評価した直木は、次の三点の論拠を加え、大臣巨勢男人の叙述が大化改新後の左大臣巨勢徳太による創作であり、自身の左大臣就任を合理化することを目的としたものである可能性を指摘する。すなわち、第一に『日本書紀』の記述における巨勢男人は能動的な行動をとらない。第二に『日本書紀』は初出の大臣任命記事にもかかわらず「如レ故」と再任記事としており、これは巨勢男人の任命記事を後付けで割り込ませた後代の造作の結果である。第三に『続日本紀』天平勝宝三年（七五一）二月己卯条において、「巨勢」男人は「雀部」男人の誤りであるとする雀部真人の申請を大納言巨勢奈弖麻呂は承認しているから、巨勢氏自身が認めない巨勢男人の伝承を歴史的事実として認めることはできない。以上の三点である。

加藤謙吉[43]も同様な観点から、巨勢氏が武内宿祢伝承に組み込まれた段階で、それに相応しい執政氏族として自氏を位置付けるために創出された伝承であるとする。

しかし、平群真鳥の場合と同様に、『日本書紀』編纂者が採録を認めた積極的理由を明らかにする必要があり、巨勢氏側の論理からのみの説明では不十分である。よってここでも『日本書紀』の編纂方針を踏まえて記紀間の叙述が相違する理由について検討する。

まずは磐井の乱に関する叙述について考察する。

【史料21】『古事記』継体天皇段

此之御世、竺紫君石井、不レ従二天皇之命一而、多無レ礼。故遣二物部荒甲之大連、大伴之金村連二人一而、殺二石井一也。

【史料22】『日本書紀』継体天皇二十一年（五二七）六月甲午条・同八月辛卯朔条・二十二年十一月甲子条

二十一年夏六月壬辰朔甲午。（中略）天皇詔二大伴大連金村、物部大連麁鹿火、許勢大臣男人等一曰、「筑紫磐井反、掩二有西戎之地一。今誰可レ将者。」大伴大連等僉曰、「正直仁勇、通二於兵事一、今無レ出二於麁鹿火右一。」天皇曰、「可。」

秋八月辛卯朔。詔①曰、「咨、大連、惟茲磐井弗レ率。汝徂征。」物部麁鹿火大連再拝言、「②嗟、夫磐井西戎之奸猾。負二川阻一而不レ庭、③憑二山峻一④而称レ乱。⑤敗レ徳反レ道、侮嫚自賢。⑥在昔道臣爰及二室屋一、助レ帝而罰、拯二民塗炭一。彼此一時。唯天所レ賛、臣恒所レ重。能不二恭伐一。」詔曰、「⑦良将之軍也、施レ恩推レ恵、恕レ己治レ人、攻如二河決一、戦如二風発一。」重詔曰、「⑧大将民之司命。社稷存亡於レ是乎在。⑨勗哉、恭行二天罰一。」⑩天皇親操二斧鉞一、授二大連一曰、「長門以東朕制之。筑紫以西汝制之。専二行賞罰一。勿二煩頻奏一。」

二十二年冬十一月甲寅朔甲子。大将軍物部大連麁鹿火、親与二賊帥磐井一交二戦於筑紫御井郡一。⑪旗鼓相望、埃塵相接。決二機両陣之間一、不レ避二万死之地一。遂斬二磐井一、果定二疆場一。

記紀のどちらが史実に近いかはさておき、『古事記』は天皇の命に従わない筑紫君磐井を物部麁鹿火と大伴金村の二名が討伐したことのみを記す。これに対し『日本書紀』は、新羅と結託し任那復興作戦を阻止したこと等の具体的な磐井の行動を記した上で、大将軍選出と任命、斧鉞の授与による軍事指揮権（具体的には専殺権）の付与[44]、そして最終的に磐井討滅を記す。特に大将軍の任命は漢籍を参照し成文され、中国史上の事例に仮託して正当性を与えている。磐井の乱平定に関する叙述の中心は大将軍への軍事指揮権の付与にあるのである。

【史料22】における漢籍の引用関係は次の通りである。傍線①～⑥⑨は『芸文類聚』武部「戦伐」からの引用であり、①⑤⑨は『尚書』、②は「魏楊脩出征賦」、③は「晋張載平呉頌」、④は「晋陸士龍南征賦」、⑥は「魏文帝於黎陽作詩」である。傍線⑦⑧⑩⑪は『同』武部「将帥」からの引用であり、⑦は「黄石公三略」、⑧は『抱朴子』、⑩は『准南子』、⑪は「後魏温子昇広陽王北征請大将表」である。このような『芸文類聚』中の文例の組み合わせは、中国史上に仮託すべき適切な事例がなかったためである。

さて、記紀間における内容上の決定的な相違は乱平定に派遣された人物である。『古事記』は大伴金村と物部麁鹿火の二名の派遣を記すのに対し、『日本書紀』は物部麁鹿火の一名である。この相違を『日本書紀』編纂の論理という点からの説明を試みれば、大将軍の任命と軍事指揮権の付与を中心に叙述していることから、斧鉞の授与により軍事指揮権を認められる大将軍は一名であるとの認識により、記紀間で派遣者数の相違が生じたのであろう。すなわち、養老軍防令18節刀条の「凡大将出レ征、皆授二節刀一」は唐軍防令（『唐令拾遺』復元第11条）の「諸大将出レ征、皆告レ廟、授二斧鉞一」を継承[45]しているから、律令制下で編纂された『日本書紀』は、「斧鉞」の授与と律令制下での節刀の授与が同質的なものであると認識していたはずである。『芸文類聚』掲載の文例から斧鉞授与による大将軍任命の叙述を作り上げる以上、その大将軍は『古事記』と同様に大伴金村と物部麁鹿火の二名とすることはできなかったのである。

以上の理解に立てば、巨勢男人が登場する大将軍選出に関する諮問の場面も『日本書紀』叙述上の要請から作られたものとなる。但し、この点から巨勢男人の非実在性を論じるつもりはない。実際に磐井を軍事討伐した人物について記す『古事記』の叙述の中に巨勢男人が記されないからといって、必ずしも実在しないとの判断は導けないこととも深く関わる。ともかく、筆者は大将軍の選出に大伴金村の見解が採用されていることに顕著なよ

うに、当該記事に巨勢氏の主張や伝承が入り込む余地はなく、『日本書紀』編纂者側の論理により成文されたものと考える。[46]

次に継体擁立に関する叙述について検討する。この点に関しては既に笹川尚紀により大伴氏の家記・伝承に基づくとの指摘がある。[47] 確かに倭彦王と男大迹王の擁立は大伴金村の発議によりなされ、他の大臣・大連は「大臣大連等一皆隨焉」[48]、「物部麁鹿火大連、許勢男人大臣等僉曰、妙二簡枝孫一、賢者唯男大迹王也」[49]と追認するに過ぎない。また男大迹王への遣使として「具述下大臣大連等所二以奉迎一本意上」[50]とあるが、これも決して巨勢男人の能動的な活動ではない。よってここに巨勢男人を顕彰する要素はなく、巨勢氏の伝承に基づくものではない。

巨勢男人の残る事例は【史料5】の男大迹王の発言中の「男大迹天皇曰、大臣大連将相諸臣、咸推二寡人一。寡人敢不レ乖」の「大臣」である。前述のように本条のほぼ全文は【史料14】『漢書』本紀四「文帝紀」により成文され、該当部は『漢書』の「代王曰、宗室将相王列侯以為其莫レ宜二寡人一、寡人不二敢辞一」に基づく。よって「大臣大連」は臣下の中でも最上位の者を表す「宗室」に相応する文言として選ばれている。これは天皇即位に関する正当性を中国史上の事例に仮託して主張するという論理の中で採録されたものであり、決して巨勢氏の主張に基づくものではない。

以上の検討により、巨勢男人は巨勢氏伝承が『日本書紀』に採録されたために登場した人物などではなく、『日本書紀』編纂者側の要請により採録された人物である。大臣任命の初出記事が再任記事とされていることも次のように考えられる。すなわち、『日本書紀』は継体擁立以前の倭彦王擁立計画の段階から大臣の登場を必要とし、それに巨勢男人を充てている。よって継体即位後に記された巨勢男人大臣任命記事は再任記事にならざるを得ないのである。

直木孝次郎は巨勢男人の大臣任命記事を後付けで割り込ませたものとしたが、継体紀に登場する大臣巨勢男人を全てそのように解することはできない。また巨勢男人と同じく物部麁鹿火の初出の大連任命記事も再任記事となっているが、直木が指摘するように物部麁鹿火は武烈即位前紀に「於レ是太子思三欲聘二物部麁鹿火大連女影媛一」と既に大連として登場するから、『日本書紀』は物部麁鹿火の大連の初任を仁賢期のことと位置付け、継体即位後の任大連は再任としているのである。

『日本書紀』は天皇即位時以外の大臣・大連の任命を認めるから、物部麁鹿火も巨勢男人も叙述上の矛盾が生じない適切な場所に大臣・大連の初任記事を配置できたはずである。しかしこの両名の例にみられるように、そのような操作がなされていないことを重視し、筆者は次のように考える。すなわち、『日本書紀』は相応の根拠を有さない任大臣・大連記事を立条しなかった、と。そして『日本書紀』編纂者が任大臣・大連記事を立条する上で根拠としたのが「大臣任命表」ではなかろうか。

なお、直木が論拠として挙げた『続日本紀』天平勝宝三年（七五一）二月己卯条については第三章で検討するが、結論だけを述べれば、巨勢奈弖麻呂が「許勢男人」を「雀部男人」と認めたのは、この人物の実在性に起因する問題ではなく、氏族系譜における父子直系の出自系譜観念の成立により、巨勢奈弖麻呂の父系直系系譜上に男人が存在しなかったためになされたものである。

結語

以上、『日本書紀』の大臣・大連任命記事は、公的な政府の記録「大臣任命表」に基づいて立条されているこ

とについて述べてきた。「大臣任命表」は逸文はおろか書名すら伝わらないものであり、『日本書紀』の大臣・大連任命記事の分析の結果、その存在の可能性と若干の内容が推測できる程度のものである。よって本章の検討も蓋然性という範疇での議論であることを付記しておく必要があろう。

さて本書第一章で論じたように、大化前代の政権構造に関する学説に「オホマヘツキミ―マヘツキミ制論」がある。『日本書紀』宣化天皇元年（五三六）二月壬申朔条の蘇我稲目を大臣に、そして阿倍大麻呂を大夫に任命したことをもって成立する新たな合議体の存在を提唱するものである。(51) この学説の論拠は多岐に亘るが、その一つは蘇我稲目以前の大臣の存在を認めないことにある。この蘇我稲目以前の大臣が平群真鳥と巨勢男人である。

しかし、本章での考察のように、この両者の実在性を疑うこれまでの研究は、『日本書紀』がこの両者を採用した論理という観点に乏しく、一様に氏族伝承に基づくことのみにより説明されてきた。この分析視座の問題は本文中で詳述しているので繰り返さないが、この点に関する次なる課題は『日本書紀』が参照したと思われる「大臣任命表」の史料批判にある。

筆者は「大臣任命表」の一覧が雄略期から書き起こすことと、本書第一章で論じたように君主としての治天下大王の「臣下」という概念、すなわち［君―臣］関係が導入され、「オミ」という倭語がこの概念に充当され「臣＝オミ」が成立すると考える立場から、その臣下（＝「臣」）を代表する地位として「大臣＝オホオミ」が成立したと想定している。

「大臣任命表」の記載がいつ始まったのかは不明ではあるものの、この地位にある者を記録し続けたものがこの史料の基本的な性格ではないだろうか。史実性という点からも信憑性の高い「政府の記録」であったと位置付けたい。

註

（1）黒田達也「日本古代の「大臣」」（『朝鮮・中国と日本古代大臣制―「大臣・大連制」についての再検討』京都大学学術出版会、二〇〇七年、初出は一九八三年）は、『日本書紀』の大臣・大連は、蘇我氏が輩出した六人の大臣を基準とし、蘇我氏以外の大臣を六名、大連を六名としており、作為があるものと指摘する。しかし、この三者が同数であれば、なぜ蘇我氏の大臣が基準となるのかについても説明する必要がある。

（2）日野昭Ａ「武内宿祢とその後裔」、同Ｂ「蘇我氏に関する伝承（一）―日本書紀の記載の検討―」（『日本古代氏族伝承の研究』永田文昌堂、一九七一年、初出はＡが一九五九年、Ｂが一九五五年）。

（3）日野昭「日本書紀の執政に関する記載」（『日本古代氏族伝承の研究』永田文昌堂、一九七一年、初出は一九六九年）。

（4）註（3）前掲日野論文。

（5）若井敏明「初期の大臣について」（『史泉』八二、一九九五年）。

（6）吉村武彦「仕奉と氏・職位―大化前代の政治的結合関係―」（『日本古代の社会と国家』岩波書店、一九九六年、初出は一九九三年）。

（7）井上光貞「帝紀からみた葛城氏」（『日本古代国家の研究』岩波書店、一九六五年、初出は一九五六年）。

（8）坂本太郎『六国史』（吉川弘文館、一九七〇年）。

（9）吉村武彦「古代の王位継承と群臣」（『日本古代の社会と国家』岩波書店、一九九六年、初出は一九八九年）。

（10）倉野憲司『古事記論攷』（立命館出版部、一九四四年）、武田祐吉『古事記研究一　帝紀攷』（青磁社、一九四四年）、津田左右吉『日本古典の研究　上』（『津田左右吉著作集　二』岩波書店、一九六三年）、註（7）前掲井上論文。

（11）『古事記』成務天皇段には「此天皇、娶㆓穂積臣等之祖、建忍山垂根之女、名弟財郎女㆒、生御子、和訶奴気王。〈一柱。〉故、建内宿祢為㆓大臣㆒、定㆓賜大国小国之国造㆒、亦、定㆓賜国々之境及大県小県之県主㆒也」とある。この建内宿祢（武内宿祢）の任大臣記事は皇子女記事の直後にあることから、帝紀的記事である可能性もあるが、筆者は「故」と一度記述を切っていること、また直後に続く国造・県主任命記事と一連のものとみるべきと判断されることから、天皇の業績を記し

た旧辞に基づくものと考える。

（12）『古事記』雄略天皇段の冒頭の帝紀的記述の中に「天皇、娶二大日下王之妹、若日下部王一。〈無レ子。〉又娶二都夫良意富美之女、韓比売一、生御子白髪命。」とあり、皇妃名の中にその父名「都夫良意富美」が記されている。また『日本書紀』雄略天皇元年是月条に「立二三妃一。元妃葛城円大臣女曰二韓媛一。生三白髪武広国押稚日本根子天皇与二稚足姫女一」とあり、「都夫良意富美」を「葛城円大臣」と書き換える。

（13）野口武司「「墓記」と『日本書紀』」（『梅澤伊勢三先生追悼　記紀論集』続群書類従完成会、一九九二年）。

（14）坂本太郎「纂記と日本書紀」（『日本古代史の基礎的研究　上』東京大学出版会、一九六四年、初出は一九四五年）。

（15）笹川尚紀「墓記考」（『日本書紀成立史攷』塙書房、二〇一六年）。

（16）野口の論旨は以下の如くである。すなわち、大臣・大連任命記事を作成するために「墓記」進上を命じられた十八氏は、①かつて大臣・大連・大夫を輩出したことを政府に公認されていた氏族であり、②天武天皇十三年に「朝臣」ないし「宿祢」を賜姓された氏族、この二つの要件を満たすものであった、と。但し、この二つの要件に合致しない雀部氏と上毛野氏の両氏が「墓記」進上を命じられているのだが、野口はこの二氏については次のように説明する。

まず雀部氏については、天平勝宝三年（七五一）二月に継体・安閑両期の大臣巨勢男人は大臣雀部男人の誤りであるという申請があり、それを大納言巨勢奈弖麻呂が認定した例（『続日本紀』天平勝宝三年（七五一）二月己卯条）があることから、持統天皇五年（六九一）に雀部氏が提出した「墓記」には大臣雀部男人が記されていたとする。しかしながら、雀部氏は天武八姓での「朝臣」「宿祢」の賜姓対象ではなく、また男人以外に大臣・大連・大夫への就任実績がないことから、そもそも雀部氏に「墓記」進上が命じられるためには朝廷の側で雀部男人の大臣就任を認めていたという前提が必要となる。しかし、本書第三章で論じるように、雀部男人の存在は持統天皇五年（六九一）まで遡るものではなく、また『日本書紀』も巨勢男人を採用している。すなわち、先の二つの要件を設定する以上、雀部氏に「墓記」進上を命じたことは理解できない。

上毛野氏については、天武天皇十年（六八一）の帝紀および上古諸事の記定に関する詔旨に関わって、その筆頭に上毛

野三千の名があり、天武天皇十三年（六八四）に「朝臣」を賜姓された有力氏族であったことをその理由として挙げる。しかし、このように理解すると、大臣・大連・大夫を輩出していない上毛野氏は、結局のところ有力氏族であったことを理由にその進上を命じられたこととなるから、そもそも野口が想定する「墓記」進上の目的論が瓦解する。

(17) 笹川尚紀「『日本書紀』の編纂と大伴氏の伝承」（『日本書紀成立史攷』塙書房、二〇一六年、初出は二〇一二年）。

(18) 高橋崇「日本書紀の「大臣・大連」任命記事について」（『日本歴史』二九八、一九七三年）。

(19) 本居宣長『古事記伝』「志賀宮巻」（『本居宣長全集　十一』筑摩書房、一九六九年）、註(18)前掲高橋論文。

(20) 篠川賢A「物部氏の衰退」（『物部氏の研究』雄山閣出版、二〇一一年）、同B『継体天皇』（吉川弘文館、二〇一六年）。

(21) 代表的なものとして、平群真鳥に関しては、辰巳和弘「平群氏に関する基礎的考察（上・下）」（『古代学研究』六四・六五、一九七二年）。巨勢男人に関しては註(2)前掲日野A論文、直木孝次郎「巨勢氏祖先伝承の成立過程」（『日本古代の氏族と天皇』塙書房、一九六四年、初出は一九六三年）、加藤謙吉『蘇我氏と大和王権』（吉川弘文館、一九八三年）。

(22) 日本古典文学全集『日本書紀　二』（小学館、一九九六年）。

(23) 註(22)前掲書の継体天皇即位前紀頭注。

(24) 『漢書顔師古注』の成立は貞観十五年（六四一）。『日本書紀』が『漢書顔師古注』を参照していることについては、山田純「『日本書紀』「天皇紀」の「注」を読む―「帝国／蕃国」としての「日本」―」（『相模女子大学紀要』七九号、二〇一〇年）を参照。

(25) 大化五年（六四九）の左大臣阿倍内麻呂・右大臣蘇我山田石川麻呂の死去により、同年四月甲午条では巨勢徳陀（徳太）を左大臣に、大伴長徳を右大臣に任じている。

(26) 岸俊男「たまきはる内の朝臣」（『日本古代政治史研究』塙書房、一九六六年、初出は一九六四年）。

(27) 註(9)前掲吉村論文。

(28) 堅田修「平群氏に関する一考察」（『大谷史学』十二、一九七〇年）、註(21)前掲辰巳論文。

(29) 但し、平群真鳥の実在性を認める論考として、次のものが挙げられる。賀古明「日本書紀成立における氏族的傾斜」

（日本文学研究資料刊行会編『古事記・日本書紀Ⅰ』有精堂出版、一九六九年、初出は一九六一年）は雄略即位の時点で真鳥が大臣に任命されたのは、大伴・物部両氏とともに葛城氏討滅の連合勢力を形成したためであり、また平群真鳥・シビ父子の討滅も史実と認めている。註(28)前掲堅田論文は、清寧天皇死去後に葛城氏による勢力復興の戦いがあったことを想定し、それ以前の段階に平群氏の大臣が存在したとする。岡田精司「古代の王朝交替」（亀田隆之編『古代の地方史　三』校倉書房、一九七九年）は平群真鳥・シビ父子の滅亡の物語も河内大王家の滅亡と関わって理解すべきとし、当該期における平群氏の権勢を肯定的にみる。

(30) 津田左右吉『日本古典の研究　下』（『津田左右吉全集　二』岩波書店、一九六三年）。

(31) 註(28)前掲堅田論文。

(32) 笹川尚紀「平群氏の研究」（京都大学大学院文学研究科二十一世紀COEプログラム『人文知の新たな総合に向けて　第三回報告書下巻』同プログラム、二〇〇五年）、註(17)前掲笹川論文。

(33) 註(14)前掲坂本論文、註(15)前掲笹川論文。

(34) 井上光貞「雄略朝における王権と東アジア」（『岩波現代文庫　天皇と古代王権』岩波書店、二〇〇〇年、初出は一九八〇年）。

(35) 註(30)津田前掲書。但し、『日本書紀』が『古事記』の叙述に潤色等を加えた論理については、直接編纂者の志向として処理し、【史料17・18】についても無意味な修飾とのみ評する。この点に関しては賛成できない。

(36) 遠藤みどり「持統譲位記事の「定策禁中」」（『日本古代の女帝と譲位』塙書房、二〇一五年、初出は二〇一〇年）。

(37) 註(9)前掲吉村論文。

(38) 谷口やすよ「漢代の皇后権」（『史学雑誌』八七―一一、一九七八年）、同「漢代の「太后臨朝」」（『歴史評論』三五九、一九八〇年）、註(36)前掲遠藤論文。

(39) 石母田正『日本の古代国家』（岩波書店、一九七一年）。

(40) 『日本書紀』における「定策禁中」の事例として持統天皇十一年（六九七）八月乙丑条の「天皇定㆓策禁中㆒、禅㆓天皇位

於皇太子二」がある。註(36)前掲遠藤論文では、この「定策禁中」を立太子に関わるものとしており、筆者も同様に考える。そのとき、漢籍での「定策禁中」の事例では皇帝が関与しないのに対して、持統紀や本条で天皇の関与を明記するのは、立太子権に関わる日中間の相異による。

(41) 閻皇后はこのときのクーデターで没しており、また順帝の実母の李皇后も既に閻皇后により殺害されている。

(42) 註(2)前掲日野A論文、註(21)前掲直木論文。なお註(21)加藤前掲書、註(20)篠川B前掲書もこの通説的理解を積極的に展開している。なお巨勢男人の実在性を認める今井啓一「巨勢氏について」(『日本書紀研究』六、塙書房、一九七二年)があるが論証に成功しているとは言い難い。

(43) 註(21)加藤前掲書。

(44) 滝川政次郎「節刀考」(『國學院大学政経論叢』五―一、一九五六年)、鈴木拓也「将軍・遣唐使と節刀」(続日本紀研究会編『続日本紀と古代社会』塙書房、二〇一四年)。

(45) 註(44)前掲滝川論文では、日本の節刀は唐令の斧鉞ではなく旌節を継承したものとする。出征軍に対する専殺権の象徴として節刀が斧鉞と旌節のいずれを継承しているかは重要な検討課題ではあるが、本章は大将軍任命時における付与物として日本令は唐令の「斧鉞」を節刀に改変していることを重視する。

(46) 註(14)前掲坂本論文は物部麁鹿火の奉答文の中に大伴氏の「道臣爰及二室屋一」とあることから、本来の奉答文は大伴金村のもので大伴氏の家記に基づいており、二次的に物部氏の家記が影響を与えたか、もしくは後の物部氏の勢力拡大により修正された可能性を示唆する。註(20)篠川前掲B書は更に『芸文類聚』による成文という要素を加え、最初『日本書紀』編纂者は大伴氏の家記に基づき『芸文類聚』を利用して成文したが、後に物部氏の立場から物部麁鹿火の派遣に変更した、と再評価する。しかし本条はほぼ全文が『芸文類聚』により成文され、道臣と室屋も「魏文帝於黎陽作詩」の「在昔、周武爰暨二公旦一、載レ主而征」の周武と公旦を入れ替えたに過ぎない。また一名の大将軍により反乱が鎮圧されたとする叙述は『日本書紀』編纂者の創作であるから、仮に大伴氏の家記が介在したとしても、それは大伴金村が磐井の乱鎮圧に加わったという点に過ぎず、この程度の情報は既に『古事記』に叙述されている。結局、大伴金村を大将軍と位置付け

たのは『日本書紀』編纂者以外には考えられない。よって大将軍の推薦も基は大伴金村ではなく、物部麁鹿火か巨勢男人であったとしなければならない。なお大将軍が大伴金村から物部麁鹿火に変更された理由は以下のように考えられる。すなわち、『日本書紀』は任那割譲記事等において大伴金村を政治的上位者と位置付けており、当初はこの延長として大伴金村を大将軍としていた。しかし、『古事記』では「大連」物部荒甲と「連」大伴金村による追討としていたから、これとの整合性を図るため物部麁鹿火を大将軍としたのであろう。

(47) 註(15)前掲笹川論文。
(48)『日本書紀』継体天皇即位前紀。
(49)『日本書紀』継体天皇元年(五〇七)正月甲子条。
(50)『日本書紀』継体天皇元年(五〇七)正月丙寅条。
(51) 倉本一宏「氏族合議制の成立と展開」(『日本古代国家成立期の政権構造』吉川弘文館、一九九七年、初出は一九九一年)。

*図1・2は鶴間和幸『中国の歴史03 ファーストエンペラーの遺産』(講談社、二〇〇四年)の巻末系図を参照した。

第三章　巨勢氏系譜における大臣巨勢男人の存在意義

序

『日本書紀』継体紀に登場する巨勢男人は実在性を疑うべき人物として研究史上評価され通説化している。その論拠は数点に及ぶが、いずれも批判の余地が大分残されたものである。本章で検討する『続日本紀』天平勝宝三年（七五一）二月己卯条も、巨勢男人の実在性の低さを主張する根拠の一つとされてきたものである[1]。

一方、巨勢男人の実在を論証すべく当該史料の検討を行った若井敏明[2]の研究がある。結論として、本章での検討結果は若井の結論と基本的に同じである。但し、以下に論じるように、本条は氏族系譜の史料論の中で読解すべきものである。若井は「奈良時代の巨勢氏が自ら継体朝の巨勢男人と結びつかないことをみとめてい」ることから、巨勢男人が巨勢氏による造作ではないとする。しかし研究史上問題となっているのは『日本書紀』における大臣巨勢男人についてであり、『日本書紀』編纂段階での巨勢氏の認識が問われている。若井は本条の解釈を奈良時代全般における巨勢氏の認識と捉えるが、氏族系譜の史料論を踏まえれば本史料からはこのような結論を導くことはできない。

本条は熊谷公男[3]が指摘するように氏族系譜改変事例の一つである。よって本条はあくまで氏族系譜の史料論に基づいて検討すべきもので、氏族系譜研究の成果を踏まえたとき、筆者は本条から巨勢男人の「史実としての実

在性」を論じることはできないと考える。すなわち、巨勢男人が巨勢氏系譜から除かれた理由として、この人物の実在性という要素は皆無であったからである。

そこでまずは筆者が立脚するところの古代氏族系譜研究の成果を以下にまとめる。但し、あくまで筆者の理解と本章の問題関心という観点からのものである。

古代の系譜には様々な様式が確認されるが、その基本的性格は首長層の政治的地位の由来を社会的に明示するためのものである。[4] 氏族系譜の原初的形態をもつ埼玉県稲荷山古墳出土鉄剣銘（以下、「稲荷山古墳鉄剣銘」とする）はオホヒコからヲワケまでの地位継承の次第を示すことで、ヲワケがワカタケル大王に奉仕する「奉事根源」を示しており、[5] これが古代の系譜の基本形とみて大過ない。族集団を血縁的人間関係の構成から示そうとする出自系譜の出現は、あくまで後発的なものである。

さて、このような氏族系譜の基本的なあり方は、その機能と密接に関わっている。この点について、若干長文ではあるが、溝口睦子による指摘を引用しておく。[6]

> 氏族系譜の場合、系譜の最終記載者である当事者が、朝廷の中でいかなる働きをし、それによっていかなる地位を得ているかを書くことは、系譜の重要な目的の一つである。（中略）だいたい先祖の表示は、繰り返し述べてきたように、現在の自己の朝廷内における地位を根拠づけるためにこそあるので、氏族系譜の焦点はあくまでも現在の自己にある。（傍点は筆者による）

氏族系譜には「現在の自己」により代表される、換言すれば「現在のウヂ」の政治的地位とその正当性を示す機能が与えられている。よって、ウヂの政治的地位が変動すれば、それに伴い氏族系譜も改変されていくのであり、決して固定的なものではない。[7]

また、溝口は氏族系譜が他氏族間で共有されるという重要な指摘をする。[8] このように系譜の共有により形成された政治的関係は同祖関係であり、[9] 系譜上においては、宗氏の系譜上に枝氏の別祖を設定することによりなされる。

前述のように、氏族系譜は「現在の自己」「現在のウヂ」の政治的地位に連動して絶えず改変されていき、新たな同祖関係が形成されるときも同様である。基本的に系譜の改変は既存系譜に対して「加上」「付会」という形で行われ、[10]「現在の自己」「現在のウヂ」の政治的正当性を示すという目的を達成していく。よって、氏族系譜上において現代的な意味での「史実に基づく」という論理を想定することはそもそも困難なのである。

但し、氏族系譜は公的な存在であるが故に上記の機能を有する。律令制下において氏族系譜は治部省により保管・管理された。また系譜改変も無制限になされたのではなく、『古事記』や『日本書紀』等の古文献、すなわち固定化・共有化された歴史叙述の範疇においてなされるのである。[11]

よって氏族系譜改変に関わる史料である『続日本紀』天平勝宝三年（七五一）二月己卯条から巨勢男人の実在性を論じることは困難と言わざるを得ない。一方、上記の氏族系譜の性格を踏まえた場合、大臣として奉仕した巨勢男人を巨勢氏系譜から除外した巨勢奈弖麻呂の論理、という論点の設定は有効である。本史料と向き合うに際して、まずは「現在の自己」「現在のウヂ」という観点から系譜改変の理由が問われるべきであろう。

本章では、上記の問題関心に基づき、天平勝宝三年（七五一）時における巨勢男人の存在意義の再評価を行う。しかし以下の論述で明らかにするように、巨勢氏系譜は「加上」「付会」ではすまされない根本的改変がなされた痕跡があり、巨勢男人の系譜上の意義を検討する上でも重要な論点を提供する。よって、巨勢氏系譜の歴史的展開を確認する作業を行い、天平勝宝三年（七五一）の系譜改変の意義についても論及していく。

本章の最終的な目標は律令制下大臣と大化前代の大臣との関係を論じることである。ウヂの基本的な性格を大王・天皇との政治的関係を媒介にして形成される政治組織[12]と捉えた上で、以下の点について私見を述べたい。すなわち、律令制下のウヂが大王・天皇への奉仕の一形態として大臣就任をいかに捉えているのか、また大臣としての奉仕について律令制大臣と大化前代の大臣とは区別されるものか、それとも同質的なものなのか、である。なお用字の問題として、巨勢氏および巨勢男人は『古事記』『日本書紀』では「許勢」「許勢男人」とあるが、本章では史料引用以外は「巨勢」とする。また他にも史料間において用字が異なるものがあるが、それらについては適宜説明を加える。

第一節　雀部真人の申請の論理

本節では『続日本紀』天平勝宝三年（七五一）二月己卯条について、雀部真人の申請の論理、およびそれを承認した巨勢奈弖麻呂の論理について検討し、巨勢男人が雀部男人へと改変されたことの意義について論じる。

【史料1】『続日本紀』天平勝宝三年（七五一）二月己卯条

己卯。典膳正六位下雀部朝臣真人等言、

「磐余玉穂宮、勾金椅宮御宇天皇御世、雀部朝臣男人為二大臣一供奉。而誤記二巨勢男人大臣一。①真人等先祖巨勢男柄宿祢之男有二三人一。星川建日子者、雀部朝臣等祖也。伊刀宿祢者、軽部朝臣等祖也。乎利宿祢者、巨勢朝臣等祖也。②浄御原朝庭定二八姓一之時、被レ賜二雀部朝臣姓一。③然則、巨勢雀部、雖二元同祖一、而別レ姓之後、被レ任二大臣一。④当二今聖運一、不レ得二改正一、遂絶二骨名之緒一、永為二無レ源之氏一。⑤望請、改二巨勢大臣一、為二雀部大臣一、

流二名長代一、示二栄後胤一。」

大納言従二位巨勢朝臣奈弖麻呂、亦証二明其事一。於レ是、下二知治部一、依レ請改正之。

雀部真人の申請は、「磐余玉穂宮」の継体天皇と「勾金椅宮御宇天皇」の安閑天皇の両代に雀部朝臣男人が大臣として供奉したが誤ってこれが巨勢男人とされた、という現状の説明から始まり、以下に巨勢男人が雀部氏の祖であることの根拠が示される。

雀部真人が提示する根拠は二つである。第一に、同祖関係にある巨勢氏と雀部氏との間の系譜上の関係で、傍線①にあるように、「巨勢男柄宿祢」の三人の男の一人である「星川建日子」が雀部朝臣氏の別祖であることが確認されている。「巨勢男柄宿祢」は『古事記』孝元天皇段の武内宿祢末裔系譜に「次、許勢小柄宿祢者〈許勢臣、雀部臣、軽部臣之祖也〉」とある許勢小柄宿祢と同一人であり（以下、史料引用以外は「巨勢小柄」とする）、傍線①に記す「巨勢男柄宿祢」の二人の子息を軽部朝臣氏の祖（伊刀宿祢）、巨勢朝臣氏の祖（乎利宿祢）とすることも、『古事記』武内宿祢末裔系譜に記される同祖関係と矛盾しない。

第二の根拠は、現時点での雀部朝臣氏と雀部臣氏との関係である。傍線②には、天武天皇十三年（六八四）の八色姓制定時に雀部臣氏に朝臣姓が賜与され、この両者が同一氏であることを主張する。あえて雀部臣氏との関係を説明するのは、前述『古事記』武内宿祢末裔系譜に「巨勢臣」と明記されているから、現時点での雀部朝臣氏と巨勢氏との同祖関係を主張するためには必要な要素であったものと思われる。

以上の二点は、続く傍線③に「然則、巨勢雀部、雖二元同祖一」とあるように、雀部氏と巨勢氏の同祖関係の証明を目的とし、決して男人が雀部氏の祖であることを直接的に述べているのではない。すなわち、この二点が確認されることにより、巨勢男人が雀部男人の誤りであることが立証されるのである。

以上の解釈に基づけば、男人の系譜上の位置は既に自明であったとしか考えられない。傍線③は続けて「而別レ姓之後、被レ任二大臣一」とあり、巨勢氏から雀部氏が分かれた「星川建日子」の末裔の系譜（以下、建彦末裔系譜とする）に男人があるとするが、これは前記の二つの根拠から導かれるものではない。男人が建彦末裔系譜上の人物であることを前提とした申請なのである。

よって雀部真人の申請は、新たに建彦末裔系譜上に男人を追加挿入しようとしたものではなく、建彦末裔系譜上にあるべき男人が欠落し、これが巨勢氏系譜上にあることを問題としているのである。

雀部真人の申請の本質を以上のように捉えると、続く誤植訂正の必要性や具体的な要求内容についても、その意図が明確になってくる。すなわち、誤植訂正の必要性は、傍線④に記され、そこには「遂絶二骨名之緒一、永為二無レ源之氏一」と、連続したカバネ名の継承が断たれ、始原のない氏族となる危機感に基づいている。よって欠落した男人を正しく補填すること、すなわち巨勢男人を雀部男人に訂正することでこの問題を解消しようとするのが雀部真人の論理である。本申請の論旨は自氏系譜の欠損を最大の問題点としてなされているのである。

この申請は同祖関係の宗氏氏上である大納言巨勢奈弖麻呂による承認を得た後、治部省保管の系譜が修正されることで最終的に決着する[13]。ここでなされた修正とは、巨勢氏系譜上にあった巨勢男人を削除し、かつ雀部氏系譜（建彦末裔系譜）の適切な個所に男人を移すことである。

さて、この申請内容を承認した巨勢奈弖麻呂の論理についても確認を要する。前述のように雀部真人の申請の内、承認を要する点は二点である。すなわち、巨勢氏と雀部氏の同祖系譜の確認であり、具体的には雀部氏別祖である「星川建日子」が巨勢小柄の子であること、および現在の雀部朝臣氏が雀部臣氏と連続することである。この内、後者については『日本書紀』天武天皇十三年（六八四）十一月戊申朔条に明記されており、あえて本宗

巨勢氏氏上の承認を必要とするものではない。最も重要な巨勢奈弖麻呂による承認事項は、「星川建日子」が巨勢氏系譜上にあり、かつ雀部氏別祖であることである。

しかし、雀部真人が提示した二つの根拠を承認することは雀部真人の申請内容からも明白なように、巨勢男人が自氏系譜上にあることを「誤り」と認めることに他ならない。巨勢奈弖麻呂はこれを承知の上で雀部真人の主張を認めているのである。

無論、雀部真人の申請文のままに、巨勢男人が巨勢氏系譜上にあることは「誤り」の結果なのではない。雀部真人の申請の論理からうかがえるように、明らかに建彦末裔系譜から男人が除かれ、それが巨勢氏系譜に移されたという過程が存在するから、意図的になされた系譜改変の結果なのである。序でも述べたように、氏族系譜は「現在の自己」「現在のウヂ」の政治的正当性を示すために適宜改変されていくものであるから、建彦末裔系譜から男人を除き巨勢氏系譜に移した系譜改変も何らかの政治的正当性を示すためになされたものと考えるべきである。

さて以上の理解に立てば、巨勢氏側の政治的理由により男人を巨勢氏系譜上に移した時点では、巨勢氏にとって男人は系譜上重要な人物であったはずである。しかし、この政治的理由が消失すれば系譜上必要な人物ではなくなる。天平勝宝三年（七五一）二月の雀部真人による申請が許諾された理由はここにあると思われる。

そこで次節では天平勝宝三年（七五一）に改変された巨勢氏系譜が成立した段階、すなわち建彦末裔系譜から男人が除かれて巨勢氏系譜上に位置付けられた段階と、その政治的理由を明らかにする事前作業として、天平勝宝三年（七五一）二月以前における巨勢氏系譜の確認作業を行っていく。

第二節　『紀氏家牒』採録巨勢氏系譜の検討

本節では建彦末裔系譜（天平勝宝三年（七五一）二月時点での雀部氏系譜）から男人が除かれ、巨勢氏系譜に移された時期とその政治的理由を探る準備として、天平勝宝三年（七五一）二月以前の巨勢氏系譜の分析を行っていく。

現在、管見の限り確認できる巨勢氏系譜、および系譜的史料は、『古事記』孝元天皇段の武内宿祢末裔系譜、『紀氏家牒』採録の巨勢氏系譜逸文、『公卿補任』継体天皇の大臣巨勢男人条、『同』孝徳天皇の左大臣大紫巨勢徳大条、『新撰姓氏録』右京皇別上の巨勢朝臣条、『尊卑分脈』紀氏、「紀氏系図」（『群書類従』系譜部）、「紀氏系図」（『続群書類従』巻第百六十八、系図部六十三）の八点である。

さて、これら八つの史料の成立を天平勝宝三年（七五一）二月前後で分類すると、これに先行するのは和銅五年（七一二）成立の『古事記』のみであり、他史料は天平勝宝三年（七五一）二月以後の成立となる。『紀氏家牒』は奈良時代末から平安時代初期の成立[14]、『新撰姓氏録』は弘仁六年（八一五）[15]、『公卿補任』は系譜的記事が確認できる流布本に限れば十世紀末の長徳年間（九九五〜九九九）以前[16]、『尊卑分脈』は十四世紀後半[17]、群書類従本「紀氏系図」は十六世紀中頃[18]、続群書類従本「紀氏系図」は群書類従本「紀氏系図」よりも古いことが推測されるが、決して平安時代まで遡るようなものではない。

しかし、この分類はあくまで巨勢氏系譜を採録した各書誌の成立時期であり、諸史料が採録した基の系譜の年代を示すものではない。このような観点から再度、諸巨勢氏系譜の年代観を検討していくと、記載内容から『紀

氏家牒』に採録された巨勢氏系譜は天平勝宝三年（七五一）二月以前に遡る可能性が高い。

【史料2】『紀氏家牒』（井上頼圀編『玉籠』所収逸文）[19]

家牒曰、建彦宿祢男巨勢川辺宿祢、亦曰㆓軽部宿祢㆒、〈家軽里星河辺故名。〉川辺宿祢男巨勢川上宿祢男巨勢男人宿祢任㆓大臣㆒云々。

『紀氏家牒』の成立は奈良時代末から平安時代初期であるが、『紀氏家牒』が採録した巨勢氏系譜の年代は当然のことながらこれに遡る。無論、この系譜が成立した絶対年代を特定することは困難であるが、まずは天平勝宝三年（七五一）二月以前に遡ることについて以下に論証を試みる。

さて、『紀氏家牒』採録巨勢氏系譜は建彦宿祢より始まる系譜であるが、前節【史料1】で確認したように、天平勝宝三年（七五一）二月時点の巨勢氏系譜上に建彦宿祢（星川建日子）はなく、同祖氏族雀部氏の別祖として「小柄宿祢―（雀部氏別祖）建彦宿祢―（雀部氏の祖）」と位置付けられていた。巨勢氏系譜は「小柄宿祢―乎利宿祢」とあったのである。

この両史料の記載内容の相違から、建彦末裔系譜は雀部氏系譜から巨勢氏系譜へ、もしくはその逆の改変がなされたことは確実であり、果たして筆者は建彦末裔系譜が巨勢氏系譜（『紀氏家牒』採録巨勢氏系譜）から雀部氏系譜（天平勝宝三年二月系譜）へと改変されたと考える。

『紀氏家牒』採録巨勢氏系譜で「建彦宿祢」とされた人物は、【史料1】の天平勝宝三年（七五一）二月の系譜では「星川建日子」とされ、『新撰姓氏録』左京皇別上の雀部朝臣条でも「星河建彦宿祢」とある。つまり雀部氏の祖の場合にのみ「星川（河）」が冠されている。

さて、河川名称としての「星川（河）」は『紀氏家牒』採録巨勢氏系譜にも記される。すなわち、建彦宿祢の

「男」とされる巨勢川辺宿祢には別名「軽部宿祢」があり、その由来を示す譜文中に「家軽里星河辺故名」とある。この文意は川辺宿祢の居地が「軽」里の星河の川「辺（＝ベ＝部）」であったことから「軽部宿祢」が命名されたというものである。ここでは明記されないが、「軽部宿祢」という別名表記が巨勢氏と軽部氏との同祖関係に基づく記述であることは明白であり、川辺宿祢を軽部氏の別祖と位置付けるためのものである。

すなわち、この譜文は巨勢川辺宿祢を軽部氏別祖として位置付ける正当性を示しているのだが、そこで重点が置かれているのは「軽」字を創出する根拠であり、そこで居地を「軽里」の「河辺」としたのである。よって河川名「星河」の位置付けはあくまで副次的なものである。

さて、『紀氏家牒』採録巨勢氏系譜と天平勝宝三年二月系譜の内、どちらの「星川（河）」が先行するのかが問題となるが、天平勝宝三年二月系譜が先行したとする場合、次のような問題が生じる。

星川建日子は雀部氏系譜上の人物であり、かつ軽部氏は巨勢氏から分かれた枝氏族であるから、「星河」と軽部氏との関係はそもそも存在しない。このような前提の下で建彦末裔系譜を巨勢氏系譜へ改変した場合、巨勢氏は同祖氏族の軽部氏の別祖を建彦末裔系譜上に位置付けるために「川辺宿祢」の別名「軽部宿祢」を新設し、その理由を「家軽里星河辺故名」としたことになる。

しかし、軽部氏の別祖として川辺宿祢を選ぶのは発音の類似性から説明できそうだが、「川辺」と「軽部」を関連付けるとき、「辺」から「部」への変換は同一音として処理できるものの、「川」と「軽」の発音は全く別であるから、「軽里星河」という河川名称とその所在地を持ち出したということになる。

但し、前述のようにこの譜文において「星河」は副次的な意味しかもたず、「軽里」を流れる河川近辺に居住したという叙述が重要なのである。よって、「軽里」を採用したとき、偶然にも軽里を「星河」が流れており、

星川建日子が冠する河川名「星川」と一致した、ということになる。

また星川建日子の「星川」という河川名称を起点として譜文を成文したと想定する場合、「星川」に関わる「軽」字を有する地名を探し出した結果、「軽里」が発見されたことになる。

以上の二つは非常に偶然性が高いものの、完全に否定することもできない。但し、この場合『紀氏家牒』採録系譜の建彦宿祢に「星川」が冠されていないこと、すなわち個人名称「星川建日子」に冠されていた「星川」を取り除いた理由の説明は困難となる。むしろ「建彦宿祢」に「星川」を冠した方が、軽部氏別祖に関する譜文中に「星川」が登場することの正当性をうまく付与することができる。

天平勝宝三年二月系譜を『紀氏家牒』採録巨勢氏系譜に先行させた場合、次の問題も生じる。すなわち、【史料1】より天平勝宝三年二月系譜の軽部氏の別祖は巨勢小柄宿祢の子の伊刀宿祢である。この前提下で『紀氏家牒』採録系譜が形成された場合、巨勢氏の祖「乎利宿祢」と雀部氏の祖「星川建日子」については修正・調整が必要となる。しかし、軽部氏の祖「伊刀宿祢」は既に巨勢小柄宿祢の子と位置付けられており、巨勢氏との同祖関係上、問題が生じることはない。よって建彦末裔系譜上の川辺宿祢に別名を設定し、それを軽部氏の別祖とするような修正・調整は全く必要ないのである。

以上、天平勝宝三年二月系譜が『紀氏家牒』採録系譜に先行する系譜とみることの問題を指摘してきた。一方、『紀氏家牒』採録系譜が先行した場合は次のように整合的な説明が可能である。

まずは「星川（河）」の関係についてである。「星川（河）」はそもそも川辺宿祢と軽部宿祢との関係を説明する上では副次的なものであり、建彦宿祢とは無関係のものとして巨勢氏系譜上に記されていた。そして建彦宿祢の次代・次々代の川辺宿祢と川上宿祢はともに河川に関する名称であり、かつ川辺宿祢の居地は「軽里星河辺」と

される。前述のようにこの譜文は「軽里」と「川辺」という要素が重要なのだが、仮に建彦宿祢の居地について焦点が当てられた場合、その子孫の川辺宿祢の居地が「星川」の川辺であったことから類推し、建彦宿祢という個人名称に「星川」が冠された可能性は十分にある。よって「星川」建彦宿祢という個人名称よりも川辺宿祢の居地「軽里星河部」が先行したと考えるべきである。

軽部氏別祖に関する措置についても次のように考えられる。前述のように『紀氏家牒』採録系譜では巨勢川辺宿祢の別名を軽部宿祢とし軽部氏別祖としていたから、軽部氏別祖はもともと建彦末裔系譜上に存在していた。しかし、軽部氏は巨勢氏の枝氏族であるから、建彦末裔系譜が雀部氏系譜となれば軽部氏別祖も建彦末裔系譜から除かれ、新たな巨勢氏系譜上に設定されなければならない。【史料1】にある「伊刀宿祢」はこの建彦末裔系譜が雀部氏系譜とされた系譜改変時に新たに設定された軽部氏別祖であり、これが天平勝宝三年二月系譜に継承されたものと思われる。

以上、系譜内容の検討から、『紀氏家牒』採録巨勢氏系譜は天平勝宝三年（七五一）二月に改変された系譜に先行するものである蓋然性が高い。この点についてはこの両系譜の様式的な面からもうかがうことができる。

義江明子は太田亮[20]が示した通時代的な系譜の形態と変遷過程を踏まえ、特に横系図以前の段階のものを古系譜の形式と位置付け、更に現在確認される古系譜を類型化し、その様式論を提唱している[21]。義江は「娶生」文言の有無、兄弟（姉妹）記載の有無、奉仕文言の有無という三つの要素の組み合わせにより次の四様式の存在を示す[22]。

①**地位継承次第**　「娶生」記載はなく、兄弟姉妹記載もない。奉仕文言が記される。一人の始祖から始まり自己までを「児（子）」で一本筋につなぐ系譜である。現在確認される最古の系譜史料（稲荷山古墳鉄剣銘、五世紀後半）からみられる様式であり、古系譜の形式が消滅するまでの九世紀半ばまで一貫して作成された。

②「娶生」系譜　「A娶B生C、次（弟・妹）D」により父母双方と兄弟姉妹を記載する構造をもつが、奉仕文言はない。複数の祖から逆三角形の構成で自己に収斂する系譜である。「天寿国繡帳銘」や『釈日本紀』所引「上宮記逸文」にみられる様式である。地位継承次第に遅れること六世紀前半に成立し、七世紀代にのみみられる。

③変形古系譜　地位継承次第に「娶生」系譜を組み合わせて、地位継承者を父子関係として改変（父系系譜）したもの。「伊福部臣古志」「粟鹿大明神元記」がこれにあたり、おおよそ八世紀前半から末頃のものである。

④父系出自系譜　「娶生」記載はないものの兄弟姉妹関係は記載する。一部に奉仕文言を注記する場合がある。一人の始祖から親子関係の連鎖により、裾広がりに父系で自己の世代にいたる系譜である。代表的なものは八世紀末から九世紀半ばの「和気系図」や、同じく八世紀末頃の「下鴨系図」があり、その成立も八世紀末頃が想定される。

以上の類型整理を踏まえ、②「娶生」系譜は③変形古系譜を経て④父系出自系譜へと展開していき、①地位継承次第は九世紀まで存続するものの、一方③の様式に吸収される、との理解を示す。

さて、以上の義江の系譜様式論を踏まえると、『紀氏家牒』採録巨勢氏系譜は①地位継承次第に類別される様式であると位置付けることができる。

【史料2】『紀氏家牒』（井上頼圀編『玉簏』所収逸文）

家牒曰、「建彦宿祢男巨勢川辺宿祢、亦曰㆓軽部宿祢㆒、〈家軽里星河辺故名。〉川辺宿祢男巨勢川上宿祢男巨勢男人宿祢任㆓大臣㆒云々。」

すなわち、「娶生」や兄弟姉妹記載の文言はなく、明らかに一本筋でつながる系譜である。但し、以下の二点

については別途説明を要する。

第一に、川辺宿祢の記載が重複することである。これは巨勢川辺宿祢を軽部氏別祖とし、それを示す譜文「亦曰二軽部宿祢一〈家軽里星河辺故名。〉」を挿入した結果、一本筋の文章系譜が分断されたためになされた追補である。すなわち、巨勢川上宿祢を直前の祖と続柄表記「男」により接続させるために巨勢川辺宿祢を重複して記載したものと判断される。よって、一本筋の構造をもつ系譜であることに変わりはない。

第二に続柄表記が「児（子）」ではなく「男」とされることである。そもそも地位継承次第において「児（子）」は親子関係を示すものではなく、地位の連続した継承関係を示す。しかし地位継承次第の後次様式である変形古系譜では、この地位継承次第を父子関係と解釈し採録するものがみられる。このように古系譜として伝世する地位継承次第が後世の認識により修正の手が加えられることは十分に想定される。『紀氏家牒』採録巨勢氏系譜の原形も「児（子）」によりつながれる巨勢氏族長位の継承次第であり、後にそれが父子直系系譜と認識された結果、「男」により接続する系譜として修正されたのであろう。よってこの用字の相違にかかわらず、本系譜を地位継承次第と位置付けることに問題はない。

なお、『紀氏家牒』採録巨勢氏系譜には明確な奉仕文言が確認できないが、最後の巨勢男人宿祢の譜文として「任二大臣一云々」とあり、これが奉仕文言に相当する可能性がある。

このように、『紀氏家牒』採録巨勢氏系譜は修正の手が加えられているものの、系譜様式上、地位継承次第とみて大過ない。一方、このような修正が加えられたことについても、より積極的な評価が必要である。すなわち、第一の点は、地位の継承を示す系譜である地位継承次第に同祖関係に基づく他氏別祖が設定されたことを意味し、第二の点は、本系譜が父子直系の出自系譜として再利用されたことを意味するからである。第二の点については

次節で考察することとし、第一の点について私見を述べていく。

溝口睦子[23]は、稲荷山鉄剣銘のオホヒコから五代目のタサキワケまでの部分が重層構造を有すること、ウヂ名は未成立でありタカハシワケやタサキワケも個人名ではなく族長の称号とすべきものの、この両名は高橋・佐々貴といったウヂ名となっていく可能性があることなどから、冒頭五代の部分が他集団との共同系譜であることを示唆する。首肯すべき指摘である。すなわち、政治的同盟関係にある集団間での系譜の共有はウヂ名成立以前（すなわちウヂ成立以前）からあり、これが後のウヂ間の同祖関係となっていくのである。おそらく地位継承次第には本来的に同祖関係を示す機能が内在しているのである。

但し熊谷公男[24]が指摘するように、氏族系譜は政治的地位の変化などにより適宜改変されるものであり、同祖関係の改変はその主要なものの一つであろう。すなわち、新たな同祖関係が構築され、新たな別祖の設定が必要となれば、同時に系譜の改変も要求されるのである。このとき、地位継承次第の構造に着目すると、新設される別祖は一本筋の構造の中に新規に挿入するか、もしくは系譜上の既存の人物を別祖として再定義するか、このいずれかが想定される。『紀氏家牒』採録巨勢氏系譜上の川辺宿祢は、このいずれかの手法で軽部氏の別祖とされたものと考えられる（図3参照）。

これに対して、天平勝宝三年二月系譜における別祖の設定の手法は、明らかに新しいものである。【史料1】傍線①には「真人等先祖巨勢男柄宿祢之男有二三人一。星川建日子者、雀部朝臣等祖也。伊刀宿祢者、軽部朝臣等祖也。乎利宿祢者、巨勢朝臣等祖也」とあり、巨勢小柄の次世代として三人が列記され、それぞれ雀部氏別祖、軽部氏別祖、そして巨勢氏の本系上の祖とされる（図3参照）。

このように一世代に複数人を列記する方法は、「娶生」系譜にみられる「A娶B生子C、次D、次…」のよう

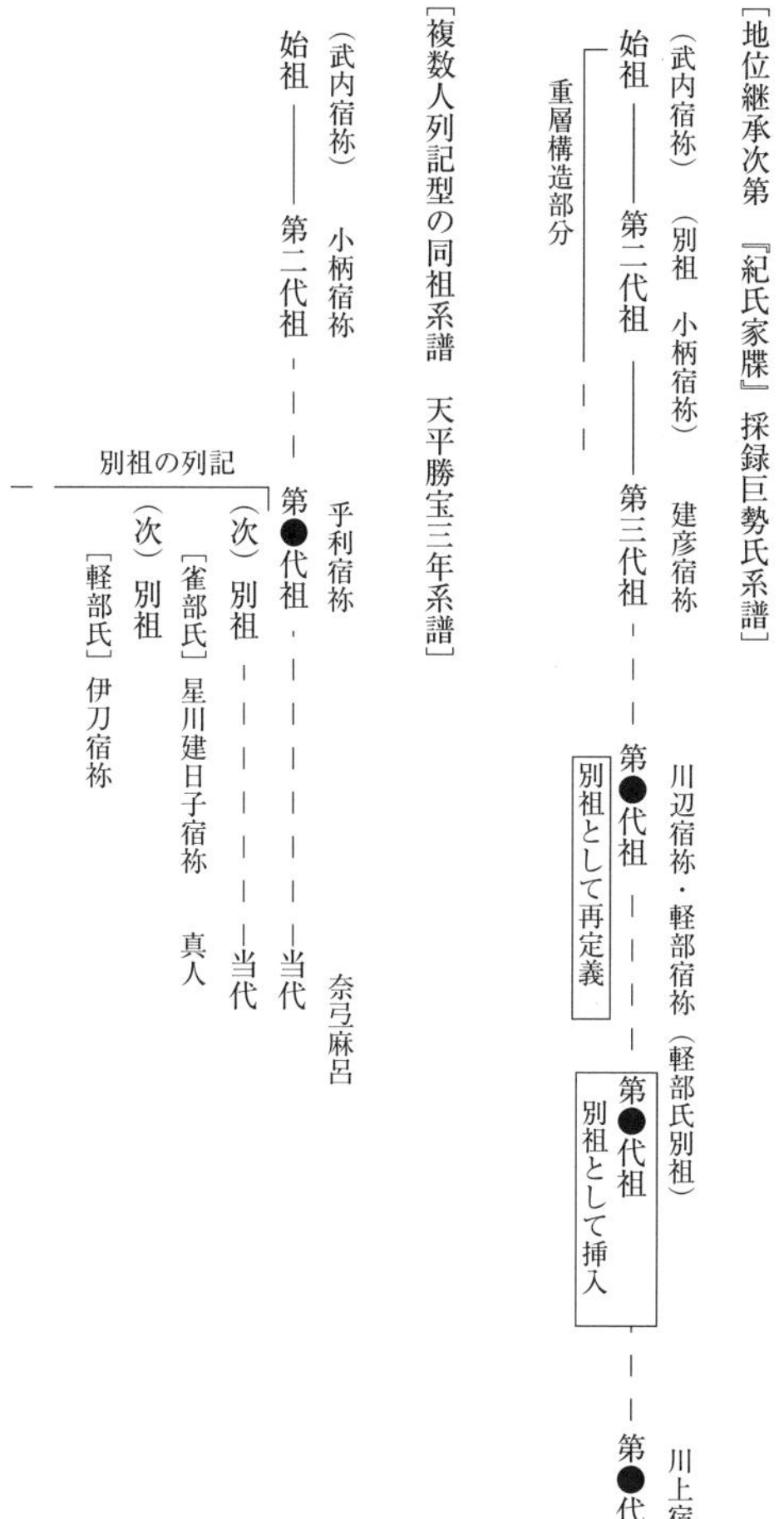

図３　巨勢氏系譜の模式図

に、婚姻関係にある男女の所生子を列記したのが始原的なものであろう。系譜様式の展開過程からも「娶生」により婚姻関係を示す記載法と「次」を用いて複数人を列記する記載法は「娶生」系譜として一体的に成立する。一方、成立時期が「娶生」系譜に先行する地位継承次第には「次」を用いて複数人を列記するものはない。しかし稲荷山鉄剣銘の例からも同祖関係を系譜上に示す機能の起源は地位継承次第にある。

以上の整理を踏まえ、一世代に複数人を列記して同祖氏族の別祖を記載する系譜の様式は、地位継承次第に「娶生」系譜の複数人列記法（「次」などの使用）が導入されて成立したものと考えられる。この新たな記載法は過剰に世代数を増加させることなく新たな同祖関係を表示することが可能であり、頻繁に同祖関係が構築される状

況下では有効に機能したものと推察される。

但し、「娶生」系譜の一部には「次」で列記される人物が始祖や別祖とされている例（『古事記』・「粟鹿大明神元記」記載の「娶生」系譜）がある。つまり地位継承次第に「娶生」系譜の技術が導入されたのではなく、その逆、すなわち「娶生」系譜に同祖関係の表示という機能が移された可能性が残される。

しかし、これら史料はあくまで後世の史料に引用された「娶生」系譜の一部であり、七世紀代に作られた「娶生」系譜の原形ではない。七世紀代の「娶生」系譜（『釈日本紀』所引「上宮記逸文」・「天寿国繡帳銘」）はあくまで婚姻関係間にある男女の所生子のみを列記する。おそらくこれら「娶生」系譜上に始祖・別祖を記載する史料は、地位継承次第上に成立した複数人表記による別祖記載の仕方を、再び「娶生」系譜に適用した後世の改変の結果であろう。

以上の検討により、地位継承次第の一本筋の構造を守る形で別祖を表示している『紀氏家牒』採録巨勢氏系譜は、その構造を崩して複数人列記の形で別祖を表示する天平勝宝三年二月系譜に先行することは明らかである。よって、記載内容と記載様式の両方から『紀氏家牒』採録巨勢氏系譜は天平勝宝三年二月系譜に先行することが確認され、建彦末裔系譜が巨勢氏系譜から雀部氏系譜へと改変されたこともほぼ確実である。

第三節　巨勢氏氏上の傍系継承と父子直系出自系譜

大化改新以後も巨勢氏は議政官を輩出する有力氏族の一つであった。議政官就任者の極官の就任時期のみを示せば、大化改新後の大化五年（六四九）には巨勢徳太（徳陀古ともある。以下、徳太とする）が左大臣[25]、天智天皇十

年（六七二）には巨勢人（比登ともある）が御史大夫、[26]天武期（六七二〜六八六）には巨勢黒麻呂が納言、[27]霊亀元年（七一五）には巨勢麻呂が中納言、[28]養老二年（七一八）には巨勢祖父（邑治ともある。以下、祖父とする）が中納言、[29]天平勝宝元年（七四九）には巨勢奈弖麻呂が大納言、[30]天平宝字元年（七五七）には巨勢堺麻呂（関麻呂ともある。以下、堺麻呂とする）が参議、[31]弘仁三年（八一二）には巨勢野足が中納言に任じられている。[32]

但し、父子直系という点からこれら八名を整理すると二つの系統に分かれることが確認できる。すなわち、確実に父子直系関係が遡れる祖として、巨勢徳太を祖とする系統（徳太系）と、同じく巨勢大海を祖とする系統（大海系）である。この点に関しては既に阿部武彦[33]や高島正人[34]の指摘があり、巨勢氏はこの二系統が基本的に議政官を輩出している。なお、これは巨勢氏のみの特徴ではなく、あくまで日本古代における族長位の傍系継承を示す一つの事例と位置付けられる。[35]

さて、この巨勢氏の二つの系統を模式的に表したものが図4である。この内、議政官となった人物の順（①②…と表示）を追っていくと、あたかも徳太系と大海系による両統迭立的な状況がみられる。また、氏人の中で最も朝廷内での高位高官の者が氏上として認定されることを踏まえると、[36]巨勢氏氏上の地位についても同様の状況が想定できる。これが奈弖麻呂以降になると大海系は衰退し、徳太系が巨勢氏主流となって平安初期の巨勢野足までいたる。

ここで再び前節で紹介した巨勢氏の諸系図に注目したい。十四世紀代の『尊卑分脈』「紀氏」の系図（図5参照）と、十六世紀頃の二つの「紀氏系図」（『群書類従』系譜部、『続群書類従』巻第百六十八、図6参照）では、若干の相違はあるものの、[37]一貫して徳太系のみが記載され巨勢野足により締めくくられる。すなわち、序文で確認した氏族系譜の性格を踏まえれば、これらは「現在の自己」としての巨勢野足の立場から巨勢氏の政治的地位の正

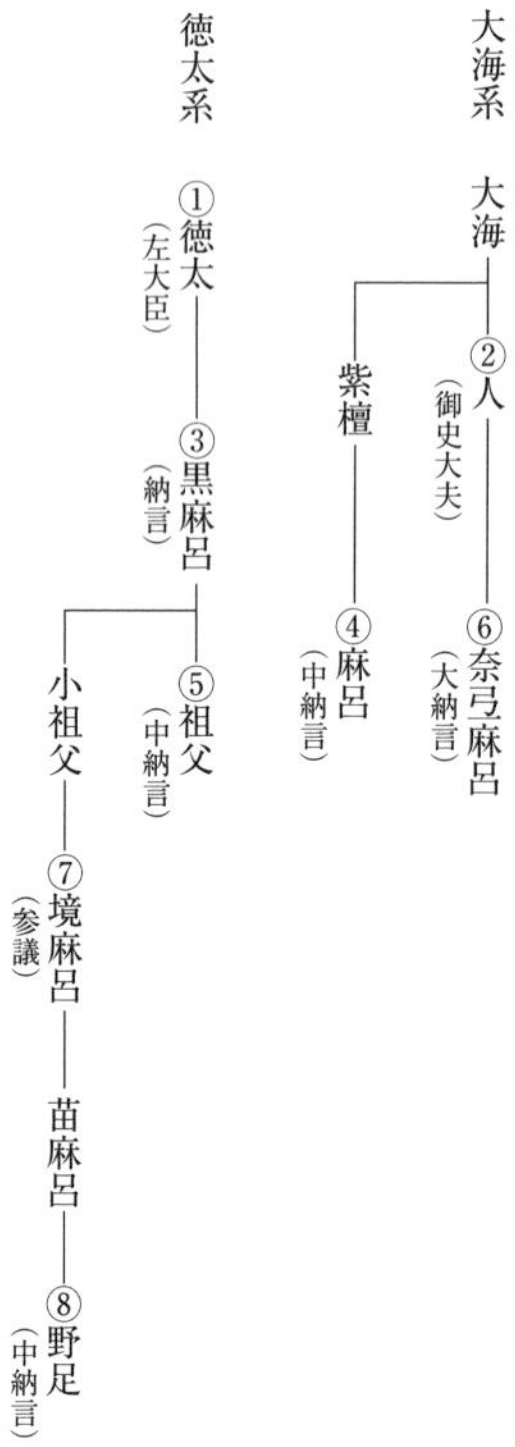

図4　巨勢氏二系統の模式図
数字は議政官となった人物の順を示す。

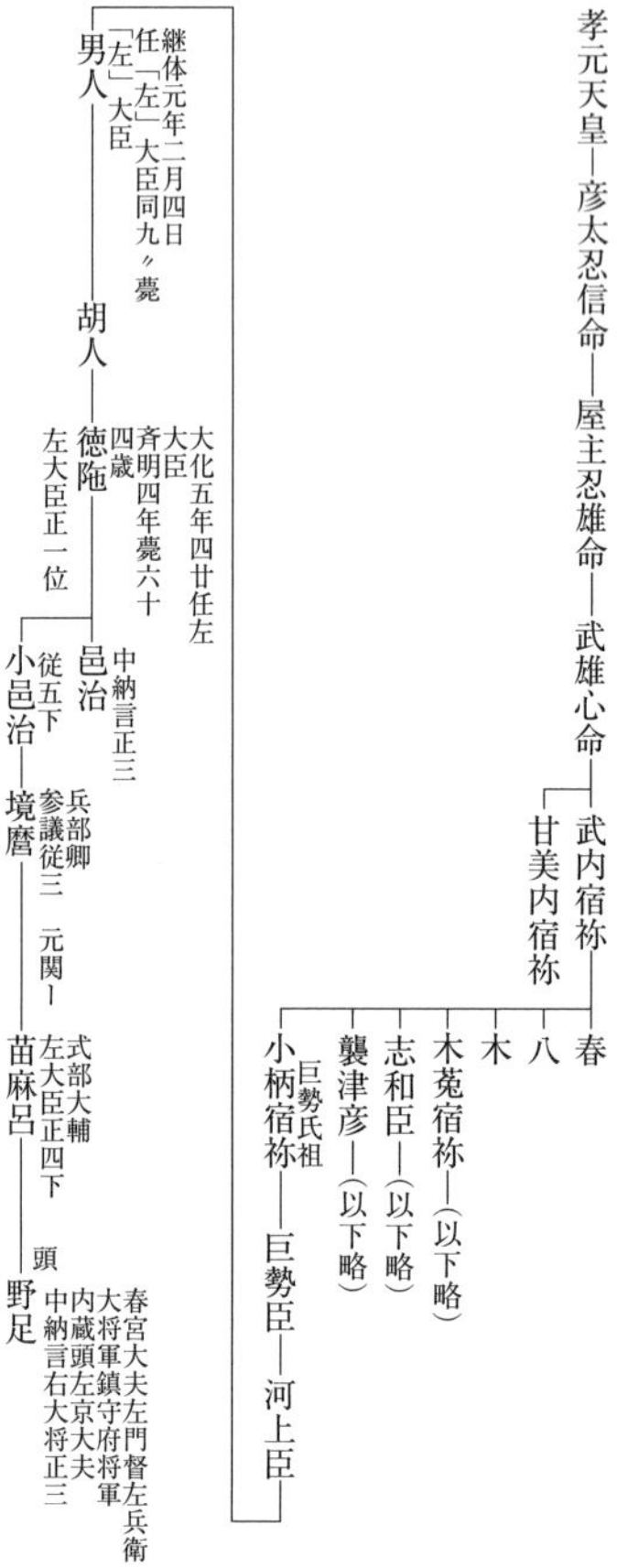

図5　『尊卑分脈』紀氏系図

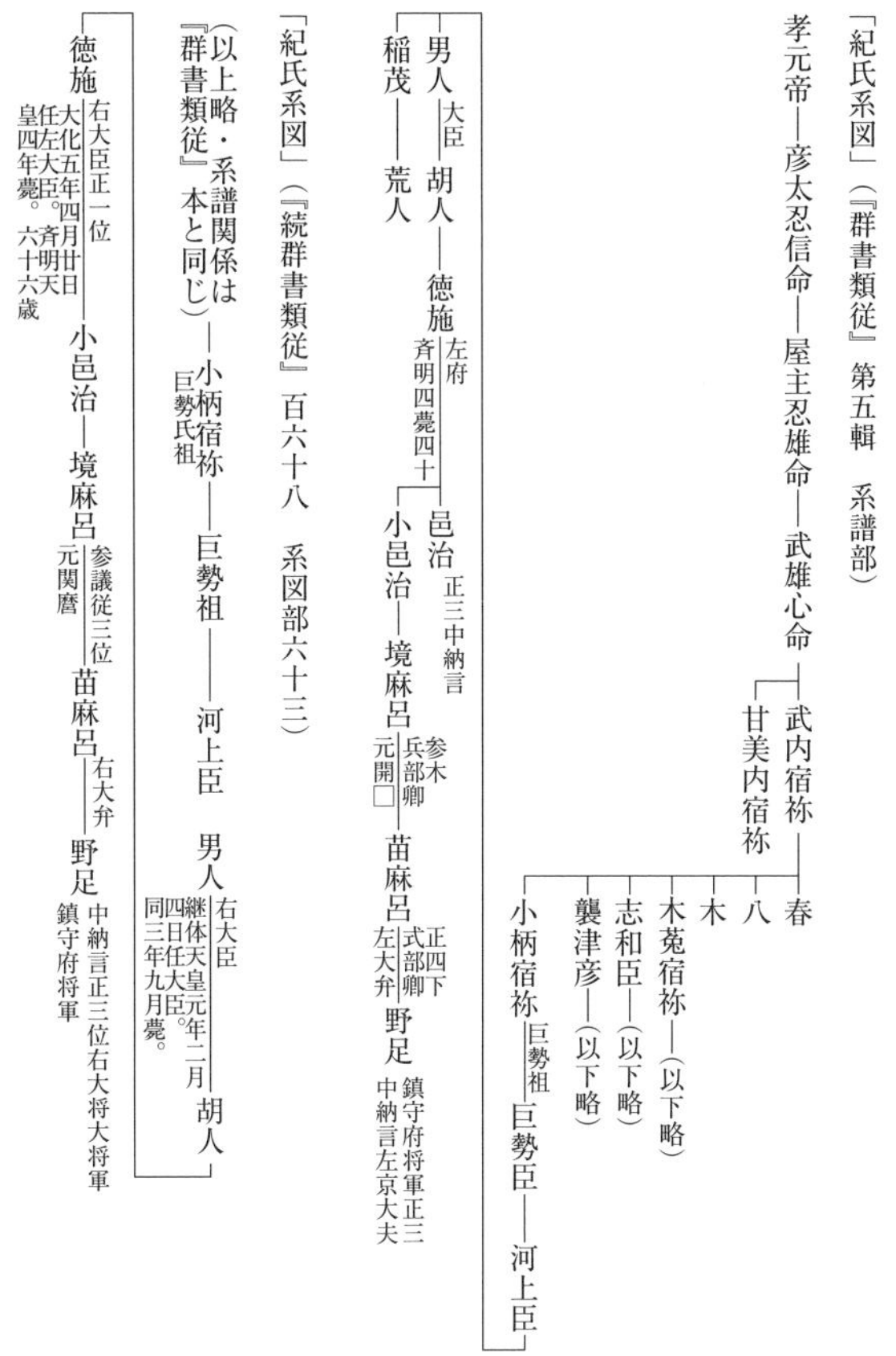

図６　「紀氏系図」（『群書類従』所収と『続群書類従』所収）

当性が示された系譜なのである。これが巨勢氏の最終的な系譜として中世まで伝存したのである。

中世まで伝存した巨勢氏系譜の最終的な成立、すなわち本系譜に野足を位置付けたのは野足本人とみて大過ない。但し、巨勢氏の本系から大海系を排除して徳太系のみとしたこと、および徳太系系譜と別祖小柄宿祢から男人までの地位継承次第を父子直系系譜として接続させたのは野足以前に遡る。おそらく大海系の奈弖麻呂以降、巨勢氏氏上の地位が徳太系に一本化されたいずれかの段階でなされたものと思われる。

果たして、奈弖麻呂の段階の巨勢氏系譜はこれとは異なる内容であった。すなわち、奈弖麻呂が大納言であった天平勝宝三年（七五一）段階の系譜では既に建彦末裔系譜は巨勢氏系譜としては放棄され、雀部氏の系譜とされている。巨勢氏系譜は乎利宿祢を祖としていたのであり、この末裔系譜を本系として末端に奈弖麻呂を位置付けたものであったはずである。よって大海系は乎利宿祢末裔系譜、徳太系は建彦末裔系譜を自らの父子直系の出自系譜[38]とし、氏上の地位が変動する度に、これを巨勢氏本系の系譜として改変していたことが想定される。

さて、以上の結論は、奈弖麻呂以前の段階において建彦宿祢から男人までの地位継承次第が父子直系の出自系譜として徳太系系譜に接続・包摂されていたことも意味する。次の史料はこの点の傍証となる。

【史料3―①】『公卿補任』継体天皇御世、大臣巨勢男人条

大臣　巨勢男人大臣〈元年二月四日天皇即位。是日為㆓大臣㆒如㆑故。初任未詳。廿三年九月薨。武内宿祢之子、巨勢小柄宿祢四世孫、父河上臣也。〉

【史料3―②】『公卿補任』孝徳天皇御世、左大臣巨勢徳太条

左大臣　大紫　巨勢徳大臣〈大化五年四月廿日（甲午）任㆓左大臣㆒（年五十）。初任㆓右大臣㆒年未詳。雄柄宿祢七世孫。父胡孫子也。男人大臣後。元右大臣云々。但任日未詳。〉

現在確認できる巨勢氏系譜の内、巨勢男人を小柄の四世孫とし川上宿祢の子と位置付けるのは、この『公卿補任』の尻付と『紀氏家牒』採録巨勢氏系譜のみである。野足の段階で作成され中世まで伝承された前述三系譜は全て男人を小柄の三世孫とし、これとは異なっている。無論、巨勢氏系譜の全てを確認しているわけではなく、憶測の域を出てはいないが、『公卿補任』の世代の計上は『紀氏家牒』採録巨勢氏系譜と同じ記載内容の系譜を参照してなされたものと思われる。また、『公卿補任』巨勢徳太条には「男人大臣後」とあり、徳太系と男人以

前の系譜を接続したものを参照していることが確認できる。よって『公卿補任』の記述を介してではあるが、『紀氏家牒』採録巨勢氏系譜では既に徳太が男人の末裔として位置付けられていた、すなわち、建彦宿祢から男人までの地位継承次第と徳太系系譜が父子直系の出自系譜として接続されていたと推察される。

ここまでの考察により、巨勢氏氏上の地位は主に徳太系と大海系とによる傍系継承であり、氏上の地位が移動する度に自己の有する父子直系の出自系譜（徳太系は建彦末裔系譜、大海系は乎利宿祢末裔系譜）を巨勢氏本系へと改変してきたことが浮き彫りになってきた。

天平勝宝三年二月系譜の成立を考える場合、巨勢奈弖麻呂がいつ巨勢氏氏上の地位に就いたのかが重要である。巨勢氏において奈弖麻呂の前に議政官となったのは巨勢祖父である。しかし祖父が神亀元年（七二四）に死去して後、奈弖麻呂が正史に登場するまでの間、巨勢足人・巨勢真人・巨勢少麻呂が奈弖麻呂よりも上位の人物として確認できる。

まず『続日本紀』から巨勢足人の足跡を辿ると、養老二年（七一八）正月庚子に従五位下、そして養老四年（七二〇）十月戊子に式部員外少輔となる。これが最後の記事となり、祖父死去後の記事は確認できないが、死去年月が不明であることから祖父死去後にも活動が及んでいる可能性が残される。続いて巨勢真人は養老四年（七二〇）正月甲子に従五位下、同年三月丙申に民部少輔従五位下で征隼人副将軍、神亀元年（七二四）二月壬子に従五位上、神亀三年（七二六）正月甲子に正五位下、神亀三年（七二六）九月壬寅に播磨行幸に伴う装束司、そして天平三年（七三一）六月甲寅に大宰少弐となり、これが最後の記事となる。最後に巨勢少麻呂は神亀五年（七二八）五月丙申に外従五位下、天平元年（七二九）二月壬申に長屋王邸へ窮問の使いとして少納言外従五位下となり、天平元年（七二九）三月甲午に従五位下、そして天平五年（七三三）三月辛亥に従五位上となるのが最後の

記事である。

奈弖麻呂は以上の三名に遅れること、天平元年（七二九）三月甲午に外従五位下、天平三年（七三一）正月丙子に従五位下、天平八年（七三六）正月辛丑に正五位下、天平九年（七三七）八月甲子に造仏像司長官、天平九年（七三七）九月己亥に従四位下、天平十年（七三八）正月乙未に民部卿、そして天平十一年（七三九）四月に参議となる。

以上、祖父以降の巨勢氏筆頭の昇進状況から、奈弖麻呂が氏上に就く以前は「（足人）↓真人↓少麻呂」の順で氏上位が継承された可能性がある。ここで少麻呂は『続日本紀』天平五年（七三三）三月辛亥条における従五位上が極位であるのに対し、奈弖麻呂は天平八年（七三六）正月に正五位下に叙され、少麻呂の極位を超える。遅くともこのときには奈弖麻呂が巨勢氏氏上となり、これに伴い巨勢氏本系を乎利宿祢末裔系譜に改変したものと思われる。

さて、天平勝宝三年（七五一）二月の系譜改変で問題とされたのは、巨勢男人が本来あるべき建彦末裔系譜（雀部氏）上になく、乎利宿祢末裔系譜（巨勢氏）上にあったことにある。奈弖麻呂が氏上となったと思われる天平八年（七三六）頃になされた巨勢氏系譜の改変のときに、建彦末裔系譜から巨勢氏系譜（乎利宿祢末裔系譜）上に男人が挿入された可能性もあるが、筆者は古代氏族系譜が「現在の自己」の政治的状況に即して変化し続けるものと考える立場から、天平八年（七三六）以降における巨勢奈弖麻呂を取り巻く政治的状況の変化の中で大臣巨勢男人の重要性が増した結果、雀部氏系譜（建彦末裔系譜）上から男人を抜き出し、巨勢氏系譜上に挿入したものと考える。また以上の観点から、天平勝宝三年（七五一）二月に男人を雀部氏系譜に戻した理由も、奈弖麻呂を取り巻く政治的状況の変化の中で理解すべきものと考える。

その政治的状況とは天平九年（七三七）の天然痘大流行以降における奈弖麻呂の急速な昇進過程である[39]。奈弖麻呂は天平九年（七三七）九月己亥の叙位において従四位下に叙される。このときの叙位は直前まで大流行した天然痘により多くの官人が死没したことを受け、その欠員補充のためになされたものであり[40]、以後形成される橘諸兄政権を準備するものとしても位置付けられる。

加えて、天然痘大流行直前の政治状況、特に議政官構成についても注意を払う必要がある。すなわち、不比等の四名の子が揃って議政官に参画した政権が形作られており、この政権の発足は有力氏族から一名を出して議政官を構成する伝統的なあり方を否定するものであった[41]。

四子政権の確立は、養老元年（七一七）十月[42]に不比等が右大臣在任のまま房前が参議となったことを契機に一氏一議政官の原則が崩れ、不比等死去の後の養老五年（七二一）正月[43]に武智麻呂が中納言、そして天平三年（七三一）八月の聖武天皇の勅[44]に基づき、諸司主典以上の推挙という形で宇合と麻呂が参議に選出[45]された。神亀元年（七二四）の中納言巨勢祖父死去以降、巨勢氏からの議政官（参議）任命はなく、一方では原則を破る形で藤原四子が議政官に参画していた。

このような状況下で天然痘が大流行し、藤原四子を含め多くの議政官が死去したこと、およびその後の政権構築を企図した天平九年（七三七）九月の叙位において議政官を構成し得る地位[46]である四位を獲得したことは、奈弖麻呂にとって巨勢氏から再び議政官に参画し、その復権を図る最大の好機だったに違いない。事実、奈弖麻呂は順調に昇進を続け、天平十一年（七三九）四月には参議、天平十五年（七四三）五月には中納言、そして天平勝宝元年（七四九）四月には大納言となり、大化改新以後としては巨勢徳太の左大臣に次ぐ地位、律令制下に限れば巨勢氏の中で最も高い地位を獲得するのである。

このような順調な昇進過程の中、おそらく大臣位就任の実現性も増してきたに違いない。このような政治的展望を抱いた段階で奈弖麻呂は大臣巨勢男人を自身の系譜上の祖として位置付けたのではないだろうか。当該期、巨勢氏系譜は奈弖麻呂の父子直系の出自系譜（平利宿祢末裔系譜）であったから、そこには大臣に就任した祖は存在していない。そこで巨勢氏による天皇への奉仕の一つに大臣としての活動があることを系譜上に明示するために、奈弖麻呂自身の父系出自系譜上に別の父系出自系譜にあった巨勢男人を移したものと考えられる。

これと類似した事例が道鏡を大臣禅師に任じた宣命中にみられる。ここでは藤原仲麻呂の言として「此禅師乃昼夜朝庭乎護仕奉乎見流仁、先祖乃大臣止之天仕奉之位名乎継止念天在人奈利止云天[47]」と、道鏡が祖の奉仕した大臣位に就く願望を有していると述べる。ここにいう道鏡の「先祖」とは『日本書紀』に大連とある物部守屋を指し[48]、『日本書紀』の叙述とは食い違う。しかしここで重要なのは仲麻呂が道鏡を排斥しようと目論み、道鏡の政治的野望を暴露しようとする中、その祖に大臣があることを挙げてその根拠としていることである。この事例からも、系譜上の祖に大臣就任者がいることは大臣位を目指す者にとって重要な政治的主張となるのである[49]。

さて、奈弖麻呂の政治的主張という観点からこの系譜修正の意義を位置付けた場合、同時に天平勝宝三年（七五一）二月に雀部男人を認可（巨勢男人の雀部氏系譜への復帰）した理由についても次のように考えられる。すなわち、奈弖麻呂による巨勢氏系譜への男人の移動は、一度は同祖他氏の祖とされた人物を半ば強引に引き抜いたものであり、その引抜きの根本的な動機が消失すれば本来の父子直系の出自系譜であることが重要となる。雀部氏にとっても再び男人を自氏系譜に復帰させる要請が可能な状況となる。

果たして八世紀中頃の政治状況を概観すると、奈弖麻呂の大臣就任の可能性は著しく低下している。天平九年（七三七）の正四位下への叙位は巨勢奈弖麻呂と藤原豊成の両名を対象とした。前述のように、この天平九年（七

三七）の叙位の意義を考慮すれば、この二名は新政権（橘諸兄政権）の新規の主力人員とされたのである。この両名が中納言就任まで歩調を合わせるように昇進しているのもこのような理由によるのだろう。しかし、大納言の就任の段階で豊成が一歩先行し、奈弖麻呂が大納言に就任（天平勝宝元年（七四九）四月）した直後に豊成は右大臣に進み厳然たる差が生じる。これに加え、このわずか三か月後には豊成の弟である藤原仲麻呂が大納言に任じられ奈弖麻呂に並び、その直後に紫微令を兼任する。

周知のように、この後の政治史は光明皇后を背景とし仲麻呂の専権体制が形作られていく。大納言就任時に八十一歳と老齢であった奈弖麻呂にとって、もはやこの政治的状況は大臣就任を諦めざるを得ないものと認識させたのではないだろうか。

以上、巨勢奈弖麻呂を巡る政治状況の推移からの考察で、多分に憶測を交えた検討となった。ただ、筆者が指摘したいのは一点であり、それはこの系譜改正が巨勢氏、および当該期氏上の「現在の自己」「現在のウヂ」としての政治的立場に立脚したもの、ということである。正しく氏族系譜という史料上の性質を踏まえても、大臣という地位にあった人物（男人）を巡る系譜の修正は、「現在の自己」「現在のウヂ」の政治的問題として大臣就任者が重視された結果に他ならない。大臣巨勢男人が巨勢氏にとって政治的に重要な祖の一人であったことは確かであり、公認された系譜上の祖に大臣がいることは、「現在の自己」（奈弖麻呂）が大臣としての奉仕を請願するときには重要な要件とされたのである。

結　語

本章の締めくくりとして、考察結果をまとめるとともに、そこから得られた知見により、律令制下大臣の位置付けについて私見を述べていく。

『紀氏家牒』採録の巨勢氏系譜にある巨勢建彦宿祢から男人までの一直線の系譜は巨勢氏の地位継承次第であり、これが巨勢氏系譜の中でも最も古い形態のものである。なおこの地位継承次第は、後に巨勢徳太を祖とする父子直系系譜に接続され、建彦宿祢から徳太系までの父子直系の出自系譜に改変される。また、巨勢大海を祖とし父子直系でつながる巨勢氏の一派においても同様に乎利宿祢を祖とする父子直系の出自系譜が作られた。

このような新たな系譜作成論理は律令制成立により父子直系観念が強まったことを要因として成立する。本来、ウヂという政治組織は原則的に父系の出自集団[50]であり、族長位の継承はこの集団間に複数存在する父子直系系統の特定の系統に独占されることなく行われてきた。しかし、律令制の導入とともに地位継承にも父子嫡系の理念が入り込む。その結果、氏族系譜により「現在の自己」の政治的地位の正当性を示すとき、従来の地位継承次第を父子直系の出自系譜へと改変し、地位の継承が父系嫡系で始祖に辿ることができる系譜を作成したものと思われる[51]。

奈良時代前半、巨勢氏氏上は徳太系と大海系により両統迭立的に継承され、それぞれの有する父子直系の出自系譜を正当な巨勢氏系譜として随時改変した。大海系の最後の氏上となった巨勢奈弖麻呂の系譜改変は、乎利宿祢末裔系譜を巨勢氏系譜とするとともに、徳太系の系譜である建彦末裔系譜を同祖関係にある雀部氏系譜のものとした。但し、議政官として順調な昇進過程に乗り大臣位就任の現実性が増してきた奈弖麻呂は、建彦末裔系譜上にあった大臣男人を巨勢氏系譜へと移し、自身の大臣位就任の妥当性を系譜からも主張した。

一方、雀部氏にとってこの措置は自氏系譜の連続した祖の連鎖（父子直系）が途切れるという結果を招いた。

しかし、藤原仲麻呂の政治権力上昇により奈弖麻呂の大臣就任の可能性が低下すると、その機に乗じて、男人の再度の雀部氏系譜への移動を申請したのである。無論、この申請も巨勢氏の内諾を得た上でのものと理解しておくべきである。

奈弖麻呂以降、巨勢氏の主流は徳太系となり、建彦末裔系譜も再び巨勢氏の系譜となる。これが中世まで伝世した『尊卑分脈』や二つの「紀氏系図」の原型である。

熊谷公男[52]が指摘するように、ウヂの伝統的な規範意識の中に「祖の名」がある。「祖の名」とは父系の祖を漠然と示す「祖」が王権へ奉仕してきた来歴と不可分のものとして伝えられる「名」であり、ウヂの人々に対してウヂ固有のツカサへ奉仕することをもって王権への奉仕を求めるものである。氏族系譜も始祖以来の先祖の奉仕の累積を示すものと位置付けられる。しかしながら、律令制成立とともにウヂ固有のツカサへの奉仕という性格は薄れ、官人として一律に王権へ奉仕することがこれに代わっていく。

この熊谷の指摘を踏まえ、本章の検討結果を次のように総括する。すなわち、巨勢奈弖麻呂が氏上となった当初は官人として天皇への「一律の奉仕」が求められたから、系譜も「一律の奉仕」の来歴を示すことが重要であった。よって「祖の名」を構成する特定の人物による特別の奉仕・特別の功績等を示すことは、当該期の系譜には求められなかった。巨勢奈弖麻呂にとって大臣巨勢男人や父系出自の系統の異なる左大臣巨勢徳太は自身の系譜上不要の人物であり、必要とされたのは父子直系で別祖までつながる父系出自の系譜なのである。

ところが、大臣位就任の可能性が浮上した段階において、「祖の名」に示される奉仕の来歴が「一律の奉仕の来歴」では不十分となり、より自身が大臣として奉仕することの正当性を示す個別具体的な「祖の名」が要求された。大臣巨勢男人を巡る系譜改変の本質はここにある。

以上の仮説に立ち、律令制大臣と大化前代の大臣との関係を次のように考える。すなわち、律令制下における天皇への奉仕内容という点において、律令制下の大臣と大化前代の大臣はほぼ同質的に認識されていたのである。律令制大臣は大化前代以来の大臣を官僚制に適合させた地位として成立する。このとき、律令制大臣の本質は新たな官僚機構的な部分に存するのか、それとも律令制成立以前のものに存するのか、という課題が設定できる。筆者は本書での考察により、後者の考えを論じていくのであるが、本章は大臣という地位・官職に対する認識論という観点からこの問題について私見を述べたものである。

註

（1）日野昭「武内宿祢とその後裔」（『日本古代氏族伝承の研究』永田文昌堂、一九七一年、初出は一九五九年）、直木孝次郎「巨勢氏祖先伝承の成立過程」（『日本古代の氏族と天皇』塙書房、一九六四年、初出は一九六三年）、加藤謙吉『蘇我氏と大和王権』（吉川弘文館、一九八三年）。

（2）若井敏明「初期の大臣について」（『史泉』八二、一九九五年）。なお武光誠「『日本書紀』と古代豪族の系譜」（笹山晴生先生還暦記念会編『日本律令制論集　上』吉川弘文館、一九九三年）も本史料の検討を行うが、若井と同様の批判が可能である。

（3）熊谷公男「令制下のカバネと氏族系譜」（『東北学院大学論集　歴史学・地理学』一四、一九八四年）。

（4）義江明子Ａ「系譜類型と「祖の子」「生の子」」（『日本古代系譜様式論』吉川弘文館、二〇〇〇年、初出は一九九二年）。なお義江は史料用語としての「出自」と、文化人類学における分析概念としてある「社会的に認知された親子関係による、一人の祖から発する、一定の系譜的基準―父系・母系・選系―に基づく、集団の成員権の伝達様式」を意味する「出自」とを明確に区別するため、後者については〝出自＝descent〟と表記する。本章もこれに倣うものの、「出自系譜」と表記

した場合の「出自」は後者の概念を使用している（同B「「娶生」系譜にみる双方的親族関係」『日本古代系譜様式論』吉川弘文館、二〇〇〇年、初出は一九八九年）。

（5）義江明子「「児（子）」系譜にみる地位継承―「稲荷山鉄剣銘」・「海部系図」―」（『日本古代系譜様式論』吉川弘文館、二〇〇〇年、初出は一九八八年）。

（6）溝口睦子「氏族系譜に共通する形式と構造及び問題点」（『日本古代氏族系譜の成立』学習院、一九八二年）。

（7）註（3）前掲熊谷論文。

（8）註（6）前掲溝口論文、および同「個別系譜の研究―『粟鹿大神元記』系譜の分析―」（『日本古代氏族系譜の成立』学習院、一九八二年）。

（9）溝口は『新撰姓氏録』の皇別・神別の分類を重視しこれを「二元的出自構造」と把握し、大化前代のカバネである臣・連の政治派閥としての「二元的政治組織」と捉え、この両者が対応するとみる。このとき、「二元的出自構造」は皇別・神別のそれぞれの系譜を共有することによりなされるとする。しかし註（3）前掲熊谷論文が的確に批判するように、溝口説の問題関心はカバネ制度の起源、およびその理念に力点が置かれており、歴史的変遷という観点からの分析が手薄である。本章では溝口が析出した「系譜の共有」を大化前代の出自構造や政治組織の問題に限定することなく、広く古代氏族系譜の一般的性質とみて、また「系譜の共有」によって形成される氏族間関係が同祖関係であると考える。

（10）註（3）前掲熊谷論文。

（11）註（3）前掲熊谷論文。

（12）平野邦雄「「氏」の成立とその構造」（『大化前代社会組織の研究』吉川弘文館、一九六九年、初出は一九六五年）、熊谷公男「〃祖の名〃とウヂの構造」（関晃先生古稀記念会編『律令国家の構造』吉川弘文館、一九八九年）などを参照。

（13）註（3）前掲熊谷論文、および同「治部省の成立」（『史学雑誌』八八―四、一九七九年）。なお、佐伯有清『新撰姓氏録の研究　考證篇　一』（吉川弘文館、一九八一年）も本申請の主眼を系譜修正とみている点において首肯すべき研究である。しかしながら、雀部氏が巨勢小柄宿祢の後裔氏族の本流であることを主張し、巨勢氏の祖である巨勢男人まで雀部氏

の直接の祖に取り込もうとした、とする点は賛成できない。この時点での雀部氏の筆頭は申請者である雀部真人と思われ、その地位は典膳正六位下に過ぎない。対して巨勢氏は大納言従二位の巨勢奈弖麻呂であるから、この両者の政治的関係、および巨勢氏が本宗氏であり雀部氏が枝氏族であるという氏族間の関係からも、佐伯の説は受け入れ難い。

(14) 田中卓「紀氏家牒について」(『日本国家の成立と諸氏族　田中卓著作集第二巻』国書刊行会、一九八六年、初出は一九五七年)。

(15) 田中卓「新撰姓氏録撰述の次第」(『新撰姓氏録の研究　田中卓著作集第九巻』国書刊行会、一九九六年、初出は一九四九年)、佐伯有清「新撰姓氏録序説」(『新撰姓氏録の研究　研究篇』吉川弘文館、一九六三年)。『新撰姓氏録』は弘仁五年(八一四)六月一日に上表されるものの、改訂されて翌弘仁六年(八一五)七月二十日に再び上表される。なお、本章では現行の抄出本を中心に検討を加えることから、『新撰姓氏録』の成立を弘仁六年(八一五)七月二十日のものとして扱う。

(16) 土田直鎮「公卿補任の成立」(『奈良平安時代史研究』吉川弘文館、一九九二年、初出は一九五五年)。

(17) 皆川完一「尊卑分脈」(『国史大系書目解題　下』吉川弘文館、二〇〇一年)。

(18) 小野信「紀氏系図」(『群書解題』第三上、続群書類従完成会、一九六二年)。

(19) 註(14)前掲田中論文に採録されたものを使用した。

(20) 太田亮「系図と系譜」(『講座日本歴史　十二』、岩波書店、一九三四年)。

(21) 義江明子「系譜様式論」(『日本古代系譜様式論』吉川弘文館、二〇〇〇年)。

(22) 註(4)前掲義江A論文、および同「出自系譜の形成と王統譜―「伊福部臣古志」・「粟鹿大明神元記」―」(『日本古代系譜様式論』吉川弘文館、二〇〇〇年、初出は一九九二年)。

(23) 註(6)前掲溝口論文。

(24) 註(3)前掲熊谷論文。

(25) 『日本書紀』大化五年(六四九)四月甲午条。

(26)『日本書紀』天智天皇十年(六七一)十一月丙辰条。
(27)『続日本紀』神亀元年(七二四)六月癸巳条巨勢邑治薨伝に「中納言正三位巨勢朝臣邑治薨。難波朝左大臣大繍徳多之孫、中納言小錦中黒麻呂之子也」とあるが、黒麻呂の極官は天武期の納言であるとする青木和夫「田中卓氏の「中納言(その一)」を読む」(『続日本紀研究』一—八、一九五四年)の説に従う。すなわち、黒麻呂の冠位「小錦中」は天智天皇三年(六六四)の二十六階冠位制のもので、この冠位制は天武天皇十四年(六八五)の四十八階冠位制までの適用となるから、黒麻呂はこれ以前に没している。この段階において中納言は未成立であるから、本条の「中納言」は天武朝の「納言」に後世「中」を冠したものである、と。
(28)『続日本紀』霊亀元年(七一五)五月壬寅条。
(29)『続日本紀』養老二年(七一八)三月乙巳条。
(30)『続日本紀』天平勝宝元年(七四九)四月甲午朔条。
(31)『続日本紀』天平宝字元年(七五七)八月庚辰条。
(32)『日本後紀』弘仁三年(八一二)正月辛未条。
(33)阿部武彦「古代族長継承の問題について」(『日本古代の氏族と祭祀』吉川弘文館、一九八四年、初出は一九五四年)。
(34)高島正人「奈良時代の石川氏と巨勢氏」(『立正大学文学部紀要』四三、一九七二年)。
(35)註(33)前掲阿部論文、井上光貞「カモ県主の研究」(『日本古代国家の研究』岩波書店、一九六六年、初出は一九六二年)。
(36)註(33)前掲阿部論文。
(37)まず男人の同世代に稲茂を記し、その子の荒人までを記すのは『群書類従』本のみであり、他系図はこの両名を記さない。次に『尊卑分脈』と『群書類従』本は徳太の子に邑治(祖父)と小邑治(小祖父)の両名を記し、小邑治の子に境麻呂を記す。この関係は『続日本紀』天平宝字五年(七六一)四月癸亥条の巨勢関麻呂(境麻呂)薨伝に「散位従三位巨勢朝臣関麻呂薨。難破長柄豊崎朝大臣大繍徳太古会孫、従五位上小邑治之子也。其伯父中納言正三位邑治養之為レ子」と

あることと矛盾しない。しかし『続群書類従』本では邑治が省かれており、父子関係のみの記述となっている。なお、三書とも邑治・子邑治の父を徳太としているが、『続日本紀』神亀元年（七二四）六月癸巳条の巨勢邑治薨伝に「中納言正三位巨勢朝臣邑治薨。難波朝左大臣大繍徳多之孫、中納言小錦中黒麻呂之子也」とあり父は黒麻呂であって、徳太は祖父にあたる。

　さて、これらの相違が生じた理由は、本系譜が基本的に紀氏の系図であり、巨勢氏部分については書写・転写の段階で省略の手が加えられたためであると思われる。おそらくこの三系譜間で最も原形に近いのは『群書類従』本「紀氏系図」であり、『新撰姓氏録』の記載を踏まえて［稲茂―荒人］の部分を加えたものであろう。しかし、この系統が巨勢氏直系からまず省かれ『尊卑分脈』の形態となり、最終的には野足を起点とした血縁的父子関係から省かれる邑治（祖父）が除かれて『続群書類従』本「紀氏系図」の形態になったものと思われる。

（38）中世まで伝承された巨勢氏系譜では建彦宿祢の名はなく、「巨勢臣」が建彦宿祢の世代に位置付けられている。これは雀部氏の系譜伝承として星川建日子の奉仕伝承が確立していたから、巨勢氏徳太系による建彦末裔系譜の奪取の段階で建彦宿祢のみは雀部氏系譜上に残し、その代わりに新たに「巨勢臣」を設定したためと推察される。『新撰姓氏録』「左京皇別上、雀部朝臣」には「巨勢朝臣同祖。建内宿祢之後也。星河建彦宿祢、諡応神御世、代二於皇太子大鷦鷯尊一、繋二木綿襷一、掌二監御膳一。因賜レ名曰二大雀臣一。日本紀合」とあり、星河建彦が皇太子大鷦鷯尊（後の仁徳天皇）に代わって「掌二監御膳一」を奉仕したことから、「オホサザキ」の名を賜り「大雀臣」とされたとある。これは雀部氏の氏名の由来に関する伝承であるが、当然のことながら建彦末裔系譜が雀部氏系譜とされて以降に作られたものである。この氏名成立に関わる祖への配慮から、星川建彦は雀部氏のままとして、それ以降の系譜を巨勢氏系譜としたのであろう。なお、本章ではこの建彦宿祢を含まずとも、便宜上この末裔系譜を建彦末裔系譜という。

（39）岸俊男『人物叢書　藤原仲麻呂』（吉川弘文館、一九六九年）。

（40）新日本古典文学大系『続日本紀　二』（岩波書店、一九九〇年）の当該条の補注による。

（41）註（33）前掲阿部論文。

(42)『続日本紀』養老元年(七一七)十月丁亥条。
(43)『続日本紀』養老五年(七二一)正月壬子条。
(44)『続日本紀』天平三年(七三一)八月辛巳条。
(45)『続日本紀』天平三年(七三一)八月丁亥条。
(46)虎尾達哉「参議制の成立」(『日本古代参議制』吉川弘文館、一九九八年、初出は一九八二年)。
(47)『続日本紀』天平宝字八年(七六四)九月甲寅条。
(48)北山茂夫『女帝と道鏡』(中央公論社、一九六九年)。
(49)註(4)前掲義江B論文は、物部守屋の母が弓削氏であったことによってつながれた弓削道鏡と物部守屋との系譜関係により、道鏡は物部守屋と同等の政治的地位を望み得たとする。なお倉本一宏「氏族合議制の成立と展開―「オホマヘツキミ―マヘツキミ」制」(『日本古代国家成立期の政権構造』吉川弘文館、一九九七年、初出は一九九一年)は『日本書紀』で「大連」とある物部守屋がここでは「大臣」とあることを論拠の一つとして、史実としての「大連」という政治的地位を否定するが、この例はあくまで系譜上の祖の職位を「現在の自己」の立場により付会した事例であるため、「大連」の史実認定をする際の史料としては相応しくない。
(50)註(3)前掲熊谷論文。
(51)義江はウヂを父母両系に属する帰属原理を基本とする両属性と捉え、律令制の導入に伴い父系原理が導入され父系出自系譜が成立するとみている。しかし筆者はウヂを父系原理で編成された政治集団とみる熊谷説に賛成であるから本文の如き私見を呈した。
(52)註(3)前掲熊谷論文。

第四章　考選・叙位制と律令制大臣の職掌

序

古代官僚制研究は、天皇専制国家論、畿内貴族政権論といった日本古代国家論の中で重要な位置を占めてきた。特に太政官制に関しては合議制の問題と関わり重要な論点として位置付けられている[1]。本章もこの合議制の問題と関わって律令制大臣の職掌の検討を行う。

近年、律令制大臣に関して、八世紀における大臣不在の問題[2]や、知太政官事との関係[3]から、その本質に迫る研究が進められた。しかし職掌や権能に関しては十分に論じられたとはいえない。大臣の本質論、特に太政官制研究における合議の問題を視野に入れた場合、その職掌・権能の検討は不可欠である。

狭義の太政官、すなわち議政官が合議体であれば、その長官である大臣は必然的に合議体の首長となる。それでは非合議形態の政務にも、大臣に合議体に由来する権能・性質を認めることができるだろうか。換言すれば、律令制大臣の本質を、機構的な官僚制の長官と合議体の首長という二元論的に捉えるべきか否かという論点を設定し、検討するのが本章の目的である。

大臣の職掌について、職員令では「掌、統㆓理衆務㆒、挙㆓持綱目㆒、惣㆓判庶事㆒。弾正糺不㆑当者、兼得㆑弾之」と規定する。この内、「統㆓理衆務㆒、挙㆓持綱目㆒、惣㆓判庶事㆒」、すなわち「政務を統括し、その大綱と細目を挙持し

て、諸々の政務・案件に判断を下す」のが大臣職掌の主たるものである。他官の職掌規定と比較すると具体性を欠くが、それは律令国家の政務を総括することを表現したからである。

この職員令の規定に関して特に注目すべきは、明法家がこの抽象的な規定を次のように具体例を挙げて説明していることである。『令義解』は令文「統二理衆務一」を「臨時大事」であると解釈して、弁官不経由で直に大臣に申上する政務であり、考選・任官をその例とする。また『令集解』の穴記と讃記では令文「統二理衆務一」と「挙二持綱目一」を弁官不経由の政務とするものの、令文「挙二持綱目一」を「考選授官之外大事」と解釈するから、考選と授官を令文「統二理衆務一」と位置付けている。すなわち大臣の最重要職掌を弁官不経由である考選・任官とするのが明法家諸説の大勢である。『延喜式』太政官2庶務申官条には「其考選目録及請印六位以下位記者、中務式部兵部三省、不レ経二弁官一直申二太政官一」とあり、弁官不経由の政務として「考選目録」を挙げており、明法家諸説は決して机上の空論ではない。

以上のように、弁官不経由の考選・任官の政務が大臣の最重要職掌であったことは明白である。そこで本章では、非合議形態の政務の検討にあたり、大臣の最重要職掌とも認識されている考選、および叙位を題材とする。考選制や叙位制は重厚な研究史を有するテーマである。特に本章で検討を加える政務運営の具体的なプロセスに関しては、吉川真司や早川庄八[4]により詳細な分析が加えられている。しかし大臣の関与のあり方が注目されたことはない。そこで本章では「太政官長官である大臣が、その最重要職掌として関与する」点を検討の中軸に据え、考選・叙位の再検討を行う。

第一節　考課制度の変遷

律令位階制における昇進システムは次の二段階からなる。第一段階は毎年の上日数と勤務内容により評価（考第）を定める考課であり、第二段階は四科区分別に設定されている選限[5]分の考第から昇進階数を算出（結階法）して叙位を行う選叙である。考選制とはこの考課と選叙の総称として用いられる。考選制の変遷過程は、神谷正昌、早川庄八、寺崎保広[6]等により詳細な検討が加えられ、また大宝律令成立直後の考選制の改定に関しては渡辺晃宏[7]により検討されている。本節および次節では先学の成果によりつつ、太政官・大臣の関わりという点に注目して考選制の展開過程について考察する。

考課令1内外官条、同59内外初位条は考課の基本的な手続きを以下のように規定する。

【史料1】養老考課令1内外官条

凡内外文武官初位以上、毎年当司長官、考二其属官一。応レ考者、皆具録二一年功過行能一、並集対読、議二其優劣一、定二九等第一、八月卅日以前校定。京官畿内、十月一日、考文申二送太政官一。外国、十一月一日、附二朝集使一申送。考後功過、並入二来年一。〈若本司考訖以後、省未レ校以前、犯レ罪断訖。准レ状合二解及貶降一者、仍即附校。有レ功応レ進者、又准レ此。〉無二長官一次官考。

【史料2】養老考課令59内外初位条

凡内外初位以上長上官、（中略　最低上日数と上日通計の規定）毎年考文集日、省勘校、色別為レ記。具顕二功過一。三位以上奏裁。五位以上、太政官量定奏聞。六位以下、省校定、訖唱二示考第一、申二太政官一。若考当二下

第一、状有レ不レ尽、量校難レ明者、附レ使勘覆。善悪待二後年一惣定。若過レ考之後、訴レ理不レ伏、応レ雪者、亦如レ之。

【史料1】は本司での考第決定から太政官への進上までの手続きを規定する。すなわち所属官人の勤務記録を基にして、長官が次官以下を「並集対読」し優劣を議して九等の考第を定め[8]、考文を作成し太政官に進送する。【史料2】は引き続き行われる式部兵部両省以降の校定作業について規定する。式部兵部両省は考文を勘校して別記を作成し、次段階の作業へと移行する。すなわち三位以上は天皇が考第を定め（奏裁）、四位・五位は太政官が考第を量定して奏聞し、六位以下は式部兵部両省が考第を校定して唱示し、太政官に進上する。以上が律令に規定される考課の基本的なあり方である。

さて、大宝律令成立からまもない和銅二年（七〇九）に次のような制が出される。

【史料3】『続日本紀』和銅二年（七〇九）十月甲申条

甲申。制、凡内外諸司考選文、先進二弁官一、処分之訖、還二附本司一、便令レ申二送式部兵部一。

和銅二年制は考文・選文の進送手順を定めたものである。考選文はまず弁官へ提出され、そこでの処分の後に本司に還附し、再度本司は考選文を式部・兵部省へ申送する。この制は、令文で式部兵部両省への考選文進送手続きが明記されないことを要因とした改正法とするのが通説[9]だが、渡辺晃宏[10]は弁官での処分に注目して、考選文の実質的な審査は太政官で行われ、本司への還附はその結果の回送、式部兵部両省への進送は両省が選叙の基本資料として蓄積するためとした。

しかしながら、式部省での考文校定作業が存在しないという前提に立つ渡辺説には疑問がある。すなわち【史料2】養老考課令59条は明確に式部省の「勘校」や別記作成を規定し、大宝令文でもほぼ同規定と推測[11]されるか

ら、やはり式部省の手続きを考慮すべきである。

以上の点を踏まえれば、和銅二年制はあくまで式部兵部両省に考選文がいたるまでの過程を規定したものと捉えるべきである。【史料2】考課令59条の「毎年考文集日」の規定は、一括して太政官が省に下達するのではなく、諸司から個別に進送されて省に「考文が集まる」と理解すべきであるから、令の規定では本司は弁官と省の両者に考文を進送しなければならなくなる。

よって、一通作成される考文がどのような進送過程を経るべきかを明確にする必要があり、この点を法文化したのが和銅二年制である。この点においては通説の理解は正しい。なお、ここで選文も対象としたのは、考文と同じく令文に選文の進送規定がなかったこと、および考課・選叙を一体的に運用しようとしたためである。[12]

以上のように和銅二年制を解釈すると、弁官の処分が問題となる。大隅清陽[13]は、令制確立期の文書行政は弁官により集中管理され、また弁官段階で判断が下されることもあり得ると指摘し、和銅二年制を弁官による政務受理の一例とする。

しかし、本制の「処分」は単なる文書受理ではあるまい。

【史料4】『延喜式』太政官125諸司考文条

凡諸司及畿内国司長上考選文者、十月一日進二弁官一。〈事見二儀式一〉訖同日弁官惣計造レ目申二太政官一、即下二式部兵部一。（後略）

ここで弁官は考選文を惣計して目録を作成し太政官に申送する。この弁官による目録申上は、八世紀段階の政務形態を色濃く残す外記政の庁申文（読申公文の形態をとる公卿聴政）で行われたと思われる。[14] 申上された考選目録は太政官で裁許されるが、それは考第決定等の内実に関わるものではなく、その後の式部兵部両省での校定作

業の許可という意味合いが強いだろう。

和銅二年制の弁官の処分は、この目録作成と太政官への申上であり、本司に還附されて式部・兵部省に提出される考選文は、太政官の許可を得たものとして校定作業の基本資料とされるのではないだろうか。

さて、式部兵部両省での校定作業が終了すると、省から太政官への引き継ぎ（後の三省申政）[15]が行われ、太政官での校定作業に移行する。すなわち、【史料2】考課令59条の「三位以上奏裁。五位以上、太政官量定奏聞」に関するものであり、より具体的には三位以上・五位以上の考人に対する引見である。

【史料2】考課令59条では六位以下にのみ「省校定、訖唱二示考第一」と考第唱示の規定がある。しかし『令集解』考課令内外初位条古記には「但今行事、式部省定二善最一唱示、申二太政官一、々更為レ唱二示考第一也」とあり、四位・五位に関しては式部省での善最の唱示、および太政官で考第の唱示という今行事を載せる。[16]この内、式部省での善最の唱示は、『続日本紀』養老五年（七二一）十月癸未条に「太政官処分、唱レ考之日、三位称レ卿、四位称レ姓、五位先名後姓。自今以去、永為二恒例一」と、『令集解』考課令内外初位条の令釈が引く或説には、同太政官処分を引用し「養老五年官宣、在レ省唱レ考之日、三位称レ卿、四位称レ姓、五位先名後姓。以為二永例一」とある。この太政官処分は大宝公式令授位任官条の喚辞法の改定であり、『令集解』引用の太政官処分に「在レ省唱レ考之日」とあるから、古記今行事にある式部省での五位以上の善最の唱示に関するものである。

ここで問題となるのは、この喚辞法改定が三位から五位までを対象としていることである。これは古記今行事の対象が太政官量定奏聞の四位・五位のみならず、奏裁である三位を対象としていたことを意味する。すなわち、なぜ奏裁の内、三位のみが対象とされたのかを明らかにする必要がある。

官位令によると一位と二位の相当官職は太政大臣・左右大臣である。また考課令では大臣の最を規定せず、考

第も定めない。十世紀の太政官考文の実例である『政事要略』所引の天暦五年（九五一）十月一日太政官符には、「不レ在二考例一二所」として左大臣藤原実頼と右大臣藤原師輔を挙げ、考第は定めず上日数のみが記される。よって奏裁の内、一・二位と三位で手続きが異なるのではなく、考課対象外である大臣、すなわち大臣の相当位階である一・二位が除かれた結果、三位のみが式部省での善最唱示の対象となったと理解すべきである。大臣を除く五位以上は、奏裁・太政官量定奏聞の区別なく、式部省で善最が、そして太政官で考第が唱示されていたのである。太政官での三位から五位までの考第唱示は、後述する選叙の列見と同様に、考人を列立させ、考第を大臣に対して読申するもので、大臣が考人個人を対面・確認する儀式である。この儀式により最終的な考第が確定する。

なお『弘仁式』式部「考問并引唱」によれば、考選両方における省段階の校定作業は十番編成で行われ、考問（考文の勘問）・引唱（善最・上日数の唱示）も神祇官を一番として行われる。『弘仁式』では太政官を考問・引唱の対象外とするが、平城宮出土第一〇四六七号木簡[17]では、太政官を一番に編成しており、天平宝字二年（七五八）九月二十八日付の造東大寺司解[18]では、東大寺写経所に出向している太政官官人の引唱不参を申請している。これらの例から、八世紀段階では太政官官人も番別編成の対象とされ、式部省での引唱の対象であったことが確認できる。八世紀段階の考課は、五位以上であろうとも、官司を基準とした番編成に組み込まれて校定や引見が行われていたのである。

以上の検討により、八世紀段階の考課における太政官の関与の実態が明らかとなった。すなわち、第一に、式部・兵部両省での校定作業の前に諸司の考文を認定する。第二に、大臣を除く五位以上の最終的な考第を確定するため、考第唱示と引見を行う。以上の二点の内、特に奏裁（天皇の専権事項）とされる三位に対して引見を行う大臣の権能は特徴的である。大臣には最の規定がなく、また考第を定められることがないことを勘案すると、考

課を「定められる側」ではなく、「定める側」として大臣を位置付けることができる。

さて、『弘仁式』『延喜式』から復元される平安時代の考課制度は、八世紀段階よりも簡略化されている。太政官の関与も、弁官が諸司・諸国からの考文を受理して式部・兵部省に下達するとともに目録を作成して太政官に進送することは同様であるが、その後は三省申政で式部・兵部・中務省から考課（選叙も含まれる）の目録の読申を受けることのみになってしまう。三省申政は『延喜式』太政官127列見条に「凡諸司官人得レ考并応二成選一数者、中務式部兵部三省、二月十日申二太政官一」とあり、年度内の考人・成選人の総数を読申するものであるから、実質的な校定作業を想定することはできない。

『延喜式』では、この三省申政で考課手続きの全てが終了し、八世紀にみられた考第唱示・引見という太政官での校定作業はない。この変化の背景には考第の固定化が考えられる。寺崎保広[19]が平城宮出土式部省関係木簡の検討から明らかにしたように、奈良時代後期になると、それまで厳密であった考課が、例えば長上官の考第が「中上」に固定化するように形式化する。以上の理由から考課政務自体も縮小されたと推測され、考課を「定める側」としての大臣の権能も実質的な側面においてその機能は低下していく。

第二節　選叙制度の変遷

選叙とは四科区分別に設定された選限内の考課を累積して成選するとともに、その累積評価により昇進階数を定める制度をいう。選叙令2内外五位条は叙位に勅授・奏授・官判授の三区分を設ける。この内、結階案を天皇に奏上し裁可を得る奏授（内八位・外七位以上）と、太政官が決定権をもつ官判授（外八位・内外初位）は成選叙位

であるものの、後述のように、天皇勅裁である勅授（内外五位以上）と成選叙位の関係については諸説ある。
具体的な考察に先立ち、令制下における選叙の流れを概観しておく。選叙令には考課の如く詳細な選文進送過程の規定はないものの、次の規定がある。

【史料5】養老選叙令1応叙条

凡応レ叙者、本司八月卅日以前校定、式部起二十月一日一、尽二十二月卅日一。太政官起二正月一日一、尽二二月卅日一。皆於二限内一処分畢。其応レ叙人、本司量レ程、申送集レ省。

本条は担当官司別の処分期限を定めたものであり、選文の進送過程を定めたものではない。選文の進送過程は考文と同様に和銅二年制の［本司→弁官→本司→式部兵部両省］が適用されるから、式部兵部両省に選文が到来して以降の処分期限として本規定が運用されている。なお弁官処分や三省申政が行われること等、考課と同様である。

さて本論に入る。選叙における太政官段階の校定作業に列見[20]がある。『延喜式』127列見条に「二省依レ簿引唱。若当二昇降一者、親自執レ筆点定」とあり、列立した成選人個々人の名前と昇進階数を読み上げて大臣が点定するものである。長上官は太政官曹司庁で、番上官は式部（兵部）曹司庁で行われる。なお勅授である五位以上は対象外である。

八世紀段階の列見の具体的な内容は『延喜式』と同様であると思われるが、対象と会場は異なっている。『続日本紀』神亀三年（七二六）二月己巳条には「太政官奏、諸選人於レ官引唱不レ到者、明日引唱。亦不レ到者、後日引唱。不レ到者、不レ在二重引之限一」とある。早川庄八[21]が指摘するように、「於レ官引唱」とあり、また長上官と番上官を区別する文言がないことから、太政官において全成選人の列見を行ったと考えられる。

更に大宝律令成立当初の列見は五位以上勅授も対象としていた。『続日本紀』慶雲四年（七〇七）二月甲午条の「天皇御二大極殿一、詔授二成選人等位一。親王已下五位已上男女一百十人、各有レ差」などの例から、大宝律令成立当初、勅授五位以上も成選叙位であったことが確認される。但し勅授が成選叙位から分離する時期[22]については見解が分かれる。私見は勅授を二つに区分し、加階が養老年間（七一七〜七二四）、叙爵が弘仁年間（八一〇〜八二四）に分離するとする吉川真司[23]の説に賛成する。

さて、勅授が成選叙位であれば、勿論列見の対象であったはずである。そこで古制を残すとされる『弘仁式』式部の検討を足がかりとし、八世紀段階の列見の考察を行う。

『弘仁式』式部「諸司長上成選人列二見太政官一」には「三省申二考選目録一。訖弁官預命二期日一、諸番史生注二選人名一以授二省掌一牓示。諸司依レ期会集」と事前準備の規定がある。ここにみられる諸番史生は、『同』式部「考問并引唱」に「訖専当丞録分二史生位子一為二十番一、校レ考。番別各有二人数一、長上選、番上選亦各有二人数一」と、式部兵部両省で十番編成にて行われる校定作業（考選両方）の番別担当の史生である。列見対象者への期日の告知は、この番別の史生が作成したリストの牓示という形で行われるから、列見は番別で、しかも期日も各番により異なっていたと思われる。

この番別列見は八世紀段階から行われている。平城宮南辺のＳＤ一一六四〇溝跡出土第九八八六号木簡には「・多褹嶋〈考六巻／状六巻〉・三番[24]」とある。この「考六巻」「状六巻」は考文・考状の六年分、すなわち選限六年の選叙で用いられたものであるから、選叙の校定作業に番編成が導入されていることが確認できる。[25]また番別列見も天平宝字五年（七六一）、装束忌日御斎会司から文部省（式部省）に提出された列見不参申請文書[26]から確認できる。この文書群は正月内に提出されているものの、十二日付が一点、十四日付が一点、十五日付が二点

と日付が一定していない。原因は装束忌日御斎会司に出向している官人の本官の別によって式部省校定の番、および列見の期日が異なっていたためであろう[27]。前述した神亀三年（七二六）太政官奏も番別列見を前提として、選人が該当日に不参した場合に、次番、次々番の列見に参列することを定めたものである。

迂遠した議論となったが、八世紀の考課では、八世紀の列見が番別であれば、五位以上も対象であった可能性が指摘できる。番別に進行する八世紀の考課では、五位以上も善最の唱示（式部省）と考第の唱示（太政官）の対象であり、列見と太政官での考第の唱示は同じ意義を有する政務である。以上から、列見は五位以上（大臣を除く）を対象としていたと考える[28]。但し勅授叙位が成選叙位であった段階のみについていえることである。

以上の検討から、考課と同様に八世紀段階の選叙における太政官の関与も実質的なものであったことが了承されよう。すなわち校定番別に行われる列見自体が非常に実質的な側面を有し、そのような列見において大臣は全ての選人（大臣を除く）を引見し点定するのである。考課対象外である大臣は同時に選叙の対象外でもあるから、政務への関わり方を含めて、大臣は「定める側」に位置していたと結論付けられる。

さて、平安時代になると選叙も考課と同様に形式化していく。考課のように全体的な流れが変わるわけではないが、個々の行事においてそれがみられる。太政官に関していえば、番上官の列見が式部省に移管されたことが一例として挙げられるが、特に重要なのは五位以上の勅授が成選叙位と分離したことを契機として、六位以下を対象とした校定作業も形式化していくことである。その一例が式日の固定化である。

八世紀段階、および『弘仁式』式部の規定では、列見の式日は固定化しておらず、三省申政の後に番別に行うものであった。その三省申政も『弘仁式』式部では正月三日であり、【史料5】選叙令1が規定する太政官の処分期限の冒頭に位置し、令の規定を順守していた姿がうかがわれる。

ところが『弘仁式』式部よりも新しい形態と目される『同』太政官[29]では、列見の式日を二月十一日に固定し、三省申政もこれと同日とする。この変化の意義について、神谷正昌[30]は、勅授（叙爵）が成選と分離した結果、三省申政が六位以下のみを対象とするものになり、故に同じく六位以下を対象とする列見と同日に行うことにした、と指摘する。また列見を含めた選叙政務の式日固定化[31]の要因も、成選叙位からの勅授の分離を原因とした一連の成選叙位手続きの機械化に求めている。

私見も神谷説は正しいと考える。但し三省申政が考課も対象としていたことを勘案し、式日固定化の意義を次のように考える。すなわち、太政官における考課の校定作業が廃止されたことで、考課分の三省申政は有名無実化する。ここに考課と選叙の進行の一体性は崩れ、【史料5】選叙令1に規定する太政官の処分期限の冒頭に三省申政を行う意義は低下する。よって唯一太政官が関与する選叙に引きつけて三省申政の日程を固定化することができたのである。また、考課において長上官の考第が「中上」に固定化したことは、結階法による昇進階数も固定化することを意味するから、大臣の行う点定に実質的な意味はなくなり、形式的な最終認定という意味合いが強くなる。平安時代における選叙の形式化は以上のように捉えることができるだろう。

以上みてきたように、平安時代になると考選制における太政官の関与に実質的な側面はみられなくなる。これは同時に考選制における大臣の権能の後退と読み替えることもできる。特に「考選を定める対象」という点に注目すれば、勅授が成選叙位から分離したことの意義は大きい。しかし大臣と勅授叙位の関係が断たれたわけではない。次節では勅授叙位と大臣の関係について考察していく。

第三節　勅授叙位と大臣

大宝律令成立当初、勅授も成選叙位の対象だったが、加階は養老年間（七一七～七二四）、叙爵は弘仁年間（八一〇～八二四）に成選叙位から分離する。成選叙位から分離した勅授は原則として式部省・太政官による校定作業を受けず、天皇の勅裁で位階の昇進が定められることとなる。

しかし、勅裁ではあるものの、大臣がその決定過程に深く関与している形跡がある。

【史料6】『延喜式』太政官式95正月七日条

凡正月七日、賜㆓宴於五位以上㆒。若有㆑叙㆓五位以上㆒者、前二日、大臣及参議以上於㆓御所㆒択㆘定応㆓叙位㆒人㆖、即令㆑書㆓位記㆒仰㆑之。〈事見㆓儀式㆒。〉

ここでは、正月五日に大臣と参議以上が御所での叙位者決定と位記作成を行うことを規定する。『西宮記』ではこれを叙位議とし、次のような次第を載せる。すなわち大臣以下の公卿が宜陽殿の議所に参集して外記方の関係文書を準備する。その後、射庭に移動し、大臣のみが天皇の御前に召され、天皇と大臣の間で叙位のことが定められる。その後、宜陽殿の議所で内記を召して位記を作成する。位記は大臣により加検され天皇に奏上される。この後、位記請印（内印）がなされ、再び大臣が加検し天皇に奏上する。

『西宮記』によれば、叙位の決定[32]は天皇と大臣との間でなされ、大臣を除く参議以上は叙位の決定に一切関与していない。【史料6】『延喜式』の規定では大臣以下参議以上の公卿が天皇の御前に会して叙位のことが定められるように記すが、実際は天皇と大臣の二者間で定められているのである。以上が定例の勅授叙位の基本的な姿

である。

更に、臨時の勅授叙位も同様であったと思われる。『延喜式』式部式上86叙位条に「凡依二内侍宣一叙位者、更経二大臣一乃応レ叙」とある。内侍宣とは太政官を経ずに発給される天皇の勅旨であるから、本規定は内侍宣による臨時の勅授叙位について規定している。

さて、土田直鎮[33]は本規定を比較的広範に使用されていた内侍宣の適用範囲を制限するものと位置付ける。この理解に基づけば、平安初期の臨時の勅授叙位は、内侍宣を用いることで天皇の自由裁量が認められていたが、それを規制するために大臣の関与を制度化したということになる。

しかし、勅授が成選叙位であった段階では、決定の最終局面に大臣が深く関与しており、また成選叙位から分離した後も、定例の勅授叙位では天皇と大臣の二者間で決定されていた。以上を勘案すれば、そもそも勅授叙位への大臣の関与は本来的なものであって、内侍宣による臨時の勅授叙位も例外ではないのではなかろうか。この点を考える上で公式令の勅授位記式は示唆的である。

【史料7】養老公式令16勅授位記式

中務省

本位姓名〈年若干〉　今授其位

年月日

中務卿位姓名

太政大臣位姓〈大納言加レ名〉

式部卿位姓名

本規定の母法である唐令公式令の制授告身式（『唐令拾遺』公式令復旧第十一条）はその発給過程を反映した書式をとる。発給過程を概略的に述べれば、①中書省が皇帝の意を体して「門下」以下の授官の制書本文を作成し、中書令・中書侍郎・中書舎人の位署が加えられ、門下省に送られる。②門下省はこれを審査し、侍中以下の位署を加える。異議がある場合は中書省に返付する。皇帝の画可を得た後に制書施行を命じる文言を加えて尚書省に送付する。③尚書省では都省の長官（左右丞相）、六部の内で告身を掌る吏部（武官ならば兵部）の長官・次官、都省における吏部の統轄官である左丞（兵部の場合は右丞）が加署し、授官者本人に制書の奉行を命じる文言を加える。④最後に告身を取り扱う吏部郎中等が加署して授官者に交付される[34]。

以上のように、唐令は起草に関わる中書省、審査に関わる門下省、発給に関わる尚書省とその実務官である吏部（兵部）という［起草→審査→発給］の構成をとるが、日本令ではこの構成を踏まえつつも、書式上は簡略化した形で継承している。

さて日本令と唐令を比較した場合、起草に関しては中務省と中書省が対応し、発給に関しては式部省と尚書省吏部が対応するから、太政大臣（筆頭大臣）も審査を担当する門下省に対応するとみられる。唐制における門下省の審査は封駁と呼ばれ、皇帝の意思決定に関する貴族の諮問会議であり[35]、制授告身式の門下省の副署もその一環を成すものである。日本の勅授位記式は門下省の封駁を継承しているが、叙位における太政官の政務は合議ではなく大臣による列見であったから、列見を執り行った審査官として大臣の副署がなされるとみてよいだろう。この規定は、勅授における太政官の関与を明記したものであるから、大宝律令成立当初、勅授が成選叙位であったことの法的根拠はこの勅授位記式の規定であったのではないかと思われる。

なお、勅授と同様に天皇への奏上を必要とする奏授も大臣の副署が必要なのに対し、太政官の専権事項である

官判授には大臣の副署がない。以上の事例は、天皇に最終決定権が与えられている叙位の決定には大臣の了承が必要であった、換言すれば天皇と大臣の両者により定めるべき事柄であったことを示している。

但し注意を要するのは、大臣不在時における大納言副署の規定があり、制度上は大納言による代行が可能なことである。事実、八世紀段階の大臣は決して常置ではなかった。春名宏昭は『延喜式』太政官2庶務申官条にみられる弁官不経由の三省申政等の政務は大臣に代わり知太政官事が遂行し得たとする(36)。確かに知太政官事は重要案件に関わる国家意思定立に大きな役割を果たし強力に天皇を輔弼した。しかし、大臣が行うべき日常政務を知太政官事が代行したのは、長屋王自刃後の知太政官事舎人親王の事例のみであり、これを知太政官事の一般的性格と見做すことはできない(37)。

そもそも大納言がこの権能を代行することも憚られたものと思われる。ここで注目されるのが、加階が勅授から分離した養老年間(七一七~七二四)が、式部卿長屋王が右大臣に就任した時期に重なるということである。長屋王が式部卿であった和銅六年(七一三)四月には式部卿不在時の考課を禁止する制が出されている(38)。これは式部輔が長官の権能を代行するのを否定したことに他ならない。このように、考選において次官が長官を代行すべきではないという理念は、大納言が大臣の権能を行使すべきではないというものと共通する。

以上を踏まえ、筆者は勅授の決定を天皇と大臣のみで行うものとするために、勅授を成選叙位から分離させたと考える。実際、成選叙位から分離している平安時代の勅授のシステムにおいて、その決定段階に大臣は深く関与しているのである。

結　語

以上、律令制下の考選制を中心とした叙位制度の検討を通して、令制下大臣の職掌について考察してきた。その結論をまとめれば、大臣は天皇とともに「定める側」に位置していた、という一点に尽きる。考選両方において太政官が関与するのは①考選文の受理（弁官）と目録作成、上申と、②三省申政後の校定作業、この二つである。明法家諸説が大臣の再重要職掌として弁官不経由の考選政務を挙げたのは、この二者の内の後者にあたり、まさに大臣が実質的に考選を「定める」行為に他ならないのである。

最後に、叙位という限定的な考察ではあったが、この検討から得た大臣の本質に関する私見を述べ、結語に変えたい。

律令制太政官の合議体の評価として、専制君主大皇の諮問機関とする説[39]がある。筆者もこの見解は正しいと考える。本章では、考選・叙位においては大臣が実質的な審査・決定を行い、天皇が最終的にこれを認定をすることを明らかにした。これは天皇の裁決事項に大臣が掣肘を加えているのではなく、むしろ大臣は天皇による判断の補助・補佐をする、すなわち輔弼官的な役割を担っていたと考えるべきである[40]。

但し注意を要するのは、この大臣の権能は四等官制を原則とする律令官司の一般論の範疇で理解してはならない、すなわち次官が長官に代わり得るという職員令の原則を適用すべきではないということである。太政官の四等官制は長官が右大臣以上、次官が大納言であるが[41]、春名宏昭[42]が明らかにしたように、律令制下大臣の職掌には大納言が代行できないものが存在する。私見では、大納言が代行できない大臣の権能とは、天皇の輔弼官として

のものと考える。

大化前代以来の歴史的前提をもつ律令制大臣の本質を考える上で、律令官僚機構としての太政官の長官という面、およびそれに基づく権能は、当然のことながら後発的なものである。但し、律令制以前の大臣は本来的に最高執政官としての性格を有するから[43]、律令官僚機構「太政官」の長官とはこの延長上にある。また律令制以前の大臣は、合議体を形成するマヘツキミではあるが、それを主宰し代表して領導していくほどの権能は持ち合わせてはいないことも重要である。

しかし、合議体・群臣合議の歴史的展開の中で、大臣は合議体と天皇（大王）とを取り結ぶ奏宣権を獲得し、国家意思を最終決定する天皇（大王）に対して、群臣合議（マヘツキミ合議）の結果（提出された意見）を単独で奏上できる地位となる。大臣制の歴史的展開は、この国家意思定立過程の中における権能の発展・強化という形で後者の力が増していく過程である。最終的に大臣はマヘツキミ達の意見を調整・統合し、統一見解を定立していく立場となる。これは国家意思形成という観点からみれば、天皇が有していた実質的な権能を大臣が執行している状況が現出していることになる。

序で掲げた問題提起に対する結論を提示すれば、律令制成立の段階では、機構的な官僚制の長官と合議体の首長という二元的な性格を大臣は本質的にもっていたと考えなくてはならない。しかし、同時に後者の性質、すなわち国家意思定立に関わる権能が発展・強化されていく歴史的過程の中で律令制大臣が成立していることも重要である。非合議形態の政務の中で、大臣が実質的な決定権を行使して天皇を輔弼していくのも、合議体首長としての大臣の性格の伸長過程から説明されるべきものである。

註

（1）この点に関しては既に優れた研究史の整理がある。本章では早川庄八「天皇と太政官の権能」（『日本史研究の新視点』吉川弘文館、一九八六年）、大町健「律令国家は専制国家か」（『争点日本の歴史　三』新人物往来社、一九九一年）、古瀬奈津子「天皇と貴族」（『日本古代王権と儀礼』吉川弘文館、一九九八年、初出は一九九一年）、仁藤敦史「律令国家論の現状と課題」（『歴史評論』五〇〇、一九九一年）、同「律令国家の王権と儀礼」（佐藤信編『日本の時代史4　律令国家と天平文化』吉川弘文館、二〇〇二年）など。

（2）倉本一宏「律令国家の権力集中」（『日本古代国家成立期の政権構造』吉川弘文館、一九九七年）、山本信吉「摂政・関白と左右大臣」（『摂関政治史論考』吉川弘文館、二〇〇三年）。

（3）山田英雄「知太政官事について」（山田英雄先生退官記念会編『政治社会史論叢』近藤出版社、一九八六年）、春名宏昭「知太政官事一考」（『律令国家官制の研究』吉川弘文館、一九九七年）。

（4）吉川真司A「律令官僚制の基本構造」、同B「律令官人制の再編過程」（『律令官僚制の研究』塙書房、一九九八年、初出はともに一九八九年）、早川庄八「成選叙位をめぐって」（笹山晴生先生還暦記念会編『日本律令制論集　下』吉川弘文館、一九九三年）。

（5）律令制では内長上六考、内分番八考、外長上十考、外散位十二考で、慶雲三年（七〇六）にそれぞれ二年短縮されるものの、天平勝宝九歳（七五七）の養老律令施行により律令制に復される。藤原仲麻呂失脚後の天平宝字八年（七六四）には再び慶雲三年制に戻るものの、大同二年（八〇七）には再び律令制に、そして弘仁六年（八一五）には再度慶雲三年制に復され、以後固定化する。

（6）神谷正昌「平安初期の成選擬階儀」（『平安宮廷の儀式と天皇』同成社、二〇一六年、初出は一九九二年）、註（4）前掲早川論文、寺崎保宏「式部曹司庁の成立」（『古代日本の都城と木簡』吉川弘文館、二〇〇六年、初出は二〇〇〇年）。

（7）渡辺晃宏「兵部省の武官人事権の確立と考選制度」（奈良国立文化財研究所創立四〇周年記念論文集『文化財論叢』Ⅱ、同朋舎出版、一九九五年）。

（8）当該条の『令集解』古記によると「問、並集対読。答、録二功過行能一、即対読。然議二其優劣一、定二等第一訖、亦対読耳。唯今行事、定訖一時対読耳」とあり、今行事では考第決定の判断材料ではなく、決定した考第を考人に読示するために行われている。

（9）新日本古典文学大系『続日本紀 一』補注四―四五、六―二五（岩波書店、一九八九年）。なお和銅二年制の改正法として和銅六年制（七一三）（『続日本紀』和銅六年（七一三）十一月丙子条「太政官処分、凡諸司功過者、皆申二送弁官一、乃官下二式部一」）を位置付け、考文の本司還附を省き、弁官から直接式部省へ下達したとするのが通説である（前掲新日本古典文学大系『続日本紀 二』補注）。この通説に対して註(7)前掲渡辺論文は、太政官での考文審査を式部省に移譲したものであると反論するが、そもそも両説とも「功過」を考文と読み替えていることが問題である。

「功過」とは『令集解』考課令内外官条古記に、「功」が善・最、「過」が負・殿を定める材料であり、考第はこの善・最・負・殿により定められる。『続日本紀』和銅五年（七一二）五月乙酉条の詔では、考課制度を厳密に行うことが命じられ、式部省での勘問（省での再審査）の重視、および国司に関しては「功過行能并景迹」の提出が義務付けられる。和銅六年制はこの和銅五年詔の延長の政策であり、諸司の「功過」も弁官、式部省に進送させる制度である。

（10）註(7)前掲渡辺論文。

（11）大宝令文の復元は『唐令拾遺補』（東京大学出版会、一九九七年）の復元案に従う。なお大宝令における「毎年考文集日、省勘校、色別為記」は、直接復元できないものの、次の三点から復元される可能性が高い。第一に唐令考課令復旧41条に「諸毎年考簿集日、考司校勘、色別為レ簿、具言二功過一」（仁井田陞『唐令拾遺』東京大学出版会、一九三三年）とあり、考司という専門官による校勘と色別簿の作成が規定されている。第二に「色別為記」は大宝令でも復元されるから、その作成主体となる官司の規定があってしかるべきである。第三に功過が灼然でありながら規定の上日数に達しない場合の規定の「別記送省」は大宝令でも復元できる。別記は『令集解』考課令内外初位条古記に「更別紙子細注記申送耳」とあり、考文に添えて提出されるから、別記と考文の提出先は同一、すなわち考文の提出先として省が規定されている可能性が高い。

(12)『令集解』選叙令応叙条古記に「考選雖㆑別㆑条、為㆔限㆑日同不㆓相離㆒、一時作耳」とある。
(13)大隅清陽「弁官の変質と律令太政官制」(『史学雑誌』一〇〇―一一、一九九一年)。
(14)橋本義則「「外記政」の成立」(『平安宮成立史の研究』塙書房、一九九五年、初出は一九八一年)、吉川真司「申文刺文考」(『律令官僚制の研究』塙書房、一九九八年、初出は一九九四年)。
(15)註(4)前掲吉川A論文。
(16)日本思想大系『律令』考課令59条補注(岩波書店、一九七六年)、註(4)前掲吉川B論文。
(17)平城宮式部省跡SE一四六九〇井戸跡出土第一〇四六七号木簡

・別記司『□《嗣カ》』(横刻線アリ)　太政官
　　　　　　　　　　　　　　　　　中務省
　　　　　　　　　　　　　　　　　中宮職
　　　　　　　　　　　　　　　　　□□□□《左大舎》…
　　　　　　　　　　　　　　　　　『日
　　　　　　　　　　　　　　　　　□』

・　一番考目録(横刻線アリ)　以前□

(一四四)×(七〇)×四㎜　〇八一型式

SE一四六九〇井戸跡出土の考選木簡は天平四年(七三二)の考選事務に使用した木簡とされている。『弘仁式』式部式では神祇官が一番であるが、この木簡から天平四年(七三二)の段階では太政官、中務省とその被官が一番であったことが確認できる。奈良文化財研究所史料第六十三冊『平城宮木簡　六』(奈良文化財研究所、二〇〇四年)。
(18)『大日本古文書』四巻三二三頁。註(4)前掲早川論文。
(19)寺崎保広「考課木簡の再検討」(『古代日本の都城と木簡』吉川弘文館、二〇〇六年、初出は一九八九年)。
(20)列見の初見は『続日本紀』大宝元年(七〇一)六月癸未条の「始補㆓内舎人九十人㆒、於㆓太政官㆒列見」であるが、これは対象者を並ばせて引見するという一般的な用法と思われ、選叙の列見ではない。選叙の列見の初見は『師光年中行事』

「二月十一日官列見事」の中に「桓武天皇延暦十四年六月辛亥、勅、定額散位及雑色等有二芸能一者、式兵二省各加二簡試一、率二将其身一申二太政官一。官准二選人列見一、一定之後、不レ得二輙替一」とある延暦十四年（七九五）の例である。

(21) 註(4)前掲早川論文。

(22) 例えば註(4)前掲早川論文では霊亀元年（七一五）の叙位までは勅授も成選叙位と連動したとする。

(23) 註(4)前掲吉川B論文。なお、五位以上が叙位にあずかる加階に関しては養老年間（七一七〜七二四）までとしつつも、その後も続いていた可能性も指摘している。

(24) 奈良文化財研究所史料第六十三冊『平城宮木簡　六』（奈良文化財研究所、二〇〇四年）。法量は一一五×二四×七㎜で、形式は〇三二である。なお［数字＋「番」］の記載のある木簡は、考課・選叙の別が不明なものを含め、第八五一九・八五二四・八六二五・八六二六・八六二九・八六三〇・八六三一・八六三二・八六三三・一〇二一八号と多数出土している。

(25) 番編成は太政官への考（選）文提出期限の異なる京官畿内と外国とでは別に行われていたと思われる。仮にこの別がないとすると、多褹嶋が三番という比較的早い段階に番編成がなされていることとなり、不審である。

(26)『大日本古文書』十五巻三頁、『同』四巻五〇三頁、『同』十五巻五頁。

(27) 十二日付牒での不参申請者の本官は坤宮官舎人、左大舎人、散位であり、註(17)前掲の平城宮出土木簡の一番の編成とおおよそ合致する。また散位が含まれていることより、一番編成には散位寮を含む式部省被管も該当していた可能性がある。十四日付牒は内膳膳部のみで番数は不明である。なお十五日付牒は二通あり、一つは散位二名、もう一つは左大舎人、右大舎人、文部（式部）書生で、中務省被管の左右大舎人寮、式部省の書生と被管の散位寮が重複する。この点に関しては、十五日付牒は二度目、もしくは三度目の列見に関わる不参申請ではないかと推測される。

(28) 奈良時代の列見の日程に関して、寺崎保広「考課・選叙と木簡」（『古代日本の都城と木簡』吉川弘文館、二〇〇六年、初出は一九八六年）は前掲神亀三年（七二六）太政官奏の発給日時を根拠として二月に行われていたと論じる。しかし私見は正倉院文書の列見不参申請文書の例や、番別で行われていることを考慮して、正月の中旬頃から十日間前後にわたり

行われていたのではないかと考える。以上のように考えれば、正月の勅授叙位と列見の間での日程的な矛盾は解消され、註(4)前掲早川論文のように正月叙位の成立をもって勅授と成選が切り離されると考える必要はなくなる。

(29)『弘仁式』の式部式と太政官式との間に新旧関係を認めることに関しては註(4)前掲吉川B論文、註(6)前掲神谷論文による。

(30)註(6)前掲神谷論文。

(31)なお、『貞観式』『延喜式』では三省申政の式日を一日早めて二月十日とする。この点に関しては成選人の増加により、同日開催が物理的に困難となったためとする。

(32)実質的には官職毎の一定年限の「労」を基準として定められた。註(4)前掲吉川B論文。

(33)土田直鎮「内侍宣について」(『奈良平安時代史研究』吉川弘文館、一九九二年、初出は一九五九年)。

(34)告身式の解釈は日本思想大系『律令』(岩波書店、一九七六年)公式令16勅授位記式の補注による。なお公式令の勅授位記式は弘仁九年(八一八)に唐の制授告身式の様式に改定され、『延喜式』内記式14五位以上位記式に継承される。この改定は一連の唐風化政策の一環であり、発給過程の改変は伴わないと思われる。

(35)渡辺信一郎「朝政の構造—古代中国国家の会議と朝政—」(『天空の玉座』柏書房、一九九六年)。

(36)註(3)前掲春名論文。

(37)本書第五章。

(38)『続日本紀』和銅六年(七一三)四月丁巳条。註(7)前掲渡辺論文。

(39)吉川真司「律令太政官制と合議制」(『律令官僚制の研究』塙書房、一九九八年、初出は一九八八年)、佐藤長門「倭王権における合議制の機能と展開」(『日本古代王権の構造と展開』吉川弘文館、二〇〇九年、初出は一九九四年)など。

(40)註(2)前掲山本論文は左大臣にのみ天皇の補佐官としての性格を認めている。

(41)養老獄令25公坐相連条。柳雄太郎「太政官における四等官構成について」(『日本歴史』三二四、一九七五年)。

(42)註(3)前掲春名論文。

（43）本書第一章。

［付記］

本章は旧稿「考選・叙位制と令制大臣の職掌」（『日本史研究』五九三、二〇一二年）を改稿したものである。基本的な論旨に大きな変更はないものの、知太政官事に関する理解と、結語の部分に対しては若干見解を改めた。

知太政官事については、発表後に検討する機会を得て、本書第五章のように私見をまとめた。よってこれとの調整を図る形での改稿を行っている。

また結語については、発表時は単純に大臣の本質を「合議体の首長」と位置付けていた部分を修正している。発表時はオホマヘツキミ制論（倉本一宏「氏族合議制の成立―「オホマヘツキミ―マヘツキミ」制―」『日本古代国家成立期の政権構造』吉川弘文館、一九九七年、初出は一九九一年）に大きな影響を受けていたが、その後、本書第一章の検討を通じてオホマヘツキミ制論に対する私見が明確となり、律令制以前の大臣の理解が大きく変化した。よってこれとの調整を図るための改稿をしている。

第五章　知太政官事の制度史的考察

序

大宝三年（七〇三）正月、天武皇子の刑部親王が知太政官事に任命される。[1]前年十二月二十二日の持統太上天皇死去[2]のちょうど一月後のことである。知太政官事制はこの律令制国家の出発点において発生した政治的危機に即応した臨時的な制度であり、かつこの地位に就いた人物がみな天武天皇の子孫であったこととも関わり、政治史上で重要視されてきた。一方、制度史的な分析も竹内理三[3]の研究を嚆矢とし、その批判・継承という形で進められてきた。

さて、知太政官事制の研究において最も重要な論点とされたのは、その地位を太政官首班と認めるか、である。これを認めようとする説（以下、太政官首班説とする）は竹内による提唱の後、継承[4]され通説化した。しかし、山田英雄[5]や関晃[6]による批判、およびこれらを批判的に継承した近年の虎尾達哉の研究[7]、太政大臣との比較を行った原朋志[8]によって、現在では太政官首班説は成立しないとする説（以下、首班否定説と称する）が定着しつつある。[9]

以上の研究動向を踏まえ、篠川賢[10]は太政官首班説の論証を試みる中で首班否定説の論拠を詳細に整理した。この篠川の整理を更に集約すると論点は次の四点に絞られる。第一に知太政官事の「知」は必ずしも「統治」「総知」を意味するものではない。第二に太政官において知太政官事は大臣の下位に序列される。第三に知太政官事

の権能は他の議政官と異ならない。第四に実際の政治の局面では大臣が政権首班であった例がある。

以上の首班否定説の論拠には様々な問題があり、特に第四の点が抱える問題は大きい。果たして長屋王政権を事例とした首班否定説の理路は、長屋王政権下の実質的な太政官の首班は長屋王であり、知太政官事舎人親王ではないから、知太政官事は太政官首班ではない、というものである。これは実際の政治の局面と制度の問題を弁別しておらず、故に正しく知太政官事の制度的分析をしているものではない。そもそも多様な解釈を可能とする「首班」という概念自体にも問題があろう。また第一の点も首肯すべき指摘ではあるが、首班ではないことの直接的な論拠とはなり得ていない。

知太政官事を制度的に分析するに際して、最も重要な論点は太政官における序列の問題と権能の二点である。よって制度史的観点からの首班否定説の骨子は第二・第三の点となり、これの克服なくして首班否定説の克服はあり得ない。このような意味において、篠川は重要な点で首班否定説を肯定しており、その批判は徹底性を欠いている。

本章では太政官における知太政官事の序列の問題を第一節、権能の問題を第二節、そして第三節で唐制継受の問題について検討し、太政官合議や天皇輔弼という視点から知太政官事の成立の背景、およびその歴史的意義について論じていく。

第一節　太政官における知太政官事の序列

首班否定説では、知太政官事よりも大臣を上位とする史料を実際の制度が反映されたものと評価し、逆の場合

は改竄や異例として退ける。しかし知太政官事を上位に記す史料は決して史料的価値が低いものではない。本節では関連史料の史料批判を徹底することで、上記問題について検討を加える。

一　多胡碑文の検討

多胡碑文は「弁官符」と題した公文様式を刻記したもので、その副署は知太政官事を筆頭としている。公文副署の配列は実際の政治の場での権勢関係ではなく、官制上の序列関係を示すから、制度上の知太政官事と大臣の序列を考える上では最良の史料である。

【史料1】多胡碑文

弁官符、上野国片岡郡緑野郡甘良郡、并㆓三郡内三百戸㆒郡成、給㆑羊、成㆓多胡郡㆒。和銅四年三月九日甲寅。

宣左中弁正五位下多治比真人。太政官二品穂積親王、左太臣正二位石上尊、右太臣正二位藤原尊。

周知のように、多胡碑は和銅四年（七一一）の年紀をもち、碑文末尾には「太政官二品穂積親王、左太臣正二位石上尊、右太臣正二位藤原尊」と知太政官事である穂積親王を筆頭とした副署記載がある。問題点はこの副署配列が原公文のままであるか否かであり、すなわち、多胡碑文の信憑性が問題とされる。

結論を先に述べれば、建郡の由来を示す文書を後世に伝えるために建碑された本碑が典拠となる公文に著しく改変を加えたとは考えにくい、とする東野治之の説[11]を採る。但し、碑文典拠を弁官宣とする点に関しては再考を要する。筆者は建郡が大宝律令においても論奏事項であること[12]、および勅裁を経た論奏事項が内外官司等に下達される際に用いられる公文様式という観点から、多胡碑文の典拠は勅符[13]ないし奉勅太政官符[14]であったと考える。

筆者が、勅符ないし奉勅太政官符の二様を想定するのは、吉川真司[15]の勅符の理解を採るからである。すなわち、

勅符とは天皇の意を太政官が直接受けて発給される官符であり、この機能を吸収する形で奉勅太政官符が成立する、との理解である。また論奏に代表される太政官奏と勅符・奉勅太政官符との関係については、奉勅太政官符の初見である養老四年（七二〇）三月十七日太政官符（『類聚三代格』巻十七所収）は『続日本紀』養老四年（七二〇）三月己巳（十七日）条の太政官奏を裁可・施行したものであるから、太政官奏（論奏を含む）と奉勅太政官符（およびその前身形態である勅符）が［奏上・勅裁→施行］の関係にある蓋然性は高い。

おそらく下野国司の解により発議された多胡郡建置は、太政官において論奏事項に該当すると判断され、この様式により天皇へ奏上し裁可が求められた。そして勅裁が下りたこの案件は、勅符ないし奉勅太政官符の作成手続きに則り発給・施行されたのである。

さて、以上を踏まえた上で碑文の内容構成と勅符・奉勅太政官符の作成手続きとの関係について検討する。論奏で奏上された多胡郡建置の案件は勅裁され、その旨を奏宣官である大・中納言が奉じる。この勅命は大・中納言から弁官、そして史へと伝宣され、史が勅符・奉勅太政官符を起草し、公式令符式に規定される様式が完備される。

ここで碑文日下に「宣左中弁正五位下多治比真人」と記される宣者名は、本公文の起草者（史）に対して直接勅命を伝宣した弁官の名であり、公式令符式の大弁副署に相当するもので、すなわち、次官（中弁）による長官（大弁）の代行である。

なお、碑文典拠を勅符とし、左中弁を現地へ派遣して宣誥したため「宣」が記された、とする森田悌の説がある。[16]しかし、『令集解』公式令符式の勅符に関する古記に、弁官を派遣するという解釈はみられない。また、勅符よりも上位の勅命下達公文である詔書を諸国で施行する際には国司が宣誥するのに対し、[17]これよりも下位の

様式である勅符が専使を派遣するとは考え難い。よって「宣左中弁正五位下多治比真人」を現地での宣者とみること、およびこの宣者の存在から「弁官符」なる公文様式名が刻記されたとする説は成立し難い。

以上の手続きで作成された勅符ないし奉勅太政官符は、施行に先立ち天皇への覆奏が必要とされる、と吉川は指摘する。筆者は碑文における議政官三名の副署が覆奏の段階でなされたものであり、これは詔書の作成手続きを準用してなされたものと考える。公式令に規定されずとも決裁者等の名が公文に副署されることについては坂上康俊[18]の指摘があり、本碑典拠を「弁官符」とする東野[19]も、国郡廃置が論奏事項であり、弁官の専決事項ではないことから議政官三名の名が列記された、とする。

公式令に規定する太政官符の様式には議政官の副署はない。このことから、議政官三名について、碑文作者が本碑の権威を高めるために当該期の権力者名を列記したものに過ぎないとする説[20]や、太政官で行われた郡領任用儀式の場に議政官三名が列席していたことに由来するとの説[21]がある。しかし、後者に関しては後述するように、知太政官事は日常的な太政官政務には関与しないから、郡領任用儀式に参列したとは考え難く、前者は碑文成文者の作為とみるものであり、後述する本碑の性格からみて賛成することはできない。あくまで、建郡が論奏事項であることを起点とし、一連の政務処理過程の中から議政官三名の記述について理解すべきである。

勅符ないし奉勅太政官符によって下野国に下達された多胡郡建置の情報は、碑文刻記の段階では「弁官符」によるものと認識されていた。この点に関して鐘江宏之[22]は次のように説明する。すなわち、国司が太政官と公文のやりとりをする際、その相手機関を「弁官」と認識していたこと、また建郡の公文が直接に新任郡司（羊）には下達されず、口頭告知によりなされたとする理解が加わり、「弁官符」なる名称が碑文に刻記された、と。

下野国庁で行われた多胡郡建置を宣誥する儀式に参列していた建碑者（羊）は、そこでの宣誥内容を記憶、も

しくは「聞書」[23]し、これを基調としつつ、碑面の規格等を勘案した上で碑文を推敲したのではないか。このように考えれば、碑文の構成が公文の構成に酷似していること、碑文がやや和文調であること、内容が大分省略的であることなども整合的に説明できる。

さて、多胡碑文の典拠となる公文を比定した上で、この碑文が意図的に典拠を改変していないとする私見を、郡領任用制度、および建碑意図から補強する。当該期八世紀前半における郡領任用制度の原則は譜第主義であり[24]、天平七年（七三五）以前に限れば、朝廷での式部銓擬に参加できる郡領候補者は国擬により選出された一名のみである[25]。このような状況下で、郡領任用に関わる基本的かつ重要な情報は建郡時の郡領に関するものとなる。すなわち、新任郡領がその子孫に郡領職を世襲させていこうと志向した場合、自身の郡領任用の事実を恒久的に残すことが有効であり、国擬を主催する国司に対してこの情報を示すことが最も効果的である[26]。

以上の理解に立てば碑文が公文の形態に酷似している点もより明確となる。すなわち、中央派遣官である国司に対して初代郡領と建郡の由来を示すとき、正式な公文の形態はその信憑性を担保するからである。建郡の事実とは直接関係のない議政官の副署記載に文量の約三分の一を割き、文書様式名的な「弁官符」を刻記したのも、公文の体裁を重視したからである。よって、多胡碑文の記主が典拠となる公文（勅符ないし奉勅太政官符）に基づく情報を意図的に改変したとは考え難く、やはり知太政官事穂積親王は副署の筆頭にあったとみるべきである。

ここで知太政官事穂積親王の副署の職名「太政官」に関して、倉本一宏[27]の指摘について触れておく。倉本は、律令制成立期（天武期）においては官司名を官職名として使用する例があり、当初の知太政官事の任命が「太政官の事を知らしめたまふ」とされるのもこの例に含まれる、と指摘する。この指摘は、署名筆頭が知太政官事穂積親王であること、そしてその官職名が「太政官」であることの両者を矛盾なく説明している。

二　『公卿補任』系統史料の序列観

【史料2】『公卿補任』養老四年（七二〇）・神亀五年（七二八）知太政官事舎人親王条尻付

（神亀五年）三月廿八日詔書奉行注、三木一品舎人親王、列㆓左大臣長屋王上㆒。六月廿三日論奏注、知太政官事舎人親王、書㆓同（一）大臣上㆒、事希有、仍注㆑之。[28]

【史料2】は神亀五年（七二八）の詔書と論奏において左大臣よりも知太政官事が上位に副署した確実な事例なのだが、問題はこの二例に対して「事希有、仍注㆑之」との注が付されていることである。竹内理三は「事希有」を『公卿補任』編者の認識とし、知太政官事を太政官首班とすることの支障にはならないとする。対して虎尾達哉は制度的な事実に基づいた評価であり、文言通りこの二例を稀有の事例とする。この「事希有」との評価が制度的事実に基づくか否かは、そのまま太政官における知太政官事と大臣の序列問題の解答となる。そこで筆者は基礎的考察の第一番目として、『公卿補任』成立過程における知太政官事観の変遷から「事希有」とした評者の特定を行う。

『公卿補任』の成立過程は複雑であるが、段階的に整理すると次の順となる。[29]

①原『歴運記』（天平宝字元年（七五七）八月から同三年（七五九）十二月までの間）
②『歴運記』（弘仁二年（八一一））
③異型本『公卿補任』（応和年間（九六一～九六四））
④流布本『公卿補任』（長徳年間（九九五～九九九）以前）

「事希有」とした評者は知太政官事が大臣の下位であるとの認識を有していることをまず確認しておこう。こ

の認識を有する者を前述の『公卿補任』成立過程の諸段階から探れば、『歴運記』編者か異型本編者のいずれかとなる。すなわち、この両者は一貫して知太政官事を大臣の下位とするからである。

残された二者の内、流布本は知太政官事と大臣の序列関係が一定しない[30]。これは原則として異型本の知太政官事観を継承しつつも、この序列関係を普遍的なものとせず、史料的根拠を有する場合（尻付に明記する）、一身に限って大臣よりも上位に位置付けたためである。流布本の就任時の条文では均しく大臣の下位に知太政官事を置く。しかし或年条の尻付に序列逆転と解せる史料を掲載した翌年条からは、大臣よりも上位とする。【史料2】養老四年（七二〇）条の尻付はこのような性格を有したものである。よって流布本編者が知太政官事を大臣の下位とする認識に基づく評価文言「事希有」を尻付に記述したとは考え難く、故に流布本編纂以前に付された評価文言となる。

最後に①原『歴運記』も「事希有」との評価を下すとは考え難い。すなわち原『歴運記』は左大臣よりも知太政官事を上位とする認識を有していたからである。この点については煩雑となるが、奈良時代の知太政官事観を明らかにする作業ともなるため、検討を行う。

虎尾達哉が明らかにしたように、原『歴運記』は天平宝字年間（七五七～七六五）初頭に編纂され、弘仁二年（八一一）成立の『歴運記』の原形態、もしくは編纂の基礎史料とされたものである[31]。虎尾は『歴運記』総説記事中に記載された議政官の人数の分析から原『歴運記』の存在を証明した。この指摘に加え筆者は『歴運記』総説記事中に原『歴運記』逸文を確認するのであるが、この逸文中に知太政官事と大臣との序列が記されている。

【史料3】『歴運記』「大臣」項（国史大系所載、総説部分。傍点・傍線筆者）[32]

大臣五十三人〈①従三武内宿祢命為二棟梁臣一至二今二年一、歴二六百九十一年一、経二代四十一帝一。〉

②在官卌六人〈大臣七人、大連七人、執政三人、内大臣一人、太政大臣二人、贈太政大臣四人、左大臣八人、右大臣十三人。〉
③贈官七人〈贈太政大臣四人、贈右大臣三人。〉
案神倭天皇之世〈初定二中国一第一天皇〉大伴氏祖立レ功被レ寵。初東征之時、大伴日臣従軍立レ功、賜レ姓給レ地褒喜。〈特進〉④活目天皇時、〈第十一天皇〉五氏之祖被レ称二諸卿一。〈廿五年詔二阿倍臣遠祖武渟川別、和珥臣遠祖彦国葺、中臣連遠祖大鹿嶋、物部連遠祖十千根、大伴連遠祖武日命等一曰、諸卿等宜レ議レ置二神祇一。並是不レ称二執政一、亦無二臣号一。〉
⑤至二景行天皇一〈第十二天皇〉始置二棟梁之臣一。〈五十一年以二武内宿祢一、為二棟梁之臣一。計レ自二始置年一至二今上弘仁二年一、歴二卌一帝六百九十一年一。始置斯壬年准二漢地年代一、当二後漢安帝十五年一。〉
成務天皇〈第十三天皇〉改立二大臣之号一。〈三年以二武内宿祢一為二大臣一。自二此年一至二今年一、六百七十九年。〉
（中略）
孝徳天皇〈第卅七天皇〉置二左右大臣及内臣百官一。〈元年以二安倍倉橋麿一、為二左大臣一、蘇我山田石川麿為二右大臣一、⑥大錦上中臣鎌子連為二内臣一。従二此年一至二今年一、一百六十七年也。五年置二八省百官一。自二此年一至二今年一一百十三年。〉
（後略）

以下に論じるように、大臣総数に対する内訳注記（傍線②③）が原『歴運記』の逸文であり、その在官分（傍線②）中の「贈太政大臣四人」は虎尾が指摘するように「知太政官事四人」の誤記である。贈太政大臣は次項の贈官内訳（傍線③）にも記されており、そもそも死後追贈される贈太政大臣が在官内訳にあるのは相応しくない。

よって大臣在官の内訳の記載順は〔太政大臣・知太政官事・左大臣・右大臣〕となる。

大臣在官の内訳注記は原則として大臣制の沿革に基づき、成立順に配列されている。しかしこの四者は、知太政官事の初見が大宝三年（七〇三）であるのに対し、他は天智天皇五年（六六六）官制から既にみられる。よって該当個所は成立順による配列ではなく、令制大臣を一括した中に知太政官事を挿入したものとなり、その際、太政大臣と左大臣の間に知太政官事を位置付けたのである。すなわち、知太政官事は左大臣の上位とされているのである。

さて、『吉口伝』所引の『歴運記』逸文では一貫して大臣を上位としているから、[33] この内訳注記が『歴運記』の地文であるとは考え難い。むしろ大臣在官者数「卌六人」が原『歴運記』のものであるなら、[34] 内訳注記も原『歴運記』の逸文とした方が整合的に理解できる。この点は、『歴運記』と内訳記載の認識の相違からもうかがうことができる。

まず、「自二此年一至二今年一〇〇年」と、弘仁二年（八一一）までの年数を計上している記事が『歴運記』編纂段階のものであることを確認した上で、このような記述がある文章と内訳注記を比較すると、次の三点において大臣制の沿革に対する認識の相違を析出することができる。

第一に大臣制沿革における「棟梁臣」の位置付けである。傍線①では武内宿祢の「棟梁臣」を大臣の制度的な淵源とし、そこから弘仁二年（八一一）までの年数・天皇代数を数える。傍線⑤の注記部分も同様である。また傍線⑤の本文では「至二景行天皇一、始置二棟梁之臣一」として、それ以前の事例を大臣制の前史と捉え、景行天皇の「棟梁之臣」を大臣制成立の画期としている。対して内訳注記では「棟梁臣」を大臣制沿革中には含めておらず、大臣制の出発点を「大臣」としている。

第二に内訳注記の「執政三人」である。虎尾は内訳注記中に大臣の内訳として不適切な「執政三人」があるのは、原『歴運記』の大臣在官数との帳尻を合わせるために『歴運記』編者が内訳記載を記述する際に採用したものとした。

しかし、『歴運記』の記述である沿革記事中（傍線④）では、武渟川別以下五名を「諸卿」とした例と「執政」との関連を論じ、結局「並是不レ称二執政一」と結論付ける。すなわち『歴運記』は「執政三人」の事例を検出し得ていないのであり、むしろこのような検証文の存在は『歴運記』が大臣制沿革に「執政三人」を含めることに懐疑的であったことの傍証となる。

第三に内訳注記の「内大臣一人」である。この「内大臣一人」が藤原鎌足の例であることは明らかである。周知のように、藤原鎌足は天智天皇八年（六六九）に大織冠と「大臣位」を授けられている[35]。ところが『歴運記』沿革記事では大化元年（六四五）の鎌足の「内臣」就任は例示（傍線⑥）するものの、天智天皇八年（六六九）の「大臣位」については記していない。ここに『歴運記』と内訳注記との間に理解の差がある。

『歴運記』が大臣制の沿革として鎌足の事例を含める際、内大臣ではなく内臣を採用したのには二つの理由が考えられる。一つは宝亀八年（七七七）の藤原良継、同十年（七七九）の藤原魚名の両名が就任した内大臣との関係である。もう一つは鎌足への「大臣位」授与が死去直前の名誉職的なものだからである。つまり、執政官としての大臣の沿革を跡付ける際、実質的な執政官であった「内臣」を採用するのが相応しいとの判断があり、同時に宝亀八年（七七七）以降の内大臣との混同を避けたのである。

さて、『歴運記』における藤原鎌足の内臣の位置付けを踏まえれば、内訳注記の「内大臣一人」は『歴運記』の記述とはならない。むしろ原『歴運記』のものであると見做すべきである。宝亀八年（七七七）の内大臣成立

以前、藤原鎌足は極官の「内大臣」と称され、また「内大臣」の事例も一例を除く[36]他は鎌足である。対して、内臣の例は養老五年（七二一）の藤原房前の例を含め、『日本書紀』にも散見[37]する。よって藤原鎌足を「内大臣」として大臣の内訳に組み込むのは宝亀八年（七七七）以前のものである蓋然性が高く、この記述は弘仁二年（八一一）の『歴運記』ではなく、天平宝字年間（七五七～七六五）初頭に成立した原『歴運記』の記述とした方が整合的に理解できる。

以上により、『歴運記』大臣在官数に付された内訳注記は原『歴運記』逸文であり、これが成立した天平宝字年間（七五七～七六五）初頭頃は左大臣よりも知太政官事を上位とする認識があったことが明らかとなった。但し「贈太政大臣四人」を「知太政官事四人」と史料文言を修正していることもあり、論拠は弱い。そこで若干の補強を試みる。

流布本『公卿補任』における知太政官事の初出条である大宝三年（七〇三）知太政官事刑部親王条の尻付には「或本以二知太政官事一、列二大臣之上一」とある。前述のように流布本は史料的根拠がある場合、知太政官事一身に限って大臣との序列を逆転させている。このような編纂方針を有する流布本において、知太政官事の初出条にこのような尻付が付されているのは示唆的である。おそらく流布本は「或本」により、異型本が記す序列認識が決して普遍的なものではないとの認識をもち、序列の逆転を行ったものと考えられる。

さて、この「或本」とは何か。単に「或本」とある以上、全く別系統の史料とは考え難いから、『公卿補任』成立過程を整理した前述の①から④のいずれかであろう。ここで大臣を上位とする『歴運記』と異型本は除外されるから、残された原『歴運記』である可能性が最も高い[38]。原『歴運記』が知太政官事を左大臣よりも上位に序列していた点は、ここからも指摘できる。

以上、天平宝字年間（七五七〜七六五）、すなわち知太政官事が現行制度であった時期と最も同時代性が高い時期に編纂された原『歴運記』が、左大臣よりも上位に知太政官事を位置付けていたことが明らかとなった。また同時に『歴運記』は原『歴運記』の知太政官事観を継承せず、新たな認識のもと編纂されたことも明らかとなった。このとき、『歴運記』には編纂当時の認識とは異なる内容を具備する史料、すなわち副署筆頭を知太政官事とする公文類をいかに処理するか、という問題が生じている。筆者はこのような状況において、『歴運記』が知太政官事を筆頭とする公文を異例なものとして評価し、「事希有」との註を付したと考える。

さて、新たな問題点が浮上した。すなわち、天平宝字年間（七五七〜七六五）の知太政官事観はなぜ弘仁年間（八一〇〜八二四）初頭までに変質したのか、である。この点に関しては知太政官事の最後の事例である鈴鹿王に対する評価を踏まえる必要があり、次章で検討を加えるが、ここでは、『歴運記』の有する知太政官事観が実際制度とは異なるものであった、と指摘するに留めておく。

本節では、知太政官事が副署した公文の内、現在内容を確認できるものは全て左大臣よりも上位に知太政官事が副署していること[39]、また奈良時代の公卿を一覧化した史料（原『歴運記』）では左大臣よりも知太政官事を上位としていたこと、以上の二点が明らかとなった。この結論から、制度的に知太政官事は太政官において左大臣よりも上位に序列されていたことはほぼ明らかである。

第二節　知太政官事の権能

知太政官事制研究における太政官首班説と首班否定説の対立の根本は、知太政官事の権能に関する理解の相違

にある。前述のように太政官首班説では太政官を領導する権能を認めるのに対し、首班否定説の基本的な理解は知太政官事と他の議政官との間に差異を認めないことにあり、早く山田英雄・関晃により指摘され、虎尾達哉はより明確に知太政官事が広義の「参議」（大臣を除いた議政官）に包摂される職掌であると指摘する。(40)

虎尾は前掲【史料2】「三月廿八日詔書奉行注、三木一品舎人親王、列㆓左大臣長屋王上㆒。六月廿三日論奏注、知太政官事舎人親王、書㆓同大臣上㆒」を根拠とし、知太政官事を広義の「参議」に包摂した。すなわち、知太政官事舎人親王が一方で「参議」という職名で副署しているから、「参議」は知太政官事を包摂する概念と見做すのである。

しかし、養老二年（七一八）に論奏への「参議」の副署が制度化される中、(41)【史料2】神亀五年（七二八）論奏では舎人親王の職名として「知太政官事」が明記されている。よって同年の事例である【史料2】詔書の舎人親王に冠された職名「三木」を知太政官事が包摂された広義の「参議」と解することはできない。また、大臣より上位に副署している以上、狭義の「参議」と解する余地もない。

以上の整理に基づくと、神亀五年（七二八）詔書の副署記載に「参議」とあったこと自体に疑問を抱く。そこで筆者は、多胡碑文の穂積親王の職名「太政官」の例、および当該期「知太政官事」号が未成立であったという指摘(42)から、本来、知太政官事が公文に副署する際には「太政官」と記され、【史料2】の「三木」は『歴運記』編者が「太政官」を意改したもの、との仮説を立てる。

「太政官」は大臣以下参議以上の議政官と弁官局・少納言局を含んだ機関・官司名を示す名詞（広義）だが、一方で議政官のみを意味する場合（狭義）がある。

【史料4】『延喜式』太政官式2庶務申官条

凡庶務申二①太政官一、若大臣不レ在者、申二中納言以上一。其事重者、臨時奏裁、自余准レ例処分。其考選目録及請印六位以下位記者、中務式部兵部三省、不レ経二弁官一、直申二②太政官一。中務申二夏冬時服一、及式部補二文学、家令以下、傔仗一、簡下遣二諸国一使人上亦直申。

本条の「太政官」を「納言以上」とする見解もあるが[43]、「申二中納言以上一」は大臣不在時の特例であり、傍線①「太政官」への庶務申政に際しては中納言以上の存在を必須とすることを示している。よって傍線①「太政官」は中納言以下の存在、すなわち参議を含んでいる。また傍線②「太政官」は弁官と対置されているから弁官局は含まれない。以上を勘案して全体的な文意から判断すると、本条の「太政官」は議政官を意味している。

『歴運記』の編者は舎人親王に冠された「太政官」を議政官の同義語とし、具体的な官職比定を試みたのではないか。但し同詔書には左大臣長屋王以下、大納言（多治比池守）・中納言（大伴旅人・藤原武智麻呂・阿倍広庭）の副署がある。しかし参議の副署はなかった。すなわち、公文への参議の副署は養老二年（七一八）の論奏から始まるが[44]、直ちに全公文に及んだわけではなく、公文への参議の副署が一般化するのは、狭義の「参議」号が成立する天平十七年（七四五）頃まで待つ必要があるからである。

『歴運記』の編者は参議の記載がないことに着眼し、舎人親王の「太政官」を「参議＝三木」と意改したのだろう。「三木」に続き「一品」とあるのも、単に参議が左大臣の上位に副署したと例示するのを憚り、傍証的な文言として採録したものと思われる。

なお、神亀五年（七二八）詔書の「三木」に関しては、更に説明すべき点がある。すなわち、同年の論奏と異なる職名が記されていることである。この点については論奏という公文の様式から次のように考える。

論奏とは、それに先立つ太政官合議の結果を天皇に奏上する公文の様式であり、これには上奏案件の合議参加

者全員分の副署が必要となる。(45) 無号の地位であった「参議」の論奏副署の制度化も、合議参加者全員の副署を必要としたからに他ならない。また副署に職名を必要としたのは、合議体内部での地位序列標識が必要とされたためである。

さて、論奏では他公文で用いられた「太政官」ではなく、「知太政官事」とされた点が重要である。すなわち、職名を「太政官」とし副署順の第一番目に挙げるのみでは論奏における知太政官事の役割を正しく表現できないことを意味するからである。換言すれば、論奏およびそこで奏上される国家的重要案件に関わる合議に関しては、正しく「知二太政官事一」と命じられた職務・権能を表記する必要があったことを意味する。以上の理解に立てば、そもそも知太政官事は論奏事項に該当するような国家的重要案件の合議において、その権能を発揮したものと考えることができる。おそらく知太政官事は一般的な太政官筆頭という地位ではない。

以上の点に関しては、日常政務に関する知太政官事の関わり方からもうかがうことができる。『続日本紀』天平元年（七二九）四月癸亥条には「太政官処分。舎人親王参二入朝庁一之時、諸司莫二為レ之下一レ座」とあり、親王に対する下座礼を舎人親王に対して特例的に停止している。これは舎人親王の朝堂への参入が頻繁化することへの対応であり、(46) 長屋王の変により大臣が不在となったため、この日常的な政務を知太政官事舎人親王に代行させたことに対する措置である。(47) つまりこの太政官処分の前提には知太政官事が左右大臣の如く日常的に頻繁に朝堂へ参入しない状況がある。知太政官事は日常的な政務には権能を行使しなかったのである。

以上の二点、すなわち論奏・太政官合議への関与、および日常的政務への不関与から、知太政官事の権能を国家的な重要案件の合議への参加とすることができる。また知太政官事は左大臣よりも上位に序列されるから、この合議体の首長という地位・権能を有していたのである。

川尻秋生[48]は、全会一致を必要とし、諸宰相が奏状に連署して皇帝に奏上する唐の宰相会議[49]と太政官合議との類似性を指摘する。このような合議に際しては議場で提出される種々の意見を集約し、かつ統一見解を定立する必要がある。合議体首長にはこのような役割が課せられる。

全会一致を要しなかった大化前代以来のマヘツキミ合議制[50]下の代表的地位（大臣）と比較すると、統一見解を定立する太政官合議の首長に求められる能力は格段に高い。それは高度に政治的な政策決定能力であり、それを行使し得る権威も必要とする。初めて知太政官事に任命された刑部親王は天武皇子という血統的な権威を有しており、また政治経験やその手腕も長けていたと評されている。この権威・経験・能力の三拍子揃った人物を太政官合議体の首長に据える制度的措置が知太政官事制の成立ではないだろうか。

さて、知太政官事の権能が太政官合議体の首長であれば、知太政官事制の終焉の理由もこの点に求めることができる。ここで参考となるのが上宣制に関する吉川真司の次の指摘である[51]。すなわち、単独で天皇へ奏上し、かつ勅裁を奉じて宣する申文刺文形態政務の成立により、その上卿は国家意思決定において特権的な権能を有することになる。故に主宰上卿名を明記する施行公文様式が成立する。この上宣制は称徳期初年に成立するが、それに先行するものとして宣者を右大臣橘諸兄とする天平十年（七三八）十月七日太政官符や、宣者を大納言藤原仲麻呂とする天平勝宝年間（七四九〜七五七）の事例がある、と。

この内、仲麻呂の例は上級公卿をさしおき、かつ議政官全体の総意ではないため、責任者仲麻呂の名を明記したものであり、橘諸兄の例も上臈に知太政官事鈴鹿王がいたための措置と想定している。この吉川の指摘を受ければ、橘諸兄政権下においても制度的序列の面では知太政官事が大臣よりも上位であったことが確認できるが、政務形式上における知太政官事の意義が著しく低下、もしくは消失したことにもなる。筆者は橘諸兄の専権体制

を確立させる上での例外的・臨時的政務形態（上宣制）の導入により、知太政官事は名実ともにその存在意義を失ったものと考える。

この知太政官事の存在意義の消失は次の点からも指摘できる。第一は『続日本紀』天平十五年（七四三）七月癸亥条で、ここでは左大臣橘諸兄の次に知太政官事鈴鹿王が記されている。第二は位階の問題である。天平十年（七三八）正月十三日に橘諸兄は右大臣に任じられ、同時にこの両者は正三位に叙される。しかし、翌十一年（七三九）正月十三日には諸兄のみ従二位に叙され、両者に位階の差が生じる。すなわち、品・位階の上で知太政官事を大臣の上位とすることを放棄したのである。第三は喪葬に関するもので、鈴鹿王の死去を記す『続日本紀』天平十七年（七四五）九月戊午条には、大臣や前任知太政官事（親王）死去時に行われた「監二護喪事一」（養老喪葬令4条、実際は監喪使の派遣措置）[52]のことが記されない。

これらの例を総合的に解釈すると、知太政官事が有していた太政官合議体の首長、すなわち合議の場で合議体の総意としての奏上事項を集約・定立するという権能は、太政官合議体およびその政務形態から「合議」という本質が低下していく中で、その役割を終えたものと思われる。

以上、論奏の副署を手がかりとして、知太政官事の権能・地位を太政官合議体の首長と捉えた。また以上の理解に立てば、鈴鹿王を最後としてこの地位が復活しなかったことの意義も明確になる。『歴運記』編纂段階における知太政官事観は終末期・鈴鹿王の実態に強く影響を受けたものであろう。

第三節　唐制の知門下省事について

春名宏昭は知太政官事制研究に唐の知門下省事との比較という新たな視点を導入した画期的な分析を行った(53)。しかし手法の有効性は認めつつも、知門下省事の理解、および知太政官事との関係については検討の余地がある。本節では知門下省事の分析を通して、知太政官事成立における唐制の影響について検討していく。

知門下省事の初見は『旧唐書』太宗紀貞観十年（六三六）の魏徴の例で、侍中（門下省長官）から特進へ昇進した際に追加的に与えられたものである。その後、貞観十七年（六四三）の房玄齢、貞観二十二年（六四八）の長孫無忌（知尚書門下二省事）、開元二十四年（七三六）の牛仙客、天宝十三載（七五四）の韋見素、乾元二年（七五九）の呂諲の例が確認でき、他にも龍朔二年（六六二）に許敬宗を知西台（＝中書省）事とした例もある。

さて、春名は知門下省事を宰相の称号の一つとしたが、宰相制の全般的な理解とも関わり、賛成できない。唐の宰相は中書令（中書省長官）と侍中（門下省長官）を基本的な構成員とし、尚書省の僕射を宰相とするには別途「知政事」を命じた。また三省長官以外の者を宰相とする際には、「参二預朝政一」「参二議朝政一」のように朝政への参加を命じている。なお貞観十六年（六四二）頃からは宰相の権限を中書・門下二省に集約しようとする動きがみられ、「参二掌機密一」「参二掌機務一」と中書・門下二省の職掌「機密」「機務」に限定し、総章二年（六六九）からは「同中書門下三品」と、中書令と侍中と同列の地位を与えることで、より限定化の色合いを濃くする。更に永淳元年（六八二）の「同中書門下同承受進止平章事」を嚆矢として、皇帝による宰相機構の掌握をねらった「同中書門下平章事」もみられるようになる(54)。

ここで注目されるのは、定員である中書令・侍中以外の宰相は、職掌や地位を具体的に明示する文言を用いて命じられていることである。そもそも唐制では「宰相」という宰相号はなく、「知二政事一」がそれを意味する。以上を勘案すると、「知門下省事」は宰相の事例とは異質であり、むしろ「門下省の事を知る」と門下省の範疇

で権能が認められたものとすべきである。

【史料5】『旧唐書』列伝第十五、長孫無忌

高宗即位、進拝二太尉一、兼二揚州都督一。知二尚書及門下二省事一並如レ故。無忌固辞三知二尚書省事一。許レ之。仍令レ以二太尉同中書門下三品一。

【史料6】『旧唐書』列伝第五十八、韋見素

其年八月。拝二武部尚書、同中書門下平章事一、充二集賢院学士一、知二門下省事一。代二陳希烈一。

長孫無忌は貞観二十二年（六四八）正月に検校中書令となり「知尚書門下二省事」とされている。[55]【史料5】では検校中書令から太尉となり、知尚書門下二省事の内、知尚書省事の辞任が認められている。よって長孫無忌には知門下省事が残るが、この状況下で同中書門下三品を命じられ宰相となっている。【史料6】も同様であり、韋見素を同中書門下平章事として宰相とするとともに、知門下省事も命じている。以上の例は知門下省事が宰相号ではないことを示す。それでは知門下省事の地位・権能はいかなるものか。以下、この点について成立に関する問題から検討していく。

【史料7−1】『旧唐書』本紀第三、太宗下、貞観十年六月条

夏六月。以二侍中魏徴一為二特進一、仍知二門下省事一。壬申。中書令温彦博為二尚書右僕射一。甲戌。太常卿安徳郡公楊師道為二侍中一。

【史料7−2】『旧唐書』列伝第二十一、魏徴

（前略）徴自以無レ功二於国一、徒以二弁説一、遂参二帷幄一、深懼二満盈一。後以二目疾一頻表二遜位一。太宗曰、「朕抜二卿於讎虜之中一、任レ公以二枢要之職一、見二朕之非一、未二嘗不レ諫。公独不レ見二金之在レ鉱也、何足レ貴哉。良冶鍛而

為レ器、便為二人所一レ宝、朕方二自此於金一、以レ卿為二良匠一。卿雖レ有レ疾、未レ為二衰老一、豈得レ便尓。」其年、徴又面請二遜位一、太宗難違之、乃拝二徴特進一、仍知二門下事一。其後又頻上二四疏一、以陳二得失一。其一曰、（後略）

【史料7-1・2】は魏徴の知門下省事の就任について記し、特に【史料7-2】がより詳細である。当初、太宗は魏徴の諫官としての能力を高く評価して侍中の辞職を認めなかったが、最終的に侍中の辞職を認めた段階で彼を特進・知門下省事としている。太宗は臣下の進諫を重視した政治を推進し、諫官の拡充・強化を行っている。[56]その治世前期の代表的な諫官が魏徴である。貞観十年（六三六）の侍中の辞任後も魏徴の諫官としての活動が確認できることを踏まえれば、[57]侍中の辞任と引き換えに命じられた知門下省事は諫官と密接な関係にあると推測される。

侍中在任中の魏徴は宰相議に参加して国政審議をする一方、諫官としての役割も果たしていた。『貞観政要』巻二「求諫」には、貞観元年（六二七）における諫議大夫の王珪と太宗との問答が載せられ、その中で太宗は「詔令下自レ是宰相入内平二章国計一、必使二諫官一随入、預聞二政事一、有上所二関説一」[58]と命じ、『資治通鑑』巻一九二、唐太宗貞観元年（六二七）正月己亥条にも「制、自今、中書門下及三品以上入閤議事、皆命二諫官随一レ之、有レ失輒諫」とある。これは皇帝御前での宰相議において、審議中の進諫を可能にすることで、宰相議の充実化を図った施策である。宰相でありかつ有能な諫官であった魏徴は、このような太宗の政治理念を体現する存在であったと思われる。

しかし、魏徴の侍中解任は、宰相の地位はもとより、諫官としての正式な地位も消失させることになる。すなわち、侍中は諫官集団を統率する門下省長官としての性格を有するからである。周知のように、門下省は封駁権を有して皇帝勅裁事項への一種の介入が制度的に認められ、また門下侍郎・給事中・諫議大夫といった諫官を組織する官司である。この官司の長官である侍中も当然ながら諫官としての性格を有している。[59]

以上の点を踏まえれば、侍中解任に伴った「知門下省事」任命も諫官としての活動を継続させる目的を有していたものと思われる。仮に宰相職の継続を図るのであれば「参二議朝政一」や「知二政事一」といった形で、直接に宰相を命じればよい。しかしそうではない以上、知門下省事を宰相との関係から理解することはできない。

知門下省事の成立事情は以上だが、これは令外官として新たな諫官の地位を創出したものではない。「門下省の事を知らす」とあるように、門下省政務の内的充実を図るために置かれた指導者的地位である。後の例であるが、天宝十四載（七五五）の秦元告身では侍中が副署すべき個所に「武部尚書同中書門下平章事臣見素」と、この前年に知門下省事となった韋見素が副署している[60]。この告身には侍中の副署がなく、知門下省事と侍中の序列関係は明らかではない。しかし侍中と同格か、それ以上のものとして扱われている。また『資治通鑑』は魏徴の知門下省事就任を「雖レ不レ居二侍中之職一、猶令レ知二門下事一」（唐紀太宗貞観十年（六三六）六月壬申条）と、「侍中ではなくとも、門下省の業務に関知できる」と評価する。長官と対比する形で述べられるその権能は決して低いものではなく、侍中よりも上位権力として門下省を指導・領導するものに対する評価である[61]。

以上、知門下省事の成立は、魏徴の諫官としての個人的評価と、太宗が目指す進諫政治の充実化が合致したところにある。しかし正式に魏徴個人の進諫を可能とすること以上に、進諫を中心としつつ、門下省全体の機能の充実化を図るために置かれた指導者的地位であると評価できる。魏徴以後の知門下省事はこのような地位として運用されたのである。

さて、以上の検討を踏まえると、知門下省事と知太政官事とに次の類似性が指摘できる。すなわち、長官よりも上位にあり、組織「門下省・太政官（合議体）」を指導・領導していく地位、である。残された問題は、このような地位が持統太上天皇の死去直後に創出された理由であるが、この点については結語において述べる。

結　語

知太政官事は、唐制において臨時に門下省に置かれた指導的・領導的地位である知門下省事を模範として成立する。唐の宰相会議と同様に全会一致を要した太政官合議では統一見解を定立する必要があり、この太政官合議の筆頭として知太政官事を設置し、合議を主導させたのである。知太政官事の制度的な地位が大臣よりも上位であるのはこのためであり、日常的に左大臣の上位官として政務を差配したわけではない。

本章の結論を以上のようにまとめた上で、最後に知太政官事の成立、および歴史的な意義について私見を述べる。先学の指摘のように、知太政官事の成立を論じる上で最も重要なのは、持統太上天皇死去の直後に設けられた点である。持統太上天皇は文武天皇を強力に後見し、共同統治した人物である。文武天皇は血統の論理により即位した天皇であり、決して専制君主としての能力評価に基づいて選ばれたものではない。持統との共同統治体制の起因はここにある。

持統太上天皇の死により、文武天皇は単独で高度な政治的決断を下さねばならなくなった。筆者は知太政官事成立の要因をここに求める[62]。すなわち、天皇は事前に実質的な政治的判断を下された案件を形式的に勅許する、この体制における主要な地位として知太政官事を創設し、これに天武皇子を任命したのである[63]。換言すれば、合議体を従前よりも強力な天皇輔弼機関とする機構改革の一環であり、持統太上天皇に代わって文武天皇を輔弼する新しい体制[64]を構築したのである。

以上の結論に基づけば、全会一致を原則とする太政官合議システムもこの過程で成立した可能性がある。血統

を最優先とする即位原理を定立するためには、同時に実質的な統治能力を備えない専制君主の在位を可能とする体制も構築せねばならない。すなわち、天皇に高度な政治判断を実質的に要求する従来の大夫合議制システムからの脱却を必要とするから、全会一致を要する太政官合議システムの導入と新たな即位原理定立は相即不離の関係にある。

無論、全会一致を得た太政官合議の結論が論奏という形で奏上されることを踏まえれば、大宝公式令論奏式の制定の段階では既にこのような体制が予定・模索されていたと推測される。文武が持統天皇十一年（六九七）に即位し、これに伴い大宝元年（七〇一）に施行される大宝律令が準備される。以上の流れの中で新しい太政官合議システム（統一見解の定立）とそれを奏上する公文様式（論奏）のシステムとがこれまた相即不離の関係として成立するのではないだろうか。

さて、倉本一宏[65]は藤原氏の大臣がいないときに知太政官事が置かれていた事実を明らかにし、天皇家とミウチ的に結合した藤原氏による後見・輔弼と、天皇家自身による後見・輔弼が同質であることを示唆しつつ、この両者によって律令国家の中核部が形成されていた、と指摘する。大筋は首肯できるが、一点私見を加えたい。すなわち、藤原氏大臣による後見・輔弼は知太政官事の機能を継承したもので、これは持統太上天皇による文武天皇の後見・輔弼体制を太政官合議システムに導入したものである、と。天皇を輔弼する体制は段階的な発展をみせるのである。

専制君主制下における議政官の本質は天皇の輔弼官である。[66]その中でも大臣はその歴史的展開過程の中でより人格的・直接的に天皇（大王）を輔弼する性格を強め、それを前提として律令制大臣が成立する。[67]しかし、知太政官事はこのような制度的前提を有する輔弼を担ったのではない。すなわち、個人的資質の問題として、専制君

主が備えるべき能力を有さない天皇は、別途に強力な後見・輔弼を必要とする。この別途必要とされた後見・輔弼役を太政官制度の中に組み込んだ嚆矢が知太政官事である。このような専制君主制下において天皇の統治能力を補完する体制の一つに知太政官事を位置付けたい。

註

（1）『続日本紀』大宝三年（七〇三）正月壬午条。
（2）『続日本紀』大宝二年（七〇二）十二月庚寅条。
（3）竹内理三「「知太政官事」考」（『律令制と貴族政権』御茶の水書房、一九五九年、初出は一九五〇年）。以下、竹内の説はこれによる。
（4）井上光貞「古代の皇太子」（『日本古代国家の研究』岩波書店、一九六五年）、北山茂夫「七四〇年の藤原広嗣の叛乱」（『日本古代政治史の研究』岩波書店、一九五九年、初出は一九五一年）、横田健一「安積親王の死とその前後」（『白鳳天平の世界』創元社、一九七三年、初出は一九五九年）、野村忠夫「長屋王首班体制から藤四子体制へ」（『律令政治の諸様相』塙書房、一九六八年）。
（5）山田英雄「知太政官事について」（山田英雄先生退官記念会編『政治社会史論叢』近藤出版社、一九八六年）。
（6）関晃「知太政官事と藤原氏」（『川内古代史論集』五、一九八九年）。
（7）虎尾達哉「知太政官事小考」（『日本古代の参議制』吉川弘文館、一九九八年、初出は一九九一年）。以下、特に断らない限り虎尾の説はこれによる。
（8）原朋志「八世紀における親王と議政官」（『続日本紀研究』四〇三、二〇一三年）。
（9）しかしながら吉川真司『天皇の歴史02　聖武天皇と仏都平城京』（講談社、二〇一一年）は通史ではあるものの、太政官首班説に立脚した叙述をしている。

(10) 篠川賢「「知太政官事」小論」(『日本古代の王権と王統』吉川弘文館、二〇〇一年、初出は一九九六年)。
(11) 東野治之「上野三碑管見」(『日本古代木簡の研究』塙書房、一九八三年、初出は一九八一年)。
(12) 坂上康俊「発日勅・奏抄事項と論奏事項」(『史淵』一三八、二〇〇一年)。
(13) 勅符説は既に森田悌「多胡郡の建置」(『古代東国と大和政権』新人物往来社、一九九二年)が指摘するが、勅符に対する森田の理解は吉川真司「勅符論」(『律令官僚制の研究』塙書房、一九九八年、初出は一九九四年)により批判されており、多胡碑に関する森田の勅符説は成立しない。
(14) 太政官符説は尾崎喜左雄『上野三碑の研究』(尾崎先生著書刊行会、一九八〇年)以来、多くの指摘がある。この研究史については高島英之「多胡碑を読む」(あたらしい古代史の会編『東国石文の古代史』吉川弘文館、一九九九年)に詳しい。
(15) 註(13)前掲吉川論文。
(16) 註(13)前掲森田論文。
(17) 大平聡A「奈良時代の詔書と宣命」(土田直鎮先生還暦記念会編『奈良平安時代史論集 上』吉川弘文館、一九八四年)、同B「日本古代の文書行政と音声言語」(藤田勝久等編『古代東アジアの情報伝達』汲古書院、二〇〇八年)。
(18) 坂上康俊「符・官符・政務処理」(池田温編『日中律令制の諸相』東方書店、二〇〇二年)。
(19) 註(11)前掲東野論文。
(20) 坂本太郎「古代金石文二題」(『古典と歴史』吉川弘文館、一九七二年、初出は一九六六年)。
(21) 鐘江宏之「口頭伝達の諸相」(『歴史評論』五七四、一九九八年)、川尻秋生「口頭と文書伝達」(『文字と古代日本二』吉川弘文館、二〇〇五年)、平川南「建郡碑—多胡碑の輝き」(『律令国郡里制の実像 上』吉川弘文館、二〇一四年、初出は二〇一二年)。
(22) 註(21)前掲鐘江論文。
(23)「聞書」の存在自体については早川庄八「八世紀の任官関係文書と任官儀について」(『日本古代官僚制の研究』岩波書

店、一九八六年、初出は一九八一年）による指摘があり、また宣命儀式の場でもこれが行われたことは正倉院文書「孝謙天皇詔」（『大日本古文書』四巻二二五〜二二六頁）の例から註(17)前掲大平B論文が指摘している。

(24) 今泉隆雄「八世紀郡領の任用と出自」（『古代国家の地方支配と東北』吉川弘文館、二〇一八年、初出は一九七二年）。

(25) 森公章「律令国家における郡司任用方法とその変遷」（『古代郡司制度の研究』吉川弘文館、二〇〇〇年、初出は一九九六年）。

(26) 註(14)前掲高島論文では、多胡碑の建碑目的を国内巡行する国司に見せること、としている。

(27) 倉本一宏「多胡碑の官名記載・人名記載について」（あたらしい古代史の会編『東国石文の古代史』吉川弘文館、一九九九年）。

(28) 括弧内は養老四年（七二〇）条のみ。傍点「三」は養老四年（七二〇）条では「二」とある。

(29) 以下、流布本・異型本『公卿補任』、『歴運記』の史料概要ついては、土田直鎮「公卿補任の成立」（『奈良平安時代史研究』吉川弘文館、一九九二年、初出は一九五五年）、および虎尾達哉A「八世紀前半における参議の任用について」、同B「付論『歴運記』（原公卿補任）成立過程についての臆説」（『日本古代の参議制』吉川弘文館、一九九八年、初出はAが一九九二年、Bが一九九二年）による。

(30) 註(3)前掲竹内論文、註(29)前掲土田論文、註(6)関論文は位階・品位による序列であると説明するが、この説では全事例を説明できない。

(31) 註(29)前掲虎尾A・B論文。

(32) 傍点部の「置」は原「貴」であるが、これとほぼ同文を載せる流布本垂神天皇条により修正した。「臣」は原「王」、「安帝」は原「天安」だが、国史大系の註に従い修正した。

(33) 『吉口伝』「親王与准后座次不審事」所収『歴運記』逸文。註(29)前掲土田論文。大宝三年（七〇三）から霊亀元年（七一五）までが逸文として残る。この内、知太政官事と大臣の両方が記されている条は、全て大臣が上位である。

(34) 註(29)前掲虎尾A論文。

(35)『日本書紀』天智天皇八年(六六九)十月庚申条。
(36)正倉院文書「画所解」(『大日本古文書』二十三巻六二一~六二二頁、続修十七)。熊谷公男「年次報告　古文書の調査」(『正倉院年報』五、一九八三年)、風間亜紀子「画所解考」(『国史談話会雑誌』五四、二〇一四年)。
(37)『日本書紀』欽明天皇十四年(五五三)六月条、同年八月丁酉条、同十五年正月丙申条、同年五月戊子条、推古天皇二十年(六一二)二月庚午条。
(38)流布本が原『歴運記』を参照していることは「執政」の取り扱いの点からも指摘できる。すなわち、流布本では履中天皇条に三人、反正天皇条に一人の計四人の「執政」を採録しており、登場順も大臣、大連に続く第三番目である。前述のように『歴運記』では「執政」を検出し得ておらず、これを継承した異型本も「執政」を採用している可能性は低い。対して原『歴運記』では「執政」を大臣の沿革に加えていることから、流布本はこれを参照し根拠としている可能性が高い。
(39)註(7)前掲虎尾論文、註(8)前掲原論文は『続日本紀』神亀元年(七二四)三月辛巳条の「左大臣長屋王等言」を早川庄八「大宝令制太政官の成立をめぐって」(『日本古代官僚制の研究』岩波書店、一九八六年、初出は一九七八年)の指摘を受けて論奏の議政官副署と見做し、「長屋王等」の中に知太政官事が含まれているから大臣が上位であるとする。しかし宮子称号事件に関する本記事が論奏に基づいているとしても、公文冒頭の議政官列挙部分を「左大臣長屋王等」と略記したとは考え難い。筆者は、建郡という論奏事項に該当する『同』霊亀元年(七一五)十月丁丑条において「陸奥蝦夷第三等邑良志別君宇蘇弥奈等言」と建郡申請者の蝦夷の名を明記していることを踏まえ、「長屋王等」は上奏公文に引用された発議に関する公文(および発議者)を明記した文言であると考えている。よって「長屋王等」の中に知太政官事舎人親王が含まれているとする前提は成立しないと考える。
(40)虎尾達哉「「参議」号成立考」(『日本古代の参議制』吉川弘文館、一九九八年、初出は一九九五年)。
(41)註(40)前掲虎尾論文。
(42)註(40)前掲虎尾論文。なお註(6)前掲関論文は『続日本紀』慶雲三年(七〇六)二月辛巳条の季禄支給に関わって知

太政官事号が成立したとする。虎尾は明確に関批判を展開していないが、筆者は次の理由から虎尾説に賛成する。『藤氏家伝』「武智麻呂伝」では「当二是時一、舎人親王知二太政官事一、新田部親王知二惣管事一、二弟北卿知二機要事一」とあり、ここに列記される「知○○事」は全て固有名詞ではなく任務内容を示している。「武智麻呂伝」の成立はおおよそ八世紀の中頃であり、知太政官事制が現行制度であった時期との同時代性が高いから、用字の問題に限れば「武智麻呂伝」に信を置くべきである。『続日本紀』は季禄が職事官に支給されるという理解に基づいて、慶雲三年（七〇六）に職事官名「知太政官事」が成立したと解釈し記述したものと考えられる。

（43）早川庄八「律令太政官制の成立」（『日本古代官僚制の研究』岩波書店、一九八六年、初出は一九七二年）。

（44）虎尾達哉「初期参議の職掌について」（『日本古代の参議制』吉川弘文館、一九九八年、初出は一九九四年）。

（45）川尻秋生「日本古代における合議制の特質」（『歴史学研究』七六三、二〇〇二年）。

（46）註（7）前掲虎尾論文、大友裕二「天平元年四月の礼式改変をめぐる覚書」（『続日本紀研究』三九四、二〇一一年）。

（47）『続日本紀』天平二年（七三〇）六月甲寅朔条には「太政官処分、自今以後、史生已上日数、毎月読二申長官一。如長官不レ参、読二申大納言一」とある。このとき、大臣は不在であるから、「長官」とは大臣代行の知太政官事舎人親王を示すと思われる。ここで「知太政官事」・「大臣」ではなく「長官」と記すのは、舎人親王の大臣代行はあくまで臨時の措置であるから「知太政官事」と記すことはできず、しかしながら「大臣」と明記すると現時点での知太政官事舎人親王の大臣代行との間に問題が生じるとの判断があったからであろう。

（48）川尻秋生「日本古代における「議」」（『史学雑誌』一一〇―三、二〇〇一年）。

（49）謝元魯「宰相決策会議」（『唐代中央政権決策研究』文津出版社、一九九二年）。

（50）註（45）前掲川尻論文。

（51）吉川真司「上宣制の成立」（『律令官僚制の研究』塙書房、一九九八年）。

（52）虎尾達哉「上代監喪使考―唐令監喪規定の継受と実態―」（『律令官人社会の研究』塙書房、二〇〇六年、初出は一九八五年）。

(53)春名宏昭「知太政官事一考」(『律令国家官制の研究』吉川弘文館、一九九七年)。
(54)呉宋国「隋与唐前期的宰相制度」(呉宋国編『盛唐政治制度研究』上海辞書出版社、二〇〇三年)。
(55)『旧唐書』太宗紀貞観二十二年(六四八)正月庚寅条。
(56)諫官に対する一般的な理解については、謝元魯「諫官集団的形成和相対穏定」(『唐代中央政権決策研究』文津出版社、一九九一年)、氣賀澤保規『中国の歴史06 絢爛たる世界帝国 隋唐時代』(講談社、二〇〇五年)、胡宝華「唐代の進諫から見た士大夫の治国理念」(『関西学院史学』三四、二〇〇九年)などを参照した。
(57)【史料7-2】の他にも、『唐会要』巻四「儲君」「雑録」貞観十六年(六四二)六月条には「太宗曰、自朕御二天下一虚レ心正レ人、即有二魏徴一朝夕納レ諫自徴云、亡劉洎継レ之」とあり、魏徴の進諫は日常的に行われ、魏徴死去後は劉洎が継承したとするから、魏徴の進諫は死去直前まで行われている。
(58)『旧唐書』王珪伝、『唐会要』巻五十五「諫議大夫」にも同内容の記事を載せるが、宰相に当たる部分を両書ともに「中書門下及三品以上」とする。これは文字通り「中書・門下両省の全官人と官品が三品以上の全官人」とするのではなく、あくまで国政審議のための入内と限定していることから、『貞観政要』の如く「宰相」を対象としているとみるべきであろう。
(59)註(56)前掲謝論文は侍中が諫官の主要職でありつつも、一方では宰相であったから、実質的には諫官集団と距離を置いていたとし、私見と異なる。
(60)仁井田陞『唐宋法律文書の研究』(東京大学出版会、一九八三年、初出は一九三七年)所収。註(53)前掲春名論文もこの点を指摘し、侍中不在時において知門下省事は門下省の統括の職という性格があると述べる。
(61)貞観二十二年(六四八)の長孫無忌の知門下省事の就任は前任の房玄齢の死去直前に行われた。これは形式的な後任人事ではなく、房玄齢が実質的にその任を果たせなくなったことにより行われたものである。知門下省事が同省を指導・領導する地位とみる私見傍証となる。
(62)註(4)前掲北山論文。但し北山は持統太上天皇の死により弱体化した文武天皇の地歩確保のため、伸張する貴族勢力

との積極的調整を図ろうとしたところに知太政官事成立の意義を求めた。私見の結論と類似するが、筆者は貴族勢力を問題とせず、弱体化した天皇権力の強化のための輔弼と位置付ける。

(63) 知太政官事制研究の論点の一つに、なぜ天武諸皇子を大臣に任ぜずに知太政官事という地位を設けたのか、がある。註(8)前掲原論文は王権内で軽視できない身位にある親王を他の議政官とともに官人序列に組み込むことは困難であり、かつ参議からの昇進過程を想定すると「親王・諸王・諸臣」の序列問題と抵触し困難な人事になるため、とした。筆者は知太政官事に太政官合議体の首長の役割を担わせたと考えるから、後者の指摘は受け入れられない。しかし前者の指摘の重要性を鑑み、以下のように考える。すなわち、大臣とは勤務評価に基づく位階昇進と、相当官職への任官を繰り返すことで官僚としての地位が昇進する律令官僚機構の頂点にある。このような大臣職に、律令制成立当初において天武皇子を血統の論理により任命することは律令官人制の原則を反故にすることになり、かつ親王・諸臣間の序列問題も生じるから、大臣への就任はなされなかった、と。

(64) 持統太上天皇に代わる文武天皇への輔弼とすることは、既に高島正人「知太政官事の性格と補任事情」(『奈良時代の藤原氏と朝政』吉川弘文館、一九九九年、初出は一九八三年)が指摘する。但し高島は摂政・関白・内臣と同質的な内廷における補佐とし、議政官との差別化を論旨とする。しかし諸公文への知太政官事の副署や、舎人親王の朝堂での政務の事例からも、この点については賛成できない。

(65) 倉本一宏「律令国家の権力中枢」(『日本古代国家成立期の政権構造』吉川弘文館、一九九二年)。

(66) 吉川真司「律令太政官制と合議制」(『律令官僚制の研究』塙書房、一九九八年、初出は一九八八年)。

(67) 本書第一章、第四章。

［付記］

本章は旧稿「知太政官事の制度史的考察」(『日本史研究』六四〇、二〇一五年)を一部修正したものである。修正は誤植の訂正や体裁の調整に留めており、論旨・結論等に変更はない。

第六章　奈良時代の大臣任官と宣命

序

本章では大臣の任命儀式、すなわち任大臣儀の検討を行う。次章で論じるように、平安時代の官人任命儀式は除目と呼ばれたが、大臣はそれと異なる儀式により任命される。除目と任大臣儀は多くの点で異なる儀式であるが、より決定的な相違は宣命の有無である。すなわち、大臣は宣命により任命される。

本章は、宣命による大臣任官の成立とその歴史的意義・背景を明らかにすることを目的とし、次の手順で考察を行う。第一節では研究史の整理を行い研究史上の問題点を明らかにする。第二節では、律令条文や『令義解』『令集解』等から法制上の大臣任官の位置付けについて検討する。第三節では、令制大臣の任官に宣命が用いられる歴史的前提として、律令制前段階の大臣（オホオミ、本書第一章参照）との関わりから、律令制下において宣命を使用した背景とその意義について検討を加える。後述するように、宣命を使用した大臣任官が藤原仲麻呂を太政大臣（大師）に任じたときより始まるとする通説の批判を試みる。第四節では、第二・三節での考察結果を踏まえ、淳仁・称徳期における宣命使用の大臣任官儀式の再評価を行う。

第一節　先行研究の整理と批判

奈良時代における任官については多くの研究があり[1]、その中でも大臣任官に関する専論として古瀬奈津子[2]、佐々木恵介[3]の研究が挙げられる。

古瀬は宣命使用の任大臣儀が天平勝宝度の遣唐使が将来した『大唐開元礼』を画期とし、淳仁・称徳期に成立するとした。また、奈良時代前半の任官儀は全般的に天皇が大極殿に出御して行われるものであり、官名が個々の官人に対して告げられるものである[4]。よってこのような儀式では大臣とそれ以外の官は区別されず、大臣任官にも宣命は使用されない、とする。

以上は、『令集解』宮衛令元日条古記を史料的根拠としている。すなわち、「蕃客宴会辞見、左大臣以上任授、聚集立レ幡」とあって、左大臣以上の任官儀式の儀仗（儀式用の武器）が幡とあることから、天平年間（七二九〜七四九）には左大臣以上と右大臣以下の任官は別に捉えられている。故に宣命使用の大臣任官の儀式とは論理が異なる、と。

宣命を使用した大臣任官は『続日本紀』天平宝字四年（七六〇）正月丙寅条の藤原仲麻呂任太政大臣（大師）が史料的初見であり、以後の大臣任官には宣命が用いられる。古瀬はこれを任大臣儀の成立の画期と見做し、次の三点を成立の要因として挙げる。

第一に『内裏式』『儀式』にみられる任大臣儀の儀式構造は、唐の『大唐開元礼』「臨軒冊命諸王大臣」と類似しており、『大唐開元礼』は天平勝宝度の遣唐使（帰朝は天平勝宝六年（七五四））により将来された。

第二に政治史的な観点から、①中国志向の強い仲麻呂政権、②称徳天皇のブレーンは『大唐開元礼』を将来した吉備真備、③称徳天皇は宣命の使用を好んだ、これら三つの要因により宣命を使用する儀式次第が採用された。第三に、平安初期以降、位階よりも官職が重視されるようになる中、唐礼をモデルとして任官儀礼を整備し、更に大臣とそれ以外の官の任官儀式に格差を設けた。

以上から、古瀬は任大臣儀の成立の画期を淳仁・称徳期とするのである。

佐々木は『大唐開元礼』の冊書の儀礼と、『内裏式』の任大臣儀とを比較し、任大臣儀には日本独自の要素があると指摘する。また大臣という官職の特殊性を根拠とし、宣命を使用した大臣任官が律令制成立当初にまで遡るとした。すなわち、大臣任官以外の任命事例において宣命が用いられたのは、その任命理由を別途説明する必要がある特殊事例の場合である。この理解を敷衍して大臣任官自体も特殊事例と位置付け、大臣任官理由は群臣に説明する必要があったことから宣命が用いられたとした。

以上、古瀬、佐々木の両説を概観してきた。結論を先に述べれば、宣命使用（正しくは詔書の宣読）の大臣任官は律令制成立過程と深く関わって成立したと考えられるから、奈良時代前半の大臣任官に対する古瀬説には疑問があり、佐々木説に賛成する。

古瀬が奈良時代前半の大臣任官に宣命が使用されないとしたのは『令集解』宮衛令元日条古記の解釈を主たる論拠としている。すなわち、左大臣以上と右大臣以下の任官に格差があるという理解であるが、これはあくまで左大臣以上と右大臣以下の任官儀式の儀仗の問題であり、この儀仗設置の区別から宣命使用の存否を判断するのは議論の飛躍があると思われる。そもそも、左大臣以上と右大臣の任官儀を区別するという古記説にも疑問が残る(5)。

一方、佐々木説についても、律令制当初から宣命使用の大臣任官があったとする結論自体には賛成するものの、論拠は不十分である。確かに奈良時代における大臣の特殊性は認めるべきであるが、どのような意味で特殊なのか、そしてその特殊性と宣命使用の任官儀がどのような関係を有しているのかが不明確である。また後述するように、律令制大臣の勅任官という性格、つまり他の勅任官と同様の任官形態の存在をいかに評価するかという視点が欠けている。

天平宝字四年（七六〇）正月の藤原仲麻呂任太政大臣以前の大臣任官事例を管見すると、『続日本紀』の大臣任官記事の中に「詔（ミコトノリ）」という文言が確認でき、[6]大臣任官に宣命がなされたと推測させる史料がある。この「詔」は天皇の言葉として宣命体で表記された文章を示すと考えられ、儀式の場では宣命大夫・宣命使が音声言語として宣告したことを示すものと考えられる。奈良時代前半において『続日本紀』に大臣任官の宣命が採録されていないことをもって、当該期に宣命（つまり「命を宣る」）が行われていないとは一概に論断できないのではなかろうか。

以上、研究史の整理からおおよその問題点は浮き彫りになったと思う。よって次節では奈良時代前半において、大臣任官に宣命がなされていたことの論証を試みる。

第二節　律令の規定にみられる大臣任官と宣命

養老選叙令3任官条は官人の任命に関する基本的な規定である。当該条は大宝選任令でもほぼ同文であり、[7]唐令では『唐令拾遺』選挙令復旧第二条に相当する。[8]

【史料1】養老選叙令3任官条

凡任レ官、大納言以上、左右大弁、八省卿、五衛府督、弾正尹、大宰帥勅任。余官奏任。主政、主帳、及家令等判任。舎人、史生、使部、伴部、帳内、資人等式部判補。

本条は勅任・奏任・判任・式部判補の四つの任官区分を規定しており、大臣は「凡任レ官、大納言以上、左右大弁、八省卿、五衛府督、弾正尹、大宰帥勅任」と、勅任に分類されている。勅任とは『令集解』当該条所引跡記に「勅任、謂二勅旨補任一也」とあり、公式令2勅旨式条が規定する勅旨を用いて任じる形態であって、天皇の勅裁で決定・任命されるものである(9)。ここでは大臣が勅任の官であることを確認しておく。

大臣の任官については次の規定も重要である。すなわち、公式令1詔書式条が規定する詔書の内、書出しの別による五形式中の第四番目「天皇詔旨云々、咸聞」である。

【史料2】『令義解』公式令詔書式条

天皇詔旨〈謂、用二於中事一之辞、即任二左右大臣以上一之類也(10)。〉

【史料3】『令集解』公式令詔書式条

天皇詔旨〈(前略、義解説)釈云、宣二次事一辞、任二右大臣以上一之類。〉

『令義解』および『令集解』所引令釈は詔書の第四番目の形式を大臣任官等に使用するとしている。

以上、大臣任官について使用される公文形式という観点から、勅任官として勅旨を用いるものと、詔書の第四番目の形式を用いるものとの二つの形態があることが確認された。

『令義解』公式令詔書式条は、詔書・勅旨とも「謂、詔書・勅旨、同是綸言」とし、天皇の言葉・意思を伝達するものとしている。しかし周知のことではあるが、この両者は公式令では別条で規定され、また適用事項に関

しても『令義解』では詔書が臨時大事で宣命をし、勅旨は尋常小事で宣命をしないと区別する。すなわち、大臣任官は全く別の公文により行われることになる。

勅任、すなわち勅旨により任じられるという点に関しては、それが令本文に明記されているので問題はない。しかし、詔書の使用については令本文ではなく、あくまで『令義解』（天長十年（八三三）成立）と『令集解』所引令釈（養老令の注釈書、延暦六年～十二年（七八七～七九三）の成立）[11]であって、奈良時代の実態を考える上では同時代性が低い。この両書が成立した時期には既に平安時代の儀式書にみられる宣命使用の任大臣儀が成立しており、当該期の儀式形態を反映させた令文解釈である可能性も残される。

果たして大臣任官に関する令文解釈について、このような危惧は不用である。公式令1詔書式条に載せる第五番目の形式「詔旨」について、『令義解』は「謂、用㆓於小事㆒辞、即授㆓五位以上㆒之類也」、『令集解』所引令釈は「釈云、宣㆓小事㆒辞、授㆓五位以上㆒之類」とし、勅授の叙位でも詔書が使用され宣命が行われる。この勅授の場合も大臣任官と同じように、この両説が後代のものであるとの問題が生じている。但し叙位の場合『続日本紀』神亀五年（七二八）三月丁未条に「制、選叙之日、宣命以前、諸宰相等、出㆓立庁前㆒、宣竟就㆑座、自今以後、永為㆓恒例㆒」とあり、神亀五年（七二八）以前から宣命が行われていたことが確認できる[12]。後述するように、詔書の主要な施行形態は宣命（命を宣る＝音声言語）であるから、五位以上の勅授叙位では詔書が使用されたことは間違いない。

さて、『続日本紀』慶雲元年（七〇四）正月癸巳条には「詔以㆓大納言従二位石上麻呂㆒為㆓右大臣㆒、无位長屋王授㆓正四位上㆒、无位大市王・手嶋王・気多王・夜須王・倭王・宇大王・成会王並授㆓従四位下㆒（以下略）」とある。ここでは「詔」により右大臣任官と五位以上勅授の叙位が同時に行われている。この「詔」は詔書を指すと見做

すべきであるから、右大臣任官と五位以上勅授の叙位に宣命が用いられているとみて大過ない。

また『続日本紀』天平勝宝元年（七四九）四月丁未条には「天皇幸二東大寺一、御二盧舎那仏前殿一、大臣以下百官及士庶、皆以レ次行列、詔授二左大臣従一位橘宿祢諸兄正一位一、以二大納言従二位藤原朝臣豊成一拝二右大臣一（以下略）」とあり、東大寺行幸という特殊事例ではあるものの、「詔」によって大臣任官と叙位が同時に行われている。

以上、五位以上勅授の叙位では宣命がなされること、そしてその叙位とともに大臣任官が行われていることから鑑みて、大臣任官においても宣命が行われていたとみて大過ない。

以上の考察により、大臣任官には詔書（宣命する）・勅旨の両方が使用されることが明らかになった。後の事例ではあるが、『続日本紀』天平神護二年（七六六）正月甲子条には、藤原永手を右大臣に任じる宣命に続けて永手以下五名の任官の旨が記されている。つまり永手の任官記事は重複しているのである。これは詔書の宣命による任官と勅旨による任官の両方が行われたこと、すなわち大臣任官の二重形態を示すものと考えられる。

しかし残された問題が二点ある。一つはなぜ二様の公文を使用するのかという点、いま一つは、日本の任官では任官者本人に対して発給される公文（古代中国における告身に相当するもの）がないということである。[13]すなわち、詔書・勅旨の具体的な使用方法が未だ不明であるという点である。

一点目については、詔書・勅旨は「綸言」という意味では同じものとして理解されている。しかし、この両者に厳密な区別があることは宣命の有無等、先述の通りである。

詔書と勅旨の区分、および宣命との関係について大平聡[14]は次のように指摘する。すなわち、宣命体で記される詔書は大宝・養老律令制下において宣告されることが第一義であり、文章として作成された詔書は後証のために留められるものである。また詔書は実際に法的効果をもたらすものではなく、漢文で記された勅旨がこの役目を

果たす。以上の機能面からの区分により、詔書の作成から法の具体的施行までには「詔書（宣命体）→勅旨（漢文体）」という段階があることを指摘した。

稲岡耕二[15]は、もともとは漢文の詔勅が作成されていたものの、天武期頃に和文表記が広く流通し、また付属語の表記技術も開発された結果、詔勅にもそれが応用されたことを表記史・国語学的に解明した。また和文表記が詔勅に応用された理由として、天皇の宣布する大命には緻密な表記を必要としたことを挙げる。このような性格を有する宣命は儀式の場で宣告されるものであると位置付ける。

筧敏生[16]は、宣命の本質的な先駆形態として、王権の意思の発現形態としての直接的な「語りかけ」を重視する。この直接的な「語りかけ」を基として唐の制書を継受した大宝令詔書式が成立したとする。但し、筧は詔書に基づかない宣命の存在も想定している。

以上三者の理解は決して相矛盾するものではない。すなわち、古代日本において和文表記が未発達の段階では、漢文により大王の命令が伝達されるが（詔勅）、それは決して文書のみで完結するものではなく、大王自ら発する音声言語としての「語りかけ」が必要とされた。大宝律令成立とともに大王の直接的「語りかけ」は詔書という律令公文形式の中に編成されるが、その本質は音声言語による儀式の場での「語りかけ」にある。よって実質的な法の施行という局面では詔書とは別の形式である勅旨（漢文）により天皇の意思が表明された。但し公文様式の一つとして定立される詔書に対して、大王の直接的「語りかけ」の役割を担わせる上では厳密な和文表記技術が必要となる。天武期頃に開発された和文表記技術が詔勅に応用されたのも、律令制公文様式の成立と一体的なものと理解すべきである。以上のように理解したい。

以上の検討を基として、大臣任官における詔書・勅旨、そして宣命の関係を次のように考える。すなわち、勅

旨による任官は実際に大臣に任じるもので、他の勅任官と同様の手続きをとる。つまり律令制的な任官システムである。対して詔書の使用は、某人を大臣に任じることを儀式の場で宣命し参列者に周知させることを目的とし、かつこの任官が天皇自らの言葉（実際は宣命使等が述べる）で行われることを強調するものと考えられる。

以上を踏まえれば、第二点目の課題、すなわち詔書・勅旨の具体的な使用法は次のように考えられる。つまり、詔書は儀式の場での宣命宣誥のための原稿である。一言一句を正しく宣命使が宣誥することこそが重要なのであり、天皇の言葉を後証のために留めるのは後次的な機能である。

勅旨については既に早川庄八の指摘[17]がある。すなわち、八世紀の任官の行事と後世の除目との間には大差がなく、大宝・養老律令制下においても天皇の面前で口頭告知が行われていた。このとき、天皇の面前で読み上げられる勅任官の文書は「勅」に始まる任官者の歴名であり、大宝律令施行以後、後世の勅任除目に相当する勅が作成されたのである。

以上により、大臣任官に使用される詔書・勅旨がどちらも口頭告知に使用されたことが確認できた。しかし、この両者は口頭告知という点において共通する性格を有するが、その意味は全く別である。すなわち、実際の法的効果の有無に関する問題とともに、任官という場面を重視すれば、勅旨は他の勅任官と同様の任官儀で用いられ、後世の除目と同様に官人の名前と官職名のみが述べられるものである。一方、詔書の宣命はそれのみに留まらず任官理由までも述べられるのである。

【史料4】『続日本紀』天平神護二年（七六六）正月甲子条

二年春正月甲子、詔曰、「今勅久、掛畏岐近淡海乃大津宮仁天下所知行之天皇我御世尓奉侍末之之藤原大臣、復後乃藤原大臣尓賜天在留志乃比己止乃書尓勅天在久、子孫乃浄久明伎心乎以天朝廷尓奉侍牟乎波必治賜牟、其継方絶

不賜止勅天在我故尓、今藤原永手朝臣尓右大臣之官授賜止勅天皇御命遠、諸聞食止宣。」

藤原永手任右大臣の宣命である。ここでは藤原鎌足・不比等に賜わった「志乃比己止乃書（しのびごとの書）」を引用し、鎌足らの子孫が「浄く明き心を以て朝廷に奉侍」したとき、必ずそれにふさわしい待遇を与えると勅していたことを理由として藤原永手を右大臣に任じる、というものである。明らかに儀式の場で人名と官名が唱えられる任官儀とは異なる。またこの宣命の宣誥対象は任官者本人のみではなく、儀式参列者に対するものであったことも重要である。

以上、本節の検討により、奈良時代・律令制下における大臣任官は、詔書の宣命と勅旨による勅任官としての任官儀の二重形態の儀式によりなされたことが明らかとなった。続く問題は、このような大臣任官形態が成立した歴史的背景である。前述のように、宣命の成立は大王の直接的な「語りかけ」を制度化したものであるとの筧敏生の指摘がある[18]。宣命がなされる大臣任官の成立はこれと無関係ではあるまい。よって次節では大宝律令成立以前の大臣の実態と大王との関係からこの問題について検討を加えていく。

第三節　律令制前段階の大臣（オホオミ）任命とその再編

本節では律令制下において大臣任官の二重形態が成立した歴史的前提を、律令制前段階の大臣、およびその任命形態から検討していく。

大宝律令以前の大臣の事例は、①大化前代の大臣（オホオミ）[19]、②大化改新政府の左大臣・右大臣、③天智天皇十年に設置された太政大臣・左大臣・右大臣、④浄御原令制下の太政大臣・左大臣・右大臣がある。

以下、①から④の各大臣についての概略を示しておく。①の大臣は、大王の臣下である「臣」の中でも有力な者に対して与えられた地位として雄略期かそれ以降に成立する。その権能は段階的に発展するが、基本的な性格は大王への奉仕を総括する最高執政官である。また大臣は合議体を形成するマヘツキミの一人でもある。当初は他のマヘツキミと差異はなかったものの、合議形態が「御前」合議から群臣合議に変化したことに伴い、この合議を代表する地位となり合議に関する奏宣権（合議の開催・題目に関する天皇の意思を「宣」し、合議の結果を「奏」する）を獲得する。[20]

また大臣は大王即位時毎に任命され直すという性格がある。[21]これは一方で大王の即位に大臣を始めとした群臣の推戴が必要であることと相即の関係にある。この即位毎の大臣の任命と大王即位における群臣の推戴という両者の関係が大化前代の大臣と大王との特徴的、かつ基本的な関係である。

②の大化改新政府の左大臣・右大臣は大化前代の大臣を唐制に倣って左右に分けたものと解され、①大化前代の大臣との連続性が説かれている。[22]このような視点は律令制大臣成立の画期を探ることも一つの目的としており、以後の③と④の大臣についても同様の観点から分析された。

律令制大臣成立の画期としての③と④の評価は、近江令存否の問題と天智期の評価とも関わり論じられてきた。③天智天皇十年の大臣は近江令に直接規定されたものではなく、単行法令に基づくとするのが通説である。[23]ただこれも天智期を画期と見做すことに違いはなく、故に律令制大臣成立の画期を③に求めるものである。

一方、壬申の乱を経て極度の権力集中を成功させた天武期を評価し、③天智天皇十年の大臣を②大化改新の大臣を質的に継承したものと見做し、④浄御原令の大臣をもって律令制大臣が成立すると評価する見解もある。[24]

以上、研究史における主要な論点は律令制大臣の成立の画期を巡るものである。よって律令制大臣にいたる

「大臣」の歴史に一線を引くことは必然的な研究姿勢であった。

しかし、倉本一宏[25]は次の指摘をする。すなわち、律令制大臣の訓は、太政大臣が「オホマツリゴトノオホマヘツキミ」、左右大臣が「ヒダリ（ミギ）ノオホマヘツキミ」である。紅葉山文庫本『令義解』裏書では職員令の令意によって読むときは訓で「オホマヘツキミ」と読むが、「ダイジン」と音で読む俗説があるとし、『和名類聚抄』巻五職名第五十では太政大臣を「於保万豆利古止乃於保万豆岐美（オホマツリゴトノオホマツキミ）」、大臣を「於保伊万宇智岐美（オホイマウチキミ→オホマヘツキミに通じる）」と訓じるとする。

先行研究が明らかにしたように、職員令における大臣の職掌規定は唐の丞相を継承したものである。しかし官職名自体を継承することはせず、あえて前代以来の「大臣」を採用していることも重要である。倉本の研究は大臣成立の時点からその訓はオホマヘツキミであったと論じる。この点についての批判は本書第一章で論じているが、但し大臣の成立から律令制大臣までの大臣制の歴史を連続的に理解しようとする試みとして評価できる。

律令制大臣成立の画期が学説史的に重要であることは当然ではあるものの、これのみに論点が集中すると、その理解の前提となるべき大臣制の歴史的展開の理解が矮小化するおそれがある。無論、単なる連続性の強調では正しく大臣制の展開過程を理解することはできない。しかし、律令制大臣とその前段階の大臣との間に連続する点があることを確認し、それを評価していくこともまた重要である。

律令制下の大臣任官では詔書の宣命と勅旨による任官の両方がなされていた。この内の前者は大臣（オホオミ）と大王との関係、つまり大王即位毎に大臣が任命（再任）されたことを淵源として成立したものと考えられる。そもそも大臣（オホオミ）の任命は文書等により行われたものではなく、大王自ら直接に、そしておそらく口頭での任命であった（すなわち、筧敏生が指摘する「大王の直接的な語りかけ」）。これが律令制下において詔書を宣命す

ることの前身形態である。

しかし律令制の導入とそれに連動する官僚組織の形成にあたり、大臣（オホオミ）も律令制下の官僚制における大臣という新たな要素が付与され、再編成される。この段階で律令制的な任官方式、すなわち勅任官の任官という方式が導入される。しかしながら前段階的な任官方式も継続して行われた。この際、大王の直接的な「語りかけ」が詔書の宣命という形に再編されたことに伴い、大臣任官にも詔書が使用されたのである。ここに初めて大臣任官の二重形態が成立するのである。

大臣（オホオミ）が律令制的な大臣に再編されるに際して、以上のような任官形態の変化を想定するわけだが、それは単に表面的な使用文書の変化に留まらない。つまり天皇の意思が直接的に大臣任官に結びつくそれまでのあり方から、詔書発給という最高国家意思定立に関する正式な手続きを経て大臣任官がなされたことも意味する。

周知のように、詔書の発給は次の過程を経る。すなわち、天皇の意思を内記が起草し天皇が御画日を行う。その後中務省・太政官で位署がなされ天皇に覆奏される。最後に天皇の御画可という手続きを踏む。つまり大王の直接的な「語りかけ」を詔書という形に編成したことで、国家意思の定立の正しい手続きを踏んだものとして大臣任官が行われたのである。天皇の個人的意思が大臣任官に直結する仕組みではないのである。

以上、大王の口頭告知のみによる大臣（オホオミ）任命の段階から、律令制成立に伴い、律令制公文（詔書と勅旨）を使用したもの、すなわち、国家意思定立の手続きを踏まえた形で律令制的な大臣任官のシステムが形成された点について私見を述べてきた。

前節および本節での考察をまとめる。律令制下の大臣任官の手続きとは、詔書発給の過程の中で天皇の意思は国家意思として定立され、その後に儀式の場で宣告される。これは儀式の場で新任大臣を含めた参列者に大臣任

官を行うことを知らしめるためのものである。国家意思としての大臣任官の宣誥である。但し実質的な任官手続きは、律令の任官区分に基づき勅任官の任官として勅旨に基づいて行われる。

このような大臣任官の二重構造が律令制下の大臣任官儀式の最大の特徴である。そもそも大化前代の大臣（オホオミ）の段階では、大王の直接的な「語りかけ」（宣命の先行形態）のみであったが、これを律令制公文の詔書、およびその宣命という形に再編した。また律令制成立過程における大臣（オホオミ）の官僚化は、任命形態の点では律令制勅任官として再編される形で現れる。但し詔書・勅旨のいずれにしても律令制下における国家意思定立の正規の手続きを踏むものであり、天皇の個人的意思が大臣任官には直結しなくなった点が重要である。なお、この点ついては大臣（オホオミ）の官僚化のみではなく、大王が律令制天皇へ変化したという側面も考えあわせる必要がある。

大王の即位には群臣の推戴が必要とされており、それは大王即位儀礼において群臣がレガリアを献上することに象徴されている。しかし、持統天皇の即位式におけるレガリア献上は従前とは異なり忌部氏により行われ、以後固定化し律令制的即位式が成立する。[28] すなわち、大王と群臣の直接的人格的な結合関係がここで一度断ち切られ、律令制天皇と官僚としての群臣という関係が作り出されたものと考えられる。大臣任命のあり方が律令制成立過程において大きく変化したのも、従前の大王と大臣との関係を一度切り離し、両者の関係を新しく律令制的なものとして再構築するための政策として位置付けられる。

しかしながら、大臣任命時に大王と大臣との人格的結合関係の構築を表明するものであった大王による「語りかけ」は、制度的に廃除されることなく詔書の宣命という形で継承された。すなわち、天皇と大臣との人格的な結合関係を完全に払拭することは意図されず、むしろ残すべき重要な要素と位置付けられたのである。

以上、奈良時代の大臣任官の形態はおおよそ把握できた。次なる課題は古瀬奈津子が任大臣儀成立の画期とした淳仁・称徳期の再評価である。宣命使用の大臣任官が律令制施行期まで遡ることが明らかになった以上、再度、淳仁・称徳期における大臣任官と宣命の使用について私見を提示しなければ、古瀬説への批判は完全とはならない。

第四節　淳仁・称徳期の大臣任官

本節では淳仁・称徳期における大臣任官について、特に藤原仲麻呂と道鏡の事例について考察する。古瀬奈津子は藤原仲麻呂の事例を始めとして、この頃に宣命使用の大臣任官が成立したとするが、これに関する批判は前節までの考察の通りである。その上で史料上宣命が明記された大臣任官の事例をいかに解釈すべきかが次なる課題である。

【史料5】『続日本紀』天平宝字四年（七六〇）正月丙寅条

丙寅。高野天皇及帝御二内安殿一（中略、仲麻呂以下十八名の叙位記事）事畢、高野天皇口勅曰、「乾政官大臣仁方、敢天仕奉倍伎人無時波空久置弖在官尓阿利。然今大保方必可二仕奉一之止所念坐せ、多能遍重天勅止毛、敢末之時止為弖辞備申、復可二受賜一物奈利せ波祖父仕奉天麻自、然有物乎、知所毛無久、怯久劣岐押勝我得仕奉倍岐官尓波不レ在、恐止申。可久申須乎、皆人仁之モ辞と申仁依天此官乎波授不レ給止令レ知流事不レ得。又祖父大臣乃明久浄岐心以弖御世累弖天下申給比、朝庭助仕奉利多夫事乎、宇牟我自弥辱止念行弖、挂久毛畏岐聖天皇朝、太政大臣止之弖仕奉止勅部礼止、数数辞備申多夫仁依弖受賜多波受成尓志事毛悔止念賀故仁、①今此藤原恵美朝臣能大保乎大師乃官仁仕

奉止授賜夫天皇御命、衆聞食宣。」②即召二太師一賜二随身契一。（後略）

藤原仲麻呂を太政大臣に任じたときのものである。孝謙太上天皇（＝高野天皇）と淳仁天皇とが内安殿に出御し、まず叙位が行われ、続いて同じ儀場において仲麻呂を大師（＝太政大臣）に任じる宣命が「高野天皇口勅」という形で宣誥された。口勅とは文字通り「口づから勅する」、すなわち直接的に口頭伝達される勅命のことである。この宣命は太上天皇の肉声をそのまま文字化したもので、臣下が起草した文章ではない可能性が指摘[29]されており、詔書の宣命とは異質なものである。

一方、口勅については、国家的意思決定機構をもたない太上天皇が私的な君臣関係・人格的関係（主人と従者の関係）を媒介として、天皇・太政官といった国家意思定立の正規の機構に働きかけるときに用いられる意思表明方法の一つとも指摘されている[30]。

しかしこの事例では、この口勅の後に詔書等が発給された形跡はないから、孝謙太上天皇の個人的意思が正規の国家意思定立過程に働きかけたものと断じることはできない。むしろ、仲麻呂は孝謙太上天皇の個人的意思の表明により大師に任じられたことになる。勅任官としての任官儀の開催は確認できないが、宣命の直後に「則召二太師一賜二随身契一」（傍線②）と、早くも大師への処遇に関する処置が施行されていることから、仲麻呂はこの口勅により名実ともに太政大臣（大師）に任命されたことは間違いない。

しかし、法制度的な問題として、養老公式令71諸司受勅条が規定するように、諸司は中務省を経ていない天皇の口勅を受勅することはできない。いわんや本事例は太上天皇の口勅である。天平宝字六年（七六二）六月に淳仁天皇との間で政事分担が表明[31]され、孝謙が「国家大事賞罰二柄波朕行牟」と宣言した後も、孝謙太上天皇の口勅に疑念がもたれ、再度孝謙太上天皇の面前で口勅がなされた天平宝字八年（七六四）七月の紀寺奴放賤従良

問題[32]の事例もある。すなわち、国家意思定立の制度外的手段である口勅が、大師任命という国家的大事に関わる国家意思として正当化された論理が問題となる。

ここで注目されるのが、仲麻呂任太政大臣の口勅が宣された儀場に淳仁天皇もともに臨御していることである。仲麻呂を太政大臣に任命しようとする意思が孝謙太上天皇の意思として表明されたことは間違いない。しかし、それを官人達に宣誥する局面では、官人任命権を有し、そして詔書を発給する権限をもつ天皇の存在が不可欠だったのではあるまいか。本来、大臣任官で宣誥される宣命は詔書に基づくものであり、それは天皇の意思を正当な手続きを経て国家意思に定立した結果である。本事例の場合、口勅宣誥の場に淳仁天皇が臨御していることで、あくまで天皇の意思に基づいた国家意思であることを儀式的に演出しているのである。口勅の締めくくりも「今此藤原恵美朝臣能大保乎大師乃官仁仕奉止授賜夫天皇御命、衆聞食宣」（傍線①）と天皇の勅命として発せられているから、孝謙太上天皇の個人的意思による任官ではなく、あくまで淳仁天皇の勅命による任官という形をとっている[33]。

以上の理解に立てば、この任官において孝謙太上天皇が口勅をしたこと自体の理由が問われる。国家意思定立という点では非正規の手続きである太上天皇の口勅よりも、正規の手続きに則り淳仁天皇の意思を国家意思として定立する詔書を用いた方が政治的・制度的にも理に適うからである。

筆者は橘奈良麻呂の変にみられたように、官人層の内部には現政権体制に批判的な不穏な風潮が未だ収束していなかったことに一番の要因があると考える。決して官人層が関与する詔書の発給が困難であったということではないが、より強力な権威、すなわち淳仁天皇の勅命を孝謙太上天皇が代弁的に表明するという二重の権威[34]を演出し、当該期における絶対的な権威を背景として任官を実現させることが得策との政治的判断があったのではな

いだろうか。孝謙太上天皇は天皇の正当性を保証する存在である太上天皇の地位にあり、かつ草壁皇統の継承者として淳仁天皇よりも高い権威を有した存在である[35]。

仲麻呂の大師任官は喫緊の課題であった。すなわち、この段階で仲麻呂の専権体制の基盤は坤宮官（光明皇后の皇后宮職を母体とする紫微中台を改称したもの）から乾政官（太政官・大保＝右大臣）へとその重心が移動してはいるものの、しかしながら仲麻呂の権力基盤の核心における光明皇太后の権威は決して無視できるものではない。仲麻呂の大師任官が行われた直後、光明皇太后の病は重篤化し[36]、天平宝字四年（七六〇）六月に死去する[37]ことを踏まえると、仲麻呂は急ぎ光明皇太后に代わる新たな権威・権力を獲得しておく必要があったと推察される。この権力基盤はもはや乾政官（太政官）の中に構築するしかないのである。仲麻呂の大師任官は、光明皇太后死去後に淳仁天皇・孝謙太上天皇の両者を後見させ、かつ淳仁天皇に始まる新たな皇統を支えることを目指した措置であり、故に律令が規定する太政大臣以上の地位を仲麻呂に付与したものとされている[38]。光明皇太后が仲麻呂の権力の源泉の一つである淳仁天皇の存在を背後で強力に支持していたことをも踏まえると、近い将来に確実に予期される光明皇太后の死は、仲麻呂の専権体制の根幹を崩しかねない政治的事態なのである。

この光明皇太后死去後における仲麻呂専権体制の権力基盤を事前に構築することを目的とした大師の任官は、光明存命中に行われる必要があり、そして淳仁天皇による官人任命権の発動により実行に移され、かつ淳仁の天皇としての正統性を保証する存在である孝謙太上天皇が勅命を発する形（口勅）をとったのである。当該期権力を極度に集中させて行われたのがこの任官であり、この宣命なのである。

続いては道鏡を大臣禅師に任じた事例について検討する。『続日本紀』天平宝字八年（七六四）九月甲寅条では、道鏡の任大臣禅師の宣命に続けて「又勅、以二道鏡禅師一為二大臣禅師一。所司宜レ知二此状一。職分封戸准二大臣一施行」

とある。櫛木謙周[39]は宣命で宣告された内容が別に漢文詔勅として出された実例の一つとしており、勅任官の任官で使用される勅旨とみて大過ないだろう。

道鏡の大臣禅師任官は詔書の宣命と勅旨による正式な手続きで行われたものである。この時点では、仲麻呂の乱は既に終結し、鈴印も孝謙太上天皇のもとにある。また淳仁は既に天皇としては有名無実化している。すなわち、実質的な天皇大権は孝謙太上天皇のもとにあったのではないだろうか[40]。道鏡を大臣禅師という大臣に準じる地位に任命することは、僧の任官という意味で確かに異例のものである。しかし前述のように孝謙太上天皇は実質的な天皇大権を有しており、それに基づいて任官を行うことができたのである。

最後に道鏡の太政大臣禅師の事例についての考察を行う。この任官は行幸先の河内国弓削寺で行われた[41]。渡辺晃宏[42]は、淡路幽閉中の大炊親王（廃帝）の復位の阻止、そして道鏡の太政大臣禅師への任官の二つがこの行幸の目的であるとする。

さて、この段階では重祚して正式な天皇位にある称徳天皇が任命権者であるものの、詔書・勅旨を用いる正式な手続きではなく、称徳天皇の宣命のみによって任官されたのではないかと思われる。

【史料6】『続日本紀』天平神護元年（七六五）閏十月庚寅条

庚寅。詔曰、「今勅久、①太政官能大臣方奉仕倍伎人乃侍坐時仁方、必其官乎授賜物仁在。②是以朕師大臣禅師乃朕乎守多比助賜乎見礼方内外二種乃人等仁置天其理仁慈哀天過无久毛奉仕之米天志可等念保之米之天可多良比能利多布言乎聞久仁是乃太政大臣乃官乎授末都流仁方敢多比奈牟可止奈毛念。故是以太政大臣禅師乃位乎授末都留止勅御命乎諸聞食止宣。③復勅久、是位乎授末津良牟止申佐方必不レ敢伊奈等宣多方牟止念之天奈毛、不レ申之天是乃太政大臣禅師乃御位授末都流止勅御命乎、諸聞食止宣。」④詔二文武百官一令レ拝二賀太政大臣禅師一。事畢、幸二弓削寺一礼レ仏、奏二唐高麗楽、

及黒山企師部儛一。施二太政大臣禅師綿一千屯一、僧綱及百官番上已上、至二直丁担夫一各有レ差。内豎衛府特賜二新銭一亦有レ差。

この宣命では太政大臣を「太政官能大臣方奉仕倍伎人乃侍坐時仁方、必其官乎授賜物仁在」（傍線①）[43]と位置付け、仲麻呂の太政大臣任官のときと同様に、職員令の「無二其人一則闕」という規定を適任者がある場合には必ず任命しなければならないものと解釈し、この任官の正当性を主張している。

またこの任命の宣命に引き続き「復勅久、是位乎授末津良牟止申佐方必不レ敢伊奈等宣多方牟止念之天奈毛、不レ申之天是乃太政大臣禅師乃御位授末都流止勅御命乎、諸聞食止宣」（傍線③）とあり、道鏡に対して太政大臣禅師任官の旨を伝えていないことがあえて宣誥されている。仲麻呂の例を勘案すると、本人の承諾がなければ基本的に太政大臣任官はなし得ないのであるが、但し実際に道鏡がこの任官を承知していなかったとも考え難い。おそらくこの文言は称徳天皇の個人的意思を直接任官に結びつけるための名目的修飾であり、詔書の正式な発給過程を経ないことの正当性を示したものと捉えることができる。

称徳天皇がこのような措置をとった理由が問題となる。太政大臣の本来の職掌から鑑みてこの任官は天皇を輔導する地位への昇格であったと見做すべきであり、任官理由（傍線②）も「朕乎守多比助賜」との点が挙げられている。

しかし、太政大臣禅師任官と同日には、百官官人に対して道鏡への拝賀が命じられている（傍線④）ことも注意を要する。拝賀は臣下が天皇に対して行う拝礼行為であるから、道鏡に対して天皇とほぼ同等の地位を与えたものと解釈できる。

断案は得ないものの、道鏡が翌天平神護二年（七六六）十月に法王に任じられたことを踏まえると、この太政

大臣禅師の任官は天皇とほぼ同等の地位を与えることを含意したものであり、かつ僧を人臣最高位の太政大臣に任じるという異例性もあり、仲麻呂を太政大臣に任じたときと同様に、詔書や勅旨といった太政官を経由する方法を採らず、称徳天皇の個人的意思をそのまま実際の任官に結びつけたのではないだろうか。

以上、淳仁・称徳期において『続日本紀』に宣命が載せられている大臣任官の事例を検討してきた。この三例は、任官を正当化する権威を強化するために天皇の意思を太上天皇が代弁したものや、そもそも「則闕」とされる太政大臣任官の問題により、正規の手続きでは任官が困難であった状況下において、非常手段的に採用された手続きと見做すことができる。宣命のみにより大臣任官がなされた歴史的契機はここにあると考える。

結語

以上、奈良時代の大臣任官の儀式・手続きについて検討してきた。本章における検討結果を次の二点にまとめる。第一に、大臣任官は詔書に基づく宣命、すなわち任官儀式の場で参列者に対して天皇の言葉として大臣任官を宣詰することと、また他勅任官と同様の手続きを通じて実際の任官が行われること、この二重形態がみられる。第二に、大臣任官のみに宣命が行われる理由として、大化前代以来の大臣（オホオミ）と大王との関係が考えられる。大王の代替わり毎に大臣はその地位を確認されていくという性格があり、また大王の即位にも群臣の推戴が必要とされる。この両者の関係とも関わり、大臣任命は大王による直接的口頭告知「語りかけ」によってなされていた。すなわち、大王と大臣とは個人的・人格的結合関係が深かったものと思われる。このような関係を淵源としつつも、律令制成立に伴い大臣の任官形態も再編され、その結果として奈良時代の大臣任官儀礼が成立し

たのである。

平安時代の諸儀式書では大臣任官の儀式は他の任官儀式とは区別され、宣命による任官に一本化されている。また律令制における任官区分、すなわち勅任官という区分からも大臣は独立する。(44) この変化が生じた時期や、これと不可分の関係にある平安時代の任大臣儀の実態については次章で検討する。

註

（1）石母田正『日本の古代国家』（岩波書店、一九七一年）、坂上康俊・武光誠「日本の任官文書と唐の告身」（『史学論叢』七、一九七七年）、早川庄八Ａ「八世紀の任官関係文書と任官儀について」、同Ｂ「選任令・選叙令と郡領の「試練」」、同Ｃ「任僧綱儀と任僧綱告牒」（『日本古代官僚制の研究』岩波書店、一九八六年、初出はＡが一九八一年、Ｂが一九八四年、Ｃが一九八四年）、西本昌弘「八・九世紀の内裏任官儀と可任人歴名」（『日本古代儀礼成立史の研究』塙書房、一九九七年、初出は一九九五年）、八木充「律令官人制論」（『岩波講座日本通史』四（古代三）、岩波書店、一九九四年）など。

（2）古瀬奈津子「儀式における唐礼の継受―奈良末～平安初期の変化を中心に―」（『日本古代王権と儀式』吉川弘文館、一九九八年、初出は一九九二年）。なお内大臣に限定した研究であるが、松本裕之「平安時代の内大臣について」（渡辺直彦編『古代史論叢』続群書類従完成会、一九九四年）がある。

（3）佐々木恵介「任大臣儀について―古代日本における任官儀礼の一考察―」（『聖心女子大学論叢』一〇〇、二〇〇三年）。

（4）註(1)前掲早川論文。

（5）左大臣と右大臣とは、職掌などの面からも区別する要素は見出し難く、古記説やそれに基づく古瀬説の左大臣以上（太政大臣・左大臣）と右大臣以下（右大臣とそれ以下の官職）との分類には疑問がある。『令集解』諸説中には「～大臣以上」「～大臣以下」という表記が五十七例確認できるが、「左大臣以上」という区別（太政大臣・左大臣と右大臣との区別）はこの「左大臣以上任授」とした『令集解』宮衛令元日条古記のみである。対して「右大臣以上」という区別（右大

臣以上三大臣を一括に扱う区別）は三十九例確認できる。なお左大臣と右大臣を区別する表記として「右大臣以下」が想定されるが、管見の限り一例も確認できない。すなわち、左大臣以上と右大臣との区別は『令集解』諸説を見る限り一般的な区別とは言い難い。

(6)『続日本紀』慶雲元年（七〇四）正月癸巳条、天平勝宝元年（七四九）四月丁未条。

(7)註(1)前掲早川B論文。『令集解』該当条古記から復元できる大宝令文は「余官奏任」のみだが、勅任に関する規定も存在したとする。

(8)註(1)前掲早川B論文。

(9)註(1)前掲八木論文。

(10)『令集解』が引く義解説では「右大臣以上」とし「左」を欠く。

(11)令釈の成立時期については、延暦六年（七八七）以後とする亀田隆之「令釈説の成立について」（『日本歴史』五四、一九五二年）、延暦十年（七九一）以前とする井上辰雄「跡記及び穴記の成立年代」（『続日本紀研究』一二二、一九六四年）等多くの研究があるものの、それらを踏まえ延暦六年（七八七）から同十年（七九一）までの間とした井上光貞「日本律令の成立とその注釈書」（日本思想大系『律令』岩波書店、一九七六年）の説を参照した。

(12)筧敏生「太上天皇宣命と公式令詔書式」（『古代王権と律令国家』校倉書房、二〇〇二年、初出は一九九七年）。

(13)註(1)前掲坂上・武光論文。

(14)大平聡「奈良時代の詔書と宣命」（土田直鎮先生還暦記念会編『奈良平安時代史論集　上』吉川弘文館、一九八四年）。

(15)稲岡耕二「続日本紀における宣命」（新日本古典文学大系『続日本紀　二』岩波書店、一九九〇年）。

(16)註(12)前掲筧論文。

(17)註(1)前掲早川A論文。

(18)註(12)前掲筧論文。

(19)大臣を「オホオミ」と訓じることについては、本書第一章を参照。

(20) 本書第一章。
(21) 吉村武彦「古代の王位継承と群臣」(『日本古代の社会と国家』岩波書店、一九九六年、初出は一九八九年)。大化前代の王位継承は群臣が次の治天下の王を選出し、かつ大連・大臣等も新大王の即位毎に任命されることから、天皇(大王)と群臣とは代替わり毎に、相互に地位の確認作業が続けられるとした。
(22) 坂本太郎『大化改新の研究』(至文堂、一九三八年)、井上光貞「太政官成立過程における唐制と固有法との交渉」(『日本古代思想史の研究』岩波書店、一九八二年、初出は一九六七年)、早川庄八「律令太政官制の成立」(『日本古代官僚制の研究』岩波書店、一九八六年、初出は一九七二年)。なお、大化前代の大臣をオホオミではなくオホマヘツキミと捉える倉本一宏「律令国家の権力集中」(『日本古代国家成立期の政権構造』吉川弘文館、一九九七年)も同様に位置付ける。
(23) 註(1)石母田前掲書。
(24) 註(22)前掲早川論文。
(25) 倉本一宏「氏族合議制の成立―「オホマヘツキミ―マヘツキミ」制―」(『日本古代国家成立期の政権構造』吉川弘文館、一九九七年、初出は一九九一年)。
(26) 浄御原令において大宝律令制大臣の直接の前身となる太政・左・右大臣が成立することから、このような任官方式も浄御原令により開始されたことが想起されるが、私見では確実な時点として大宝律令を想定する。
(27) 註(12)前掲覧論文は、任大臣宣命が詔書とは独立して存在したと推測し、同様の観点で叙位、任僧綱の宣命なども詔書とは無関係のものとする。叙位では考課と選叙の手続きがあり、宣命作成以前に審査が終了しているため、公式令詔書式の定立様式に則った複雑な手続きは必要ないとし、また任僧綱においても同様であるとするのが論拠である。しかし、実際の選定の手続きと公式令詔書式にみられる国家意思定立の手続は全く異質のものであり、この両者を同質的に捉えるのは適切ではない。
(28) 岡田精司「大王就任儀礼の原形とその展開」(『古代祭祀の史的研究』塙書房、一九九二年、初出は一九八三年)、熊谷

公男「持統の即位儀礼と「治天下大王」の即位儀礼」(『日本史研究』四七四、二〇〇二年)。
(29) 註(15)前掲稲岡論文、小谷博泰「宣命の作者について」(『木簡と宣命の国語学的研究』和泉書院、一九八六年、初出は一九七七年)。
(30) 仁藤敦史「律令制成立期における太上天皇と天皇」(『古代王権と官僚制』臨川書店、二〇〇〇年、初出は一九九〇年)。
(31) 『続日本紀』天平宝字六年(七六二)六月庚戌条。
(32) 『続日本紀』天平宝字八年(七六四)七月丁未条。
(33) 仁藤敦史「太上天皇制の展開」(『古代王権と官僚制』臨川書店、二〇〇〇年、初出は一九九六年)は、この事例を「上皇と天皇が共同統治していた段階であり、上皇の単独の行為ではなく両者の合意を前提に、対面しての口頭伝達は上皇が代表するが、文書行政的には淳仁天皇による任命であった」(傍点は筆者が付す)とする。孝謙太上天皇に官人任命権がないとする点は首肯できるが、この口勅が孝謙太上天皇の肉声をそのまま文字化したものとする註(29)前掲諸説を踏まえれば、この口勅発給自体に淳仁天皇の直接的な意思が関与しているとは思えない。筆者は口勅文が孝謙の意思をそのまま成文したものでありながら、淳仁の意思によるという形式をとったことに重要な意味があり、これに関連して、儀場に淳仁天皇が臨御したのは天皇の権威が必要とされたからであると考える。
(34) 吉川真司『天皇の歴史02　聖武天皇と仏都平城京』(講談社、二〇一一年)では光明皇后の病状悪化によって淳仁天皇への後見が孝謙天皇に一元化されるとする。
(35) 中野渡俊治「孝謙太上天皇と「皇帝」尊号」(『古代太上天皇の研究』思文閣出版、二〇一七年、初出は二〇〇二年)、同「八世紀太上天皇の存在意義」(『同』、初出は二〇〇四年)。
(36) 『続日本紀』天平宝字四年(七六〇)三月甲戌条。
(37) 『続日本紀』天平宝字四年(七六〇)六月乙丑条。
(38) 中野渡俊治「藤原仲麻呂の大師任官」(『古代太上天皇の研究』思文閣出版、二〇一七年、初出は二〇一四年)。
(39) 櫛木謙周「宣命に関する一考察—漢文詔勅との関係を中心に—」(『続日本紀研究』二一〇、一九八〇年)。

(40) 孝謙が官人任命権を掌握しようとする姿勢は、政事分離宣言（『続日本紀』天平宝字六年（七六二）六月庚戌条）から確認できる。すなわち「但政事波、常祀利小事波今帝行給部。国家大事賞罰二柄波朕行牟」とし、孝謙は「国家の大事である賞・罰の二つの事柄は私が行う」と宣言する。ここにみられる「賞」とは叙位・任官のことであろう。この宣言以後、実際に政事が分離されたとはみられていないが（新日本古典文学大系『続日本紀』当該条補注）、孝謙が淳仁とは別系統で「賞罰」を行い得ると表明したことは重要である。

(41) この行幸の一連の経緯は横田健一『人物叢書　道鏡』（吉川弘文館、一九五九年）を参照した。『続日本紀』では、行幸の出発が天平神護元年（七六五）十月辛巳（十三日）、弓削行宮に到着したのが丁亥（二十九日）、そして太政大臣禅師の任官が閏十月庚寅（二日）である。

(42) 渡辺晃宏『日本の歴史04　平城京と木簡の世紀』（講談社、二〇〇一年）。

(43) 『続日本紀』天平神護元年（七六五）閏十月庚寅条。

(44) 『西宮記』「恒例第一、正月、除目」の勅任除目の書様に大臣は記されず、大納言以下のみが記されている。

［付記］

本章は旧稿「奈良時代の大臣任官と宣命」（『日本歴史』六七五、二〇〇四年）を改稿したものである。但し、基本的な論旨・結論に大きな変更はない。なお、註(33)に引用した仁藤敦史「太上天皇制の展開」（『古代王権と官僚制』臨川書店、二〇〇〇年、初出は一九九六年）は仲麻呂大師任官に関わって孝謙太上天皇の口勅宣詔の場に淳仁天皇が臨御していることの意義を論じたもので、本章論旨と深く関わるものでありながら旧稿では見落としていた。ここに改めて引用し私見を副えた。仁藤氏には非礼をお詫びする。なお本章論旨に関わって発表後に発表された重要な論文は適宜追加参照した。

第七章　平安時代の大臣任官儀礼の展開

序

　本章の目的は、大臣任官儀礼の考察により律令官僚制の変質、および律令制大臣の変質を論じることにある。吉川真司(1)は律令官僚制について次のように指摘する。すなわち、律令官僚制は律令官人制と律令官司制の二つによりなる。律令官人制は官人秩序（人的秩序）と官人制システム（位階制・禄制）からなり、前者が後者を規定し、後者が前者を維持する関係にある。また律令官司制は官司秩序（機能的秩序＝階統制）と官司制システム（一般行政システム）からなり、前者が後者を規定し、後者が前者を維持する関係にある。そして官人制と官司制は相互依存の関係にあり、また律令制の天皇もこの両者の頂点にあり、二面性を有するものである。このうち律令官人制については、位階制・禄制が十世紀半ばまでには変質し、特定官職を重視する体制に再編される(2)。

　筆者は律令官僚制という概念規定やシステムについて、基本的に吉川の説を継承する。しかし変質論に関して吉川は官人制についてのみ言及し、その変質が相互依存の関係にある官司制に対してどのような影響を与えたのかという点には言及していない。そこで本章では官人制の変質が官司制にどのような影響を与えたのかという論点を設定し、大臣任官儀礼を題材に検討を加えていく。

　平安時代において、官人の任命は除目という儀式により行われる。しかし大臣だけは宣命を使用する任大臣儀

が行われ、また任大臣儀（＝宣命宣制の儀式）のみの段階から、御前儀と呼ばれる行列、そして新任大臣大饗が付加される段階へと儀式の整備・拡張が図られた[3]。

大臣任官儀礼については既に多くの専論があるが、その多くはこの儀礼を構成する三儀式を別個に扱ったもので、特に新任大臣大饗に関するものが多い[4]。しかし、これら三儀式によって構成される大臣任官儀礼の総合的な理解が必要である。よって本章では次の構成により検討を進めていく。

第一節では、『江家次第』により平安時代における完成形ともいえる大臣任官儀礼の構造を把握し、展開過程考察のための基礎的作業を行う。第二節では、大臣任官儀礼の儀式構造の内、儀式次第の展開過程について考察する。第三節では、同じく儀式構造について、参加者の変遷過程から考察する。第四節では、前二・三節で明らかにした儀式構造の展開の背景とその歴史的前提を明らかにし、また儀式構造展開の意味を律令官人制の変質という視点から考え、それが官司制に与えた影響について私見を述べていく。

第一節　十一世紀の儀式構造

本節では十一世紀末に大江匡房によって編纂された儀式書『江家次第』により大臣任官儀礼の構造を確認していく。

任大臣儀（『江家次第』「任大臣事」による）

場所　内裏紫宸殿で行われる。これは「天皇御二南殿一」とあること、開門すべき門が承明門・建礼門とあること

等からも確認できる（図7参照）。

儀式次第　儀式次第はその準備と終了後の作法を含め、以下の六つにまとめられる。

1　儀式の準備　およそ一か月前、兼宣旨を任官予定者に下し、儀式を行う日を申上させる。実質的に任官予定者はこの宣旨を受けた時点で自分が大臣に任じられることを知る。儀式前日には関係諸司に通達する。当日は宣命を作成し宣命使を選定する。

2　儀式（開門以前）　儀式は大きく四つの次第に区分でき、その一番初めが、天皇や関係諸司の参入である。まず天皇が紫宸殿に出御する。続いて関係諸司や諸衛が所定の場所に待機し、内弁が紫宸殿南廂の兀子に着す。参列する公卿は承明門外で待機する(5)。

3　（参列者参入）　第二番目は開門とそれに続く参列者の参入である。開門の後、内弁は舎人を呼び、少納言が舎人に代わり尋常版位に就く。内弁が「刀祢を呼べ」と宣したのを承り、退出して参列者を召す。参列者は紫宸殿前庭に参入し、それぞれの標に立つ。後述するように、このとき新任大臣は参入しないが、この儀式で同時に任命される大納言以下、参議以上の新任者は参入する。

4　（宣命宣制）　第三番目は任大臣宣命の宣制である。同時に参議以上の任命がある場合は宣命にそのことが記され宣制される。まず内弁が宣命使に宣命を授ける。宣命使は参列者の参入とともに参入しており、内弁の命に応じ、本列から離れ紫宸殿に昇殿し内弁から宣命を受け取る。宣命を受け取った宣命使は軒廊で内弁が前庭の列に就くまで待機した後、宣命版位に就いて宣制する。宣命は前段・後段の二段に別れ、それぞれが終る度に参列者は再拝する。新任者（大臣以外）は再拝しない。

5　（退出）　第四番目は参列者の退出である。参列していた公卿は承明門より退出し、宣陽門から陣座に移動す

る。新任大臣以外の新任者は新任の標に進み出て拝舞して退出する。最後に閉門し、近衛官人が退出して儀式は終了する。

6　**儀式終了後**　任大臣儀終了後、新任大臣は初めて参入することになる。新任大臣はそれまで直廬等に待機し、終了後に射場殿に参る。そこで蔵人を介して奏慶し、大饗の許可申請の奏上をする。最後に東宮・中宮に参り啓慶して退出する。

参加者　『江家次第』によればこの儀式に参加するのは天皇、新任者、儀式に特定の職掌をもって供奉する官人、そして儀式に参列する者である（以後、参列者とする）。天皇は「天皇御㆓南殿㆒」とあり出御が明記されている。新任者については同時に任じられる大納言以下参議以上のみが参列するが、新任大臣はこの儀式に参列しない[6]。最後に参列者については、本文中に「公卿参上」「群臣再拝」「王卿以下左廻退㆔出自㆓承明門㆒」等の参列者を示す文言があり、そこからは「公卿」「群臣」「王卿」、つまり範囲確定が困難な「群臣」を除けば、王（親王・諸王）と公卿の参列が確認できる。また「任大臣装束」に記される標の配置記事からは、親王・大臣・大中納言・参議・非参議と王・臣それぞれの四・五位の参列が確認できる（図7参照）。

親王の参列は本文中に明記されているので問題はない。しかし、四・五位については以下に論じるように参列していなかったと思われる。すなわち、『水左記』治暦元年（一〇六五）六月三日条、『後二条師通記』寛治二年（一〇八八）十二月十四日条から確認できる参列者は「公卿」であり、また『師記』承暦四年（一〇八〇）八月十四日条から確認できる参列者は「上達部」とあって、参議以上の公卿のみが確認できる。また参入以前に承明門外で待機している外弁についても、参議以上の公卿に限定されている。よって四・五位の参列は実例からは確認できない。

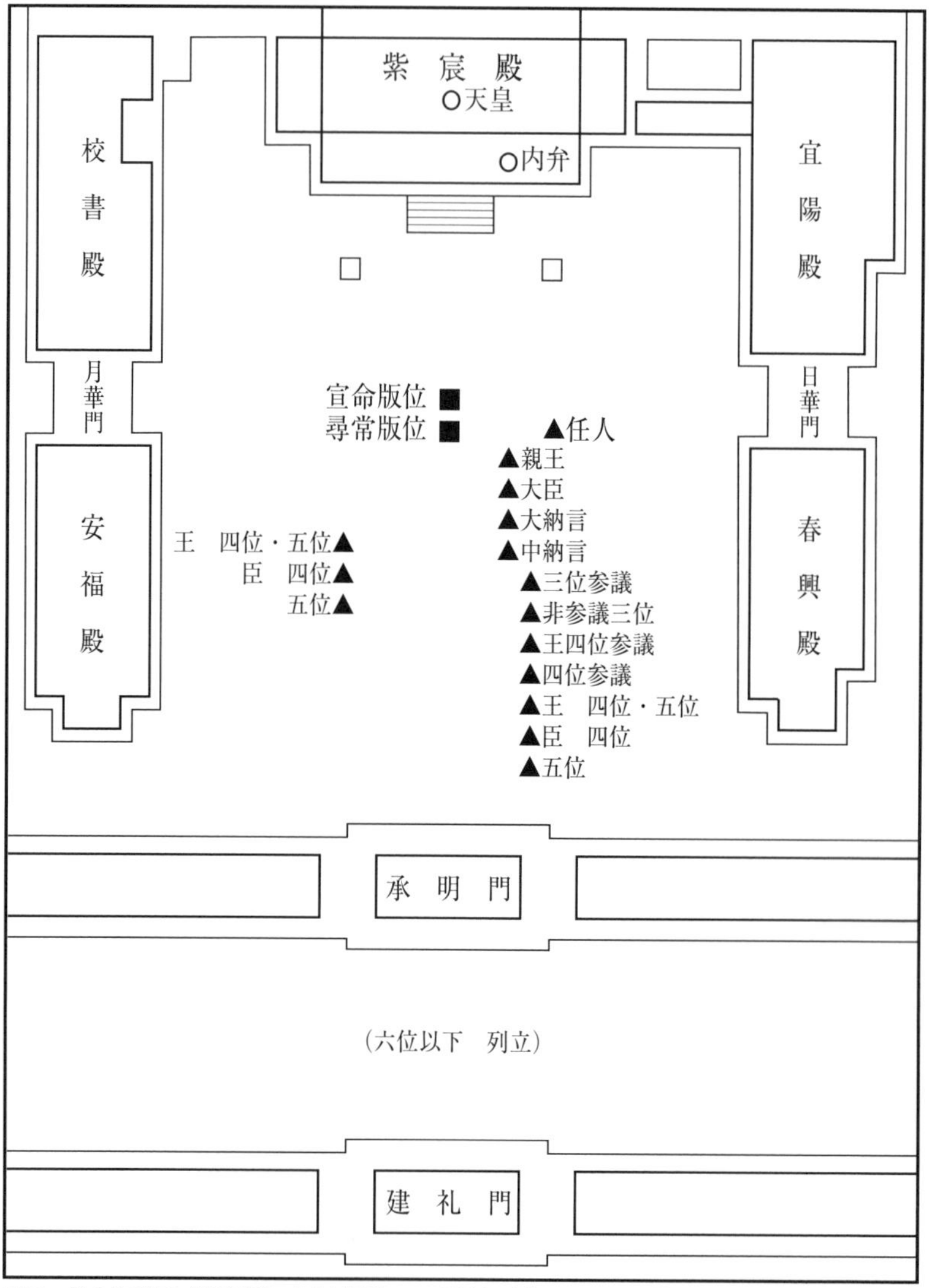

図7　任大臣儀図（紫宸殿）■は版位、▲は標を示す。なお、六位以下の列立は『内裏式』『儀式』にのみ記載あり。

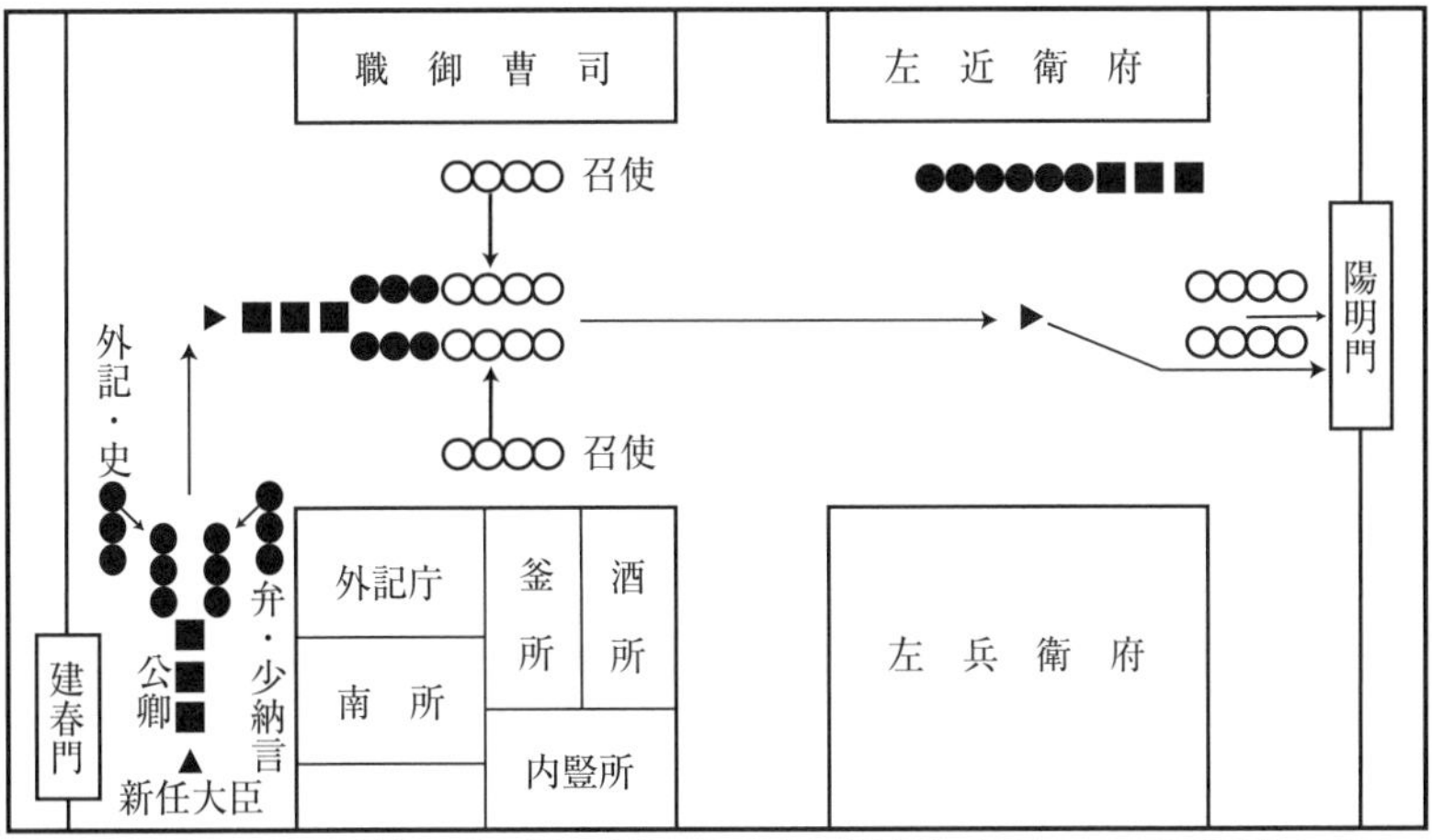

図8　御前儀図　▲は新任大臣、■は公卿、●は弁・少納言・外記・史、○は召使を示し、矢印は人の移動を示す。

むしろ四・五位が参列していなかったことを示す史料がある。『師記』承暦四年（一〇八〇）八月十四日条には、「非参議参否不レ能レ知給。但案レ之、上古親王并諸大夫立列。以レ之言レ之、非参議何不レ被二立列一乎」とある。ここでは非参議列立に関する問答において、上古における四・五位の列立が論拠として述べられるが、この時点で四・五位が列立していれば上古の例と断る必要はなく、よってこれは四・五位の列立がなされていない状況で記されたものと考えられる。四・五位の参列は『小右記』寛仁元年（一〇一七）十二月四日条に「諸大夫未二参列一之間」とあるから、十一世紀初頭までは確認できる。

以上により『江家次第』における参列者は、「公卿」「王臣」等の記述から公卿以上が基本的なものであり、四位五位等に関する標の設置記事は空文であるか、または理念的なものに過ぎなかったものと考えられる。

御前儀（『江家次第』「御前儀」による）

場所　内裏外郭の建春門から大内裏外郭の陽明門の間で行列

が行われる（図8参照）。

儀式次第　御前儀は新任大臣が東宮・中宮への啓慶を終えた後に行われる。

1　**官人の待機**　召使が外記局の北側と職御曹司付近で、外記・史・少納言・弁が建春門と外記局の間でそれぞれ待機し、新任大臣が建春門から出てくるのを待つ。

2　**行列**　建春門から新任大臣、およびその前方に参議以上が下臈を先頭にして出てくる。外記・史・少納言・弁がそれに前行し、更に召使が前行する。行列の配列は前方から召使・史・外記・少納言・弁・公卿（参議以上）・新任大臣となる。この配列のまま陽明門まで行列を行い、陽明門に到着後に参議以上から史までは北側に列立する。

3　**退出**　納言以下が退出する。召使は陽明門内に列立する。最後に新任大臣が退出し御前儀は終了となる。

参加者　参加者は新任大臣を中心として、参議以上・弁・少納言・外記・史・召使であり、太政官官人により構成されている。また退出に関して「納言以下左廻而出」とあり、この「納言以下」すなわち大納言以下は行列中の記述にみられる「参議以上」と同義であることより、この行列に参加する公卿は大納言以下参議以上であり、新任大臣以外の大臣は含まれない。

この御前儀の後に、場所を新任大臣邸に移して新任大臣大饗が行われる。この次第および参加者については、倉林正次により詳細な復元がなされているので、ここでは繰り返さず、この饗宴が拝礼・饗宴・賜禄の三要素からなり、また参加者（饗宴の対象）が太政官官人に限定されることを確認しておくに留める。

第二節　儀式次第の展開過程

前節でみたように、十一世紀末の『江家次第』の大臣任官儀礼は、任大臣儀・御前儀・新任大臣大饗の三儀式により構成されていた。しかし、律令制成立当初の大臣任官儀礼の構成はこのようなものではなく、大臣任官儀礼の中心である任大臣儀の成立当初に御前儀・新任大臣大饗は存在しなかった。

表2は各時代に編纂された儀式書別に大臣任官儀礼の構成をまとめたものである。この表から、およそ『西宮記』成立[7]の頃には、前節でみたような儀式構造をとるようになる。そこで本節では、大臣任官儀礼を構成する諸儀式についての成立・展開過程について、各々の儀式毎に考察していく。

一　任大臣儀

佐々木恵介は任大臣儀の成立に関して、任大臣宣命の形式と参議以上を同時に任命するという日本独自の特徴について分析し、『内裏式』の儀式形態は、光仁期から桓武期にかけて成立するとした[8]。しかし筆者は本書第六章で検討した律令制成立当初の大臣任官儀礼を踏まえ、これとは異なる観点から任大臣儀の成立時期について論じる。

平安時代の大臣任官の特徴は宣命によって任命されることにあるが、より厳密に規定すれば宣命のみによって任命されることにある。律令制における大臣任官は勅任官としての勅旨による通常任官と、詔書を宣命することによる任官の二重の形態をとる[9]。すなわち、いつ大臣が勅任官という任官区分から独立し、宣命のみによる任官

表2　儀式書内容対称表

儀式書名 成立年代	内裏式 821	儀式 872-877	新儀式 963-967	西宮記 -982	北山抄 1012-1016	江家次第 1086-1094
項目名	任官式	内裏任官式	任大臣事	大臣召・立皇后太子任大臣事	任大臣儀・御前儀・大饗事	任太政大臣事・任大臣事・御前儀・新任大臣大饗
兼宣旨				○		○
宣命宣制儀（任大臣儀）	○	○	○	○	○	○
奏慶・啓慶			○	○	○	○
御前儀				○	○	○
新任大臣大饗（許可申請）			○	○	○	○

方式が採用されたのかという点が任大臣儀成立を論じる第一の指標となる。

任大臣儀の儀式次第の史料上の初出である『内裏式』の規定には次のような特徴がある。すなわち、独立した一つの編目として任大臣儀を記さず、「任官式」として記される通常の任官儀式規定の後半部分に規定されている。前半末尾を「其大臣者以二宣命一任レ之、不三更用二此式一」として通常の任官とは明確に区別しているのである。これにより『内裏式』の成立時期には既に大臣は宣命のみにより任命されていることが確認できるから、第一の指標による任大臣儀の成立の下限は『内裏式』成立の弘仁十二年（八二一）となる。

続いて第二の指標を設定する。この課題は儀式について論じるものであるから、儀式次第の整備の画期が最も重要な指標となる。古瀬奈津子は、唐の儀礼書『大唐開元礼』「臨軒冊命諸王大臣」に基づき『内裏式』『儀式』の任大臣儀儀式次第が成立したとする観点から、『大唐開元礼』の将来時期、すなわち天平勝宝度の遣唐使を画期とし淳仁・称徳期に任大臣儀が成立する、とした。

任大臣儀の儀式次第が『大唐開元礼』と類似し、その将来を画期として任大臣儀儀式次第の整備・確立を説明する古瀬の視点は首肯でき

る。しかし『大唐開元礼』の将来時期については河内春人が次のように批判する。[10]

すなわち、第一に天平勝宝度の遣唐使は仏書を多く将来するも、それ以外の典籍については不明である。第二に唐における書禁の問題から、開元二十年（七三二）成立の当時最新の儀礼書である『大唐開元礼』を遣唐使が容易に持ち帰れたとは考え難い。以上の二点から、天平勝宝度の遣唐使が『大唐開元礼』を将来した可能性を否定し、宝亀九年（七七八）の九月から十一月にかけて帰朝した遣唐使により将来されたとする。首肯すべき見解である。

『大唐開元礼』将来時期についての河内説を踏まえると、任大臣儀の成立はこの遣唐使帰朝後の初めての大臣任官である天応元年（七八一）の藤原魚名任左大臣の例が上限となる。[11]但し『続日本紀』は天応元年（七八一）の大臣任官の儀式について詳述しないから、史料上、このときに任大臣儀が成立したとは断言できず、また天応元年（七八一）以降についても状況は同じである。

しかし、第一の指標による任大臣儀の成立の下限は『内裏式』成立の弘仁十二年（八二一）であり、『内裏式』の規定は従前の儀式を整理したものとされている。[12]また任大臣儀の儀式次第は『大唐開元礼』を参考にして初めて成立し得るものであるから、『大唐開元礼』を将来した遣唐使帰朝後の宝亀九年（七七八）以降の大臣任官の初例である天応元年（七八一）から、弘仁十二年（八二一）の『内裏式』成立の間と、やや幅をもたせて任大臣儀の成立時期を捉えておく。

佐々木は、延暦二年（七八三）から大臣と参議以上を同時に任命するあり方がみられることから、光仁・桓武期に任大臣儀が成立したとする。しかし、参議以上を同時に任官することは任大臣儀を構成する要素の絶対的な条件ではない。参議以上を同時に任命するのは、あくまで大臣任官時に参議以上を同時に任命する場合の便法で

あり、任大臣儀が成立する以前においても参議以上を同時に任命するあり方は存在し得る。

筆者は、参議以上の同時任官は任大臣儀儀式次第の整備とは論理を異にする問題であり、任大臣儀成立の指標とするに相応しくないと考える。よって前述の如く、天応元年（七八一）から弘仁十二年（八二一）の間、八世紀末から九世紀初頭と多少の時間幅をもたせて成立時期を捉える。

任大臣儀は『内裏式』の成立により制度的に確立し、儀式次第が大きく変化することなく平安時代を通じて行われてきた。しかし参加者と宣命宣制終了後の作法については変化がみられる。参加者については次節で考察することとして、ここでは宣命宣制終了後の作法について検討する。宣命宣制終了後の作法の相違点とは、第一に天皇への奏慶と東宮・中宮への啓慶であり、第二に大饗の許可申請である。

第一の天皇への奏慶と東宮・中宮への啓慶とは、前者が射場殿において天皇へ「慶を奏」する、つまり大臣へ任命されたことの謝意を表明するものであり、後者も同様に東宮・中宮の居所において謝意を表明するものである。

天皇への謝意表明は『内裏式』『儀式』では宣命終了後における紫宸殿前庭での拝舞によりなされた。儀式書において初めて奏慶がみられる『新儀式』（第五「任大臣事」、以下『新儀式』の引用は「任大臣事」である）には「任人若遅参不レ加レ列者、還御之後、参二射場殿一、令三近衛次将奏二慶賀一、拝舞退出」とあり、新任者が遅参し列立しない、すなわち任大臣儀不参加の場合の作法とされている。天皇が還御した後、改めて射場殿に参上して慶賀を奏上し拝舞するという便法である。『西宮記』（恒例第一正月「大臣召」、以下特に断らない限り『西宮記』の引用は「大臣召」である）も同様に「任人〈参内、〉奏慶之次」とあり奏慶が行われる。奏慶の実例は管見の限り、承平六年（九三六）の藤原忠平任太政大臣のときが初見である。[13] このとき、藤原忠平は任大臣儀終了後に参内し、清涼殿の

北にある滝口陣の近くで奏慶している。射場殿での奏慶が確認できるものとしては天徳四年（九六〇）の藤原顕忠任右大臣の例がある[14]。

啓慶に関しては、『西宮記』に「任人参二中宮・東宮一之間」とあり、実例としては承平六年（九三六）の藤原忠平任太政大臣のときに、先にみた奏慶の後に「次参二中宮一、啓二其由一」[15]とあるのが初見である。

奏慶と啓慶は、対象が天皇か中宮・東宮かという違いはあるものの、大臣任命に対し謝意を表明する新しい形の作法である。そしてこの作法は忠平任太政大臣以前にはみられない。すなわち、奏慶および啓慶は忠平任太政大臣の任官が特別なものであったことを要因に成立した可能性がある。

忠平は既に摂政であり、天皇大権の一部を代行する立場にある。忠平が天皇の代行として本来天皇が御すべき紫宸殿御簾中に座した事例もあることから[16]、自らが太政大臣に任じられる時点では既に紫宸殿前庭に列立するのではなく、摂政として天皇と同様に紫宸殿上で儀式に参加する立場にある。

しかし、忠平自身が太政大臣に任命される以上、殿上ではなく庭中に列立しなければならない。この矛盾を解決するため、忠平はあえて任大臣儀に参加せず、儀式終了後に参内し内々に天皇に対して奏慶を行ったのである。また中宮（藤原穏子）も幼帝朱雀とともに殿上にあったと考えられることから[17]、本来は任大臣儀中において拝舞すべきところを啓慶により謝意の表明を行った。穏子は朱雀天皇即位とともに、その実母として国母の地位にあり、また忠平とは同母兄妹の関係にあり、忠平と朱雀天皇は伯父・甥の関係になる。

以上、忠平は摂政の地位にあったことを理由として任大臣儀に参加せず、一方、天皇・中宮とミウチ的関係にあったことにより奏慶・啓慶という作法で謝意表明を行い得たものと考える。

忠平以後、摂政に限らず通常の任大臣儀でも奏慶と啓慶の例がみられるようになる。すなわち、儀式次第の一

つとして定着し、特に奏慶は射場殿において蔵人を介してのものとして定着する。おそらく、忠平の儀礼が先例とされ[18]、儀式運営上の根拠として重視されていったためであろう。

しかし、忠平が行った滝口付近での奏慶はあくまで臨時的なものであり、忠平と天皇との特別な関係がそれを可能とした。よって滝口での奏慶は継承されず、儀式形式としては蔵人を介して射場殿において行うものに定着したと考えられる[19]。

奏慶は、従来儀式の場で行われていた拝舞と比較すると、より天皇との個人的関係の強い謝意表明行為である。この行為を儀式構造に組み込んで継続的に行ったことからも、従前以上に天皇と大臣との人格的結合を深めようとする政治的意図が推察される。

啓慶も同様に、忠平の儀礼を先例として継承されたと考えられる。しかし、任命権者である天皇に対する謝意表明とは若干意味を異にしていた可能性がある。断案は得ないものの、忠平の場合は国母である穏子に対する謝意表明であったから、〔天皇・国母・次期天皇予定者＝皇太子〕といった権力中枢に対する一体的な謝意表明と捉えることも可能だろう。

第二の大饗の許可申請については、新任大臣大饗の成立の問題とも関わるので後述する。

二　御前儀

御前儀は新任大臣を筆頭として内裏建春門から大内裏陽明門まで行列を行う儀式である。この「御前」とは天皇の「御前」ではなく、行列に供奉する者を意味する言葉で、「前駆」と同義である[20]。

儀式書において初めて行列の次第について記すのは『西宮記』である。「任人参二中宮・東宮一之間、諸卿立二左

衛門陣一。任人出、〈経二内侍所北一。承平出レ自二敷政門一。〉上官前行、如レ常。〈入レ夜不レ然〉」とし、諸卿が左衛門陣（建春門）付近に待機し、上官（弁・少納言・外記・史）が前行する点など『江家次第』との共通点がみられる。『西宮記』には「御前儀」という名称はないが、御前儀そのものである。

　実例上の初見は奏慶・啓慶の例と同じく承平六年（九三六）の藤原忠平任太政大臣のときである。『西宮記』が先例として引いている「承平出レ自二敷政門一」もこの承平六年のものとみて大過ない。『西宮記』裏書所引の『吏部王記』には「承平六—八—十九—吏部記云、以二左大臣忠平一為二太政大臣一。（中略）太政大臣参内、奏慶退、諸卿引到二其第一」とあり、また『初任大臣大饗雑例』が引く外記日記には「外記承平六年八月十九日、（中略）次参二中宮一、啓二其由一。出二左衛門陣一間、外記・史前行、大臣留レ之。右大臣以下・上官等、参二入太政大臣家一、有二饗禄事一」とある。(21)

　忠平任太政大臣のときは、『江家次第』が記す建春門から陽明門までの御前儀とは異なり、出発地点が敷政門らしく、また新任大臣大饗が行われる忠平邸まで行列が行われている。康保三年（九六六）の源高明任右大臣、貞元二年（九七七）の源雅信任右大臣(22)のときも新任大臣邸までの行列であったことから、御前儀の成立期は新任大臣邸までの行列であった。『西宮記』が終着点を明記しないのも、新任大臣大饗が行われる新任大臣邸が自明であったからではなかろうか。

　忠平任太政大臣のときに御前儀が成立するのも、任大臣儀への不参加が要因であったと思われる。

　任大臣儀は図7で示したように、紫宸殿前庭に参列者が列立して行われる。このような儀場で任じられた大臣は、大臣の標に就くことにより官僚機構の頂点に位置する官職に就いたことを儀礼空間内に可視的に表現している。しかし忠平の場合は、儀式に参加していないことから、官僚機構の頂点である大臣に就いたことを儀礼的・

可視的に表現できていない。

おそらく、この不備を補うことを目的とし、行列という方法により紫宸殿前庭列立に代わる空間的表現（秩序に基づく人間の空間的配置）を行い、行列に参加する太政官人に対して新任大臣を頂点とした太政官人の身分序列を明確にしたものと考えられる。また行列を見物する人々に対しても太政官人の身分序列を可視的に示すことになる。

勿論、御前儀参加者である大納言以下参議以上・上官（弁・少納言・外記・史）と任大臣儀参列者とは若干異なる。後述のように、延喜十四年（九一四）の段階で新任大臣大饗は公的な儀礼として成立しているから、新任大臣大饗会場までの移動を公的な行列として再編したのである。よって、あくまで当初は臨時の儀式であったとみなければならず、行列参加者も新任大臣大饗参加者である太政官人（後述）としたのである。但し行列参加者が太政官人に限定したことには別の要因も想定されるが、この点は後述する。

『江家次第』の儀式次第に基づく御前儀は十世紀末頃には成立している。永祚元年（九八九）（『小右記』同年十二月二十日条）の藤原兼家任太政大臣のときには「良久左大臣已下出レ自二敷政門一、到二陽明門一。依二雨儀一立二門中一、又無二御前一」とあり、雨儀のため行列はなかったものの陽明門で儀式が行われている。御前儀の本来的な姿は内裏から新任大臣邸までの行列であったから、場所を限定した御前儀は行列が形式化したものとして捉えることができるだろう。

三　新任大臣大饗

序でも述べたように、大臣任官儀礼の研究は主として新任大臣大饗を中心に行われてきた。成立の問題に関し

ては、倉林正次、遠藤基郎は承平六年（九三六）の藤原忠平任太政大臣のときに、太田静六は承平期（九三一～九三八）から天暦期（九四七～九五七）にかけて、そして松本裕之、神谷正昌はこれらよりも成立時期を遡らせ延喜期（九〇一～九二三）には既に行われているとした。特に神谷は延喜期からあまり遡らない時期ではないかとしている。また近年、山下信一郎は更にその成立を遡らせ、史料上確認できるのは藤原基経任太政大臣のときであるが、更に遡って良房の頃に創始された可能性も示唆している。見解の一致はみていないが、筆者は延喜十四年（九一四）の藤原忠平任右大臣のときに成立したものと考え、特に山下の見解には疑問をもつ。

山下の論拠は、『九暦記』承平六年（九三六）九月二十一日条に、貞信公教命として故堀河太政大臣（基経）の大饗の先例が引かれていることを挙げ、またこの大饗が正月大饗ではなく新任大臣大饗であるとする論拠として、当該部分が任太政大臣慶賀や太政大臣着陣の記述に続いていることを挙げている。

しかし、この先例として引かれている基経の大饗は新任大臣大饗ではなく正月大饗である。

【史料1】『九暦記』承平六年（九三六）九月二十一日条

又仰云、故堀河太政大臣大饗日請客使召二五位二人階前一、仰、上達部悉来向了、此由参二左右大臣家一告示者、然則其時請客使五位也、而故左大臣以二四位一為二請客使一、頗相違也、但彼太政大臣与二左右大臣一頗置二分別一歟、（後略）

第一に本条で問題とされているのは請客使が四位か五位かという点である。請客使は『西宮記』等をみると正月大饗のときにみられ、新任大臣大饗にはみられない。第二に故堀河太政大臣（基経）の大饗では、請客使に対して左右大臣家に「上達部たちは全て来向し終えている」との旨を伝えさせている。基経は元慶四年（八八〇）に右大臣から太政大臣に任じられており、この時点では左大臣に源融がいるのみで右大臣は欠官である。すなわ

ち、この記述は元慶六年（八八二）に源多が右大臣に任じられるのを待たねばならない。以上の二点によりこの大饗は正月大饗であって、新任大臣大饗ではない。

筆者が新任大臣大饗の成立を忠平が右大臣に任じられた延喜十四年（九一四）とするのは、このときに公的な饗宴として新任大臣大饗が認められたからである。ここで論点として浮上するのが、新任大臣大饗が私的な就任饗宴を起源としていることである。[23]すなわち、公的と私的とを分ける基準をいかに設定するのかが問題となる。筆者は新任大臣大饗の許可申請がなされ、その許可に基づき開催されることをもって公的な饗宴と位置付ける。よって論点はこの新任大臣大饗の許可申請がいつ開始されるのか、という点に絞られる。

『新儀式』は任大臣儀終了後の作法を「還御間、新任大臣令㆔蔵人奏㆓僚下可㆑給㆑饗之由㆒、即令㆔蔵人伝㆓仰上卿㆒、〈延喜十四年、蔵人伝㆓仰上卿㆒、召㆓仰弾正検非違使等㆒。延長二年。蔵人直召㆓仰検非違使㆒也（後略）〉」とする。『新儀式』が村上期に編纂された勅撰の儀式書であることを考慮すると、新任大臣大饗の許可申請の作法の先例として延喜十四年（九一四）の忠平任右大臣の例が引かれている意義は大きい。史料上、延喜十四年（九一四）以前に大饗の許可申請がみられないことからも、延喜十四年（九一四）を以て公的な意味での新任大臣大饗が成立したとみて大過ない。

延喜十四年（九一四）の忠平任右大臣のときに成立した新任大臣大饗は、承平六年（九三六）の忠平任太政大臣のときに式次第が整備され、それが先例とされ以後続いていくことになる。[24]

ここで本節の考察をまとめる（表3参照）。任大臣儀は宣命のみの任官儀礼として、『大唐開元礼』の影響を受けて八世紀末から九世紀初頭に成立し、その後、基本的な儀式次第は変化しない。しかし延喜十四年（九一四）の藤原忠平任右大臣のときに公的な饗宴として新任大臣大饗が成立し、承平六年（九三六）の藤原忠平任太政大

表３　諸儀式展開関係年表

時期	西暦	任官者	任官職	任大臣儀	御前儀	新任大臣大饗
８Ｃ末～ ９Ｃ初頭	781-821			成立		
延喜14年	914	藤原忠平	右大臣			公的な饗宴として成立
10C 前期後半	924-951			六位以下官人の排除		
延長２年	924	藤原忠平	左大臣	病により不参		
承平６年	936	藤原忠平	太政大臣	摂政により不参。奏慶・啓慶の成立	新任大臣邸までの行列として成立	儀式次第の確立

臣のときに、天皇への謝意表明が儀場での拝舞から儀式終了後の滝口陣付近（後に射場殿）における「奏慶」に変化し、同様に中宮に対する「啓慶」も成立する。またこのときに内裏から新任大臣大饗の会場である新任大臣邸まで（後には建春門から陽明門までの御前儀）の行列が成立する。特に承平六年（九三六）の変化は、主として新任者忠平が摂政であったという理由から任大臣儀に参加しなかったことが大きな要因となっている。

承平六年（九三六）の忠平の例、つまり奏慶・啓慶や御前儀は以後先例として重視される。大臣任官儀礼を構成する儀式の内、後世非常に重視されるようになる新任大臣大饗が成立したのも忠平の例であることを踏まえると、大臣任官儀礼展開過程の画期は藤原忠平期にある。

第三節　任大臣儀の参加者の変遷

任大臣儀の参加者については既に神谷正昌、佐々木恵介により検討されている。神谷は元慶期（八七七～八八五）以降、任大臣儀から六位以下が排除され、新任大臣大饗の成立の要因をこの下級官人の排除に求めることも可能であるとする。また佐々木は藤原実頼が右大臣に任じられた天慶七年（九四四）以降、新任大臣は任大臣儀に不参するようになるが、それは任大

表4　任大臣儀参加者一覧

史料名等	天皇出御	新任者（大臣）	参列者（史料上の文言）
内裏式	○	○	五位以上・六位以下／刀祢
儀式	○	○	五位以上・六位以下／刀祢
新儀式	○	△	親王以下・五位以上／刀祢
西宮記	○	×	王卿以下／群臣／刀祢
北山抄	○	×	群臣／親王以下／刀祢
江家次第	○	×	公卿／王卿以下／群臣／刀祢
（任太政大臣）	?	×	群臣／刀祢

○は参加、×は不参加、△は不確定、？は不表記を示す。『江家次第』は「任大臣事」の他、「任太政大臣事」項があり、参考までに採録した。

臣宣命が新任者にではなく、親王以下天下公民に対して宣読されるものであることにその理由を求めた。

表4はそれぞれの儀式書における参加者の表記文言をまとめたものである。ここに明らかなように、天皇に関しては『内裏式』から『江家次第』にいたるまで一貫して出御すべきものとされている。しかし儀式に参列する者と新任者については時期的な変遷があるように思われる。以下、神谷・佐々木両説の検討を含め、任大臣儀の参列者と新任者についての考察を行う。

一　参列者（紫宸殿前庭に列立する者）

『内裏式』『儀式』では、五位以上と六位以下の官人が参列し、前者は紫宸殿前庭、後者は承明門と建礼門の間に列立する。そもそも任大臣儀成立以前の大臣任官儀礼の儀場を『続日本紀』から確認すると、神亀元年（七二四）は大極殿・朝堂院（同年二月甲午条、聖武天皇即位）、天平十五年（七四三）は内裏（同年五月癸卯条、宴、恭仁京）、天平勝宝元年（七四九）は東大寺大仏の前殿（新日本古典文学大系本『続日本紀』の補注によれば、前殿は大仏殿完成以前の礼拝のための建物。同年四月丁未条、東大寺行幸、改元）、天平宝字四年（七六〇）は内安殿（同年正月丙寅条）、天平神護二年（七六六）は法華寺（同年十月壬寅条）、宝亀十年（七七九）は大極殿・朝堂院（同年正月壬寅朔条、朝賀）である。

これらは即位・朝賀や宴に伴うものであったから、その儀式に応じた儀場、または行幸先で行われている。すなわち、大臣任官の儀場は固定化していない[25]。

また参列者も基本的には即位や朝賀・宴などの儀式の参列者と見做すべきであり、大臣任官儀式固有の参列者ではない。以上の点は、任大臣儀成立以前における大臣任官儀礼が規格化された儀式として未成立の状態を示している。

しかし、任大臣儀の成立により儀場が内裏紫宸殿に固定され、また参列者の範囲も五位以上・六位以下の全官人とされた。全官人を参列させて任大臣宣命を宣告し、それに対して再拝（拝礼）する重要な儀式として任大臣儀は成立するのである。

但し、内裏紫宸殿前庭は五位以上のみの空間であった[26]ことから、任大臣儀の儀場が内裏紫宸殿とその前庭となるも、そこへの六位以下官人の参列は憚られ、承明門外という主会場である紫宸殿前庭とは空間的に隔たった場所に六位以下官人は列立することになったと推察される。

神谷正昌は六位以下の下級官人がこの儀式から排除され、それらを饗応するために新任大臣大饗が成立すると した。これに対し山下信一郎は、任大臣儀から排除されたのは六位以下全官人であり、太政官官人を饗応する新任大臣大饗とではその官人の範囲が異なると批判する。

ここで新任大臣大饗で饗応の対象となった下級官人は太政官官人であることを確認しておく。神谷は排除される六位以下官人を太政官官人と明確には位置付けておらず、むしろ『日本三代実録』元慶四年（八八〇）十二月四日条（藤原基経任太政大臣）にみられる「百官」「百僚」を六位以下参列の例としていることから、任大臣儀に参列する六位以下を全六位以下官人であると見做している。故に山下の反論は正しい。すなわち、新任大臣大饗

の成立の要因を、任大臣儀からの六位以下官人の排除に結びつけること、そしてこれと新任大臣大饗の成立時期と関連させ、六位以下官人の排除の時期を論じることには問題がある。後述するように、新任大臣大饗が成立している時点で、この饗宴への六位以下参列を推測させる史料もある。

『新儀式』には親王以下五位以上の列立の記述しかない。ここで『新儀式』の記述を深読みして、紫宸殿前庭の儀式のみを記述し、承明門外については触れていない、すなわち六位以下の排除を論じる根拠となり得ないとすることもできる。しかし同書「冊命皇后事」では「次親王以下、五位以上参入、列二立庭中一、六位以下在二承明門之外一」とあり六位以下が承明門外に列立することが明記されている。よって『新儀式』は承明門外の儀礼を排除する編纂方針を有していないから、任大臣儀における六位以下の参列はなかったとみるべきである。

神谷は六位以下参列の実例として、元慶四年（八八〇）の藤原基経任太政大臣の例を挙げるが、これより後に六位以下参列を確認できる史料として『北山抄』「立后事」[27]が引く『延喜儀式』の逸文がある。ここでは「延喜（任）参議以上式云、（中略）六位入レ自二建礼門一、列二承明門外一云々」（傍点筆者）[28]とあり、これは『本朝法家文書目録』（『続々群書類従』雑部所収）採録の『延喜儀式』目録にある「任参議已上儀」に相当する。『内裏式』以降の儀式書において、参議以上大納言以下のみの特別な任官儀礼は存在せず、また参議は任大臣儀で同時に任じられることもあるから、この「延喜任参議以上式」は任大臣儀について規定したものである[29]。

この逸文には次の特徴がある。第一に『内裏式』『儀式』では任大臣儀に関して独立した項目を立てず任官儀と同項目に記述するが、ここでは独立した項目が立てられている。第二に『新儀式』以降の儀式書にみられる「任大臣儀」や「大臣召」といった項目名ではなく、「任参議已上儀」という項目名が立てられている。これは『延喜儀式』が『儀式』（『貞観儀式』）の部分的な修正に留まったという性格により、『儀式』に記される「其大臣

者以二宣命一任、不三更用二此式一〈参議已上式宣〉」（傍点筆者）という傍点部の文言を受け継いだものである。この二つの特徴は、この『延喜儀式』逸文が『儀式』『新儀式』間の過渡的なものであることを示している。

『延喜儀式』の編纂時期は次の点から延喜十四年（九一四）にはその途上にあったことが確認できる。[30]すなわち、延喜十四年（九一四）九月二十一日に『延喜式』編纂を行っていた撰式所が「儀式」（『延喜儀式』）の勘会を行うため外記局にある代々大嘗会記文雑書・諸節会及諸祭等日記の借り受けを申請し、同年十月三日、右大臣忠平の宣によりそれが許可されている（以上『類聚符宣抄』巻六、文譜）。

以上から、結果として完成をみなかった『延喜儀式』の編纂段階（延喜十四年（九一四））およびそれ以前には、この逸文にみられるように六位以下が列立するべきものとされていたのである。この点を踏まえれば、延喜十四年（九一四）八月の藤原忠平任右大臣（新任大臣大饗の成立）のときには六位以下が列立していた可能性が高い。

六位以下の排除が確実な事例は応和三年（九六三）成立の『新儀式』の記述である。但し『新儀式』は、村上天皇自撰で天慶九年（九四六）から天暦四・五年（九五〇・九五一）の間に成立[31]した『清涼記』を基に編纂されたものであるから、『清涼記』編纂段階には既に六位以下が排除されていた可能性が高い。現在『清涼記』の逸文として「任大臣事」に関するものは伝わっていないから、『清涼記』における「任大臣事」の項目の有無は確認し難い。しかし『新儀式』に「任大臣事」の項目があることを重視し『清涼記』にも任大臣儀に関する項目があり、それに基づき『新儀式』の「任大臣事」項が成立したとみて大過ないであろう。従って六位以下が排除された時期は、延喜十四年（九一四）の次の任大臣例である延長二年（九二四）から、『清涼記』成立の天慶九年（九四六）から天暦四・五年（九五〇・九五一）の間となり、およそ十世紀中頃とすることができる。

二　新任者

任大臣儀では大臣の他に参議以上も同時に任じることがあるが、特に大臣に関しては佐々木恵介による指摘がある。すなわち、天慶七年（九四四）の藤原実頼任右大臣以降、任大臣儀に新任大臣の参列はみられなくなる。任大臣の宣命が新任大臣ではなく、親王以下天下公民を対象として宣読されるのであり、新任者の参列は任大臣儀を成り立たせるために必要不可欠な条件ではなかったことにその理由を求めている。

確かに天慶七年（九四四）以降、任大臣儀に新任大臣が不参していることは実例からも確認できる。しかしその理由には疑問をもつ。第一に、宣命の対象が親王以下天下公民であることが不参の理由であるならば、新任大臣のみならず同時に任じられる参議以上も同じ論理で不参してもよい。しかし、参議以上の新任者は基本的に儀式に参列している。つまり新任大臣のみが不参するようになった理由として、宣命の対象に求めることには賛成できない。第二に、なぜ天慶七年（九四四）を画期として新任大臣が不参することになったのか、その理由が佐々木説では説明できない。以上の点より新任大臣の不参の理由を、宣命の対象が親王以下天下公民であったためとする佐々木説には賛成できない。

新任大臣の不参は延長二年（九二四）の藤原忠平任左大臣の例が初見で、天慶七年（九四四）までの十世紀前半は参、不参の両例が混在している。この内、不参の理由が明らかなのは延長二年（九二四）の藤原忠平任左大臣の例で、『貞信公記』同年正月二十二日条に病のため不参したとある。また前節で考察したように忠平が太政大臣に任じられた承平六年（九三六）には忠平が摂政であることから任大臣儀には参加せず、奏慶という形をとって天皇に対して謝意を表明した。

しかし、天慶七年（九四四）の藤原実頼任右大臣以降、新任大臣が任大臣儀へ参列しなくなる理由は別に考えねばならない。おそらく奏慶の例と同様に、実頼・師輔が忠平の儀礼を先例にするという論理によってなされ[32]、また奏慶を行うため、つまり儀式参列者の前で謝意を表明するのではなく、［天皇―新任大臣］という個人的・人格的関係において謝意を表明することを任大臣儀に参加すること以上に重視したため、不参することが正当な作法として成立したと考えられる。新任大臣が参内しながらも直廬等の内裏内で待機し、任大臣儀終了後に奏慶を行うというあり方は奏慶を重視したために他ならない[33]。しかし注意すべき点は、忠平の場合、病や摂政であるということから不参したものであったから、基本的に参加するものとして認識されている。

第四節　大臣任官儀礼の意義

前節までの考察により、大臣任官儀礼が任大臣儀、御前儀、新任大臣大饗の三儀式により構成された時期、そして任大臣儀については忠平期を画期として奏慶が成立し、また新任大臣が不参することが明らかとなった。以上の大臣任官儀礼を構成する諸儀式の内、従来の研究では新任大臣大饗の性格について「王権の分権化」という視点[34]から注目されてきた。遠藤基郎と神谷正昌は、臣下に対して饗宴を行うのは天皇のみが保有する権限であり、それを大臣が行うことはこの天皇の権限が大臣に分有されていることを示す、と指摘する。

このような状況を「王権の分権化」と捉えることの是非についてはここでは保留するものの、なぜ天皇のみが保有する権限を大臣が分有し得たのかという点については明快な理由を示していない。忠平期が画期となることから忠平の個人的資質にその要因を求めることも可能であろうが、以下の検討では、大臣任官儀礼の展開、特に

新任大臣大饗成立の歴史的前提から、忠平以前の段階において大臣がこの権限を分有する土台が形成されていたことについて論じていく。

また、以上の検討を踏まえて諸儀式・諸作法の展開についての総合的な解釈を試み、大臣任官儀礼の展開の背景、そして大臣任官儀礼の歴史的意義について考察を行う。

一　任大臣宣命の分析

ここでは忠平期の大臣任官儀礼の歴史的前提を検討する一環として、忠平期以前における任大臣宣命の内容を分析する。任大臣宣命は某人を大臣に任じる旨とともにその任官の理由も宣誥される。任官理由とは任官の正当性を示すものであるから、任官理由の分析は大臣の性格を解明する有効な方法である。

九世紀における任大臣宣命の実例は、①『日本紀略』天長九年（八三二）十一月二日条（抄出、藤原緒嗣任左大臣・清原夏野任右大臣）、②『続日本後紀』承和十一年（八四四）七月二日条（源常任左大臣・橘氏公任右大臣）、③『日本文徳天皇実録』天安元年（八五七）二月十九日条（藤原良房任太政大臣・源信任左大臣・藤原良相任右大臣）、④『日本三代実録』貞観十二年（八七〇）正月十三日条（藤原氏宗任右大臣）、⑤『同』貞観十四年（八七二）八月二十五日条（源融任左大臣・藤原基経任右大臣）、⑥『同』元慶四年（八八〇）十二月四日条（藤原基経任太政大臣）、⑦『同』元慶六年（八八二）正月十日条（抄出、源多任右大臣）、⑧『朝野群載』内記「任大臣宣命書様」（延長二年（九二四）、藤原忠平任左大臣・藤原定方任右大臣）の八例が確認できる。このうち抄出文で任大臣の理由が削除されているものが二例あり、これを除く六例を観察すると、任大臣の理由は政務の評価と天皇とのミウチ的関係の大きく二つあることがわかる。

政務の評価が任大臣の理由とされているのは②④⑤⑧の四例で、「可仕奉倍支次尓毛在尓」（②）、「公務乎日夜止不レ云勤労奉仕尓依天奈毛」（④）、「可レ奉岐次尓毛在尓」・「久朝政尓経奉天、至二今時一末天尓無二怠慢一」（⑤）、「可二仕奉一支次尓毛在尓」（⑧）、という文言で表現されている。大臣という官職は太政官官僚機構の頂点にあり、政務を領導していくものであるから、その任官理由として政務の評価が挙げられるのは至極当然のことである。

続いて天皇とのミウチ的関係が任大臣の理由とされているのは②③⑤⑥⑧の五例で、「於レ朕天近親尓毛在」（②⑤⑧）、「朕之外舅那利」（③）、「朕之親舅奈利」（⑥）という文言で表現されている。この天皇とのミウチ的関係が正当な任官理由とされたことが問題となる。九世紀代の大臣には天皇とミウチ的関係をもたない人物も任用されており、ミウチ的関係を有する者が任じられていく摂政・関白のような職ではないのである。しかし、任大臣宣命中の任官理由が某人を大臣に任じる正当性が示されるものである以上、ミウチ的関係に基づき任命することが可能な官職であったことは明らかである。おそらく大臣が勅任官という律令任官区分から分離し、宣命のみにより任じられるようになったこと、すなわち任大臣儀が成立したことにより可能となったものであろう。

本書第六章で論じたように、詔書と勅旨の二重形態により大臣任官を行うことが正規の手続きであった時期にも、正規の手続きでは任官が困難であった藤原仲麻呂任大師、道鏡任太政大臣禅師の例では宣命のみによって任官が実施された。平安時代には宣命も天皇の意思を表明する一つの文書様式として成立しており、儀式書等にみられる宣命の発給手続きは太政官の位置を必要とせず、上卿が勅を奉じて内記がそれを起草し、草案および清書を奏上するのみであった[35]。すなわち、宣命のみで大臣任官を行うことは天皇の個人的意思を強く反映させることが可能な方法であり、それを儀式制度化した任大臣儀も同様な性格をもつ。宣命のみによる大臣任官の成立は、

天皇とのミウチ的関係を理由に任官することを可能としたのである。

以上、天皇とのミウチ的関係により任命可能な官職であるという大臣の性格を基盤として、天皇のみが保有する権限を分有・代行する新任大臣大饗が成立し得たと考える。摂関が大臣のもつ権能を由来として成立したとの指摘を踏まえれば(36)、大臣にはこのような権限を分有し得る要素が既に内包されていたのであり、その要素とは天皇のミウチであることで任官が可能であった点にあると思われる。忠平期に大臣任官儀礼の画期があったのは、このような歴史的前提を必要としたのである。

二　大臣任官儀礼展開の意義と律令官人制秩序の再編

これまで論じてきたように、大臣任官儀礼の展開の画期は忠平期にある。すなわち、御前儀と新任大臣大饗という平安時代の大臣任官儀礼を構成する主要な儀式が成立するのがこの時期であり、また任大臣儀における新任大臣の不参と奏慶の成立も重要な要素である。また十世紀中頃には任大臣儀から六位以下官人が排除され、これも大臣任官儀礼の展開を考える上で重要な要素である。以下の考察では、これら大臣任官儀礼が展開した意義について検討する。

①奏慶　奏慶は任大臣儀中に紫宸殿前庭で行われる拝舞に代わる新しい天皇への謝意表明行為である。承平六年（九三六）に忠平が滝口陣で奏慶を行ったのは、忠平が摂政であることを理由として任大臣儀儀場（紫宸殿前庭）に参列できず、故に儀場での謝意表明に代わるものとしてとられた便法である。この謝意表明の作法は射場殿において蔵人を介するものへと形式化しつつも、紫宸殿前庭での拝舞よりも天皇と個人的人格的関係をより強く構築するものであったことから、先例として継承され儀式次第として定着した。積極的に評価すれば、新任時に大

臣と天皇が人格的結合を図ることを目的とした作法であると位置付けられる。

②**御前儀**　これも奏慶と同様、承平六年（九三六）に忠平が紫宸殿前庭に列立できなかったため、官僚機構の頂点に位置することを儀式空間的に表現することができず、その代替の便法として行われたものである。但し、紫宸殿前庭での列立者と御前儀の参加者は異なり、御前儀の参加者は太政官官人に限定されている。すなわち御前儀は大臣を頂点にした太政官官人の身分的序列を空間的に表現する儀式である。官僚制機構全体からみれば大臣は全官人の序列の頂点に位置する官職である。しかし御前儀は、より太政官という限定された機構内の序列の頂点に大臣があることを明確化するものである。

③**新任大臣大饗**　延喜十四年（九一四）に成立する。新任大臣が主催する公的な饗宴であり、饗宴と賜禄によって新任大臣と太政官官人との人格的結合を図るものである。そもそも臣下への賜宴は天皇のみが保有する権限であり、新任大臣大饗はその権限を大臣が分有していることを意味する。

大臣と太政官官人との人格的結合の形成については、神谷正昌が指摘するように良房期に成立した正月大臣大饗がある。但し神谷も述べるように、当初の正月大臣大饗は太政大臣（神谷は摂政太政大臣とする）のみが行い得た可能性が高く、延喜期を画期として左右大臣が開催するようになり、大臣と太政官官人との人格的結合関係形成を目的とした饗宴として整備される。[37]よって太政大臣が開催していた正月大饗が、延喜期（延喜二年（九〇二）の左大臣時平）[38]に正月大臣大饗として成立し、大臣と太政官官人との人格的結合を毎年正月に確認するようになる。これを前提として延喜十四年（九一四）に新任大臣大饗が成立し、大臣と太政官官人との人格的結合関係を新任時と毎年正月に図る一体的な儀礼として成立するのである。

延喜十四年（九一四）の忠平任右大臣はそれまでの源光首班体制に代わり、再び藤原氏が政権首班となったも

のである。その藤原氏首班政権発足を誇示し、新政権における太政官官人との関係をより強く構築するための政治的・儀礼的演出として新任大臣大饗が成立したのではないだろうか。

以上の三つの儀式・作法から天皇・大臣・太政官官人の三者間で構築される諸関係を整理すると、奏慶［天皇—大臣＝人格的結合関係］、御前儀［大臣—太政官官人＝太政官司内の序列］、新任大臣大饗［大臣—太政官人＝人格的結合関係］となる（図9参照）。大臣任官儀礼において新たに成立した儀式・作法は、［天皇—大臣］や［大臣—太政官官人］間の人格的結合・秩序の形成を前面に押し出した性格が強い。天皇と大臣はミウチ的関係を強め、官職としての大臣の性格も変質しつつあった。但し忠平期を画期に成立した新しい儀式は、大臣の性格の変化を前提としつつも、更に別の要因が加わったことも見逃すことはできない。

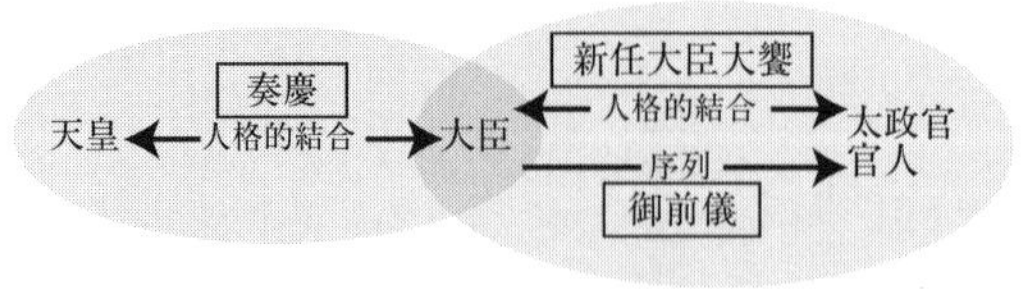

図9　大臣任官儀礼により構築される天皇・大臣・太政官官人の関係

御前儀と新任大臣大饗では、太政官という官司内において従前とは異なる新しい秩序を形成している。序において吉川真司の指摘を要約したように、律令官僚制における官司制は官司秩序（機能的秩序＝階統制）と官司制システム（一般行政システム）からなるものであり、そこに人的結合という要素はみられない。人的結合はあくまで官人秩序において形成されるものである。御前儀と新任大臣大饗はこの官人秩序の領域である人的秩序という要素を官司秩序形成に組み込んだ可能性があり、そもそも律令官人制自体の変質・再編により影響を受けたものと思われる。

律令官人制の再編について吉川は次のように指摘する。すなわち、官人制秩序を維持してきた位階制の機能は低下し、また同じ機能を有した禄制も崩壊した。これにより六位以

下官人と天皇との［君恩―奉仕］の関係は実質的に消滅し、新たに特定官職の優遇という形に再編された。このような変質・再編は十世紀中葉までに完了する、と。[39]

この吉川の指摘を筆者なりに読み換えれば、天皇を頂点として官人を序列化するシステムが位階制から官職へと変質した、となる。すなわち、官人の人的序列標識としての位階は機能不全に陥り、対して特定官職における序列がこれに置き換わったのである。

大臣任官儀礼における新しい儀式は、この変質した律令官人制再編に連動している。すなわち、官人の人的序列を官司秩序の中で実現していく、その儀式面での対応と捉えることができる。御前儀では太政官における官人序列を儀式的・可視的に表現しようとし、太政官の下級官人も大臣を筆頭とする人的秩序により序列化されていることを示す。また新任大臣大饗の開催により大臣初任の段階で、賜禄と饗宴により大臣と太政官官人との間に人格的結合関係の形成を試みている。以上の再編は官司制秩序に大臣を中心とする人的秩序を内包させたものであり、太政官官人はこの新しい人的秩序により序列化されるのである。

以上、大臣任官儀礼の展開は律令官人制の再編過程の中の一つに位置付けるべきものであり、太政官における新しい秩序を可視的に表現する儀式の再編の結果なのである。忠平期を画期として成立した新しい大臣任官儀礼は、太政官における大臣を頂点とした人的秩序を大臣新任時に形成することを目的とする儀礼である。またこの秩序の頂点にある大臣は、天皇との人格的結合関係を強化し、天皇のみが保有する権限を分有されたことで、従前の秩序の代表（律令官人制秩序の代表である天皇）からその地位を保証された。

この秩序再編について天皇に視点を据えて理解するならば、天皇は大臣を介して間接的に秩序の代表となり得ている。但し、このように位置付けられる大臣の性格を過剰に評価することはできない。あくまで大臣は天皇の

みが保有する権限の「分有」（新任大臣大饗の許可申請制度）を認められているのであり、独自の権能として確立していたわけではないのである。

一方、新たな大臣任官儀礼の性格を以上のように規定した場合、大臣任官儀礼の本質的部分、すなわち、任命儀式としての意義が相対的に低下したことも重要である。新任者（大臣）の参列を要しないという実態はまさにそれを物語っている。

④任大臣儀における六位以下下級官人の排除　大日方克己は官僚機構が確立し分業と重層化が進展したことを論拠として、全官人が天皇御前に列立する必要がなくなり、九世紀半ば頃から天皇出御の儀式おいて六位以下官人が排除されるとした[40]。また神谷正昌は承和期（八三四〜八四八）から貞観期（八五九〜八七七）にかけて諸節会の儀場が紫宸殿に移行するに際し、参列者が侍従・五位以上に限定されたとする[41]。

大日方説は、例えば朝政に類する政務儀礼であれば妥当な指摘と思われるが、儀式全般について一般化することには疑問が残る。また任大臣儀は成立当初から内裏紫宸殿儀であり、承明門外ではあれ六位以下の列立が確認できることから、神谷説の理解をそのまま適用することはできない。

筆者は任大臣儀における六位以下排除についても、律令官人制の再編という観点から説明することが可能であると考える。すなわち、再び位階制に注目すれば、全官人が版位を基準として庭に列立し天皇に拝礼する儀礼[42]は、位階制秩序を儀礼空間的に表現したものとも言い換えることができる。

しかし十世紀中葉頃までに位階制が官人制秩序として機能しなくなれば、その儀礼的表象である官人の列立のあり方も変質する。すなわち、任大臣儀の本質は天皇への拝礼儀礼ではないものの、全官人が天皇の言葉としての任大臣宣命を受けて再拝する儀式であったから、成立当初は位階制官人秩序に基づく参加者列立が必要とされ

た。但し六位以下という律令官人制秩序が無実化すれば、勿論六位以下の列立は意味を消失する。大臣任官儀礼が太政官内における新たな秩序を構築することに主眼を置いたものに変化する中で、六位以下官人は儀礼に参加する意味が低下したものと推察される。六位以下排除を含めた儀式構造の展開は［官人制秩序の変質→儀式の変質→六位以下排除］という流れで捉えるべきものと考える。

結語

以上、大臣任官儀礼の展開過程とその歴史的背景や意義について論じてきた。平安初期における任大臣儀の成立、任大臣儀・御前儀・新任大臣大饗の三儀式により構成される大臣任官儀礼の成立過程が主たる検討内容であった。

任大臣儀・御前儀・新任大臣大饗の三儀式からなる大臣任官儀礼は、大臣新任時において太政官内における［大臣―太政官官人］間の序列を形成し、かつこの両者間の人的秩序を構築することを目的とした。また一方で、新任大臣にとっては天皇との人格的結合を構築する儀礼でもある。

このような大臣任官儀礼は、大臣が天皇とのミウチ性を強めていったことを歴史的前提としながら、本質的には次の要因が大きく働く形で成立する。すなわち、律令官人制秩序が変質したことにより、律令官人制秩序が本来有していた人的秩序の側面を律令官司制秩序へと移すことを試みる。すなわち、大臣を頂点とする人的秩序を太政官内に実現させたのである。

吉川真司が提唱する律令官僚制の定義は、律令官人制と律令官司制の二つからなり、この両者は相互依存の関

係にある、というものである。筆者なりにこの理解を読み換えれば、この両者のうちの官人制に変質が認められるのであれば、同時に官司制についても変質が生じているはずである。吉川はこの点について特定官職重視という変質論を展開したが、筆者はそれを官司制に引き付けて理解し、官人制秩序のもつ人的秩序を官司制秩序へ移したものと読み換えた。

平安時代の儀礼において、藤原忠平の儀礼を先例とし、継承され発展していくことは既に先学が指摘しているところであり、忠平期が儀式制度上の画期となることも確かである。本章では、大臣任官儀礼画期の一つの要因として忠平が摂政の地位にあったことを指摘した（奏慶・啓慶・御前儀）。儀式運営上、新たに創設された摂政・関白という地位を儀式運営にいかに位置付けるかという問題は、当然発生し得るものである。

一方、儀式それ自体がもつ「秩序の再生産」という機能に注目すれば[43]、官人制・官司制秩序の変質は儀式制度の再編を促す重要な要素となる。この二点を忠平期における儀式制度展開の要因として挙げたい。また摂関を含めた官僚機構とその秩序、またその秩序の再確認を行う儀礼の三者を総合的に解釈することが必要となってくるが、これは平安時代の儀式研究・官僚制研究に求められるものとして、今後の研究課題としたい。

註

（1）吉川真司「律令官僚制の基本構造」（『律令官僚制の研究』塙書房、一九九八年、初出は一九八九年）。
（2）吉川真司「律令官人制の再編過程」（『律令官僚制の研究』塙書房、一九九八年、初出は一九八九年）。
（3）任大臣儀は「大臣召」「任大臣節会」とも呼ばれるが、任大臣儀という呼称に統一する。また任大臣儀を含めた大臣任官に関する儀礼については大臣任官儀礼と呼ぶこととする。

(4)以下、先行研究を一括して掲げる。任大臣儀については、古瀬奈津子「儀式における唐礼の継受—奈良末〜平安初期の変化を中心に—」(『日本古代王権と儀式』吉川弘文館、一九九八年、初出は一九九二年)、佐々木恵介「任大臣儀について—古代日本における任官儀礼の一考察—」(『聖心女子大学論叢』一〇〇、二〇〇三年)が挙げられる。新任大臣大饗については、倉林正次「大臣大饗」(『饗宴の研究』儀礼編、桜楓社、一九六五年)、太田静六「大饗と寝殿造の用法」(『日本歴史』二五三、一九六九年)、松本裕之「平安時代の内大臣について」(渡辺直彦編『古代史論叢』続群書類従完成会、一九九四年)、遠藤基郎「平安中後期の家産制的儀礼と朝廷諸部局の動員」(五味文彦編『中世の空間を読む』吉川弘文館、一九九五年)、神谷正昌「任大臣大饗の成立と意義」(『平安宮廷の儀式と天皇』同成社、二〇一六年、初出は一九九九年)、山下信一郎「大臣大饗管見—官司内儀礼としての饗宴と禄—」(『日本古代の国家と給与制』吉川弘文館、二〇一二年、初出は二〇〇三年)等が挙げられる。以下、本章における諸氏の見解は、特に断らない限り以上の論考である。

(5)『江家次第』に「王卿著二外弁一」とある。藤森健太郎「十〜十二世紀の「天皇即位儀」」(『古代天皇の即位儀礼』吉川弘文館、二〇〇〇年)は外弁について次のように指摘する。すなわち、天皇即位儀礼の記事にみえる外弁は会昌門外(朝堂院)で待機した後、朝庭に列立する礼服を着用した公卿のことである、と。以上の指摘を踏まえ、任大臣儀における外弁を、承明門外で待機し後に前庭に列立する公卿のことと理解する。

(6)宣命に対して新任者は再拝しないと明記されていること、そして新任大臣が参列しないことから、大納言以下参議以上の新任者の参列は確実である。承暦四年(一〇八〇)八月十四日(『帥記』)の任大臣儀では、同日任命される藤原実季(任権大納言)、源師忠・藤原伊房(任権中納言)、源家賢(任参議)の四名が外弁に着し、前庭に列立していることが確認できる。

(7)『西宮記』の成立については、栗木睦「『官奏事』の基礎的研究—『西宮記』か『北山抄』か—」(『古代文化』五三—二、二〇〇一年)、同「『西宮記』写本分類についての試論」(『日本歴史』六四一、二〇〇一年)、同「『雑類略説』逸文の基礎的検討—『西宮記』と呼ばれない『西宮記』の存在について—」(『皇學館論叢』三六—三、二〇〇三年)による。『西宮記』なる書物は源高明が直接編纂したものではなく、後世、高明の儀式関係の書をまとめたものであり、高明が実

際に編纂したものとしては臨時行事に関する『雑類略説』が挙げられる。しかし、高明は確かに年中行事の書を記しており、『西宮記』にみえる内容はそれに基づいているとみてよい。以上の栗木の説を踏まえて、『西宮記』の内容自体は高明生前の天元五年（九八二）以前のものとみて大過ないと考える。

(8) 称徳期以前の任大臣宣命の形式は一定しておらず、また参議以上を同時に任命する場合にその旨を同宣命に掲載するのは、延暦二年（七八三）の藤原是公任右大臣のときからみられる、とした。

(9) 本書第六章。

(10) 河内春人「日本古代における昊天祭祀の再検討」（『古代文化』五二―一、二〇〇〇年）。

(11) 天応元年（七八一）から弘仁十二年（八二一）の間には合計八例の大臣任官があるが、具体的な儀式次第を知ることはできない。ただ、延暦二年（七八三）の時には参議以上を同時に任命するあり方がみられる（註(8)前掲）。

(12) 山中裕『平安朝の年中行事』（塙書房、一九七二年）。

(13)『吏部王記』承平六年（九三六）八月十九日条（『西宮記』所収逸文）、『初任大臣大饗雑例』「新任大臣無昇殿宣旨時例」。

(14)『西宮記』「大臣召」裏書。

(15)『初任大臣大饗雑例』「新任大臣無昇殿宣旨時例」。このとき中宮は不在であるから、前天皇醍醐の中宮で現天皇朱雀の母である藤原穏子（承平元年（九三一）十一月に皇太后）に対する啓慶であると考えられる。皇太后藤原穏子を「中宮」と記す史料は『貞信公記』承平二年（九三二）十月二十五日条、『同』天慶元年（九三八）十月九日条等、散見する。東宮は不在である。また藤原師輔任右大臣のことを記した『九暦』天暦元年（九四七）四月二十七日条（任大臣儀の翌日）には「処々申㆓慶賀事㆒」とある。この「処々」は東宮・中宮を指すものと考えられるが、天皇への奏慶も含まれているかは不明である。

(16)『九暦』承平七年（九三七）正月二十二日条（『西宮記』所収『九暦』逸文）に「九記云、以㆓右大臣㆒為㆑左、以㆓大納言恒佐㆒為㆓右大臣㆒。天皇不㆓御出㆒、殊簾不㆑巻。以㆓恒佐㆒為㆓内弁㆒右大臣不㆑参云々。宣命間太政大臣於㆓簾中㆒見㆑之」とあ

る。
(17) 藤木邦彦「藤原穏子とその時代」(『平安王朝の政治と制度』吉川弘文館、一九九一年、初出は一九六四年)、服藤早苗「王権と国母—王朝国家の政治と女性—」(『平安王朝社会のジェンダー』校倉書房、二〇〇五年、初出は一九九八年)により、国母藤原穏子が常に幼帝朱雀とともに同殿・臨席していることが指摘されている。
(18) 竹内理三「口伝と教命—公卿学系譜(秘事口伝成立以前)—」(『竹内理三著作集第五巻　貴族政治の展開』角川出版、一九九九年、初出は一九四〇年)、註(12)山中前掲書。
(19) 天皇が紫宸殿に出御しないときの内侍伝奏は、内裏内郭内から奏であれば内侍が射場殿(清涼殿の入り口)から蔵人に付し奏上していた(吉川真司「律令国家の女官」『律令官僚制の研究』塙書房、一九九八年、初出は一九九〇年)。よって射場殿における奏慶も一般的な奏の一形態として理解できる。
(20) 野田有紀子「平安貴族社会の行列—慶賀行列を中心に—」(『日本史研究』四四七、一九九九年)。
(21) 註(13)前掲史料。
(22) 『西宮記』「大臣召」裏書、康保三年(九六六)正月十六日条。『日本紀略』貞元二年(九七七)四月二十四日条。貞元二年(九七七)には源雅信の他に藤原頼忠が左大臣に任じられている。この行列を源雅信邸までのものとする論拠は、「有二饗禄一」とあって行列の目的地で新任大臣大饗が行われることである。『西宮記』では新任大臣大饗に関して「転任人不レ設レ饗、太政大臣設レ饗、内大臣不レ設、而近代、設レ之」とし、太政大臣任官時以外は初任の時のみ行うとし、内大臣任官時は初任であっても設けないものの、近年は設けているとする。すなわち、右大臣から左大臣に転任した藤原頼忠は新任大臣大饗を行わないので、この行列は源雅信邸までのものとなる。転任時に新任大臣大饗を行わないことは註(4)前掲神谷論文により指摘されている。
(23) 註(4)前掲神谷、山下論文。山下は「焼尾荒鎮」禁制の問題から、新任時にこの禁制対象となる私的な饗宴が広く行われており、大臣新任時の饗宴開催も「焼尾荒鎮」禁制に抵触する行為であったから、饗宴開催の勅許を得て公的に新任大臣大饗を開催できたとした。

(24) 註(4)前掲神谷論文。
(25) 奈良時代における任官儀式の儀場について、早川庄八「八世紀の任官関係文書と任官儀について」(『日本古代官僚制の研究』岩波書店、一九八六年、初出は一九八一年)、註(4)前掲古瀬論文は朝堂院で行われたとし、西本昌弘「八・九世紀の内裏任官儀と可任人歴名」(『日本古代儀礼成立史の研究』塙書房、一九九七年、初出は一九九五年)は内裏での任官儀礼が天平十五年まで遡るとする。しかし大臣任官儀礼を含め任官儀礼の儀場は種々確認できることから、固定化していないとみるべきである。
(26) 神谷正昌「紫宸殿と節会」(『平安宮廷の儀式と天皇』同成社、二〇一六年、初出は一九九一年)。
(27) 『北山抄』では任大臣儀の儀式次第を立后儀に準じるとし、「任大臣儀」には儀式次第を記さない。
(28) 『延喜儀式』に関しては諸説あるが、本章では所功「『儀式』の成立」(『平安朝儀式書成立史の研究』国書刊行会、一九八五年)を参考にした。なおこの逸文は国書逸文研究会編『新訂増補国書逸文』(国書刊行会、一九九五年)未収録のものである。神道大系本『北山抄』(神道大系編纂会、一九九二年)では「延喜任参議以上式(傍点筆者)」とするが、傍点部「任」は底本である前田家巻子本(『尊経閣善本影印集成　北山抄』八木書店、一九九五年)にはない。但し別箇所で「任参議以上式」という文言が確認でき、この両者は同じものを示すと考えられるから、本文では「(任)」として補った。
(29) 『本朝法家文書目録』では『弘仁儀式』にも「任参議以上儀」の項目が載せられている。しかし『弘仁儀式』は『内裏式』と同一のものと考えられ、また『延喜儀式』の編目を参考に『弘仁儀式』の編目が立てられたとみられることより(註(28)前掲所論文、石塚一石「三代儀式の成立について」『日本上古史研究』七―二、一九六三年)、儀式書の項目として内裏任官儀から任大臣儀が独立したのは『延喜儀式』からとみて大過ない。
(30) 註(28)前掲所論文。
(31) 『新儀式』と『清涼記』との関係については、清水潔「清涼記と新儀式と天暦蔵人式」(『皇學館論叢』九―二、一九七六年)による。

(32)註(18)前掲竹内論文。
(33)例えば『小右記』永延三年(九八九)二月二十三日条、治安元年(一〇二一)七月二十五日条、『権記』正暦五年(九九四)八月二十八日条、等が挙げられる。
(34)王権の分権化については、玉井力「一〇—一一世紀の日本—摂関政治—」(『岩波講座日本通史』六(古代五)、岩波書店、一九九五年)により指摘されている。
(35)『西宮記』臨時一乙「一、宣命」。
(36)春名宏昭「草創期の内覧について」(『律令国家官制の研究』吉川弘文館、一九九七年)。
(37)神谷正昌「大臣大饗の成立」(『平安宮廷の儀式と天皇』同成社、二〇一六年、初出は一九九八年)。この他に正月大臣大饗の成立については、渡邊誠「大臣大饗と太政官」(『九州史学』一五六、二〇一〇年)、同「大臣大饗沿革考」(『史人』三、二〇一一年)、中本和「平安時代における儀式と身分秩序—大臣大饗を中心に—」(『ヒストリア』二五三、二〇一五年)が良房期の成立を論じる。
(38)註(4)前掲倉林論文。
(39)註(2)前掲吉川論文。
(40)大日方克己『古代国家と年中行事』(吉川弘文館、一九九三年)。
(41)註(26)・(37)前掲神谷論文。
(42)拙稿「版位制の展開と標の成立—平安前期の検討から—」(『行政社会論集』一五—三、二〇〇三年)。平安前期にみられる版位・標は五位以下に関しては位階制通り「五位」「六位」と記された版位・標が使われた。しかし四位以上に関しては「太政大臣」「左大臣」…「四位参議」等のように純粋に位階が記されるものではない。このことから既に『内裏式』『儀式』が編纂された段階では純粋な位階制は機能しておらず、官職重視の傾向が窺える。
(43)橋本義則「平安宮草創期の豊楽院」(『平安宮成立史の研究』塙書房、一九九五年、初出は一九八四年)。「儀式は、定期的に一定の場所で反復して行うことによって人と人との関係を確認しさらにそれを強固にすることで、日常的な秩序を

保持する機能を果たした」とした。私見も儀式に対しては同様に理解し、「秩序の再生産」という言葉で表現した。

［付記］

本章は旧稿「平安時代の大臣任官儀礼の展開」（『ヒストリア』二〇〇、二〇〇六年）を改稿したものである。但し、基本的な論旨・結論に大きな変更はない。なお旧稿発表後、新任大臣大饗・正月大臣大饗について多くの専論が発表された。その一部は本論中に取り入れたものの、全てを消化することはできなかった。特に旧稿における新任大臣大饗の成立に関する見解に対しては、渡邊誠「大臣大饗と太政官」（『九州史学』一五六、二〇一〇年）、同「大臣大饗沿革考」（『史人』三、二〇一一年）、山下信一郎「大臣大饗管見―官司内儀礼としての饗宴と禄―」「付記」（『日本古代の国家と給与制』吉川弘文館、二〇一二年）により批判が寄せられた。特に渡邊による批判は成立期新任大臣大饗に関する新確認の史料解釈に基づくものであり、旧稿の論旨の骨子に関わる問題である。

渡邊による批判の要点は、①新任時と正月恒例の大臣大饗は「焼尾荒鎮」（新任時になされた配下官人への饗応）を源流としたものであること、②よって本義に近い新任大臣大饗が正月大臣大饗より遅れるとは考え難いこと、③拙稿、およびそれが依拠した神谷正昌「任大臣大饗の成立と意義」（『平安宮廷の儀式と天皇』同成社、二〇一六年、初出は一九九九年）において新任大臣大饗の初見事例（延喜十四年の藤原忠平任右大臣時）としたものよりも遡る史料が確認できる、この大きく三点である。

この内、第三点目の批判は重要であり、『京都御所東山御文庫記録』「甲七十四　任大臣并大饗等雑々」（『大日本史料』第一編補遺二、昌泰二年）に「尊者禄出所例　昌泰二二十四、両」とあるのは、明らかに朝廷から大饗に参加する尊者への禄が支給されたことを示しており、昌泰二年（八九九）二月十四日の藤原時平任左大臣と菅原道真任右大臣時に開催された大饗が公的なものであったことは指摘の通りである。

但し、この『京都御所東山御文庫記録』「甲七十四　任大臣并大饗等雑々」の史料の性格が未だ不分明であるため断定的な評価は下せないが、仮にこの記事の信憑性を認めた場合、昌泰二年（八九九）任大臣例の直前の事例である寛平

八年（八九六）七月十六日の源能有任右大臣、および直後の事例である延喜元年（九〇一）正月二十五日の源光任右大臣についての記述が確認できないことが問題となる。昌泰二年（八九九）の大臣任官時の饗宴では、臨時的な措置として尊者禄（これも当該史料筆記時の認識に基づく記述である可能性が高い）を公的に支出したものであった可能性を考慮に入れておく必要があろう。

末松剛「10～11世紀における饗宴儀礼の展開」（『日本史研究』六四二、二〇一六年）は、昌泰二年（八九九）の新任大臣大饗が宇多天皇により幼主醍醐の輔政を命じられた両名の大臣就任であることにより行われたとの理解を示した。筆者も同様と考え、あくまでこの段階では新任大臣大饗が大臣任官儀礼の一つを構成する公的な儀式として固定化されてはいないと考える。

第一と第二の批判については次の回答を用意した。すなわち、新任大臣大饗が新任時における「焼尾荒鎮」を淵源としていたことは旧稿でも山下旧稿に依拠する形で理解を示した。新任大臣大饗の淵源が「焼尾荒鎮」と称される私的臨時群飲にあることに異論はない。

但し、新任大臣大饗の成立を論じる上で最も重要なのは、明らかに「焼尾荒鎮」を号する私的臨時群飲が禁制対象とされた中で公的饗宴として認可されていることである。この点と関わって、筆者と渡邊との理解の差は『類聚三代格』貞観八年（八六六）正月二十三日格に対する理解の相違に起因する。すなわち、渡邊はこの「焼尾荒鎮」禁制の目的を倹約令として捉え、臨時群飲それ自体にはなんら問題はなく、むしろ新任者と下僚との人格的結合を図り、職務運営を円滑に行う上で重要なものと位置付けるのである。

しかし、貞観八年（八六六）格の格旨は決して倹約令ではない。

『類聚三代格』巻十九、禁制事

太政官符

一禁二制諸司諸院諸家所々之人焼尾荒鎮又責レ人求レ飲及臨時群飲一事

右撰格所起請偁、「去天平宝字二年二月廿日勅書偁、「随レ時立レ制、有レ国通規。議レ代行レ権、昔王彝訓。頃者

民間宴集動有㆓違愆㆒。或同悪相聚、濫非㆓聖化㆒、或酔乱無㆑節、便致㆓闘諍㆒。拠㆑理論㆑之、甚乖㆓道理㆒。自今以後、王公以下、除㆓供㆑祭療㆑患之外不㆑得㆑飲㆑酒。其朋友僚属内外親情、至㆓於暇景㆒応㆓相追訪㆒者、先申㆓官司㆒、然後聴㆑集。如有㆑犯者五位以上停㆓一年封禄㆒、六位以下解㆓却見任㆒、已外決㆓杖八十㆒。冀将㆘淳㆓風俗㆒能成㆓人善㆒、習㆓礼於未㆑識防㆗乱於未然㆖」者。而今綸綍出後年代久遠、有司解體棄而不㆑行。因㆑茲諸司諸院諸家所々之人、新拝㆓官職㆒初就㆓進仕㆒之時、一号㆓荒鎮㆒一称㆓焼尾㆒、自㆑此之外責㆑人求㆑飲臨時群飲等之類、積習為㆑常。酔乱無㆑度、主人毎有㆓竭㆑財之憂㆒、賓客曾無㆓利㆑身之実㆒。若期約相違、終至㆓凌轢㆒、営設不㆑具、定為㆓罵辱㆒。非㆓啻争論之萌牙㆒、誠作㆓闘乱之淵源㆒。望請、准㆓拠勅文㆒、厳加㆓禁止㆒」者。右大臣宣、「奉㆑勅、依㆑請。但雖㆑聴㆓集者㆒不㆑当㆑過㆓十人㆒、又不㆑得㆔飲㆑酒過差至㆓於闘争㆒、若有㆑違者、親王以下五位以上並奪㆓食封位禄㆒、自外如㆓前格㆒。若容隠不㆑糺、同処㆓此科㆒。但可㆑聴之色具存㆓別式㆒。」

（中略）

以前條事、具㆑件如㆑右。

貞観八年正月廿三日

すなわち、「焼尾荒鎮」を号する初任時群飲を始めとした私的臨時群飲が常態化している中、この問題点として「一号㆓荒鎮㆒一称㆓焼尾㆒、自㆑此之外責㆑人求㆑飲臨時群飲等之類、積習為㆑常。酔乱無㆑度、主人毎有㆓竭㆑財之憂㆒、賓客曾無㆓利㆑身之実㆒。若期約相違、終至㆓凌轢㆒、営設不㆑具、定為㆓罵辱㆒。非㆓啻争論之萌牙㆒、誠作㆓闘乱之淵源㆒」（傍線部）が挙げられている。この中の「主人毎有㆓竭㆑財之憂㆒」は確かに倹約令を想起させ、主人の大きな出費を危惧しているようにも思える。しかし、ここでは財政状況を理由として初任時群飲を行わなかったときに闘乱が勃発することを危惧しているのである。

また罰則規定ついて「親王以下五位以上」とするのは、明らかに問題視されている私的臨時群飲の主催側である。ここで群飲開催を求める下僚のみならず開催者側を罰しているのも、一律に私的群飲の開催自体を問題にしているからである。本格が先行法令として天平宝字二年（七五八）二月二十日勅を引用しているのも、本格が治安維持を目的として

いるからである（弥永貞三「春日暇景の詩―応天門の変と道真をとりまく人々―」『新訂増補国史大系月報』二五、一九六五年）。

格文の最後、例外規定に関わる「但可レ聴之色具存二別式一」については、渡邊が指摘するように、その一部は諸衛定考の考所官人と騎射の射手官人の給禄である。

なお、貞観八年（八六六）正月にこのような格が出された理由についても私見を述べておく。『日本三代実録』貞観十年（八六八）閏十二月二十八日丁巳条源信薨伝に次のようにある。

（前略）貞観六年冬先レ是、大納言伴宿祢善男与二大臣一相忤、漸積二嫌隙一。至レ是有レ投二送書一曰、「大臣与二中納言源朝臣融、右衛門督源朝臣勤等一、兄弟同レ謀、欲レ作二反逆一。」令下二時世一嗷々上。善男乗レ此、顕言曰「大臣欲レ為二不善一既有二先聞一。今飲章如レ此。可レ謂其反有レ端矣。」（後略）

これは所謂「応天門の変」発生に関わる周知の史料であり、伴善男と源信との間の政治的軋轢について記されている。本史料にあるように、貞観六年（八六四）頃から両者の関係は悪化し、遂に源信・源融等の謀反の疑いについて記された投書まで現れる。このような政治状況は貞観八年（八六六）閏三月十日の応天門炎上により更に激化するのであるが、本格が出されたのはまさに応天門炎上事件の直前のことである（前掲弥永論文）。本格が先行法令として引く天平宝字二年勅が、橘奈良麻呂の変に関わる治安統制であったことを踏まえると、再びこの勅が持ち出され私的臨時群飲が禁制されるのも伴善男と源信との政治的軋轢を端とする世情不安にあるとみて大過なかろう。当該時期はこの他にも太政大臣藤原良房の重病や、陰陽寮による兵疫の災に関する奏など、政局の動揺は甚大なものであった（佐伯有清『人物叢書伴善男』吉川弘文館、一九七〇年）。

このとき、世情不安の直接的な原因は政権上層部の対立・軋轢である。このような中、治安維持を目的とした本格において大臣初任時の私的群飲が例外的に認められたとは到底思えない。よって貞観八年格中にある「別式」としてこのような臨時群飲が許可されたものの中に新任大臣大饗が含まれていないと考える。

延喜十四年（九一四）の例では天皇から弾正台と検非違使に対する勅言が確認できる。おそらく私的臨時群飲を取り

締まる職掌を担った検非違使等に対し、この饗宴が取締適用外である旨を伝えたものであろう。また一方で大饗の場には監視役として検非違使が参列するが（前掲山下論文）、おそらく許可範囲内（賜饗禄内容）での饗宴であることを監視するためであろう。すなわち、公的に認められた新任大臣大饗とはいえ、初任時臨時群飲の禁制という前提のもとの饗宴であり、故にその内容は厳しく限定されたのである。

筆者は新任大臣大饗の基本的性格が「焼尾荒鎮」と称された初任時における下僚との人格的結合を図り官司運営の潤滑を図るものであれば、なおさら、それを否定した貞観八年（八六六）格の重要性は認識されるべきものと考える。この禁制下において大臣（と衛府長官）のみが大饗を許されたことについては、もはや一般論としての「焼尾荒鎮」の重要性から論じられるものではない。

また、渡邊が指摘するように、延喜十四年（九一四）の藤原忠平の新任大臣大饗に先立ち、この饗宴饗料の財源でもある地子交易雑物の貢納内容の改訂と使途の取り決めがなされる。これは新任大臣大饗を恒久的に公的饗宴と位置付ける財政上の措置でもある。このような意味において、昌泰二年（八九九）時の新任大臣大饗は公的財源を饗料としたものであったが、あくまで前天皇から自身の輔政を命じられた藤原時平・菅原道真両名の大臣就任時に対して醍醐天皇がとった臨時的な措置であり、公的饗宴として大臣新任時に行われる新任大臣大饗が成立するのは延喜十四年（九一四）であったと考える。『新儀式』で新任大臣大饗の先例として延喜十四年（九一四）が挙げられるのも、以上の如き新任大臣大饗の性格を正しく理解してのことであろう。

以上の二点、すなわち私的臨時群飲禁制下において特別に新任大臣大饗が成立した点、および公的饗宴として特定財源が確保された点により、新任大臣大饗の成立を延喜十四年（九一四）の事例とする旧稿の結論を変更する必要はないと判断した。

なお、末松前掲論文は「輔政の任」にある者が大臣新任時に行う饗宴として新任大臣大饗の成立、およびその展開過程を捉えるが、その初例（筆者は臨時のものとみるが）である昌泰二年時（藤原時平・菅原道真）の例は説明し得ているものの、それに続く事例を確認し得ていない。すなわち、菅原道真左遷の後に「輔政の任」に該当する官奏侍候者と

なった源光が右大臣に任じられた際に新任大臣大饗が開催されたことは確認できていない。よって筆者は「輔政の任」の論理は昌泰二年（八九九）の異例の新任大臣大饗を説明するものであって、その後の新任大臣大饗は「輔政の任」（官奏侍候者など）とは異なり、官職としての大臣新任時に開催するものとして延喜十四年（九一四）に成立するものと考える。昌泰二年（八九九）の例も新任大臣大饗の成立のあくまで前史的な事例と位置付ける。

第八章　大臣曹司の基礎的研究

序

　公卿の内裏侍候の問題は、天皇と貴族の関係を考える上で重要な問題であり、平安時代を中心にして、上日の問題、政務の場等の観点から研究が進められてきた[1]。近年、西本昌弘[2]は、大臣曹司が大臣が内裏近くで夕刻・休日でも臨機使用できる政務・侍候の施設であるとの理解を示し、これを公卿による内裏侍候の実態の一つとして論じている。大臣曹司の基本的理解についてはこの他にも今泉隆雄や吉川真司により指摘されている。

　今泉隆雄[3]は長岡京木簡で確認された造右大臣曹司所の解釈の中で、大臣曹司を公卿が内裏に賜った直盧等と同一的に理解している。また吉川真司[4]は太政官曹司とは別に大臣・大納言に曹司が設けられることを特記し、宿侍を目的とした施設として一般の曹司における宿所の私的利用の典型例として例示する。

　これら先行研究における大臣曹司の理解には次の問題がある。すなわち、内裏近くに存在する侍候施設という認識を前提とした議論であり、大臣曹司自体の理解については実証性に乏しい。そこで本章では大臣曹司の基本的性格の解明を第一の目的とし、公卿の内裏侍候の問題と大臣曹司との関係、およびその歴史的意義についての再評価を試みる。

　大臣曹司の基礎的研究における最も重要な論点は成立と所在地である。成立については長岡京段階と位置付け

る西本の指摘があるが、これに関しては再考の余地がある。また所在地について、西本は内裏近くに成立すると漠然とした指摘に留まり、吉川は宮内にあるとし、今泉は大臣や大納言が宮内や宮外に曹司（今泉は「宿所」とする）を賜ったと指摘する。この点に関しては、吉川は宮内のみに関して言及しており宮外の大臣曹司との関係が不明確であるし、今泉は宮内や宮外の両方に所在することを指摘している点では重要であるが、この両者に存在することの意味、また時期的変遷の有無等については言及していない。そこで以下、史料上確認できる大臣曹司の所在地の検討、および成立の問題について検討していく。

第一節　京域大臣曹司の成立

大臣曹司の史料上の初見は長岡京木簡[5]にみられる延暦九年（七九〇）頃の右大臣藤原継縄の大臣曹司に関するものであるが、所在地に関する記述はない。次に確認できるのは平安京段階の藤原冬嗣と藤原緒嗣のものであり、所在地比定が可能である。また後述のように平城京段階の大納言藤原魚名の曹司が史料上確認でき、これが大臣曹司の成立と深く関わるが、行論の都合上、藤原冬嗣・藤原緒嗣の例から考察する。

藤原冬嗣・藤原緒嗣　右大臣藤原冬嗣、および右大臣藤原緒嗣の大臣曹司に関する史料は次の二つである。

【史料1】『日本紀略』天長二年（八二五）二月己丑条

　己丑。右大臣外曹司町北方公地造㆑作大納言休息局㆒。

藤原冬嗣は弘仁十二年（八二一）正月に右大臣に任じられ天長二年（八二五）四月に左大臣に転じるから、ここ

にみられる右大臣は藤原冬嗣である。また藤原緒嗣は弘仁十二年（八二一）正月に大納言に任じられ、天長二年（八二五）四月に右大臣、そして天長九年（八三二）十一月に左大臣に転じるからここにみられる大納言は藤原緒嗣である。

【史料2】『台記』仁平元年（一一五一）二月十日条所引外記日記(6)

（前略）今日師業申曰。勘二外記日記一、（中略）

①天暦三年五月一日記云、「昨日太政大臣《衍字有り》・召二外記正統一仰云、「年来雖レ不レ随二例務一、有レ給二上日一。其意如何。」申云、「検二先例一、天長御代、九条大臣〈緒嗣〉為二大納言一之時、依レ病不二参入一間、於二曹司一奉二行政務一。有二時議一問二法家一、与二上日一。依二彼例一所レ奉二上日一也」者。（中略）」

②彼天長九年《二カ》十二月九日記云、「大納言緒嗣、有二身病一久蟄二愛宕第一。今年春有二勅語一、令下近二侍宮城辺一行中政務上、自二四月五日一、遷二曹司一居住。在二太政官厨家西町一。全住上日云々難レ決。仍六月、問二明法博士敏久一。答云、「雖レ不レ出二官庁一、在二曹司一釐二政事一、与二上日一、於レ事無レ妨」者。自レ爾一月之内、以二廿五日一為二上日限一。（後略）」

結論を先に述べれば、【史料1・2】は天長二年（八二五）の藤原緒嗣の大臣曹司造営に関するものである。【史料1】はその造営を命じたもの、【史料2】は緒嗣が大臣曹司へ居住したことにより発生した上日支給の問題について記された外記日記の一節であり、『台記』記主である左大臣藤原頼長と大外記中原師業の間の非執政太政大臣の上日に関する問答において、師業が過去の外記日記に基づき勘申したものである。

なお【史料2②】の「天長九年十二月九日記」について若干の文字の校正を行う。史料大成本『台記』は紅葉山文庫本を底本とした『史料大観』の複写本である。『史料大観』が校合に用いた八条本では「九年」を「元年」

としており、『台記』の重要箇所を抄出した『宇槐記抄』でも「元年」とする。緒嗣は天長二年（八二五）四月五日に右大臣に任命され、天長九年（八三二）十一月二日に左大臣に転じているから、大納言段階のものについて記す本外記日記は天長九年（八三二）のものではあり得ない。よって「元年」と校定するのが正しい。

しかしながら、筆者はこの「元年」も「二年」の誤記もしくは誤写であると推察する。すなわち、「大納言緒嗣」は「今年春」に勅語によって宮城辺に近侍し政務を行うことを命じられており、この具体的施策について記されたのが【史料1】の「大納言休息局」の造営であると考えられるからである。この点については後に詳述するが、「天長元年十二月九日記」は【史料1】と同一のことを記したものと見做すべきであり、故に「天長元年」ではなく「天長二年」と改めるべきと考えられる。

本論に入る。まず【史料2①】と【史料2②】間の相違が問題点として挙げられる。【史料2①】は天暦三年（九四九）五月一日の外記日記であり、太政大臣藤原忠平が少外記菅野正統に上日について諮問した際、「天長御世」の先例を、おそらく天長二年（八二五）十二月九日の外記日記（【史料2②】と同）を史料的根拠として勘申したものである。この両者の決定的な相違は、【史料2①】では緒嗣が大納言の段階で「曹司」において政務を執ったとするのに対して、【史料2②】では右大臣任官と同日の「四月五日」に「曹司」に遷ったとすることである。[7]

この点については【史料2②】が正しく、【史料2①】は天長二年（八二五）十二月九日外記日記の意味するところを正しく解釈し得ずに記されたものであるから、【史料2①】の大納言段階の「曹司」を実態として想定する必要はない。すなわち、前述のように【史料2②】では緒嗣が「四月五日」の右大臣任官時に「曹司」に遷ったとする。

天長二年（八二五）十二月九日外記日記では「四月五日」とは記すものの右大臣任官のことは明記していな

かった。これを先例とした【史料2①】は、正しく「四月五日」の意味を理解することなく、大納言緒嗣が病のため参入できなかったという状態と、この状況への対処策としての「曹司」での政務を直結させたのである。結果【史料2①】の天暦三年（九四九）の勘申では大納言緒嗣が「曹司」で政務を執ったとの理解が生まれたのである。

【史料2①】の本質は上日に関する先例の確認であり、天長年間（八二四〜八三四）の緒嗣に対する上日の措置が最大の関心事となっている。おそらく、大納言と右大臣との別は重要な問題ではなかったのだろう。以上により【史料2①】の「曹司」も【史料2②】の「曹司」も、ともに藤原緒嗣の右大臣曹司であったことが確認できる。

続いて【史料1】と【史料2②】の関係を、より詳細な記述をもつ【史料2②】を基調として次のようにまとめる。

大納言藤原緒嗣は天長二年（八二五）の春以前から病[8]により永く愛宕第に蟄居していた。このような状況の中、「今年春」に宮城の辺に近侍して政務を行うべしとの勅語が下る。【史料1】にみられる二月十五日の「大納言休息局」の造営指示はこの具体策の一つである。この後の同年四月五日に藤原緒嗣は右大臣に任命され、同日に「曹司」に遷って居住することになる。よって前述の如くこの「曹司」は右大臣緒嗣の大臣曹司である。

四月五日以降、緒嗣は「曹司」に「全住」、すなわちこの「曹司」で終日宿侍することになる。このときに生じたのが上日の問題である。そこで同年六月に明法博士の興原敏久に諮問したところ、「官庁（太政官曹司庁や外記庁等か）」に出仕せずとも、曹司で政務を行えば上日を与えることになんの問題もないとの勘申を受け、一か月に二十五日を限度として上日を与えることとした。

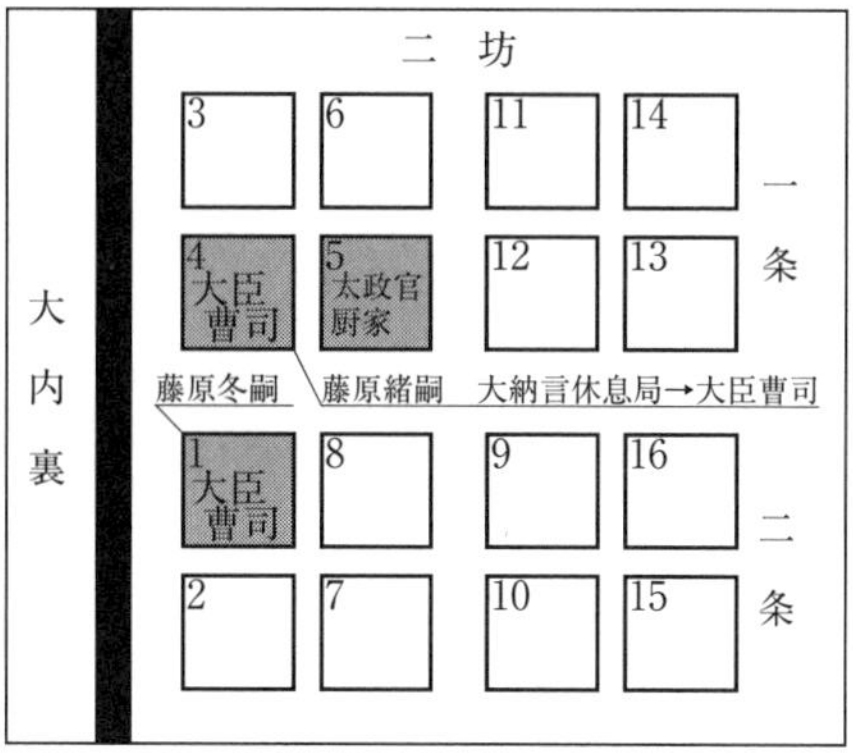

図10　平安京左京　大臣曹司配置図

以上、関連史料間の検討により大臣曹司に関する施設は、①右大臣冬嗣の「右大臣外曹司町」（【史料1】）、②大納言緒嗣の「大納言休息局」（【史料1】）、③緒嗣が四月五日の右大臣任官とともに遷った「曹司」（【史料2①・②】）の三つが確認できた。

これら大臣曹司関連施設の内、②緒嗣の「大納言休息局」と③の右大臣緒嗣の大臣「曹司」は同一人のために設営された施設であることから、この両者の関係を明確にしておく必要がある。

この二つの施設を直接結びつける史料は管見の限り確認できない。しかし筆者はこの両施設は同一施設であったと考える。二月十五日に造営が命じられた「大納言休息局」の完成時期は不明である。一方、緒嗣は同年四月五日から大臣「曹司」に遷り「全住」を開始する。仮に「大納言休息局」と大臣「曹司」が全く別の施設であったならば、わずか二か月に満たない間に「大納言休息局」の造営が停止され、新たに大臣「曹司」の造営が開始され完成したことになる。

おそらく、緒嗣は大納言段階において「大納言休息局」を使用することはなかった。「大納言休息局」という名称も、この造作を命じた時点の緒嗣の官職が大納言であったためであろう。緒嗣は四月五日の大臣任官のその日まで愛宕第に蟄居しており、右大臣任官と同時に「大納言休息局」として造営が開始された大臣曹司に遷り住んだものと考えられる。

ここまでの検討により、②の緒嗣の「大納言休息局」と③の右大臣緒嗣の大臣曹司は同一施設である。【史料

1】に関する訳注日本史料『日本後紀』[9]補注は、「大納言休息局」造作を二か月後に行われる大納言藤原緒嗣の右大臣任官の事前措置であるとの解釈を示す。妥当な指摘であるが、筆者はこれに加えて同時に右大臣冬嗣が左大臣に転じたことにも注意を払うべきと考える。すなわち、緒嗣の右大臣任官は平安遷都以来、初めて左右大臣併立が実現したものであったから、緒嗣の右大臣任官時点で緒嗣が使用できる大臣曹司がなかったという状況が想定できる。この点も緒嗣の大臣曹司の造営の要因の一つとなるのではないだろうか。[10]

以上、右大臣藤原冬嗣と右大臣藤原緒嗣の大臣曹司の存在が確認されたが、この両者については前掲史料により所在地を比定することが可能である。すなわち【史料2②】によれば③緒嗣の大臣「曹司」は太政官厨家の西の町に所在するとある。平安京における太政官厨家の所在地は左京一条二坊五町であるから、[11]大臣「曹司」の所在地は左京一条二坊四町となる。

また③と同一施設である②の「大納言休息局」が造営された場所は、【史料1】によれば①の冬嗣の「右大臣外曹司町」の北方の公地であるから、①の所在地は②③の南に隣接する左京二条二坊一町となる（図10参照）。

以上により、平安宮初期の藤原冬嗣・藤原緒嗣の大臣曹司が京域の、しかも宮城に近接した場所に所在したことが確かめられた。

藤原魚名　西本昌弘は大臣曹司の成立を長岡京段階と捉える。確かに大臣曹司の史料上の初見は長岡京木簡であり西本の指摘は確実性という点においては妥当な指摘である。しかし、筆者は大臣曹司の原初的形態はこれに遡り、平城京段階の光仁期に確認される藤原魚名の大納言曹司が大臣曹司に発展したものと考える。

【史料3】『続日本紀』宝亀八年（七七七）三月戊辰条

戊辰。幸㆓大納言藤原朝臣魚名曹司㆒、賜㆓従官物㆒有㆑差、授㆓其男従六位上藤原朝臣末茂従五位下、百済箽篌師正六位上難金信外従五位下㆒。

平城京段階で確認できる太政官関係の曹司として、太政官曹司（『令集解』公式令陳意見条古記）と弁官曹司（『続日本紀』天平宝字元年（七五七）七月庚戌条、宝亀三年（七七二）十二月乙亥条）が確認されるが、藤原魚名の大納言曹司はこれらとは別の施設である。また光仁天皇が「幸」していることから、宮外に存在したと考えられる(12)。

藤原魚名の大納言曹司は、大納言という官職に付随した施設として営まれたものではなく、次に掲げる理由により、魚名個人に対して特別に造営された曹司であったと考えられる。第一に、大納言曹司はこの一例のみしか確認できない。前述のように、藤原緒嗣の「大納言休息局」は大臣曹司として造営されたものであり、あくまで造営を命じた段階での緒嗣の官職が大納言であったことを理由として呼称されたものである。よって大納言に付随する施設と位置付けることはできず、大納言曹司の例に数えることはできない。

第二に『延喜式』の造館舎所の規定である。造館舎所の詳細は本書第九章で論じるが、概要のみ示せば、太政官関係の諸施設を修繕・造営する機関である。『延喜式』の規定では造館舎所の修営対象として大納言曹司を含めてはいない。この二点により大納言に付随する施設としての大納言曹司は制度的に定着しなかったと指摘できる。

第三に、以上の指摘を踏まえ、この大納言曹司を藤原魚名個人に対して特別に造営された曹司とみる理由は、藤原魚名が光仁天皇の一番の寵臣であったからである。果たして魚名の昇進過程がそれを物語る。

大納言　（『続日本紀』宝亀二年（七七一）三月庚午条）

内臣　（『同』宝亀九年（七七八）三月己酉条）

忠臣　（内臣の名称改定、『同』宝亀九年（七七八）三月丙子条に「内臣従二位藤原朝臣魚名改為二忠臣一」とある）
内大臣　（『同』宝亀十年（七七九）正月壬寅朔条）
左大臣　（『同』天応元年（七八一）六月甲寅条）

以上の昇進過程の内、特に注目すべきは律令制外のミウチ的官職である内大臣への任官である。すなわち、上位にある右大臣大中臣清麻呂を左大臣に転任させることなく、魚名の専権の基盤を作り上げるためのもので、光仁天皇による対大中臣清麻呂の牽制策である。(13)

以上の三点を総合的に解釈し、大納言曹司は寵臣魚名に対して特別に造営された曹司であったと考える。藤原魚名の大納言曹司の性格を以上のように位置付けた場合、更に次の二点が指摘できる。

第一に比較的宮城の近辺に設置された可能性が高いことである。魚名の昇進過程を大中臣清麻呂への牽制策と捉えたとき、任官以外の面でも清麻呂を牽制する策がとられた可能性が想起される。大中臣清麻呂の私邸は後の大臣院となる右京二条二坊の十一から十四坪と、宮に近い場所に所在する。(14)魚名私邸の所在地は不明なものの、大納言曹司造営の一つの要因として、魚名の近侍施設を大中臣清麻呂邸に対抗する形で宮城に近い場所に設置したと考えられる。

第二にこの魚名の大納言曹司が大納言在任中のみ機能したとは考え難く、延暦元年（七八二）に坐事し左大臣を罷免されるまで存続したものと思われる。魚名の政治的地位をより上昇させるために行われた内臣就任に伴い、それとは逆に寵臣として特別に造営された曹司が廃棄されたとは到底考えられない。史料上確認できないという実証的弱点は認めつつも、魚名が内大臣・左大臣に任命された段階でこの曹司は大臣曹司として機能した蓋然性は高いと見做すべきであろう。

以上により、魚名の大納言曹司は、寵臣を宮城近辺に侍候させることを目的として造営されたものであると位置付けられる。筆者はこの魚名の大納言曹司（大臣昇進時に大臣曹司となる）が宮城に近接した京域大臣曹司成立の直接的な契機であると考える。しかし、大臣という官職に付属する施設として制度的に成立したものではなく、あくまで寵臣藤原魚名個人のための施設として成立したことは、後の大臣曹司の性格と決定的に異なっている。

藤原継縄　長岡京太政官厨家跡と推定されている左京三条二坊八町から出土した木簡と墨書土器により右大臣藤原継縄（在任期間は延暦九年（七九〇）二月～延暦十五年（七九六）七月）の大臣曹司が確認できる。

【史料4】長岡京跡第十三次調査区　ＳＤ一三〇一Ｂ溝跡出土第一・二号木簡、墨書土器(15)

一号木簡

・造大臣曹司所〈史生料飯□《陸カ》升　倉長□□《弐升カ》　息人弐升　合壱斗〉

・　十月廿三日〈史生宇努「韓国」　茨田清成〉　（三七五×三六××六㎜　〇一一形式）

二号木簡

・「醤横　左左左太政官□□□　弟」

・右依造□《右カ》大臣曹司所□《給カ》□□□壱斗□マ□人□　（三五八×二三・五×四㎜　〇六一形式）

一号墨書土器（土師器・器形不明・底部外面に墨書）

□《造》大臣曹□《司》

これらの出土文字資料は大臣曹司の修繕機関である造（右）大臣曹司所に関するものである。造右大臣曹司所は大規模造営を担当する機関ではなく、あくまで小規模修繕を任務とするものであり、延暦九年（七九〇）二月

二十七日の藤原継縄の右大臣任官に伴い既存の大臣曹司（前年に死去した藤原是公の使用した大臣曹司）の修繕を担当したものと推察される[16]。

右大臣藤原継縄（前任の藤原是公）の大臣曹司の所在地について本木簡からは確認できない。しかし平城京段階の藤原魚名の大納言曹司（後に大臣曹司）と平安京段階の藤原冬嗣・藤原緒嗣の大臣曹司のどちらもが京域に所在したことから、この両例の間にある長岡京段階の藤原是公・藤原継縄の大臣曹司も京域に所在した可能性が高い。

以上、平城京における藤原魚名の大納言曹司（後に大臣曹司）が宮に近接した京域に造営されたことを契機として京域大臣曹司が成立し、長岡京の段階を経て、平安京左京二条二坊一町・左京一条二坊四町の藤原冬嗣・藤原緒嗣の大臣曹司にいたることが確認し得た。

しかし藤原魚名の大納言曹司（後に大臣曹司）は光仁天皇の寵臣として特別に造営されたものであり、後の大臣曹司とは性質が根本的に異なる。よって平城京段階から大臣曹司が継続的に設置されてきたことを論じるには、一部寵臣に対する施設から、大臣という官職に付随した施設へと性格が変化したその画期を示す必要がある。

この点については前述した大臣曹司の修繕機関の存在が重要な論点となる。今泉が指摘し、また本書第九章でも論じるように、『延喜式』の規定（太政官式143造館舎所条）では造館舎所が大臣曹司を含めた太政官関係施設の修営に当たる。またその財源も太政官の財源である公田地子によるものと思われる。

【史料4】長岡京木簡の造右大臣曹司所はこの造館舎所の前身機関である。本木簡は造右大臣曹司所から太政官厨家に対して飯を請求したものである。太政官が公的に造右大臣曹司所の運用費を支出しているこのような状況は、天皇の寵臣に対する施設修繕とは異質のものであり、むしろ太政官長官である大臣に付随する施設への対

応と見做すべきものである。

以上により、右大臣藤原継縄の大臣曹司は既に大臣に付随した施設として設営されているのであり、これ以前の段階には既に一部寵臣に対する施設ではなくなっているのである。

なお造右大臣曹司所は『弘仁式』（本書第九章参照）や『類聚符宣抄』天長八年（八三一）五月二日宣旨にみられる造曹司所、そして『延喜式』の造館舎所に継承されることから、[17]大臣曹司は大臣に付随する施設としての性格を持ち続けたとみて大過ない。

さて、以上の検討を踏まえ、大臣曹司の機能についての私見を提示する。【史料2②】によれば藤原緒嗣は「官庁」に出仕せずに大臣曹司で「政事」を執っていた。ここにみられる「政事」とは外記政や官奏等のような正式な太政官政務ではない。緒嗣に対しては日常的な政務や重要な政策決定に際して意見を聞いたり、または判断を委ねることが多くあったと想定される。おそらく緒嗣の行った「政事」の内実とは大臣曹司に常時侍候して、このような事態に対応することであったと思われる。

すなわち、迅速な政務処理を可能にすることが、大臣曹司設営の目的であったと思われる。無論、このような「政事」は緒嗣に限定されるものではなく、大臣一般にも求められる。故に大臣が宮城近辺に待機することが必要とされ、そのための施設として大臣曹司は機能したのである。

寵臣藤原魚名に対して設置した大納言曹司（後に大臣曹司）の果たした機能も同様であったと思われる。この大納言曹司造営は大中臣清麻呂への牽制策の一つであると位置付けたが、当然のことながら大納言曹司造営の目的は単に清麻呂邸と宮城からの距離を競ったものではない。光仁天皇と藤原魚名との間の情報伝達の迅速化を図る、すなわち両者間での意思伝達・決定の迅速化を図ることに政治的意図があったのである。

第二節　宮内大臣曹司の成立

前節での検討により、初期平安京の大臣曹司は左京二条二坊一町・左京一条二坊四町に所在したことが確認された。また、宮城に近接した場所に大臣曹司を設置することは藤原魚名の大納言曹司（後に大臣曹司）まで遡り得ると指摘した。しかし、本節で検討を加える九世紀半ば以降の大臣曹司は明らかに宮内に所在する。本節では大臣曹司が宮内に所在地を移した、その要因について論じていく。

藤原良房　藤原良房の大臣曹司に関しては、岡村幸子が職御曹司に関する考察の中で言及している[18]。本節の問題に関わる点についてまとめると次の二点に要約される。第一に、既存の皇太后宮職庁（明子）に太政大臣良房の曹司（直廬）が設置されたことにより「職の御曹司」という名称が成立する。第二に、職御曹司の直廬は太政大臣のものであり、良房以来、基経、時平、忠平、実頼と、藤原氏の筆頭公卿が世襲した。

この岡村の指摘の内、成立に関する理解、すなわち最初に職御曹司に直廬が置かれたのは藤原良房であるとする点については再考の余地がある。岡村の論拠は『大鏡』裏書「四品惟喬親王東宮諍事」である。すなわち、貞観八年（八六六）閏三月十日の応天門炎上事件に際して藤原基経が太政大臣藤原良房の「職曹司」に参上し、左大臣源信に容疑がかけられていることを報告した、と。

しかし良房の職御曹司に関する史料は『大鏡』裏書のみであり、当該期の正史『日本三代実録』には、貞観八年（八六六）八月廿二日甲午条の良房の抗表中に「然而聖慈不ㇾ許ㇾ出㆓於直廬之外㆒、臣誠不ㇾ忍ㇾ離ㇾ自㆓玉階之前㆒、

徘二徊恩沢一、猶侍二禁中一」（傍点筆者、以下同）、貞観十二年（八七〇）二月七日己丑条には「時太政大臣在二内裏直廬一」、貞観十三年（八七一）四月十八日甲午条の抗表中には「又陛下不レ許三臣就二私第一、賜二直廬於禁中一」、貞観十四年（八七二）三月七日丁丑条には「太政大臣患二咳逆一、去二月十五日、出レ自二禁中直廬一在二私第一」、貞観十四年（八七二）四月庚子朔条には「先レ是、太政大臣賜三直廬於禁中一、常留不レ出」と、良房の直廬を「禁中」「内裏」とするものが散見される。

職御曹司のことを「禁中」や「内裏」と表現するとは考え難い。「禁中」と「内裏」はほぼ同義であるから、良房は内裏に直廬を賜っていることが確認できる。ここで良房は内裏と職御曹司の両方に直廬を賜ったのか、という問題が生じる[19]。筆者は以下に論じるように、職御曹司の直廬に関しては疑問がある。『日本三代実録』中には良房の職御曹司の直廬は確認できない。また岡村が指摘するように、公卿が職御曹司や内裏の直廬を置くのは、后妃である血縁女性（娘・姉妹）の皇太后宮職庁や内裏の直廬に設置するのが基本的なあり方である。よって第一に確認すべき点は良房の娘明子の居所の変遷である。

清和即位以前の女御明子の中宮職は里第にある[20]。清和即位とともに東宮に移り、清和が内裏に遷御した翌年の貞観八年（八六六）十一月十七日（『日本三代実録』）に内裏常寧殿に移り[21]、貞観十六年（八七四）二月二十七日（『同』）に職院に移る[22]。すなわち、応天門炎上事件の貞観八年（八六六）閏三月の段階における明子の居所は東宮であるから、この段階で良房が職御曹司に直廬をもつ要因は明子との関係の上では見出すことができない。

以上の理由により、良房と職御曹司との関係を示す唯一の史料的根拠『大鏡』裏書の解釈は再検討を要する。当該史料の出典は『吏部王記』である[23]。承平元年（九三一）九月四日に記主重明親王のもとに藤原実頼が参上し、実頼が父忠平から聞いた基経の故事、すなわち応天門炎上事件に際しての基経の行動に関する故事を重明親王に

語ったものである。従ってこの故事は基経から忠平へ、そして忠平から実頼へと父子間で伝わり[24]、最終的に重明親王に伝わったものである。史料の性格上、事の大略は別としても記述の細部までが事実を記しているとは断定できないものである。また『日本三代実録』元慶五年（八八一）二月廿一日己亥条により、基経が「職院」に直廬を賜っていることが確認できる。

以上を踏まえて『吏部王記』の当該部分は次のように解釈すべきである。すなわち、応天門炎上事件当時、明子は病に臥していたから（『日本三代実録』貞観八年（八六六）八月廿二日甲午条の良房の抗表）、見舞い等の理由により良房が明子の居所（東宮）に頻繁に出入りしていたことが想定される。このような状況下で応天門炎上事件が起こり、基経はその報告のために良房がいる明子の居所東宮に出向いた。この逸話を基経が忠平に伝える際に、基経は明子の居所、すなわち皇太后の居処に向かったことから、そこを皇太后宮職庁と錯誤したのではないだろうか。また、基経は皇太后高子の皇太后宮職庁（職御曹司）に直廬をもっていたから、良房のいた場所も職御曹司であると錯誤した可能性が高い。

但し、この故実の伝承過程や、忠平・実頼も職御曹司に直廬をもっていたことを踏まえると、忠平が実頼に伝えた段階、もしくは実頼が重明親王に伝える際に、基経の場合に想定したものと同様の理由により錯誤が生じた可能性も残る。しかし、故実の伝承過程の中で錯誤が生じ、最終的に『吏部王記』に記されたものであることは変わらないから、良房の直廬は内裏直廬のみであり、職御曹司にも直廬が置かれていたと考える必要はない[25]。

良房の内裏直廬は内裏に常侍させるための施設として、天皇の命により特別に賜ったものであり、良房が貞観十三年（八七一）の段階で「陛下」より賜ったとあるから、賜与主体は清和天皇である。

設置時期は史料上確認できないが以下のような想定は可能である。すなわち、良房は幼帝清和が即位したこと

で、その後見や政務処理の代行を果たすべき存在であった[26]。この点を重視すれば、天皇に代わり内裏で政務を執ることの便宜を図るために設置されたと考えられるから、清和天皇即位直後に内裏直廬を賜ったものと考えられる。

一方、良房による幼帝清和への近侍という側面を重視すれば、清和天皇の居所の移動を考慮する必要がある。以下、山下克明の研究[27]を参照し、清和の居所の変遷について整理しておく。

惟仁（清和）は良房の小一条邸で生まれる。天安二年（八五八）八月二十七日の父文徳天皇の崩御の時点では父と同じく冷泉院にあり、ここの皇太子直曹において受禅し、その二日後に祖母の皇太后順子と同輿して東宮（西雅院）に遷御する。貞観六年（八六四）正月には同所で元服を行い、同七年（八六五）八月に内裏に遷御する。

幼帝への近侍、および清和の居所の移動という観点から考えれば、清和が内裏に遷御したときに良房へ内裏直廬が賜与された可能性が高い。しかし、後述するように良房の弟である藤原良相は貞観年間（八五九〜八七七）初頭、すなわち清和が内裏に遷御する以前に中重に曹司を賜っている。この事例からは、天皇が内裏に居住せずとも内裏に直廬が置かれ得ることが確認できる。また、天皇の政務代行を果たすべき良房に先行して、内裏に非常に近接した場所に良相が曹司を賜ったとは考え難い。後述のように、良房の内裏直廬と良相の中重の大臣曹司は一体的なものとして理解すべきであるから、良房の内裏直廬は幼帝清和即位と同時期に置かれ、それは良房が天皇の政務を代行するために設けられたものとみて大過ない。

以上、良房の内裏直廬は幼帝清和の政務代行のために設置されたものである。よって他の大臣曹司とは性格が異なる。しかし公卿が占有する侍候・政務空間という意味では、その基本的性格は同じである。

藤原良相　右大臣藤原良相の大臣曹司については『九暦』天暦四年（九五〇）七月十一日条に「先例、貞観之代右大臣良相卿給二曹司於中重一」と、中重（内裏・華芳坊・桂芳坊・蘭林坊・采女司・内膳司・中和院を含む空間）[28]に設けられたことが確認できる。

良相の大臣曹司は他史料にも散見され、『東大寺要録』所引「御頭供養日記」の貞観三年（八六一）三月十二日条には「又於二大臣御曹司一令レ作二盧舎那大仏願文呪願一」とある。また「曹司」とは明記されないものの、貞観六年（八六四）の清和元服に際した勧学院藤原氏の児童御覧の後の宴会を「右大臣直廬」で行い（『日本三代実録』同年正月朔条・『新儀式』第四、天皇元服事）、「直廬」で病になり私第に退去したともある（『日本三代実録』貞観九年（八六七）十月十日条藤原良相薨伝）。これらも中重に設けられた大臣曹司と同一のものと思われる。

良相がこの大臣曹司を使用した期間は次の通りである。初めてこれが設置されたのは『九暦』にみられるように貞観年間（八五九～八七七）のことで、『東大寺要録』より貞観三年（八六一）にはその存在が確認できるから、貞観元年（八五九）から同三年（八六一）までの間に設置されたものである。これは清和天皇が内裏に遷御する以前に設置されたことを意味する。『九暦』ではこの曹司を「給」とするから、清和天皇から給わったものである。使用停止の時期は、『日本三代実録』貞観九年（八六七）十月条の薨伝によれば、貞観九年（八六七）十月初頭に発病して私邸に退き、同年十月十日に薨じているからこのときには使用されなくなる。すなわち、使用期間はこの間に限定される。

さて、中重という宮城の中枢部に藤原良相が大臣曹司を賜与された理由が問題となる。この点に関しては清和と良相の政治的関係が重要な論点となる。保立道久[29]は、清和の皇太子時代に良相が春宮大夫に任命されていること[30]、娘の多美子を清和の最初の女御として入内させていること[31]を良相の急速な出世の要因として挙げる。また、

良相の長男である常行も清和に寵愛されていたとも指摘する。

以上の指摘を受け、良相を清和の寵臣と位置付けることに問題はなく、ここに中重に大臣曹司を賜与された要因の一つがあろう。また、前述のように、藤原良房の内裏直廬は清和に代わって内裏で政務を執るための施設であると位置付けられ、良相の中重の曹司もこれと深い関係にある。良相は幼帝清和の政務を代行する良房のもとで右大臣としての政務を担当するのであるから、良房・良相の兄弟間での政務とは、［天皇―大臣］間の政務処理に相当する。良房の内裏直廬と良相の中重の大臣曹司はこの政務処理の迅速化を目的として設営されたものと考えられる。

試みに『類聚三代格』『類聚符宣抄』『別聚符宣抄』において、貞観元年（八五九）から良相が薨じる貞観九年（八六七）十月十日までの官符・宣旨にみられる上卿を確認すると、源信一例、伴善男二例、藤原氏宗五例、藤原基経一例を除き、全て良相が上卿となっている（六十五例）[32]。また、奉勅上宣官符および宣旨に絞ると、三十八例中三十五例の上卿は良相であるから、この間の官奏（天皇に案件を奏上する政務）の上卿はほぼ良相である。

これは幼帝清和の政務代行をする良房と右大臣良相の間で官符等の決裁が完結していることを意味する。良房・良相両者の直廬・大臣曹司の意義付けに関する私見の証左となる。

以上により、良房・良相の両大臣曹司（直廬）は、初の幼帝即位に対応する形で設置されたものと捉えられる。なお、西本は前掲『東大寺要録』の記述を大臣曹司全般の理解に及ぼし、休日や夕刻にも臨機利用できる大臣の執務空間であったと位置付ける。しかし、良相の大臣曹司は以上のような性格を有するものであるから、この例を大臣曹司全般の評価とすることには慎重でなくてはならない。

源多　右大臣源多の大臣曹司関連史料は次の二つである。

【史料5】『日本三代実録』元慶六年（八八二）八月二十九日戊辰条

廿九日戊辰。於二侍従局南右大臣曹司一、設二日本紀竟宴一。（後略）

【史料6】『西宮記』臨時七「講日本記《ママ》博士例」勘物

元慶六年八月廿九日。竟宴。右大臣直廬、侍従所南者〈一本御書所歟、〉弁一人外記史行事、所司装束、菓子魚物、大臣已下五位已上出。（後略）[33]

源多の右大臣在任期間は元慶六年（八八二）正月から仁和四年（八八八）十月であるから、この両史料にみられる右大臣は源多である。【史料5】は元慶二年（八七八）二月二十五日から始まり、同五年（八八一）六月二十九日に終了した日本紀講読[34]後の竟宴に関するものであり、侍従局の南にある源多の右大臣曹司で行われたとする。【史料6】『西宮記』は日本紀竟宴に関する勘物として引かれたものである。

ここで大臣曹司の検討に先立ち、【史料6】傍線部の「侍従所南者」の「者」の解釈について確認する。すなわち、通常の如く引用終了の記号的文字として「てへり」とすると、その引用の出発字句が不明である。また主格を示す助詞「は」とすると、主格「侍従所南」は割注を挟んで続く「弁一人外記史行事」と接続されることになるが、これでは全く意味が通らない。

この問題の解決策として筆者は次のように考える。すなわち、本来「右大臣直廬、侍従所南者一本御書所歟」は割注であり、『西宮記』勘物著者（源経頼）[35]が引用原文中に別本を典拠とする情報を挿入したものと考える。

この勘物は【史料5】『日本三代実録』からの引用ではなく、別書を典拠としている。すなわち、そもそも文章が異なっており、【史料5】にはない行事運営に関する詳細な内容が記されている。また、引用原文には竟宴

の会場する情報は記されていなかったものと思われる。

この点について筆者は【史料5】の「於二侍従局南右大臣曹司一」という記載を受けて勘物著者が文章を成文したものと考える。【史料5】にある「右大臣曹司」を「右大臣直廬」と書き換えて、かつ「右大臣曹司」の所在地「侍従局南」について、当該期の「侍従所」（【史料5】では「侍従局」）の南隣接地は一本御書所（『西宮記』臨時五「一、所々事」、後述）であったから、推定文言として「一本御書所歟」を付したのであろう。勘物成文時には既に「右大臣曹司」が存在しなかったため、あえて現時点における場所の比定を行ったものと思われる。

よってこの割注と思われる傍線部は「右大臣直廬（なり）、侍従所の南は一本御書所か」と読み下し、「会場は（『日本三代実録』によると）右大臣直廬（右大臣曹司）である。その場所は侍従所の南とあるので、そこは現在の一本御書所に当たる場所であろうか」と釈読する。

【史料5・6】は同一事例に関するものであるが、竟宴会場の記述については次の点が異なる。第一に【史料5】の「右大臣曹司」を【史料6】では「右大臣直廬」とする。第二に【史料5】の「侍従局」を【史料6】は「侍従所」とする。また前述のように、【史料6】『西宮記』勘物の著者は「右大臣直廬」が「侍従所南」にあることより、その所在地を「一本御書所」と比定している。

第一の点は、両史料成立の時代的な差により生じたものと考えられる。『西宮記』勘物の著者は十一世紀前半の源経頼であるから、その当時の知識により成文されたものである。十一世紀前半頃には既に「大臣曹司」という名称の施設が存在せず、それに類似する施設として内裏内に「直廬」があったから、これを同一視した結果「右大臣直廬」と書き換えられたと考えられる。

第二の点、すなわち「侍従局」を「侍従所」としたのは、単なる表記の差に留まると考えられる。しかし、先

行学説では侍従局と侍従所を併存させる復元案が示されているから、これに対する批判が必要である。

裏松固禅『大内裏図考證』[36]（以下裏松復元とする）と『平安時代史事典』[37]（以下『事典』復元とする）の復元案は、内裏建春門の東側の区画（以下、建春門東区とする）の西半部中央に侍従所を、中務省の区画（内裏の南、朝堂院の東）内の北西角の一角に侍従局をそれぞれ比定する。

右大臣源多の大臣曹司の所在地を明らかにするためには、「侍従局」と「侍従所」の関係とその所在地を確認することが必要である。よって迂遠した議論となるが、「侍従局」「侍従所」両存説の批判を先行して行う。

結論は前述のように「侍従局」と「侍従所」は同一のものと考える。その史料的根拠は諸宮城古図[38]であり、これらには中務省区画に侍従局を配置するものはみられない。建春門東区の侍従所（局）のみを復元すべきである。『和名類聚抄』[39]には「親王以下五位以上入二侍従籍一者百人、俗謂局如レ所、侍従所内舎人所等是也」とあるから、「局」と「所」は通用され、侍従局・内舎人局は侍従所・内舎人所の俗称なのである。

侍従局・侍従所併存説において、裏松復元はその論拠とその理路を明示する。すなわち、第一の検討である「水本坊屏風図」「南都所伝図」「拾芥抄省略図」「宮城一古図」の四図の分析からは中務省の区画内に侍従局を復元しない。続く第二の検討において、「宮城一古図」が中務省北西角の一区画に「按官職秘抄曰、侍従内舎人在中務省中、疑此所是矣」と注記するのを受け、『官職秘抄』の「侍従内舎人、在二中務省中一」を根拠として中務省北西角に侍従局を復元する。

しかし、『官職秘抄』の記述は、職員令中務省条が規定する品官に侍従と内舎人があることを述べているのであり、決して建物配置に関するものではない。中務省区画内に侍従局を復元する論拠はこの点のみであることから、この復元、および侍従局・侍従所併存説は成立しない。

続いて侍従所の所在地について考察する。通説では建春門東区に侍従所を配置するものの、諸宮城古図を始めとし諸復元案でも建春門東区内における所在地がそれぞれ異なる。復元案では、裏松復元と『事典』復元は前述のように西半部中央に配置し（図11参照）、『平安京提要』の寺升初代の復元[40]（以下、寺升復元とする）では東半部南に侍従所を配置し、西半部中央には南所を配置する（図12参照）。諸宮城古図では、官衙配置を明確に記すものの多くが東半部南に侍従所を、そして西半部中央に南所を配置する。

寺升復元は発掘調査の成果を踏まえた復元案であるものの、調査の進展状況や考古学という方法論的限界もあり、多分に宮城古図を用いたために諸宮城古図と近似した復元となっている。

【史料5】にあるように、源多の大臣曹司の所在地比定には侍従所（局）の所在地確定が必須である。よって諸復元案がおおよそ共通して侍従所所在地として比定する建春門東区内における官衙配置の確定が必要となる。

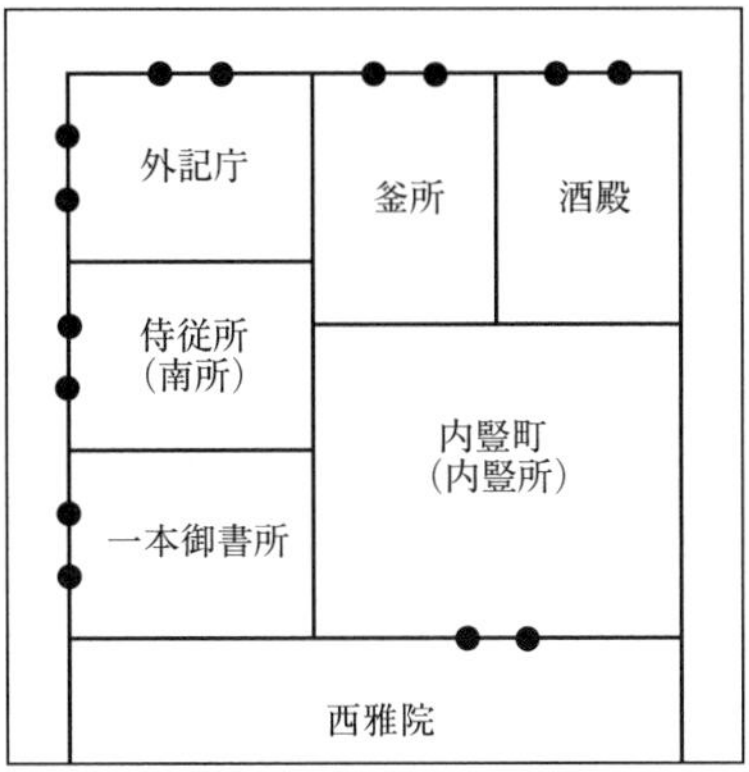

図11　『大内裏図考證』・『平安時代史事典』の建春門東区の復元

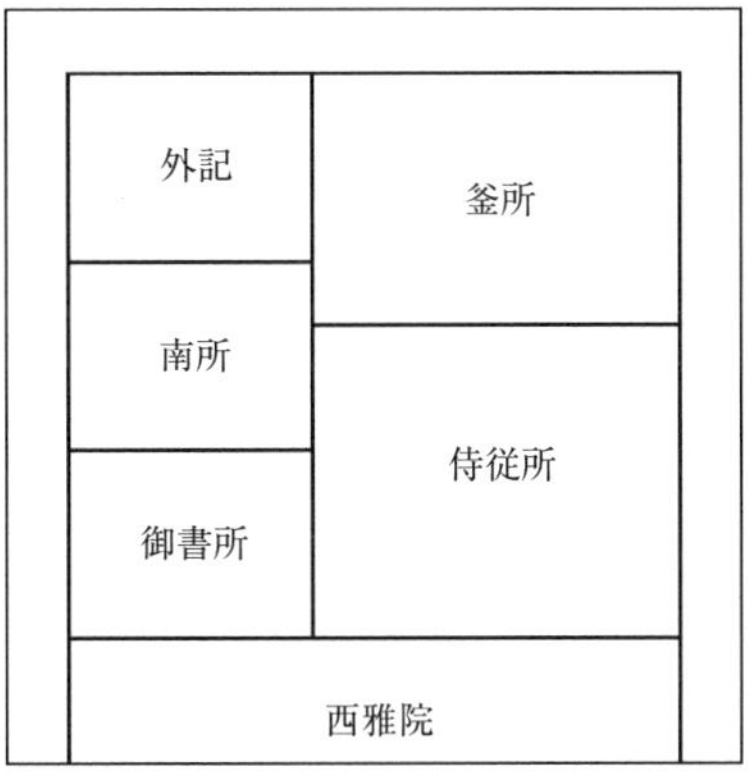

図12　『平安京提要』所収寺升初代の建春門東区の復元

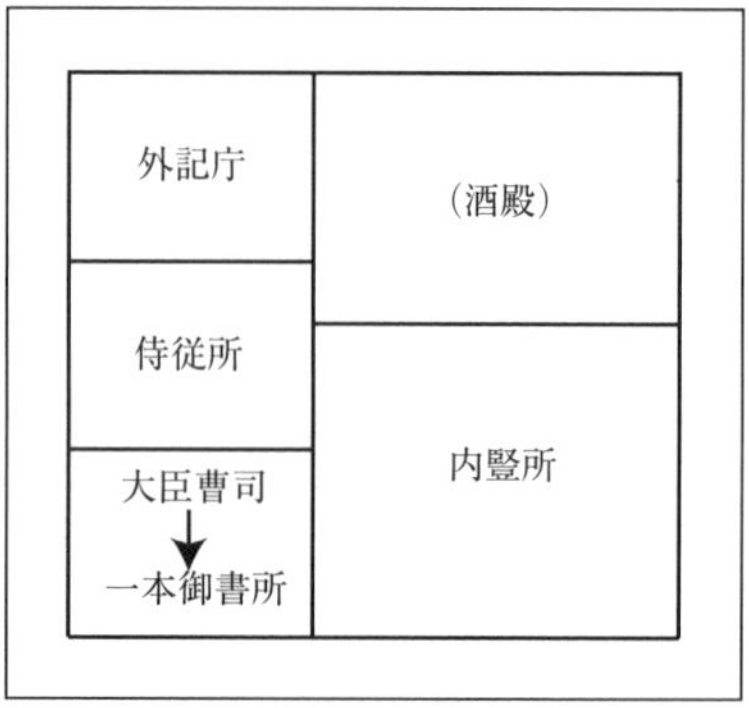

図13　建春門東区の配置復元案
（　）内は『拾芥抄』による。

まず確認しておくべきことは、侍従所の別称が南所であるということである。南所という名称は、外記政成立により太政官の食事場所として侍従所が用いられたことを契機として成立するから、[41]侍従所と南所を別に配置する復元や古図を安易に使用することはできない。

そもそも諸宮城古図が図示する大内裏の官衙配置はいつのものであるのかが不明確である。同様のことは裏松復元にも指摘でき、裏松復元は平安時代を含め、広く後世の史料群を駆使してなされたものである。

以上の如き史料上の問題点を鑑みて、本章では古図や諸復元をあえて参考にはせず、建春門東区における特定時期の相対的位置関係の復元を行う。

『西宮記』臨時五「一、所々事」にみられる諸所の内、建春門東区に所在するものを抽出してその位置関係を整理すると次のようになる。すなわち、内豎所は一本御書所の東、一本御書所は侍従所の南、侍従所は外記庁の南である。この他『拾芥抄』に「酒殿〈在二外記庁東一（中略）〉」とあり、『西宮記』の記述を補える史料と判断できることから、外記庁の東に酒殿が所在する。

これら五所が建春門東区に所在することを次の史料から確定しておく。『日本三代実録』貞観十五年（八七三）十一月三日条には「太政官候庁成、此庁在二帝宮建春門東一、大臣已下聴二尋常政一之処也」とある。この太政官候庁が後に外記庁と呼称されることから、右記五所の官衙群が「帝宮建春門東」、すなわち建春門東区に所在したことが確認できる。これら五所の位置関係を図示したものが図13である。

以上により、侍従所は建春門東区の東半部南ではなく西半部中央に位置することが確認できた。この復元は源高明が記した『官奏事』(42)に記された官政終了後の次第からも確認できる。

【史料7】『官奏事』官政類「官政畢史外記少納言弁参議已上外行之事」（△は虫損・破損以外の空白部）

政畢脱レ靴、①先上卿立二東門内北腋一、已大納言立二同南腋一、次参議等列二立門内庭一。〈去二門内一一丈許。〉②即参議下臈為レ先出レ門北行、次納言又下臈為レ先出レ門北行。〈或説云、納言為二日上一之時、已次上立二門中一云々、大臣為二日上一者、已次上相二加参議一出二門外一云々。〉先レ是、弁少納言外記史等、出レ自二北門一、下臈為レ先列二北路北方一、△△③上卿最後出レ門北行。〈皆垂二衣尻一。〉召使等列二左右一、呵叱往還、④雑人史外記列二立侍従所門前北方一、〈東上南面、〉少納言弁列二立当門之西屏下一、〈東面南上、〉参議以上直入列二立侍従而（所カ）坤角桜樹西頭一如レ例。⑤次上卿至二門前一欲二東折一、先向二乾角一一揖、訖入二局門一了、其後外記政類事、皆如レ例、（後略）

傍線部に注目して次第を概観すると、①上卿と大納言が太政官曹司庁の東門に立ち、②参議・納言も門内に列立し、その後に東門から出て北へ進み、③上卿が最後となって北に進む。④雑人・史・外記は侍従所の門前の北方に列立し、少納言・弁は侍従所の門の西屏の付近に列立する。⑤上卿は門前において乾の角を向いて一揖して、その後に東に向きを変え侍従局の門に入る。

この作法から、侍従所の屏は道に対して東（侍従所の西屏）に建ち、また門も西に向いて開くという構造が読み取れる。これは侍従所が建春門東区の西半部に存在していることを明確に示している。蛇足ではあるが、太政官曹司庁の東門を出て北進すると侍従所の西門に当たる位置関係となる。

以上により、外記庁を含めた五所の相対的位置関係が判明し、そこから侍従所が建春門東区の西半部中央に配置されること、またその南に一本御書所が配置されることも明らかとなった。この復元案は【史料5・6】にみ

られる右大臣曹司の所在地とは矛盾しない。侍従所の南に源多の右大臣曹司があり、それは建春門東区の西半部南に所在したのである（図13参照）。なお建春門東区の大臣曹司の設置理由等については節を改めて論じる。

藤原基経　太政大臣藤原基経は『日本三代実録』元慶五年（八八一）二月廿一日己亥条に「太政大臣拝レ職之後、譲表四上。其間太政官奏事多擁。公卿議定、令下弁大夫一就二太政大臣直廬一〈以二職院一為二直廬一〉始白中庶政上。此後為レ例」とあり、「職院」に直廬を賜ったことが確認できる。

前述のように、藤原良房は職御曹司に直廬を賜っていないから、職御曹司の直廬の初例はこの基経である。職御曹司に基経の直廬が設置された要因は、公卿の内裏・職御曹司への直廬設置の基本的性格について論じた岡村の指摘の如くである。すなわち、陽成天皇の母高子は基経の妹であり、その高子の皇太后宮職庁に基経の直廬を設置したのである。職御曹司という名称もこのときに成立したと捉え直すことができようか。

なお基経が職御曹司の直廬で政務を執ったのは、太政大臣就任後にその辞任の上表を進上している間のこととされている。この上表は任官（元慶四年（八八〇）十二月四日）直後の十二月五日には既に提出されていることから、「職院」に直廬を賜った時期も太政大臣就任直後のこととみて大過ない。

以上の考察により、藤原良房、藤原良相、源多、藤原基経の大臣曹司（直廬）はそれぞれ、内裏、中重、建春門東区の西半部南、職御曹司に確認できた。このうち宮内の大臣曹司の史料上の初見である良房の内裏直廬や藤原良相の中重の右大臣曹司は、天皇の勅命により賜与されたものであるから、宮内の大臣曹司は天皇の勅命があって初めて設置可能なものであったと思われる。

また良相と良房の大臣曹司は、清和の寵臣であり、かつ良房は幼帝清和の後見人（かつ政務の代行者）であった

ことを条件とし、幼帝に代わり内裏で政務を行うための施設として宮内に成立したのである。

但し、源多の大臣曹司（建春門東区）は事情が異なる。すなわち源多が陽成天皇の寵臣であった徴証はなく、勿論天皇の政務代行も行っていない。故に源多の大臣曹司の成立には別の要因を想定しなくてはならない。

そこで次節以下において、大臣の籠居の問題や日常政務における大臣の意義付けの変化という観点から、宮内大臣曹司の成立・展開について論じていく。

第三節　大臣の籠居と京域大臣曹司の廃絶

本節では大臣の籠居という観点から京域の大臣曹司の廃絶について論じていく。前節で指摘したように、藤原良房や藤原良相の宮内の大臣曹司は特殊な事情により成立したものであるから、これらの存在をもって京域の大臣曹司の廃絶を証することはできないからである。

さて、前述した藤原緒嗣は「官庁」へ出仕せず、大臣曹司に「全住」し「政事」を執っていたから、政務への不出仕は大臣曹司の衰退の要因とはなり得ない。しかし、大臣が大臣曹司にすら出向せずに自邸に籠居した場合は異なる。その間は大臣曹司は使用されないのであり、この状況が長期間に及ぶ場合は大臣曹司が廃絶する重要な要因となる。

大臣の自邸への籠居として次の二例を挙げる。一例目は源信である。源信は大納言から直に左大臣に任じられ、その在任期間は天安元年（八五七）二月から貞観十年（八六八）閏十二月である。

『日本三代実録』貞観十年（八六八）閏十二月廿八日丁巳条の源信の薨伝には、応天門炎上事件の後「大臣自後

杜レ門、不二肯輒出一」とある。すなわち、貞観八年（八六六）閏三月の応天門炎上事件以降、貞観十年（八六八）閏十二月の事故による死亡までの約三年間、源信は自邸に籠居していた。

二例目は源融である。源融は源信と同じく大納言から直に左大臣に任じられる。在任期間は貞観十四年（八七二）八月から寛平七年（八九五）八月である。『日本三代実録』元慶八年（八八四）六月十日己亥条には「左大臣自二貞観十八年冬一、杜レ門不レ出、今日始就二太政官候庁一視レ事」とあり、源融は貞観十八年（八七六）冬から元慶八年（八八四）六月十日にいたるまでの約八年間も自邸に籠居している。

しかし、源信の約三年間、源融の約八年間の自邸籠居の例のみでは、京域大臣曹司の衰退を論断できない。すなわち、京域の大臣曹司は左右大臣のそれぞれの二区画が存在するから、一方の使用が停止されても、もう一方が使用され続ければ、京域の大臣曹司は命脈を保った可能性があるからである。

但し、この両区画の大臣曹司がともに不使用という状況が続けば、京域大臣曹司は衰退し廃絶された可能性が浮上する。果たしてこのような状況は次の二例により確認できる。

第一に左大臣源信の籠居期間、すなわち貞観八年（八六六）閏三月から貞観十年（八六八）閏十二月までの間、もう一方の大臣曹司も使用されなかった時期がある。当時の右大臣藤原良相は貞観元年（八五九）から同三年（八六一）の間に中重の大臣曹司を賜っており、死亡直前の貞観九年（八六七）十月初頭まで使用していたから、この間は京域の大臣曹司は使用されていない。加えて藤原良相と源信の死去後の後任人事は貞観十二年（八七〇）正月の藤原氏宗の右大臣任官まで待たなくてはならない。

すなわち、京域の大臣曹司の不使用期間は源信の籠居開始の貞観八年（八六六）閏三月から藤原氏宗の右大臣任官の貞観十二年（八七〇）正月までのおよそ四年間に及んでいる（図14参照）。

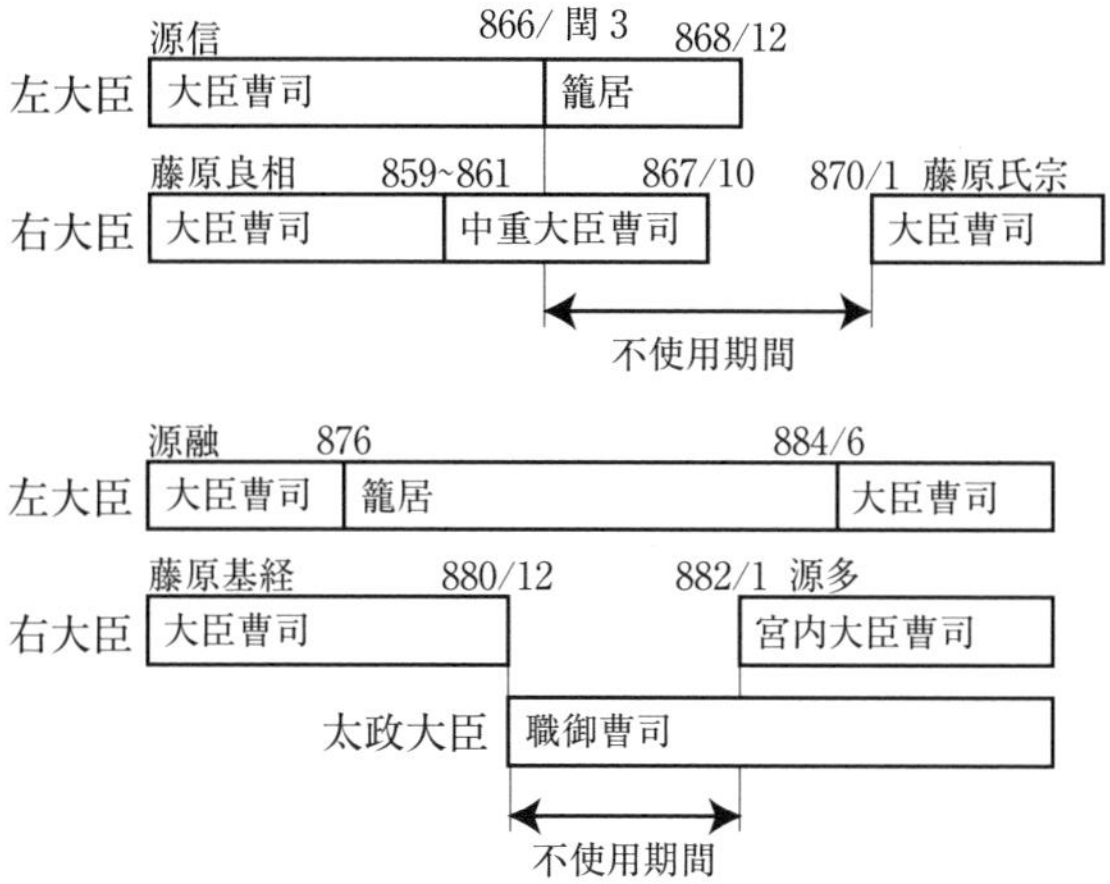

図14　京域大臣曹司の不使用期間　数字は西暦／月

第二に左大臣源融の籠居期間、すなわち、貞観十八年（八七六）冬から元慶八年（八八四）六月までの間にも両大臣曹司が使用されなかった期間がある。右大臣藤原基経は元慶四年（八八〇）十二月に太政大臣に任じられ、その直後に職御曹司に直廬を賜っている。この基経太政大臣任官による後任人事は元慶六年（八八二）正月の源多の右大臣任官である。よって基経太政大臣就任の元慶四年（八八〇）十二月から源多の右大臣就任である元慶六年（八八二）正月までの約一年間、京域の大臣曹司は使用されていない（図14参照）。

以上、京域の大臣曹司が全く使用されなかった期間として、①貞観八年（八六六）閏三月から貞観十二年（八七〇）正月（約四年間）、②元慶四年（八八〇）十二月から元慶六年（八八二）正月（約一年間）の二つの時期が確認できる。

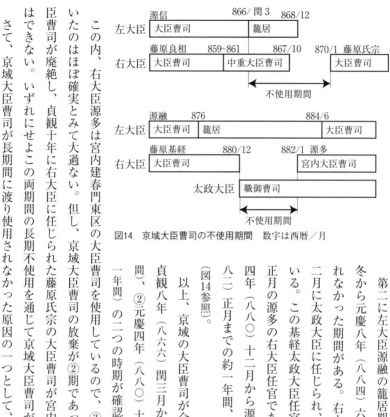

この内、右大臣源多は宮内建春門東区の大臣曹司を使用しているので、②期の段階で京域大臣曹司が廃絶していたのはほぼ確実とみて大過ない。但し、京域大臣曹司の放棄が②期であったと論断はできず、①期中に京域大臣曹司が廃絶し、貞観十年に右大臣に任じられた藤原氏宗の大臣曹司が宮内に設けられた可能性を否定することはできない。いずれにせよこの両期間の長期不使用を通じて京域大臣曹司が廃絶したことは確かである。

さて、京域大臣曹司が長期間に渡り使用されなかった原因の一つとして、藤原良相や基経の宮内大臣曹司の存

在が影響を与えていたことは重要である。推測の域は超えないものの、良房や良相・基経が内裏近辺で侍候しているという現状を鑑みれば、京域の大臣曹司で他大臣が侍候することの意義は著しく低下していたはずであり、侍候施設としての大臣曹司をより内裏に近接した場所に設置することの政治的要求は高まっていたはずである。

第四節　太政官政務における大臣の存在意義と大臣曹司

宮内大臣曹司の成立は京域大臣曹司の廃絶と連動したものである。すなわち、藤原氏宗（①期不使用期間直後の右大臣）、もしくは源多（②期不使用期間直後の右大臣）の大臣曹司の設置は廃絶していた京域大臣曹司の復旧ではなく、宮内の建春門東区に新たな大臣曹司を設置するという形がとられたのである。

本節では大臣曹司が宮内に設置された理由について、主に太政官政務における日上制の問題から検討を加える。日上制とは、太政官政務において当日参会した公卿の最上位の者を上卿とする制度である。以下、この日上制の導入課程を論じた吉川真司[43]の成果を、本章の関心に沿って次の二点に整理する。

第一に、事前に公卿聴政（南所申文・陣申文）を経た案件を官奏により天皇へ奏上し、そこで裁可されたものが上宣される。すなわち、官奏の上卿が上宣の宣者となる。

日上制は、これら一連の政務に対してそれぞれ時期を異にして導入される。南所申文では承和三年（八三六）四月に導入される。但し、厳密に記せば、このときに日上制が導入されたのは外記政であり、南所申文と外記政は一連の政務であったことにより、この両政務の上卿を同一人物が勤めた結果、南所申文にも日上制が導入されたのである。

官奏はこれより遅れ、寛平四年（八九二）四月に導入される。しかし官奏の日上制は長期に及ばず、早くも寛平九年（八九七）七月には天皇の指名を受けた大納言以上が上卿となる指名侍候者制が導入される。

第二に、日上制導入以前の上卿についての理解も重要である。すなわち、これら政務の上卿は原則として筆頭公卿が勤め、筆頭公卿が出仕しなかった場合、仮文により職務委任をしない限り、筆頭公卿が参会するまで政務は開始されないのである。

以上の二点を踏まえ、政務運営における筆頭公卿としての大臣の存在意義を再度確認すると、日上制導入以前は筆頭公卿として政務運営上必要不可欠の存在であったが、日上制の導入により必ずしも大臣の出仕は必要とされず、次位の大納言以下が容易に大臣の職務を遂行できるようになる。

さて藤原氏宗が右大臣に任命された貞観十二年（八七〇）、および源多が右大臣に任命された元慶六年（八八二）は、南所申文には日上制が導入されているものの、官奏は筆頭公卿が上卿を勤めるという時期に当たる。

藤原氏宗が右大臣に任命された時点で、氏宗の上位の大臣としては太政大臣藤原良房がいる。しかし太政大臣は上卿を勤めないとする原則があったから、(44) 良房は南所申文や官奏の上卿とはなり得なかった。また源多の右大臣任官時も藤原基経が太政大臣であり、ほぼ同様の状況である。加えて左大臣源融は前述のように自邸に籠居していたから、結果として上卿にはなっていない。

このような状況下での新任右大臣藤原氏宗・源多は、日上制が導入されている外記政・南所申文では必ずしも上卿となる必要がないものの、官奏の上卿はこの両者が勤めなければならなかったのである。

筆者はこの点を大臣曹司を宮内の建春門東区に設置した積極的な要因と位置付ける。すなわち、外記庁・南所で行われた外記政・南所申文の結果、奏上案件と判断されたものは、直ちに筆頭公卿が天皇に奏聞（官奏）しな

ければならない。このような政務運営の便宜的措置として外記庁や南所と同じ区画に大臣曹司を設営したのではないだろうか。

また、南所申文には日上制が導入されているものの、政務運営上は官奏と南所申文の上卿は同一人が担当した方が効率的である。よって上卿としての南所申文への参仕を促す意味も想定される。

以上の点を政務実態の面から確認していく。まずは藤原氏宗が右大臣として筆頭公卿の地位にあった時期（右大臣就任の貞観十二年（八七〇）正月十三日から同十四年（八七二）二月七日）についてである。この間は右大臣藤原氏宗と大納言藤原基経の二名が上宣宣者となっているが、両名ともにほぼ同数であり、奉勅上宣官符の場合も同様の傾向にある。(45)

一方の源多が上宣宣者として確認できるのは全事例の約半分であるが、(46)元慶八年（八八四）六月に左大臣源融が出仕を開始するまで、すなわち源多が筆頭公卿であった時期の奉勅上宣官符では右大臣源多が八例、大納言藤原冬緒が五例、中納言源能有が一例である。

藤原氏宗の場合も源多の場合も、数字上では筆頭公卿が専ら奉勅上宣官符の上宣宣者とされていたとは思えない。但し、官奏における日上制導入以前の事例数としてみた場合、仮に休暇中という要素を考慮したとしても、筆頭公卿が原則として官奏上卿となる体制は崩壊に近づきつつあることを示しているように思われる。宮内大臣曹司を設営し筆頭公卿として大臣の政務出仕を促した結果、かろうじて五割程度にまで出仕させることができたとの判断が適切であろう。

筆頭公卿が官奏に従事する原則が崩れたのは、日上制を導入した寛平四年（八九二）四月であり、その後の指名侍候者制の導入により政務上における筆頭公卿の意義は著しく低下した。

官奏における日上制の導入は［外記政－南所申文－官奏］の一連の政務を一人の上卿（日上）が行うことを定めたものであり[47]、決して大臣を上記政務から排除することを意味しない。政務に意欲的な大臣であれば上卿として政務に従事できる制度であり、筆頭公卿としての大臣の地位は未だ保たれている。このような意味で建春門東区の宮内大臣曹司の存在意義は未だ健在である。

しかし、寛平九年（八九七）七月に導入された官奏における指名侍候者制[48]は、基本的に官職の序列を問わずに天皇が特定の公卿を上卿として指名するものである。よってこの制度の導入により大臣は政務上における筆頭公卿としての存在意義を失うのである。大臣を官奏の上卿として従事させることを意図して成立した宮内大臣曹司は、ここにいたりその機能が完全に喪失するのである。

宮内大臣曹司の廃絶時期は、同所に存在する一本御書所の成立を上限とする。一本御書所の史料上の初見は『貞信公記』天暦二年（九四八）三月廿日条であるから、このときまでに廃絶していることは確実である。しかし、官奏と大臣との関係から推察すれば、官奏における指名侍候者制の導入後まもなく大臣曹司が廃絶したのではなかろうか。おそらく官奏における日上制導入以前の段階においても、宮内大臣曹司は期待以上の効果を生まなかった。

以上、建春門東区の宮内大臣曹司は、大臣を外記政・南所申文・官奏といった太政官の重要政務に出仕させることを最大の眼目として成立したものである。よってあくまで大臣という官職に付属した施設なのであり、藤原良房や藤原良相が天皇から賜った一部寵臣（後見人）に対する施設とは性格を異にする。すなわち、京域大臣曹司の系統を引く施設なのである。

しかし、機能の面からみれば、良房・良相の曹司（直廬）も政務処理の迅速化を図ったものであり、一方の建

春門東区の大臣曹司も大臣が外記政・南所申文の後、官奏の上卿として即座に従事できるように便宜を図ったものである。よって、政務の迅速化という点では同一の機能を有する施設である。この点は京域大臣曹司も同様である。

結語——大臣曹司の歴史的意義——

多く推測に頼る議論となったが、大臣曹司の成立、および諸段階、そして廃絶にいたる展開過程とその要因についての私見は述べ終えた。以下にその概要を四点にまとめる。

第一に大臣曹司は寵臣が近侍するための施設として平城京末期段階（光仁期）において成立する。その後、遅くとも長岡京の段階には大臣という官職に付随する施設へと変化する。

第二に平安京の大臣曹司は当初左京一条二坊四町、同二条二坊一町に設営されたが、大臣の自邸籠居、および幼帝清和の即位に伴って藤原良房や藤原良相の曹司（直廬）が内裏・中重に設置されたこと等の諸事情が重なった結果、長期間に渡り使用されなくなる。この大臣曹司の長期不使用を要因として京域大臣曹司は廃絶する。

第三に京域大臣曹司が廃絶したこと、および大臣を官奏などの諸政務の上卿として従事させることを目的として、宮内大臣曹司が建春門東区西半部南に成立する。しかし、この大臣曹司も官奏における日上制や指名侍候者制の導入によりその役割を終えて廃絶する。

第四に京域大臣曹司も宮内の大臣曹司（直廬）も政務処理の迅速化を目的とする、同一の機能を有した施設である。

以上の内、特に第一から第三の大臣曹司の展開過程を段階的に再整理すると以下の四段階として整理することができる。

第Ⅰ段階　一部寵臣に対する施設（平城京の藤原魚名）
第Ⅱ段階　京域に設けられた大臣に付随する施設（長岡京の藤原継縄から）
第Ⅲ段階　一部寵臣に対して宮内に曹司を設置した段階（藤原良房・良相・基経）
第Ⅳ段階　大臣に付随する施設として宮内に設置された段階（源多以降）

以上のように段階的な展開を遂げる大臣曹司ではあるが、政務処理や情報伝達の迅速化という一貫した目的・機能のあることが特徴である。

最後に大臣曹司の歴史的意義についての私見を提示する。第一に指摘すべき点は、大臣曹司を公卿の内裏侍候の実態としてのみ理解すべきではないということである。西本昌弘は、大臣曹司が内裏近傍に成立したこと、および公卿以下五位以上の内裏侍候施設は侍従所であり、侍従所近辺の大臣曹司や外記庁に出仕して政務が行われたことを主たる論拠として、大臣曹司の存在から公卿の内裏侍候を論じる。

しかし、公卿の内裏侍候が問題となった長岡京段階において、内裏近辺の侍従所や外記庁に近接した立地に大臣曹司が置かれたことは確認できず、長岡京を跨ぐ平城京と平安京の事例からも京域にあったとすべきである。また平城京段階の一部寵臣のために設置されたものとは異なり、大臣に付随する施設として設置されたのであるから、このことの意義を明確した上での議論も要する。

筆者は大臣曹司の機能を政務処理の迅速化と結論付けた。吉川真司は宿侍を目的とする施設と位置付けるが、宿侍や侍候の根本的な意義も政務処理の迅速化にある。大臣曹司も曹司の一つである以上、職務に従事するため

る。

の施設であることに変わりはない[49]。すなわち、大臣曹司における宿侍・侍候の意義は大臣の職務の一環としてあ

藤原緒嗣の例から確認できるように、京域大臣曹司への侍候は早急な措置や判断を行い得るためになされるのであり、藤原良房や藤原良相の内裏・中重の曹司も同様である。建春門東区に設置された宮内大臣曹司も官奏等の政務に上卿として従事し、南所申文から官奏までの一連の政務を滞りなく行うための侍候施設であるから、大臣としての職務遂行のために侍候・宿侍するのである。

以上のような機能を有する大臣曹司は、律令制成立当初には存在しない。吉川[50]が指摘するように、五位以上官人が天皇に侍候するための施設は朝堂であり、対して曹司は律令官司の執務施設である。但し、八世紀を通じて進展した公卿の内裏侍候が八世紀後葉に確立したことにより、後期長岡京段階で朝堂は内裏と分離し、朝堂の天皇への侍候空間という本質的機能は失われてきた。

筆者は吉川の以上の指摘を踏まえ、大臣曹司成立の歴史的意義も律令制宮都の変質過程の中に位置付けるべきであると考える。すなわち、大臣は他の五位以上官人と同様に朝堂に侍候して尋常・臨時双方の政務を行う。しかし、公卿以下五位以上官人の内裏侍候が常態化したことにより朝堂の機能は低下する。そして後期長岡京にいたり、朝堂と内裏が分離しその本質的機能が消失し、内裏にその機能が移る。但し、理念上内裏は天皇の居住空間であり、公卿以下が侍候し政務を執るべき場所は朝堂であり曹司である。

五位以上官人の内裏侍候は『類聚符宣抄』延暦十一年（七九二）十月廿七日宣旨による内裏上日の認可以降、無条件に認められ続けてきたわけではない。延暦十一年宣旨では内裏上日は認めるものの、それは朝座上日に通計することを認めたものであり、基本は朝座上日である。

延暦十一年（七九二）に認められた内裏上日通計は、大同元年（八〇六）に参議以上に関しては全面的に否定される。この施策が結果的に失敗に終わると、天長九年（八三二）には内裏での行事に供奉する場合にのみ内裏上日を認めた(51)。

そもそも実態・現状としてあった内裏侍候を積極的に肯定するような施策はなされず、あくまで抑止・否定する、もしくは妥協策を打ち出すことが当時の施策の基調である。筆者はこのような五位以上、特に公卿の内裏侍候を抑止しようとする施策の一つに大臣曹司を位置付ける。すなわち、一部寵臣の侍候施設として成立した大臣曹司（第Ⅰ段階）を大臣に付属する施設へと再編（第Ⅱ段階）したことの意義を次のように考えるからである。

大臣曹司の第Ⅱ段階への再編とは、大臣の侍候施設を明確にすることで大臣が大臣曹司で侍候することを義務付け、これによりまず大臣の内裏侍候を否定する。この施策により筆頭公卿である大臣を内裏から切り離し、他の五位以上官人の内裏侍候を抑止したのではないだろうか。

本章において大臣曹司の目的・機能を政務処理・情報伝達の迅速化であると指摘した。確かに政務処理・情報伝達の迅速化という観点からは、大臣の侍候場所は天皇により近い場所、すなわち内裏侍候の方が効果的であろう。しかし、内裏はあくまでも天皇の居住空間であるという理念の上では、公卿の内裏侍候は認められるものではなく、打開策・改善策が必要とされたのである。そこで内裏・宮城外ではあるものの宮城に近接した場所に大臣曹司を設け、政務処理・情報伝達の迅速性を保ちつつ、同時に公卿の内裏侍候を否定したのである。京域の大臣曹司が第Ⅱ段階のものへと再編された歴史的意義はここにある。

しかし、大臣曹司展開の諸段階において、第Ⅱ段階における再編の目的は達成されなかった。公卿の内裏侍候は諸施策にもかかわらず進行し、常態化したことは先学の指摘の通りである。そして公卿の内裏侍候否定策を牽

引するはずであった大臣曹司も、政務処理・情報伝達の迅速性という機能が重視された結果、宮内に設置されることになる。第Ⅲ段階における藤原良房や良相の曹司はこの端緒であり、これが半ば先例となり最終的には第Ⅳ段階の大臣曹司となる。

大臣曹司の廃絶は以上のような大臣曹司の本質的な機能が消失した段階で現出する。すなわち、太政官政務（外記政・南所申文・官奏）において日上制・指名侍候者制が導入され、政務運営における筆頭公卿としての大臣の存在意義の低下が大臣曹司廃絶の決定的な要因である。

註

（1）橋本義則「「外記政」の成立」（『平安宮成立史の研究』塙書房、一九九五年、初出は一九八一年）、古瀬奈津子「宮の構造と政務運営法」（『日本古代王権と儀式』吉川弘文館、一九九八年、初出は一九八四年）。

（2）西本昌弘「古代国家の政務と儀礼」（『日本古代の王宮と儀礼』塙書房、二〇〇八年、初出は二〇〇四年）。以下、西本の見解はこの論文による。

（3）今泉隆雄「長岡京太政官厨家の木簡」（『古代木簡の研究』吉川弘文館、一九九八年、初出は一九八四年）。

（4）吉川真司「王宮と官人社会」（『列島の古代史3　社会集団と政治組織』岩波書店、二〇〇五年）。

（5）本文後掲【史料4】、註(3)前掲今泉論文。

（6）『宇槐記抄』によって文字を改めた箇所にはその文字に傍点を注す。なお文字の異同に関して本文中で説明を省いた点の解釈は以下の通りである。まず衍字とした箇所は、『台記』に「里第仍給上日天暦三年五月一日記云昨日太政大臣」とある。しかしこの二十二文字は直前にも存在すること、天暦三年五月一日記の引用が重複すること、この二十二文字が『宇槐記抄』には存在しないことから衍字と判断した。続いて「正縁」の「縁」は史料大成本『宇槐記抄』の註に従い

「統」とすべきと判断した。続いて「与上日」の「与」は『台記』では「者」であり、「有二時議一問二法家一者、上日依二彼例一所レ奉二上日一也者」となるが、これでは上日の説明が重複し文章としておかしい。続いて「愛宕第」の「宕」は『台記』では「宿」とし「久蟄二愛宿第一」と読む。しかし「蟄愛」の解釈が困難である。「宿」と「宕」は字形が類似していることから、筆写の過程の誤写と考えられる。続いて「太政官厨家」の「官」であるが、これは『宇槐記抄』では「大臣」とし、「太政大臣厨家」とする。しかし太政大臣厨家が管見の限り他にはみられないこと、および天長年間（八二四～八三四）に太政大臣は存在せず、天安元年（八五七）の藤原良房の太政大臣任官まで待たなければならないことにより、「官」と判断した。この「官」と「大臣」は筆写の過程の誤写と考えられ、「官」のウ冠を「大」に、そして旁の「㠯」を「臣」に分解し読み違えた結果と考えた。「明法博士」の「明」は『台記』にはないが補った方がよいと判断した。最後に「自爾」の「爾」は『台記』では「余」とあるが「自余」では文章が不明確となる。ここでは明法博士の勘申に基づき一月内の上日の上限を確定しているのであるから「自レ爾」とすべきである。

（7）『日本紀略』天長二年（八二五）四月戊寅条、『公卿補任』天長二年（八二五）。

（8）緒嗣が病であったことは『日本後紀』にみられる緒嗣の度重なる上表文の中で述べられている（大同三年（八〇八）六月壬申条、同年十二月甲子条、弘仁二年（八一一）二月壬午条、天長三年（八二六）三月戊辰朔条等）。

（9）訳注日本史料『日本後紀』（集英社、二〇〇三年）。

（10）註（7）前掲。

（11）鬼頭清明「太政官厨家と地子の荷札」（『古代木簡と都城の研究』塙書房、二〇〇〇年、初出は一九九二年）。

（12）註（3）前掲今泉論文。通常、『続日本紀』において天皇の宮外への移動は「幸」、宮内での移動は「御」とするのが原則であり（岸俊男「難波の大蔵」『日本古代宮都の研究』岩波書店、一九八八年、初出は一九八一年、新日本古典文学大系『続日本紀　四』、巻三十三、補注十七）、今泉の説もこの原則に基づいている。なお「幸」と「御」を混用している例が大蔵省（宝亀三年（七七二）六月己卯条、同七年（七七六）九月甲戌条。平城宮と松林苑との中間地帯に所在。前掲岸論文による）と東院・楊梅宮（神護慶雲元年（七六七）二月甲午条、宝亀五年（七七四）八月己丑条。両施設とも平城宮

則を崩すものではない。

の東張出部に所在）の二例あるが、大蔵省は宮付属施設であるという事情による混用であり（前掲岸論文）、東張出部の施設も、宮内であるものの、比較的独立性が強い施設であるために混用されたものと考えられ、「幸」「御」の使用法の原則を崩すものではない。

（13）倉本一宏「律令国家の権力中枢」（『日本古代国家成立期の政権構造』吉川弘文館、一九九七年）。
（14）岩本次郎「右大臣大中臣清麻呂の第」（『日本歴史』三一九、一九七四年）、今泉隆雄「平城京歴史散歩」（『古代を考える　奈良』吉川弘文館、一九八五年）。
（15）向日市埋蔵文化財調査報告書第一五集『長岡京木簡　一』（向日市教育委員会、一九八四年）。
（16）註（3）前掲今泉論文。
（17）今泉隆雄「八世紀造宮官司考」（『古代宮都の研究』吉川弘文館、一九九三年、初出は一九八三年）、註（3）前掲今泉論文、本書第九章。
（18）岡村幸子「職御曹司について」（『日本歴史』五八二、一九九六年）。
（19）吉川真司「摂関政治の転成」（『律令官僚制の研究』塙書房、一九九八年、初出は一九九五年）は職御曹司と内裏直廬の両方の存在を指摘し、公的執務は職御曹司で、日常的「後見」を内裏直廬で行ったとする。
（20）註（18）前掲岡村論文。
（21）目崎徳衛「文徳・清和両天皇の御在所をめぐって」（『貴族社会と古典文化』吉川弘文館、一九九五年、初出は一九七〇年）、東海林亜矢子「母后の内裏居住と王権」（『平安時代の后と王権』吉川弘文館、二〇一八年、初出は二〇〇四年）。
（22）註（19）前掲吉川論文。ここにみられる「職院」が後に職御曹司となる。
（23）目崎徳衛「在原業平の歌人的形成―良房・基経執政期の政治情勢における―」（『平安文化史論』桜楓社、一九六八年、初出は一九六六年）。
（24）註（23）前掲目崎論文。なお目崎は基経から時平に、そして時平から忠平に伝わった可能性も示唆する。
（25）岡村は藤原道長が左大臣および准三宮を辞退したとき「前例、於二職御曹司一有二此事一、准二彼例一也」（『御堂関白記』長

和五年（一〇一六）十月二日条）とあること、道長の准三宮の前例が良房であること（『小右記』長和五年（一〇一六）六月十日条）、そして准三宮に関して藤原基経、藤原忠平、藤原兼家は良房を前例として引いている（『日本三代実録』元慶六年（八八二）二月一日条、『日本紀略』天慶二年（九三九）正月廿八日条、『同』寛和二年（九八六）八月廿七日条）ことを、良房が職御曹司に直廬を賜った根拠としている。しかし基経、忠平、兼家が良房を前例としたのは准三宮そのものに関するものであり、『小右記』における藤原実資の説も同様である。すなわち道長は、准三宮・左大臣辞退の上表に対する勅答の勅使を職御曹司で迎えることの先例として職御曹司を挙げているのだが、この先例の解釈として岡村のように基経や忠平等の説（准三宮の先例として良房を挙げること）を挙げるのは適当ではない。先学が既に指摘するように、平安中期の貴族が掲げる儀式・行事の先例は基経以降のものと考える方がよいと思われるので（竹内理三「口伝と教命―公卿学系譜（秘事口伝成立以前）―」『竹内理三著作集第五巻　貴族政治の展開』角川出版、一九九九年、初出は一九四〇年）、道長の挙げた先例とは良房ではなく基経以来の職御曹司の例と考えたい。

(26) 今正秀「摂政制成立考」（『史学雑誌』一〇六―一、一九九七年）。

(27) 山下克明「平安時代初期における『東宮』とその所在地について」（『古代文化』三三―一二、一九八一年）。

(28) 奈良国立文化財研究所『平城宮発掘調査報告Ⅶ』（一九七六年）。

(29) 保立道久『岩波新書　平安王朝』（岩波書店、一九九六年）。

(30) 『日本文徳天皇実録』嘉祥三年（八五〇）十一月戊戌条。

(31) 『日本三代実録』仁和二年（八八六）十月廿九日条、藤原多美子薨伝。

(32) 土田直鎮「類聚三代格所収官符の上卿」（『奈良平安時代史研究』吉川弘文館、一九九二年、初出は一九六九年）、林陸朗「前期摂関期に於ける土地政策」（『上代政治社会の研究』吉川弘文館、一九七四年、初出は一九六五年）。土田は貞観七年（八六五）の源信の例を数えていないが、林の説のように『類聚三代格』貞観十年（八六八）三月十日太政官符所収同七年（八六五）九月十五日太政官符に左大臣源信の上宣が確認できる。

(33) 『西宮記』の諸刊本（神道大系本、故実叢書本）、および諸写本（前田家巻子本、大永抄本）のいずれもこのように記

す。

(34)『日本三代実録』元慶三年（八七九）五月七日条。
(35)註(25)前掲竹内論文。
(36)裏松固禅『大内裏図考證』（『改定増補故実叢書』明治図書出版、一九九三年）。
(37)角田文衛監修『平安時代史事典　資料・索引編』（角川書店、一九九四年）。
(38)諸宮城古図は『宮城図』（思文閣出版、一九九六年）掲載写真を使用した。
(39)『和名類聚抄』巻五、官名第五十一「局」項。なお本文に掲げた文言は二十巻本系統の元和古活字那波道円本（刊本は風間書房、一九五四年）でしか確認できなかった。
(40)寺升初代「平安宮の復元」（『平安京提要』角川書店、一九九四年）。
(41)吉川真司「申文刺文考」（『律令官僚制の研究』塙書房、一九九八年、初出は一九九四年）。
(42)『官奏事』の性格については諸説あるが、註(41)前掲吉川論文と栗木睦の一連の研究（「『官奏事』の基礎的研究―『西宮記』か『北山抄』か―」『古代文化』五三―一二、二〇〇一年、「『西宮記』写本分類についての試論」『日本歴史』六四一、二〇〇一年）により、源高明の撰した儀式書とする理解による。なお本文は神道大系本『北山抄』を参考としつつも、『尊経閣善本影印集成　九　北山抄　三』（八木書店、一九九六年）によった。
(43)吉川真司「上宣制の成立」（『律令官僚制の研究』塙書房、一九九八年）。
(44)註(32)前掲土田論文。
(45)註(32)前掲土田論文。藤原氏宗の右大臣在任期間中において上卿が確認できる官符・宣旨（『類聚三代格』『類聚符宣抄』『別聚符宣抄』）二十七例のうち、右大臣氏宗は十三例、大納言基経は十四例において上宣宣者となっている。これを奉勅上宣に限れば、右大臣氏宗は八例、大納言基経は十一例である。
(46)註(32)前掲土田論文。源多の右大臣在任期間中において上卿が確認できる官符・宣旨（『類聚三代格』『類聚符宣抄』『別聚符宣抄』）七十二例のうち、源多は三十六例において上卿として関与している。

(47) 註(46)前掲。
(48) 註(43)前掲吉川論文。
(49) 註(4)前掲吉川論文。
(50) 註(4)前掲吉川論文。
(51) 『類聚符宣抄』天長九年（八三二）三月廿一日宣旨。註(1)前掲橋本・古瀬論文。

〔付記〕

旧稿「大臣曹司の基礎的研究」（『古代文化』五九―一、二〇〇七年）発表後、西本昌弘「古代国家の政務と儀礼」〔補記〕（『日本古代の王宮と儀礼』塙書房、二〇〇八年）、東海林亜矢子「母后の内裏居住と王権」〔註(40)〕（『平安時代の后と王権』吉川弘文館、二〇一八年）、同「常寧殿と后の宮」（『同』）により批判が寄せられた。

まずは西本による批判に対して私見を述べる。西本は拙稿旧稿において史料に基づく実証性の低い部分を的確に指摘し、旧稿の論理構成上における批判点のもつ意義を明確にした上で、全面的な批判を展開した。但し、筆者は西本の批判に対して旧稿私見を改める必要はないと考える。以下、その点について説明する。

批判の一点目は、藤原緒嗣の大臣曹司に関する【史料1】『日本紀略』天長二年（八二五）二月癸丑条と【史料2②】『台記』仁平元年（一一五一）二月十日条の関係についてである。西本は【史料2②】には「大納言緒嗣」とあるから、この外記日記は藤原緒嗣が右大臣に任じられる天長二年（八二五）四月五日以前のもの、すなわち「天長元年十二月九日記」であるとした。

しかし本文でも述べたように「自二四月五日一、遷二曹司一居住」とある日付は藤原緒嗣が右大臣に任じられた日付と同日である。つまり外記日記の記主は右大臣に任じられる以前の緒嗣が病により愛宕第に蟄居していた状況を示したのであるから、当然官職記載は「大納言」となる。西本は【史料2①】の「九条大臣〈緒嗣〉為二大納言一之時、依レ病不二参入一間、於二曹司一奉二行政務一」を、大納言の段階において曹司で政務を執ったことの傍証とするが、本文で述べたよう

に、天暦三年（九四九）五月一日の外記日記記主は【史料2②】における「四月五日」の有する意味を無視したためにこのような記述となっているのである。

【史料2②】の外記日記の年紀を西本のように「天長元年」と解することには大きな問題がある。すなわち、【史料2②】の外記日記の年紀を「天長元年」とし、それに【史料1】を加えて緒嗣の曹司に関する沿革を整理すると次のようになる。天長元年（八二四）春以前の緒嗣は病により愛宕第に蟄居しており、これへの対応として勅語により宮城近辺に近侍させて政務を執らせ、同年四月五日に太政官厨家の西側に近接する大納言の「曹司」に移る。翌年（八二五）二月には更に右大臣外曹司町の北側に隣接する公地に大納言休息局が造営される。西本は【史料2②】の大納言の「曹司」と【史料1】の大納言休息局の異同は不明とするが、【史料1】によれば「造二作大納言休息局一」と新たに新造された全く別の施設である。以上のように理解するとき、なぜ天長元年（八二四）の段階で左京一条二坊四町と宮城に隣接した場所に設営された大納言の「曹司」を放棄し、新たに大納言休息局を造営したのか、この意義が問われるのである。西本もこのような理解が導かれることには懐疑的であったのか、この問題を解決する案として【史料1】の年紀が誤っていたとの仮説を示す。しかし、『日本紀略』所引の『日本後紀』逸文は『類聚国史』等とは異なり、あくまで『日本後紀』の記載順に基づいて配列されるものである。仮にこのような事例が他にあるとしても【史料1】がそうであることは別途論証する必要がある。

【史料1】には「右大臣外曹司町北方公地」に大納言休息局を造営したとある。既存の大臣曹司に隣接した区画が公地（空閑地）であったのは、左右大臣併立という状況を想定し、二つの大臣曹司を近接地に設営するために公地として残していたからであろう。藤原緒嗣の右大臣任官は平安京成立後、初めて左右大臣が併立したものであるから、それまで右大臣曹司の北方隣接地が公地であったことにも必然性がある。私見のように、この場所への大納言休息局の造営は緒嗣の大臣任官を想定した措置であり、実質的には大臣曹司の造営であった蓋然性が高い。

批判の二点目は、筆者が宮内大臣曹司の成立を【第Ⅲ段階】とし、貞観年間（八五九～八七七）まで下らせたことに対してである。西本は【史料1】に「右大臣外曹司町」と「外」が明記されるから、「外」に対する「内」、すなわち宮

内にも大臣曹司が設営されていたとする。この点については、「外」があるからといって必ずしも「内」があるとは限らない、との再批判を行いたいが、これでは水掛け論となる。

そこで西本が宮内大臣曹司の成立を長岡宮段階とした論拠について疑問を呈しておく。西本は延暦八年（七八九）二月に長岡宮内裏が西宮から東宮に移ったことを契機として、太政官曹司や大臣曹司の位置が定められたと推定する。これとほぼ同時期に【史料4】長岡京木簡から藤原継縄の大臣曹司造営が確認できるから、長岡宮内に存在した可能性が高いとする。

この西本説の不備は、長岡宮内裏が東宮に移ることと、大臣曹司が宮内に設営されることとの因果関係を全く説明していない点にある。西本は【史料4】の藤原継縄の右大臣曹司を、前任右大臣である藤原是公の大臣曹司を継承せずに新たに造営されたものと理解し、新たに造営する以上は宮内であった可能性が高いとする。しかし、本文で依拠した今泉隆雄の指摘のように、【史料4】の「造大臣曹司所」「造□《右カ》大臣曹司所」は新任右大臣藤原継縄のための大臣曹司として既存の大臣曹司を修繕した機関であるし、延暦八・九年（七九八・七九〇）という時期も決して長岡宮東宮の成立と関わるものではなく、藤原継縄が延暦九年に右大臣に任命されたことと関わるものである。

この点と関わり、西本は平城京域に設けられた藤原魚名の大納言曹司が、魚名の昇進に伴い大臣曹司として使用されたとする旧稿の指摘についても、この想定が史料的裏付けをもたないものと批判する。確かに史料上大臣藤原魚名の大臣曹司は確認できない。しかし、大臣就任とともに魚名が占有する曹司が撤廃されたとみることには疑問が残る。そもそも筆者は魚名の大臣曹司は想定するものの、あくまで寵臣に対して個人的に賜与されたものであり、後世の大臣に付属する施設としての大臣曹司としては一線を画するものと位置付けている。

公卿の内裏侍候は延暦十一年（七九二）以前の段階では全面的に否定されている。このような段階にある長岡宮・京において筆頭公卿大臣の曹司を宮内に設けたと理解することは、この両者の深い関係を分断して理解してしまうおそれがある。筆者は「実態」と「施策」は弁別して捉えるべきものであり、特に「施策」を考える上では「実態」に対していかなる態度で臨んでいるのかを把握しなければならないと考える。

続いては東海林亜矢子による批判に対して私見を述べる。東海林の批判は、旧稿が職御曹司の成立を藤原良房の段階とみる岡村幸子説に対して批判を展開したことに対するものである。旧稿では史料上確認できるという点を重視して、藤原基経の段階に職御曹司が成立するとした。

東海林の批判点は次の三つである。一点目は、『大鏡』裏書の史料批判を通して良房の段階で職御曹司の成立をみる岡村説を批判したことに対してである。すなわち、史料の残存状況という問題から、『大鏡』裏書の良房の職御曹司を否定したのみでは、良房の職御曹司を否定することにはならない、というものである。

しかし、岡村説の史料的根拠が『大鏡』裏書であることに代わりはない。旧稿の結論はこの史料的根拠を批判した結果である。史料的根拠を失った岡村説を再度主張するのであれば、別の史料的根拠を挙げるか、もしくは『大鏡』裏書の再史料批判により、良房の職御曹司を証明する上で有効な史料であることを論じるべきである。

批判の第二点目は、良房の内裏直廬の存在を確かめたからといって、それが職御曹司を否定することにはならない、とする点である。すなわち、職御曹司と内裏直廬は併存し得るし、そのような事例もあるということが批判の要点である。

しかし、旧稿の論理は、①内裏直廬が確認できる、②職御曹司を「内裏」「禁中」と表現するとは考え難い、この二点に立脚しながら、果たして良房の職御曹司は確認できるのかという問題を設定し、それが確認し得なかっただけである。東海林は藤原忠平の事例により、この両者が併存し得るとするが、「併存し得る」ことは決して「併存する」ことを証明しない。特に職御曹司の成立について論じているのであるから、史料的根拠がない状況で内裏直廬の存在から職御曹司の存在を証するのであれば、両者が必ず併存することと、その必然性について論じるべきである。

批判の第三点目は清和即位段階で皇太夫人（清和即位とともに皇太后）明子には中宮職が付されているから、東宮において清和と同居していようとも、明子は「職御曹司」を使用することが可能であり、それに便乗して良房が使用することも可能である、というものである。

しかし、東海林のこの問いは、職御曹司を分析することの意義そのものを消失させてしまうのではないか、と危惧さ

れる。すなわち、中宮職の存在をもって職御曹司の存在を主張しているとも読み取れるからである。史料上、中宮職は奈良時代の初めから確認し得る。この段階の中宮職に職御曹司が置かれていないことは言うまでもない。岡村が指摘したように、皇太后宮職（中宮職）庁に公卿の曹司（直廬）が設置されたことにより「職の御曹司」という名称が成立すると考えるべきである。東海林の指摘のように、東宮居住の段階で明子の中宮職が後の職御曹司とされる場所に設置されていた可能性は捨てきれない。しかし、職御曹司の成立は当該地に中宮職（皇太后宮職）庁が置かれたこととは全く別の問題である。

但し、この東海林の批判は旧稿私見の弱さを適切に指摘している。すなわち、旧稿では皇太后の居所と中宮職（皇太后宮職）庁の関係を不問としていた。これは、明子が貞観十六年（八七四）二月に移る「職院」についての理解が不十分であることを示す。旧稿では無自覚にこの「職院」を「職御曹司」と表記して論を進めており、自説の論理矛盾を露わにしてしまった。これも「職院」の理解が不十分だったからに他ならない。そこで本文ではこの表記を改めたが、「職院」と明子の皇后宮職、そして明子の居所について次のように位置付け、東海林の批判に応えたい。

まず「職院」とある以上、ある一定の区画を有する施設であり、そこに明子が移ったことからも皇太后宮職庁であったとみて大過ない。後に職御曹司が置かれた区画と同一であったとみることにも特に問題はないだろう。おそらくこの区画は貞観十六年（八七四）以前から皇太后宮職庁の区画であり、そこに明子の居所が移ったとみるのが妥当である。よって明子の居所と中宮職（皇太后宮職）庁は別であったとする東海林の指摘は正しい。

このように考えたとき、良房がこの中宮職（皇太后宮職）庁を使用する理由が判然としない。内裏直廬に関しては本文中で述べたように、清和即位と同時期に置かれたものである。このとき、清和は内裏に居住していないから、この内裏直廬が清和に対する日常的な後見を行う場とは考えられない。幼帝清和の政務代行を行う施設とみるべきものである。

一方、皇太后明子は母后として清和と同居しているのであるから、その父良房による日常的な後見を想定するのであれば、清和と明子の居住施設内に設けるのが相応しい。無論、清和と明子の居所に良房の直廬・曹司が置かれたことを示す史料はないから、これは仮定である。

しかし、このような状況を想定したとき、内裏に直廬をもちながら、あえて中宮職（皇太后宮職）庁に良房の直廬・曹司を置く意味は判然としない。また、明子は貞観八年（八六六）十一月に内裏常寧殿に居所を移す。これを機に良房が皇太后宮職庁に直廬を置いたと仮定しても、同様の疑問は依然残されたままである。

それでは、清和の元服と内裏居住開始という点から良房の職御曹司の成立は説明できないだろうか。すなわち、筆者は良房の内裏直廬を幼帝清和の政務代行を行う施設と捉えたから、清和が内裏に居を移し、元服を経ればこの直廬の役割は終えたことになる。内裏直廬を失った良房の対応として娘明子の皇太后宮職庁を利用するようになった、と。

清和は貞観七年（八六五）に元服し、その十一月に内裏仁寿殿に入るから、この段階で良房が皇太后宮職庁の直廬に移れば、貞観八年（八六六）閏三月の応天門炎上事件の際には職御曹司が成立している可能性が高い。『大鏡』裏書の記述の信憑性も高くなろう。しかしながら、本文中で掲げた『日本三代実録』貞観八年（八六六）八月廿二日甲午条、同十二年二月七日己丑条、同十四年（八七二）二月七日丁丑条では、明らかに清和の内裏居住後も内裏直廬が使用されている。よってこの仮定も成立しない。

「職の御曹司」は中宮職（皇太后宮職）庁に設けられることを必須条件として成立するのであるから、明子が「職院」に移った貞観十六年二月以降であれば良房の職御曹司が成立する可能性はある。しかし良房は貞観十四年に既に死去している以上、良房の段階での職御曹司の成立は考え難い。

繰り返しとなるが、現段階において良房の職御曹司を説明するには『大鏡』裏書に頼らざるを得ず、この史料批判の結果としてこの点が論証されねばならない。いかに可能性の存在を指摘しても旧稿への批判は成立しないと考える。

以上、旧稿に寄せられた西本昌弘と東海林亜矢子による批判に対し、現段階での私見を述べた。

第九章　造館舎所考

序

太政官には、太政官曹司・弁官曹司・外記庁・大臣曹司・太政官厨家など多くの関連施設が存在する。太政官政務を遂行する上で、これらの施設は欠くべからざるものであり、その施設の維持は太政官政務を陰で支えるものである。この役割を担ったのが『延喜式』にみられる造館舎所である。このような独自の修繕機関をもつのは太政官のみである。太政官は律令官司の頂点に位置する最重要機構であり、これに加え独自の財源として公田地子がある。この財源により関連施設の維持・管理を独自に行えたため、このような修繕機関を設置できたものと思われる。

本章の目的は、本書第八章で論じた大臣曹司について、その修繕機関である造館舎所の変遷に関する理解から、より私見を確固たるものにするところにある。すなわち、公的・永続的施設としての大臣曹司の理解を明瞭にする。また太政官の特殊性を政務施設の面から明らかにする作業ともなるだろう。

第一節　先行研究の整理

造館舎所の専論として今泉隆雄の研究[1]がある。今泉の指摘を『延喜式』太政官式143造館舎所条の造館舎所の解釈を中心に以下のようにまとめる。第一に『延喜式』式文の解釈については次のように述べる。すなわち、造館舎所は太政官所属の「所」で、太政官曹司、弁外記候所、大臣曹司、官厨家などの諸曹司の修繕を職務とする。職員は別当が少納言・弁・外記・史であり、預が太政官と弁官の史生各一人であり二年交替で兼帯する。

第二に『延喜式』に先行する史料において、造館舎所との関連性が認められるものとして次のものを挙げる。①平城宮跡出土の木簡削屑「造曹司所請」は太政官のものとは断定できない。②長岡京木簡[2]の「造大臣曹司所」(一号木簡、以下号数のみ記す)、「造□《右カ》大臣曹司所」(二号)、「大臣曹司作所」(一三六号)、「作官曹司所」(三号)、および墨書土器銘「□《造カ》大臣曹□《司カ》」のうち、大臣曹司関係(一・二・一三六)は全て同一機関を指し、『延喜式』に規定する造館舎所の大臣曹司を修繕する「所」に当たる。一号木簡に副署する二人の史生、宇努韓国と茨田清成が『延喜式』に規定する預の太政官史生に相当することが根拠である。また「作官曹司所」も太政官曹司を修繕する「所」に当たる。

以上の検討により『延喜式』では造館舎所という一組織が太政官曹司以下の四曹司の修繕に当たることになっているのに対して、長岡京の段階では太政官曹司、大臣曹司それぞれに「所」が組織されている。また同一組織に関して呼称が一定していないのは、組織としての未整備に由来するとしたが[3]、後に第一次史料たる木簡と、整えられた法制史料たる『延喜式』との史料的性格の相違に由来すると見解を改めている[4]。

なお、太政官曹司と大臣曹司を修繕するこの二所は、それまで諸官司の修繕を担当していた修理職・造宮省がそれぞれ宝亀末年・延暦元年に廃止されたことを契機として成立する。

③天長八年（八三一）宣旨にみられる「造曹司所」が平城宮木簡の「造曹司所」と同じものとすれば、その存在が平城京時代まで遡ることになるが、木簡の「造曹司所」が太政官のものかは確定できない。④『弘仁式』逸文にみられる「造曹司所」が『延喜式』の造館舎所に当たるとすればその存在は『弘仁式』まで遡ることになるのだが、『弘仁式』逸文の文意は明らかではないという問題が残る。

今泉の指摘は非常に慎重であり、諸史料にみられた修繕機関を『延喜式』の造館舎所に直結することを示唆しつつも、論断するには及んでいない。筆者は今泉の指摘を妥当なものと考え、以下の検討により、これら修繕機関が全て同一のものであり、『延喜式』の造館舎所に先行するものであるとの論証を試みる。

このような観点に立って考察を進めるとき、最も重要な論点は『弘仁式』逸文の解釈となる。すなわち、今泉説の弱点は『弘仁式』逸文とされる文章の文意を不明のままにしたことにある。後述するように『弘仁式』逸文とされる文章中には「造曹司所」の他に「館舎」という文言もみられ、これが『弘仁式』にみられる『延喜式』造館舎所の前身機関を示すものとなれば、『弘仁式』では「造曹司所」と「館舎（＝造館舎所）」との同種の二つの機関が併存したこととなり、新たな問題が生じる。そこで次節では『弘仁式』逸文とされる規定についての検討を行う。

第二節　『撰集秘記』所引『弘仁式』逸文の解釈を巡って

次に掲げるのが造曹司所に関する規定がみられる『弘仁式』逸文とされるものである。

【史料1】『撰集秘記』二月十一日列見

　弘仁式、館舎及公文厨者云々、毎年八月一日相代、別当造曹司所者正月相代。

従前の諸学説では、これを『弘仁式』の逸文と見做しつつ、文意解釈が困難であることを一番の理由として『延喜式』当該式文との関係を明確にしてこなかった。但し、虎尾俊哉編『弘仁貞観式逸文集成』[6]では次に挙げる『延喜式』条文との関係を示唆する。

【史料2】『延喜式』太政官式143造館舎条（①）、144文殿公文条（②）、145厨家別当条（③）

①凡造館舎所者、〈太政官曹司、弁外記候所、大臣曹司及厨等類、〉別当少納言弁外記史、及預太政官弁官史生各一人。二年為レ限、二月相替。別当先検二破損一、随行二料物一、其所二修繕一、且加二勘定一。若有二臨レ事不了之輩一、不二必待レ限、将レ従二改替一。

②凡左右文殿公文者、史一人永勾当、其預左右史生各二人、毎年二月相替。

③凡厨家別当、少納言弁外記史各一人、及預太政官并左右史生各一人、並一年為レ限、二月列見之後相替。

この三条文と『弘仁式』逸文とされる文章との関連は認めてもよいものと思われるが、そもそも『弘仁式』逸文とされる箇所の文意が不明瞭であるため、その関連は憶測に留まる。よってまずは『弘仁式』逸文とされる箇所の文意を明確にした上で、『延喜式』との関係について論じる必要がある。

結論を先に述べるが、『弘仁式』逸文とされてきた【史料1】『撰集秘記』所引条文は、そもそも『弘仁式』の逸文とは考えられない。すなわち、『弘仁式』に採録されていた一条文を全文、または一部を引用したものではなく、また取意文でもない。そもそも文意（法意）が通らない規定等はあってはならず、取意文であればなおさら文意（法意）が簡潔に記されているはずである。

そこで一度『弘仁式』逸文という先入観を取り除き、『撰集秘記』上の文としての解釈を試みる。『撰集秘記』は『西宮記』『北山抄』『江家次第』等の儀式書を内容毎に抽出・引用したものであり、当該条について所功編『京都御所東山御文庫本　撰集秘記』（国書刊行会、一九八六年）では頭注に「行ヵ」と注記して藤原行成の儀式書『行成記抄』と想定している。

藤原行成の儀式書に関しては、西本昌弘[7]により東山御文庫本『年中行事』（二冊本、一四四―八番）が行成の儀式書『新撰年中行事』であることが明らかにされており、その「官所充」項中に当該条と同文が確認できる。よってこの『弘仁式』逸文とされる【史料1】は『撰集秘記』が『新撰年中行事』を引用したものである[8]。

続いては当該条を採録する「官所充」の内容について検討を加える。『新撰年中行事』は初めに二月十一日の「旬事」と「列見事」について記し、その後に項目を「官所充事」と改める。内容の構成は、まず「式云」と書き出し【史料2】前掲の『延喜式』三条文を引き、続いて『弘仁式』に関する記述がなされる。

次に『新撰年中行事』の該当箇所を掲げる。なお、『延喜式』引用部分の文言欠落箇所には丸括弧を付して文言を補っている。また傍書した丸数字は【史料2】前掲『延喜式』三条文と対応させている。

【史料3】『新撰年中行事』上、二月

官所充事

式云、①凡造館舎所者〈太政官曹司、弁外記候所、大臣曹司及厨等類、〉別当少納言弁外記史及預太政官弁官史生各一人。二年為レ限、二月相替。別当先検二破損一。②（凡左右）文殿公文者、史一人永勾当、其預左右史生各二人、毎年二月相替。

③凡厨（家）別当、少納言弁外記史各一人、及預太政官并左右史生各一人、並一年為レ限、二月列見之後相替。

弘仁式、館舎及公文厨者云々、毎年八月一日相代、別当造曹司者正月相代。

まず「式云」から始まる第一段落は、『延喜式』の二条文の引用である。すなわち「凡造館舎所者」から始まる条文①と、「(凡左右)文殿公文」以下の条文②である。条文②は「凡左右」が欠落しているものの、それに続く文章は『延喜式』と同文である。第二段落は条文③であり、「家」が欠落するものの、ほぼ『延喜式』と同文である。

以上の『延喜式』条文の引用は、特に条文①に顕著なように条文全文の引用ではなく、別当・預等の任官やその時期、および任用期間に関する部分のみを引用している。これは『新撰年中行事』が官所充に関するものを抽出したためであり、条文②・③が『延喜式』条文の全文を引用しているのも、結果的に基の規定がその内容のみに限定されていたからである。

さて、所充[9]とは、主要な諸司・諸所・諸寺の政務を担当する別当を補任する儀式であり、殿上人を別当に割り当てたものを殿上所充とするのに対して、太政官の弁・史を別当に割り当てるものを官所充とする。『江家次第』では二月十一日の列見の後、十三日に弁・史を位禄所・王禄所・大粮所・厨家・大膳職・木工寮・東大寺の別当に補任することとなっている。『延喜式』も同様に、厨家の別当・預は二月列見の後に交替する規定であり、列見の式日は『同』太政官式に二月十一日と規定する。『延喜式』では厨家の他にも造館舎所の別当・預、および左右文殿の預の交替を二月と規定するから、これらも列見の後に行われたものとみて大過ない。

最後の第四段落が『弘仁式』逸文とされてきたものである。『新撰年中行事』所引の『弘仁式』に関する記述は『撰集秘記』引用の記述とほぼ同文であるが、『撰集秘記』で「造曹司所」とする部分を「造曹司」とする点のみ異なる。しかしこの「造曹司」は長岡京木簡や『類聚符宣抄』天長八年(八三一)五月二日宣旨などで確認

できる造曹司所とみて大過なく、故にこの両書間における文意上の差異はないものと判断される。

さて、前述のようにこの部分は文意が不明瞭なのだが、その要因は「云々」を省略箇所の記号的文言とし、省略を交えた取意文と考えるからであろう。筆者はこの文章を『弘仁式』の条文を省略しつつ、その一部を引用したものではないと考える。すなわち、「云々」の直前にある「館舎及公文厨者」は『弘仁式』中の文言ではなく、『新撰年中行事』が先に引用している『延喜式』条文を指示する文章と考える。すなわち、「館舎」「公文」「厨」の順番は直前に引用した『延喜式』条文の造館舎所・文殿・厨家の順番と同一である。つまり藤原行成は「弘仁式、館舎及公文厨者云々」と記し、直前に引用した『延喜式』の三規定と『弘仁式』との関係について以下に解説を施す旨を明示したものと思われる。「『弘仁式』における（『延喜式』で規定されていた）「館舎」「公文」「厨」の規定は…」と要訳し得る文章である。以上の理解に立てば、「云々」以下の文章も『弘仁式』の逸文ではなく、「館舎」「公文」「厨」に関する『弘仁式』の規定について行成が説明を施した文章であろう。

後半部「毎年八月一日相代、別当造曹司者正月相代」の内、「毎年八月一日相代」は「館舎」「公文」「厨」の三所における交替時期について記している。『延喜式』ではこれらの交代時期は二月であったが、『弘仁式』では八月一日と異なっていたことにより記されたものである。

これに続く「別当造曹司者正月相代」は正月に交替される三所別当と造曹司所について、『延喜式』の規定である二月交替でも、また八月一日交替でもないことから特記されたものである。

ここから『弘仁式』が規定する三所の所充の時期は、正月が造曹司所の別当・預、文殿公文・太政官厨家の別当であり、八月一日が文殿公文と太政官厨家の預となる。

以上により、これまで『弘仁式』の逸文とされていた【史料1】『撰集秘記』二月十一日の「弘仁式」に始ま

る文章は、『弘仁式』条文を省略しつつ引用したものではなく、『新撰年中行事』において、所充に関わる『延喜式』の規定と『弘仁式』の規定を比較し、その相違点について記した説明文であると位置付けることができる。
所功は『新撰年中行事』（『撰集秘記』が引く『行成記抄』）の特徴として、自身の説明文よりも先人の書物（「蔵人式」や『延喜式』など）を尊重して関係条文を列挙していることを挙げる。しかし、【史料3】の『弘仁式』に関わる文章は忠実に原典を引用したものではない。直前に引用された『延喜式』の規定と一体的に読むことによりはじめて文意が明瞭となるものである。(10)

以上、迂遠した議論となったが、『弘仁式』の造曹司所と『延喜式』の造館舎所が対比して記されていることから、『弘仁式』の造曹司所は造館舎所の前身機関であると判断することができ、今泉の想定が正しいことを確認できたと思う。

第三節　造曹司所の推移

今泉が明らかにした太政官関係の修繕機関は、①平城宮出土木簡削屑の「造曹司所」を保留すると、②-1長岡京木簡の「造大臣曹司所」（長岡京木簡の大臣曹司修繕機関はこの名称に便宜上統一する）、②-2「作官曹司所」、③『類聚符宣抄』天長八年（八三一）五月二日宣旨の「造曹司所」、④『弘仁式』の「造曹司所」、そして⑤『延喜式』の「造館舎所」の五つである。この内、④（『弘仁式』）と⑤（『延喜式』）が制度的に連続することは前述した通りであるが、③（『類聚符宣抄』）も④⑤と同機関である。

【史料4】『類聚符宣抄』第六　文譜　天長八年（八三一）五月二日宣旨

太政官
　史生十人
　散五人〈冷泉院二人　校書殿一人　厨家一人　造曹司所一人〉
　依㆑病不㆑上一人
　見直四人
右散并見直如㆑件、因㆑茲欠書長案一切不㆑堪㆓写填㆒、仍請㆓処分㆒、
　　天長八年五月二日
申㆓大納言清原卿㆒、即宣、請名病瘳無㆑期、宜㆘請㆓権史生㆒駈策㆖、亦簡㆓其人㆒申㆑之者、仍即沙汰申之、
　同月五日　　　　　　　　大外記嶋田朝臣清田〈奉〉

本宣旨の意図は、史生十人中「散」が五人、病による不出仕者が一人であって、現直四人という状況では「欠書」と「長案」の写填ができないことに関わる対処を要求し、その処分として、権史生を充てて業務に当たらせたものである。権史生の補充は大納言清原夏野の宣に、「病瘳無㆑期」とあることから、病による不出者一人の代わりを充てたものである。

さて、この宣旨から造曹司所に太政官の史生一人が充てられていることが確認できる。この太政官の史生一人とは『延喜式』に規定される預であろう（厨家も同様）。『弘仁式』撰進後のこの宣旨に、太政官史生が預であったことを現行制度上で確認できたことにより、これを『弘仁式』の規定として復元することができる。おそらく『弘仁式』と『延喜式』とでは、造曹司所の職員構成に関する規定はほぼ同内容であった可能性が高い。

この段階で『弘仁式』の規定内容を知り得る限りまとめると次の三点になる。

ⅰ　名称は「造曹司所」である。
ⅱ　その預には太政官の史生を充てる。
ⅲ　交替は正月に行われる。

さて、『弘仁式』と『延喜式』の規定がほぼ同内容であったとの私見を提示しつつも、この両者には決定的な相違がある。すなわち機関名称である。この名称改定が果たして、単なる名称の改定なのか、それとも機構内部の構造改革をも含んでいたものなのかは、造曹司所の変遷を考える上では重要な論点となる。

上記の問題点について、筆者は次の点から法整備上（『延喜式』、もしくは『貞観式』編纂）における論理的要請に基づき行われた名称改定であり、実質的には従前の「造曹司所」のままであり、『延喜式』の規定にかかわらず「造曹司所」との名称が永くが用いられたものと考える。

第一に法整備上における論理的要請とは、それまで造大臣曹司所や造官曹司所といった施設別に置かれていた修繕機関を統一する形で造曹司所が成立したことと関わり、修繕対象が太政官曹司や大臣曹司のみならず、弁外記候所や厨等の「○○曹司」以外の館舎をも修繕対象とするようになったからである。

『弘仁式』では造曹司所のままとされ、この点についての配慮はなされなかった。しかし『延喜式』、もしくは『貞観式』編纂段階において「造曹司所」という名称の不都合が問題とされ、より汎用性をもつ名称として「館舎」を用いた「造館舎所」との名称が与えられたと考える。

第二に、法制上の名称改定にもかかわらず造曹司所が用いられたということは次の点から推察される。すなわち、「造館舎所」という名称は『延喜式』のみでしか確認できず、『延喜式』以降の多くの史料では「造曹司所」という名称が用いられ続けているからである[11]。

以上により造曹司所は②の長岡京木簡で確認された施設別の修繕機関を統合する形で成立し、その後、法制上の名称改定（造館舎所）がなされたが、この名称が定着することはなく、従前のまま造曹司所が用いられ続けたのである。

結語

以上の考察は太政官関連施設の修繕機関に関する今泉説の補説を目的としたものであり、なんら今泉説に対して修正を迫るものではない。

今泉説を補う論点は次の二つである。すなわち、それまで『弘仁式』逸文とされてきた『撰集秘記』所収文は、藤原行成撰『新撰年中行事』が『弘仁式』と『延喜式』の相違点を記した説明文であること、そして造館舎所という名称は『延喜式』編纂時（『貞観式』まで遡る可能性もあるが論証は現段階では不可能）における法整備上における論理的な要請に基づいて与えられたものであり、実際は従前のまま造曹司所という名称が用いられ続けたことである。

註

（1）今泉隆雄A「八世紀造宮官司考」（『古代宮都の研究』吉川弘文館、一九九三年、初出は一九八三年）、同B「長岡京太政官厨家の木簡」（『古代木簡の研究』吉川弘文館、一九九八年、註（2）の解説を改稿）。

（2）向日市埋蔵文化財調査報告書第一五集『長岡京木簡　一』（向日市教育委員会、一九八四年）。

（3）註（1）前掲今泉A論文。
（4）註（1）前掲今泉B論文。
（5）『類聚符宣抄』第六、文譜、天長八年（八三一）五月二日宣旨。
（6）虎尾俊哉編『弘仁貞観式逸文集成』（国書刊行会、一九九二年）。
（7）西本昌弘「東山御文庫所蔵の二冊本『年中行事』について―伝存していた藤原行成の『新撰年中行事』―」（『日本古代の年中行事書と新史料』吉川弘文館、二〇一二年、初出は一九九八年）。
（8）訳注日本史料本『延喜式』（集英社、二〇〇七年）の太政官式143造館舎条の補注でも同様に指摘をする。
（9）官所充に関しては、岡野浩二「所充の研究」（渡辺直彦編『古代史論叢』続群書類従完成会、一九九四年）、同「官所充」（阿部猛、義江明子等編『平安時代儀式年中行事事典』東京堂出版、二〇〇三年）による。
（10）所功「『撰集秘記』の基礎的研究」（『京都御所東山御文庫本　撰集秘記』国書刊行会、一九八六年）。
（11）儀式書では主に二月十一日の列見の儀式の際にみられ、『西宮記』では「造曹所」、『北山抄』『江家次第』では「造曹司」とある。列見終了後の宴の会場である朝所に向かう途中に造曹司所で靴の着脱を行うことになっている。古記録類でも主として列見に関する記述の中にみられるが、その他には調度品の製作を命じたもの（『左経記』長元四年（一〇三一）十一月二日条）、道長の直廬が造曹司所にあったこと（『小右記』長和三年（一〇一四）二月十三日条）等、散見する。

［付記］

本章は旧稿「太政官関係施設の修繕機関」（『行政社会論集』二一―四、二〇〇九年）に一部修正を加えたものである。修正は誤植の訂正や体裁の調整に留めており、論旨・結論等に変更はない。

第十章　摂関制成立史における「応天門の変」

序

貞観八年（八六六）閏三月十日、平安宮朝堂院南門の応天門と棲鳳楼・翔鸞楼が炎上した。この炎上事件の解決を巡り展開した政変は「応天門の変」と呼ばれ、平安政治史上、特に摂関制成立史において重要視されてきた。すなわち、事件の捜査過程において、「勅㆓太政大臣㆒、摂㆓行天下之政㆒」（『日本三代実録』貞観八年（八六六）八月十九日辛卯条）と、藤原良房に対し一見して高度な政治的権限が付与されており、この権限と摂政との関係が問題とされているのである。

摂関制成立史という観点から「応天門の変」の歴史的位置付けがなされた嚆矢は、管見の限り黒板勝美『国史の研究』(1)である。黒板は摂関制成立・藤原氏の専権確立にいたる政治史的な前提として、藤原氏が旧来の有力他氏族を政略により排斥したという理解を示し、この政略の一つに「応天門の変」を位置付ける。所謂「他氏排斥」史観である。戦後、黒板の「他氏排斥」史観は批判的に継承され、佐伯有清(2)や佐藤宗諄(3)により、文人貴族・良吏といった新官人群の存在を重視し、排斥対象をより限定した形で「応天門の変」の歴史的意義付けがなされる。排斥の対象となる氏族や個人に関しては理解の差があるものの、藤原氏政権に対抗し得る勢力を「排斥」したとする史観自体は以後の平安時代史研究、特に政治史の分野で大きな影響力をもち続け(4)、現在においても一定

程度の評価を得ている。[5]

しかし一方で、藤原氏による対抗勢力の「排斥」という視点に対する問題も提起されている。角田文衛[6]は直接的に「他氏排斥」という理解を批判し、「応天門の変」において藤原良房の陰謀の標的は伴善男ではなく、既に娘の多美子を入内させている実弟の藤原良相であり、次期外戚の地位を巡る政争である、とした。

以上、研究史を振り返ると、「排斥」の対象こそ違え、藤原良房の権勢欲に基づいた政略・政争という評価は大方で一致している。しかし、この点が史料的に実証されていない点が問題である。「応天門の変」の歴史的意義を評価する際には次の常套的理解が持ち出される。すなわち、事件の詳細は不明なものの、最終的に良房の専権が確立しているから、この政変は良房により企図されたものである、と。この際、良房は応天門炎上事件の首謀者ではなく、この事件を巧みに利用して、「排斥」を実行した人物と評されるのであるが、これを論証するには、不明とされている事件の詳細、特に断罪過程における良房の関与のあり方を明らかにする必要がある。従来の研究の欠点はここに尽きるといって過言ない。

さて、河内祥輔[7]は伝統的な摂関制成立史研究に対して、①摂関制を成立させた動因として、良房・基経の権力志向を挙げるのが主流である、②天皇制と摂関制との関係を対立的関係にあるかのように理解している、③藤原道長の時代にいたる政治史が専ら摂政・関白の地位の争奪戦を主題として叙述されている、との問題点を挙げた。またこの指摘を継承し平安時代政治史を「王の年代記」として叙述する保立道久[8]の試みもある。

摂関制成立を論じる上で「応天門の変」は必須の検討事項である。河内や保立の如き史観からこの政変を論じるにも、応天門炎上事件と摂政の成立とを結びつける論理、すなわち事件処理の中で良房の権勢欲・権力志向が強く働いているのか、これが従前の学説を克服する上での重要な論点となる。

近年、神谷正昌[9]は応天門炎上事件が当該期に頻発した怪異・自然災害・兵乱などと一括された「危機の一つ」であり、このような危機的状況下にありながら太政官機構が機能不全（左大臣源信と右大臣藤原良相・大納言伴善男との対立）に陥っていることを理由として、これを打開するために太政大臣藤原良房に権力を集中させた、との理解を示す。良房の「摂₌行天下之政₋」を権勢欲からではなく、当該期の政治状況とその対応という点から説明する神谷の分析視座は継承されるべきである。また今正秀[10]は応天門事件における伴善男の断罪について、勅命による伴善男への鞫問と清和崩伝内容とから、清和天皇の意向を重視すべきと指摘する。これも一般論としての良房の権勢欲から「応天門の変」の本質を説明するものではなく、断罪主体の再検討を行ったもので、継承すべき視座である。

筆者も神谷や今が示した大局的理解は首肯すべきであると考える。しかしこの両者とも応天門事件の事件処理過程の具体的な分析は行っておらず、また細部において私見と異なる部分もある。結論においては、神谷・今の議論に屋上屋を架するおそれがあるが、しかし、より知見の具体化を図るために、推断の過程と断罪の論理について検討を加え、そこから良房の関与のあり方についての結論を呈する。また、これを足がかりとして、当該期における藤原良房の政治史的動向に検討を加え、応天門炎上事件と摂政の成立の関係についての見通しを立てたい。

第一節　密告者・大宅鷹取女子殺害事件の検討

周知のように、応天門事件において伴善男に嫌疑が及ぶのは大宅鷹取の密告からであり、それ以前は天皇陵の

穢れを要因とした異変・災異として理解されていた[11]。

【史料1】『日本三代実録』貞観八年（八六六）九月二十二日甲子条

廿二日甲子。（中略）公卿就二太政官曹司庁一、会二文武百官一宣制。其詞曰、「天皇我大命良万止宣久。去閏三月十日之夕尓、応天門并左右楼等、不慮之外尓忽然焼尽多利。因レ茲日夜無レ間久憂礼比念保之勢加比御坐須。①然間尓備中権史生大宅鷹取告言世良久。大納言伴宿祢乃所為奈利。爰或諸人等又並レ口天無レ疑留倍久告言己止在。然止毛件事波世尓毛不レ在止思保之食天那毛月日乎延引都々早尓罪那倍不レ賜御坐都留。②而今勅使等鞫問志天奏須良久、初問二伴宿祢一尓毎レ事固争天不二承伏一。③従者生江恒山、伴清縄等乎拷訊留尓、伴宿祢身自波不レ為志天、息子右衛門佐中庸等加為奈利介利。雖レ然清縄恒山等加所レ申口状乎以天、中庸加申辞尓参験須留尓、伴宿祢乃初所二争言一乃殺レ人留事既知二巧詐一。即中庸波父之教命乎受天、所レ為止云事無レ疑。仍与二明法博士等一勘定尓、大逆之罪共難レ可レ避。須同久斬刑尓当レ処止奏聞世利。然礼止毛、別尓依レ有レ所レ思奈毛、斬罪乎一等減天、遠流罪尓治賜布。又同レ謀従者豊城等三人并其兄弟子孫等、従二遠流一倍賜波久止宣天皇我大命乎衆聞食止宣。」

【史料2】『日本三代実録』貞観八年（八六六）八月三日乙亥条

三日乙亥。左京人備中権史生大初位下大宅首鷹取告三大納言伴宿祢善男、右衛門佐伴宿祢中庸等同レ謀行レ火焼二応天門一。

【史料3】『日本三代実録』貞観八年（八六六）八月七日己卯条

七日己卯。（中略）勅二参議正四位下行左大弁兼勘解由長官南淵朝臣年名、参議正四位下行右衛門督兼讃岐守藤原朝臣良縄一、於二勘解由使局一、鞫二問大納言正三位兼行民部卿太皇大后宮大夫伴宿祢善男一。（後略）

大宅鷹取の密告は【史料1】傍線①と【史料2】にある。【史料2】では伴善男と中庸の父子による犯行を密

告したとあるが、【史料1】では伴善男のみを記し、また密告直後の取調べも【史料3】の伴善男に対する鞫問しか確認できない。よって鷹取の密告は伴中庸の共謀については及んでいないと思われる。後述するように、中庸の関与は捜査の過程で明らかになったものであるから、【史料2】は『日本三代実録』編纂時に事件の最終結末を遡及させて記述されたものである。

さて、応天門事件において大宅鷹取は単に密告をした人物として登場するのみではない。この女子が伴善男の従者に殺害されるという事件も起きており、【史料1】傍線部③にあるように、応天門事件ではこの殺害事件の構造を大きな根拠として断罪がなされている。よって応天門事件の理解には、大宅鷹取女子殺害事件に関する理解も必須である。

従来、鷹取女子殺害事件（以下、殺害事件と略記）は大宅鷹取の密告に対する伴善男側の報復と考えられてきた[12]。しかし以下に論じるように、本事件は密告以前に発生したもので、鷹取による密告は女子を殺害されたことに対する報復であった可能性が高い。

【史料1】傍線②には、密告の四日後に行われた鞫問において、伴善男が「毎ﾚ事」に承伏しなかったとある。【史料1】にみられるように応天門事件の断罪の論理は、殺害事件との同一構造に重点を置くことにあるから、応天門事件断罪の時点で殺害事件の主犯が伴善男とされていることを踏まえると、鞫問の当初から伴善男が承伏しなかった「毎ﾚ事」とは、応天門放火と殺害事件の両件となる。すなわち、殺害事件は鷹取による密告以前に発生している。これについては以下の点からも指摘できる。

【史料4】『日本三代実録』貞観八年（八六六）十月二十五日丙申条

廿五日丙申。（中略）太政官論奏曰。刑部省断罪文云。（中略）①越前国足羽郡人生江恒山、因幡国巨濃郡人占

部田主等、駆二傷備中権史生大宅鷹取一、并駆二殺鷹取女子一。[2]恒山等言。随二私主右衛門佐伴宿祢中庸教一、駆二殺鷹取女子一。闘訟律云。威力使二人駆撃一、而死傷者、雖レ不レ下レ手、猶以二威力一為二重罪一、下レ手者減二一等一。又云。故殺レ人者斬。恒山田主等、随二中庸教一、非下因二闘争一殺中鷹取女子上。[3]須下以二中庸一為レ首処中斬刑上。而身犯二大逆一、降配二遠流一、不二更断一レ罪。恒山田主為レ従減二一等一、並合二遠流一者。降二恩詔一、斬刑減二死一等一、処二之遠流一。自余並依二省断一。

四日丙子。禁二鷹取身一、下二左検非違使一。

【史料5】『日本三代実録』貞観八年（八六六）八月四日丙子条

この殺害事件では【史料4】傍線①に「駆二傷備中権史生大宅鷹取一、并駆二殺鷹取女子一」とあるように、鷹取女子のみならず鷹取本人も襲撃を受けている。しかしながら【史料5】にあるように、鷹取は密告直後の八月四日には左検非違使に拘禁されている。但し鷹取の拘束は密告の翌日から行われたものではなく、密告後直ちに受理官司によって行われたと思われる。本条はあくまで鷹取の身柄を密告受理官司から左検非違使に下したものである。よって殺害事件は密告以前か、鷹取が釈放された後のいずれかに発生したのである。

問題は鷹取の釈放時期である。鷹取の拘禁は養老獄令32告言人罪条の「告人亦禁、弁定放レ之」が適用されたものである。よって本規定に基づけば、鷹取の釈放は密告内容が正しいと判断された段階（「弁定」[13]）、すなわち伴善男の罪が確定した後となる。

応天門事件断罪の論理は殺害事件と同一構造である点に重点が置かれている。よって応天門事件断罪以前、すなわち鷹取の釈放以前に本事件が発生していなければならない。また鷹取が密告直後から拘禁されていることを踏まえれば、本事件は密告以前に発生したと考えなければならない。本事件で鷹取も襲撃されている事実を踏ま

えれば、襲撃の標的は大宅鷹取自身であり、女子の殺害は偶発的なものだった可能性もある。いずれにせよ、大宅鷹取はこの報復として実行犯の主人であった伴善男を応天門放火の犯人として密告したのである。

【史料6】『日本三代実録』貞観八年（八六六）八月二十九日辛丑条

廿九日辛丑。禁㆓右衛門佐従五位上伴宿祢中庸於左衛門府㆒。是日、拷㆘訊殺㆓大宅鷹取女子㆒者生江恒山㆖。

【史料7】『日本三代実録』貞観八年（八六六）八月三十日壬寅条

卅日壬寅。拷㆘訊与㆓恒山㆒同㆑謀者伴清縄㆖。並是大納言伴宿祢善男之僕従也。

【史料6】【史料7】は殺害事件の被疑者の逮捕、およびその訊問について記す。前述のように鷹取は応天門放火の密告の際にこの事件についても告言していた。殺害事件の捜査が密告から約一月後まで遅れたのは、応天門事件の捜査（伴善男への鞫問・山陵の穢の巡検等）が優先され、かつこの密告は誣告の可能性が高いと判断されたためである。

さて、殺害事件裁定の詳細は【史料1】傍線③と【史料4】に記されるが、この両史料間では裁定内容が異なる。すなわち、応天門事件の断罪に関する宣命【史料1】では伴善男を、【史料4】では伴中庸を主犯としている（傍線③）。この相違は各事件の推断・断罪が別機関で行われ、裁判制度上は別系統のものであったことに要因がある。

応天門事件は後述のように天皇・太政官による断罪であり、【史料1】はこの事件の断罪に関するものであって、殺害事件の断罪を目的としたものではない。対して殺害事件の推断は刑部省により行われた。【史料4】は年終断罪奏（論奏）であり、殺害事件の推断内容はそこに引用される刑部省断罪文中に記され、文末には「自余並依㆓省断㆒」ともある。[14]

年終断罪奏で奏上される断罪文は、『延喜式』刑部式6流罪以下条に「凡流罪以下随レ発且断。其死刑者、皆惣断十月四日申レ官。則断文令二判事属申送一」、『同』太政官式135断罪文条に「凡刑部省所レ申断罪文者造二二通一、十月四日進二弁官一、即日史読申、外記覆勘造二論奏一。廿日以前奏聞。（後略）」とあるように、十月四日に太政官に上申される。【史料4】からは断罪文の上申日時を確認できないが、十月初頭であったとみて大過ない。すなわち、殺害事件に関する最終的な断罪は十月初頭に刑部省から太政官に上申されて、太政官が覆審・認定をし、同二十五日に天皇に奏上されたのである。

以上、殺害事件は応天門事件の密告よりも以前に発生していたこと、その主犯は伴中庸であったこと、およびこの事件の推断・断罪は刑部省が行ったことを確認してきた。この点を踏まえて、次節では応天門事件の検討を行う。

第二節　応天門事件の検討

応天門事件の捜査は密告直後の伴善男への鞫問から始まる（【史料1】傍線②・【史料3】）。この鞫問は南淵年名と藤原良縄を勅使として行われた。【史料1】傍線②に「而今勅使等鞫問志天奏須良久」とあるように鞫問結果は天皇に奏上されている。これは承和の変の際、『続日本後紀』承和九年（八四二）七月辛亥条に「正躬王真綱朝臣等窮二問罪人一奏二其日記一」とみえるように、取調の内容を記した「日記」を奏上したものと思われる。

この鞫問に対して、伴善男は応天門事件・殺害事件の両方において自らの関与を否定し、おそらくここで応天門事件に関する捜査は一度終了する。すなわち、この鞫問の十一日後、八月十八日に行われた諸山陵に対する応

天門火災の告文には「応天門及東西楼尓有二火災一天皆悉焼失奴。其咎乎卜求礼波、掛畏岐御陵乎犯穢世留事在。又猶火事可レ有、又疾事毛可レ有止卜申利。因レ茲恐畏利天申奉出給牟止須留間尓頻有二穢事一天至レ今延怠礼利。因以二去十四日一巡検留尓、御陵乃木数多久伐事阿り止検申世利。今御陵守等乎波、随レ法尓罪那倍賜牟止須[15]」とある。陰陽寮は応天門焼失の原因を山陵の穢と勘申するが、その対応が遅延していたので、十四日に巡検を行ったところ樹木伐採のことが確認されたとある。この十四日に行われた巡検は、伴善男の犯行を確定できなかったことを受けて、再度、応天門炎上の原因を穢に求めた結果と見做すべきである。樹木伐採がなされた陵の陵守を処罰することで、応天門炎上をはじめとした一連の災異の終息を目指したのだろう。

しかしながら、九月二十二日、突如として応天門事件の断罪に関する宣命が宣誥され、伴善男・中庸父子を主犯、紀豊城・伴秋実・伴清縄の三名を共謀者として斬刑に断じ、通例の如く詔により一等を減じて遠流に処している。

このような進展をみせたのは、宣命中における主犯確定の論理からもうかがえるように、殺害事件の内容が明らかになってきたからである。すなわち、【史料1】傍線③にあるように、殺害事件の下手人である生江恒山が伴中庸の指示により襲撃を実行したと供述したことと（【史料4】傍線②）、伴中庸の「申辞」（おそらく関与を否定したのか）とを照合して、殺害事件に関する伴善男の供述（「不二承伏一」）を虚偽と断定する。また当初は殺害事件の下手人として逮捕され、最終的には応天門事件の共犯者（実行犯か）とされた伴清縄も応天門放火を伴中庸の指示であったと供述しており、両事件で実行犯へ指示を出したのが伴中庸であったと判断された。これに加え殺害事件では伴中庸に対して善男の指示があったと論定されているから、応天門事件も同様であったと推断されたのである。

しかし、前節で考察したように、殺害事件に関する伴善男の関与は認められず、伴中庸が主犯として断罪された。この差異の原因は両事件の推断を担当した機関が異なったためで、殺害事件は刑部省が推断・断罪をしていた。

応天門事件の捜査に関しては、史料上参議二名による鞫問と、それの天皇への奏上のみしか確認できない。しかしこの事件の推断が太政官を中心に行われたことは、以下に述べる義江彰夫(16)の指摘により復元できる。すなわち、十世紀を過渡期として再編される刑罰形態として、五位以上の上級官人に関わる件や国家大事に関わるもの等は天皇の意を報じた太政官が行う「太政官奉裁」がある、と。本件は九世紀半ば頃のものであるから、時期としては相違する。しかし、律令制下において太政官、特に弁官局による裁判審理が広く行われていたとする長山彰(17)の指摘を踏まえれば、応天門事件の推断は太政官を中心に行われたとみて大過ない。【史料1】はこの推断結果を記述したものである。

前節で考察したように、殺害事件の刑部省断罪文が太政官に上申されたのは十月初頭である。すなわち、【史料1】の九月二十二日以前に推断された応天門事件で用いられた殺害事件の内容は、刑部省での断罪以前のものである。おそらく応天門事件の推断では刑部省で進行中であった殺害事件の途中経過を根拠としたのだろう。すなわち殺害事件の主犯を伴善男と断定したのは応天門事件の裁定、つまり「太政官奉裁」の裁定なのである。

刑部省における殺害事件の推断は応天門事件の断罪後も継続された。そして応天門事件の裁定結果に迎合することなく、【史料4】のように主犯を伴中庸、共犯を生江恒山と応天門事件断罪時点では名がみられなかった占部田主と断定した、ということになる。

さて、応天門事件の断罪を行ったのは太政官であったが、次の史料から清和天皇の意向が強く反映された断罪

であったことが判明する。

【史料8】『日本三代実録』元慶四年（八八〇）十二月四日癸未条

四日癸未。（中略）是日。申二刻、太上天皇崩㆑於㆓円覚寺㆒。時春秋卅一。（中略）故後之談㆓前事㆒者、莫㆑不㆑思㆓貞観之政㆒焉。大納言伴善男息右衛門佐中庸行火。焼㆓応天門㆒。及㆓事発覚㆒、罪至㆓大逆㆒、相㆓連其父㆒。然善男不㆓肯承伏㆒。臣下或以為㆓罪有㆑可㆑疑。天皇執㆓持刑理㆒終不㆓寛假㆒。善男父子、及他相坐者数人、皆従㆓配流㆒焉。仁者必勇、蓋是之謂歟。

【史料8】は清和太上天皇の崩伝であり、傍線部には応天門事件の推断において、清和天皇が積極的に関与したと記す[18]。すなわち、伴善男が子息の大逆罪に連座するのを承伏せず、臣下もこの断罪について疑問を抱く中、天皇自ら「刑理」をもって厳しく処罰した、と評している。

この崩伝は清和天皇の治績を唐太宗の「貞観之政」に比肩させることを目的とし、応天門事件における清和の積極的な関与をその具体例とする。しかし、その断罪結果は【史料1】の宣命とは異なり、主犯を伴中庸とし、伴善男はその父としての連座となっている。これは応天門事件の断罪の直接的な論拠となった殺害事件の最終結審との整合性を図ったもので、おそらく、崩伝述作時の操作であろう。これにより、「貞観之政」に比肩する清和天皇の治績の代表として、実際は誤審であった応天門事件を例示できたのである[19]。

『日本三代実録』は清和崩伝を含め断罪結果について集中的に操作を加えている。これは応天門事件への清和の関与を創作したものではなく、不都合な部分を改変しつつ、この事実を清和の治績として最大限活用する編纂方針があったことを裏付ける。すなわち、応天門事件の断罪に清和天皇の意向が強く反映されていたことは信憑性があり、伴善男を主犯とする論理を組み立てたのも清和天皇である可能性が非常に高い。

以上の結論を踏まえれば、応天門事件処理に関する藤原良房の関与のあり方、および「摂二行天下之政一」との関係が改めて問題となる。すなわち、元服を経ても未だ幼い清和天皇がこの重大事件の処理に当たることに弱腰となり、この勅命で良房に天皇権を代行させ事件処理を行わせた、とする通説的な見解は成立しなくなるからである。また応天門事件処理に関する裁判機構としての太政官の評価も下さねばならない。

応天門事件の裁判は大納言伴善男を裁くものだが、官制上、伴善男の上位官である左大臣源信と右大臣藤原良相はこの裁判に参加できる状況ではなかった。源信は自邸に籠居しており[20]、藤原良相は後述するように、病のため自邸に退去している。よって、大納言を裁く上で大臣の不在が問題とされ、ここで良房が太政大臣として起用されたのではないだろうか。

しかし、太政大臣は上卿になれないなど、政務運営上の権能に限界[21]があり、清和元服以前は後見として天皇権を代行していたとしても、そもそもの良房の太政大臣任官自体の意義は政界の第一線から離脱させる引導的なものであった[22]。よって、太政大臣良房に対して単に政治への復帰を命じても、太政大臣という職位・身分である以上、良房は上卿として政務に参加できないのである。「摂二行天下之政一」とはこのような状況への対応として、良房を上卿として応天門事件における太政官政務（裁判）へ参加できるようにとられた措置ではないだろうか[23]。

第三節　藤原良房の政治的動向

前節の検討により、応天門事件に関して、伴善男を主犯と断罪したのが藤原良房の積極的関与によるものではないことが確認された。この一点をもっても「応天門の変」を良房が主体となった政変とする理解は訂正されね

ばならない。

　それでは当該期における藤原良房の政治的動向はどのように理解すべきであろうか。前記結論を呈した以上、必然的に生じる検討課題である。そこで本節では当該期における良房の政治的動向の実態について、先行研究の成果を整理しつつ私見を述べていきたい。

　伴善男と良房の政治的関係が良好であったことは、佐伯有清[24]により指摘されている。この説に立脚すれば「応天門の変」渦中の人間関係において注視されるのは良房と良相の兄弟の関係である。角田文衛[25]は、良相は娘の藤原多美子を清和に入内させており、これに皇子が誕生し即位すれば次期の天皇外戚の地位は良相に移る。このような状況が両者の対立の要因であり、良房はこの状況を打破するために、良相の盟友である伴善男を失脚させて（「応天門の変」）良相の権威を奪おうとした、とする。

　しかしながら、今正秀[26]が批判するように、この事件により良相の政治生命が絶たれてはいない。確かに良相は応天門事件の解決後の貞観八年（八六六）十二月八日から、同十一日、同十三日と三度にわたり右大臣辞職の上表を提出する。しかし、この上表は政治生命の失墜に原因があるのではなく、上表文中にあるように、病を理由としたものである。

　『日本三代実録』貞観八年（八六六）十二月八日己卯条の右大臣辞職の第一表には「尫病常添、去春殊劇、還㆑第医療、経㆑旬渉㆑月、未㆑及㆓能痊㆒」とあり、「去春」すなわち貞観八年（八六六）一月から閏三月にかけて病が重篤化して私第に退いており、現在（十二月）まで回復していない、とされる。ここにいう「還㆑第」とは中重に設けられた大臣曹司[27]から私第に退いたことを意味する。また『日本三代実録』貞観九年（八六七）十月十日乙亥条の薨伝によれば、貞観九年（八六七）十月初頭に病によって大臣曹司から私第に退いたとあるから、これ以前

に再び中重大臣曹司に復帰していることが確認できる。

以上の点は良相の政務参加状況からも指摘できる。貞観八年（八六六）閏三月十六日奉勅上宣官符（『類聚三代格』）の上卿として良相の名が確認できるが、この次に確認できるのは同年十月八日奉勅上宣官符（『同』）であり、この間の良相の活動は確認できない。これは「去春」の病を原因として私第に退去していたためであろう。応天門事件の推断がこの間になされていることを踏まえると、推断過程や断罪直後に良相の活動がみられないのは病による私第退去のためである。

また貞観九年（八六七）十月初頭以前、すなわち応天門事件解決後に中重大臣曹司に戻っていることも重要である。中重に設けられた大臣曹司は良相個人に対して設けられたものであって、良房に対しても同様の大臣曹司（内裏）が設けられている。[28]この良房と良相の大臣曹司は、幼帝即位に伴い、政務運営の円滑化・迅速化を目的として設けられたものである。すなわち、内裏にある太政大臣良房の曹司は、幼帝清和の政務代行を行う場であり、ここでの政務の便を図るために直近の中重に設けられたのが良相の曹司である。即位後、貞観七年（八六五）十一月まで清和天皇は内裏を居所としておらず、[29]また良房は貞観六年（八六四）中に病により私第に退いているから、[30]それまでの政務は両大臣曹司を中心として、良房と良相の兄弟により運営されていた可能性が高い。

以上のような政治的意味を有する大臣曹司に良相が復帰している事実は、応天門事件によって良相の政治生命が絶たれたとする説への反証となる。筆者は良房と良相との政治的関係は非常に良好であったと考える。

以上の検討を踏まえれば、良相を良房の政敵として想定する根本原因、すなわち、多美子（良相の娘）と高子（長良の娘、良房の養女）の入内に関わる問題についても再考の余地が生まれる。

良相の娘である多美子は貞観六年（八六四）に入内[31]しており、清和との間に皇子が誕生し、これが即位すれば

次期天皇の外戚は良相となる。対して良房には入内させる女子がいなかったから、兄長良の子である高子を養女として入内させ、次期天皇の外戚の地位の獲得を企図した。これが良房と良相の間に対立関係を想定する際の基本的な理解である。

しかし、仮に良房にこのような政略があったとしても、高子の入内に関しては、必ずしも良相の失脚を待つ必要はない。また良相死去・高子入内後の多美子の位階昇進過程[32]をみても決して冷遇はされず、同じく清和女御で正四位下までしか確認できない平寛子と比較した場合、むしろ厚遇されていたとさえ考えられる。

そもそも、藤原高子の入内を良房と良相の対立構造の中で読み解くこと自体に問題がある。服藤早苗[33]は藤原高子が清和即位時の大嘗会の五節舞姫であったこと、五節舞姫の選進の実態はキサキとしての「選納」であったことを明らかにした。但し清和が十歳、高子が十八歳という年齢差を勘案して、大嘗会後直ちに高子が清和の寝燕に侍ることはなかった、とした。すなわち、高子は多美子より先に清和に入内していたことになる。

この高子の舞姫選進は実父藤原長良の子としてではなく、良房の養女としてなされたものと思われる。第一に実父の長良は斉衡三年（八五六）に死去していること、第二に舞姫選進が入内と同質的なものである以上、問題となるのは実際の親子関係ではなく、入内後の後見としての親の存在が重視されたと考えられるからである。遠藤みどりは九世紀頃の令外キサキの特徴を近年の研究成果を整理し、次のように指摘する。すなわち、国家からの経済的待遇は令制キサキと比較して減少しており、家政機関を設けられない例が増加する。また病や出産時は里第へ下り[34]、生まれた皇子女はキサキの里第で養育されるから、外戚への依存度は増加している、とした[35]。事実、高子が良房の東京染殿で皇子を出産していることを踏まえれば、舞姫選出は良房との関係で説明した方が整合的であろう。

一方、良相による娘の入内を良房に対抗する政治的行為と見做すこともできない。服藤や東海林亜矢子[36]が指摘するように、当該期の母后は天皇との同居・内裏居住により現天皇のキサキ選定権を実質的に把握している。多美子が入内したとき、清和と母后明子（良房の娘）は東宮で同居しているから、仮に良房と良相との間に政治的な対立があれば、この入内自体が困難だったはずである。

高子は貞観元年（八五九）の大嘗会の直後から在原業平と恋愛関係にあり、おそらく周囲の知るところであった。故に清和の元服時に高子が実質的に入内することは困難であった[37]。このような中で、藤原冬嗣直系・良相の娘が清和に入内すること、その結果として皇子を儲けることはむしろ歓迎されるべきことである。しかし入内が成っても多美子の懐妊の報は聞こえてこない。加えて女御多美子の後見となるはずであった父良相は病が悪化し、辞表を提出、まもなく死去する。このような状況の中で最後の手段として、問題がありつつも高子の実質的入内に踏み切ったのではないだろうか。

以上、応天門事件前後の良房と良相の関係について検討を加えてきた。結果、良房の権勢欲という個性に帰着させずとも、諸々の政治行動を説明できる可能性が開けた。むしろ清和天皇と藤原冬嗣直系女子との間に皇子を儲けることが良房の政治的目標だったのではないだろうか。

結　語

以上、三節にわたって応天門事件、およびその前後における藤原良房の政治動向について考察を加えてきた。貞観八年（八六六）八月十九日勅は、政務運営において上卿にはなれない太政大臣という地位にある藤原良房に

対して、筆頭議政官として現実政務の場への復帰を要請したものである。良房は「摂二行天下之政一」を命じられたことで、初めて太政官において具体的な権限、すなわち応天門事件裁判の上卿となれたのである。しかし、最終的な断罪には清和天皇の意向が強く反映され、結果、伴善男が主犯とされたのである。

　以上の結論に立てば、応天門事件処理の過程から摂政の成立を説くことは困難である。良房は「摂二行天下之政一」を根拠として天皇権を代行していないからである。また通説の論拠となっている良房の権勢欲も、決して議論の前提とはなり得ない。

　最後に蛇足ながら応天門事件の真相について筆者なりの推測を述べ、本章を終えたい。本章での分析の結果、最も応天門放火犯人の蓋然性が高いのは伴中庸である。【史料1】傍線③にあるように、応天門放火の実行犯とされた伴清縄の証言では伴中庸の指示であることを供述している。大宅鷹取の密告内容とも関わり、伴善男の指示であるとの供述を得ることを目的としたこの取調べにおいて、善男ではなく中庸の指示であるとの供述がなされ、この供述が採用されていることが一番の論拠である。加えて『日本三代実録』編纂段階では実際の主犯が善男ではなく、中庸であると認識していたことも、その補足となろう。

　通説は伴善男が応天門放火の主犯とみることに否定的である。それは、応天門炎上事件の後に左大臣源信を犯人とする動きがあったことを勘案し、想定される犯行動機が左大臣を欠官とすることで自身の大臣位（右大臣）への昇進の可能性を高める程度のものだから、というのが主な理由である。

　しかし、犯人が息子の中庸であれば、父の大臣昇進の可能性を高めるという理由は、犯行動機たり得るものと考える。父善男が大納言にまで昇進できた理由は抜群に優秀な能吏であったからであり、伴氏の家格等ではない。すなわち、中庸やその子息の昇進は決して約束されたものではないからである。

事件当時、中庸には二人の子息がいた。元孫（八歳）と叔孫（五歳）である。[38]中庸は自分の子息を父善男の蔭位により、少しでも優位な立場から出仕できるようにするために、父の昇進を目的として応天門放火・源信への誣告に及んだ、とは考えられないだろうか。筆者は大臣位へ就任願望は、能吏を輩出することでしか高級官僚を輩出できない氏族にとって、現実的な問題だったと考える。

事件発生時、中庸は警察機能を有する右衛門府の次官、右衛門佐であった。この地位は源信を犯人に仕立て上げる工作を行う上でも有効に働いたものと推察される。

註

（1）黒板勝美『更訂　国史の研究』（岩波書店、一九三一年、初版は一九〇八年）。
（2）佐伯有清『人物叢書　伴善男』（吉川弘文館、一九七〇年）。
（3）佐藤宗諄「「前期摂関政治」の史的意義」（『平安前期政治史序説』東京大学出版会、一九七七年）。
（4）黒板の研究以降、多くの歴史概説書ではこの学説を採用している。戦前では川上多助『総合日本史大系　平安朝史上』（内外書籍株式会社、一九三〇年）、下村三四吉『平安朝史』（日本文学社、一九三二年）を一例として挙げることができ、また戦後においても北山茂夫『日本の歴史四　平安京』（中央公論社、一九六五年）等が挙げられる。
（5）川尻秋生『岩波新書　シリーズ日本古代史⑤　平安京遷都』（岩波書店、二〇一一年）、古瀬奈津子『岩波新書　シリーズ日本古代史⑥　摂関政治』（岩波書店、二〇一一年）。
（6）角田文衛「良房と伴善男―『応天門の変』をめぐって―」（『王朝の映像』東京堂出版、一九七〇年、初出も同年）。なお、良房と良相の対立については早く久米邦武『平安初期裏面より見たる日本歴史』（読売新聞社、一九一一年）も指摘している。

(7) 河内祥輔「幼帝と摂政」(『古代政治史における天皇制の論理〈増訂版〉』吉川弘文館、二〇一四年、初版は一九八六年)。

(8) 保立道久『岩波新書　平安王朝』(岩波書店、一九九六年)。

(9) 神谷正昌「承和の変と応天門の変―平安初期の王権形成―」(『史学雑誌』一一一―一一、二〇〇二年)。

(10) 今正秀A『日本史リブレット　人　藤原良房』(山川出版社、二〇一二年)、同B『敗者の日本史3　摂関政治と菅原道真』(吉川弘文館、二〇一三年)。

(11) 註(9)前掲神谷論文。

(12) 益田勝実「伴大納言絵詞の詞章」(『日本絵巻物全集Ⅳ　伴大納言絵詞』角川書店、一九六一年)、註(2)佐伯前掲書。

(13) 養老公式令62受事条に「獄案卅日程。〈謂、徒以上弁定、須レ断者。〉」とある。これは獄案の政務処理期限の内、徒罪以上のものの期限を三十日とするものである。ここにみられる「弁定」は、審理による徒罪の決定を意味している。告言条における「弁定」も同様である。

(14) 義江彰夫「王朝国家刑罰形態の体系」(『史学雑誌』一〇四―三、一九九五年)において、十世紀以降の刑罰裁定体系では、五位以上官人に対しては太政官、六位以下官人に対しては検非違使庁が裁定を行ったと論じる。この指摘を九世紀半ば頃まで遡らせることが可能であれば、断罪文冒頭の断罪者名は生江恒山と占部田主のみで伴中庸が記されないことから、殺害事件における伴中庸の推断は太政官で行われた可能性が浮上する。しかし、【史料4】の断罪文中(傍線③)に「須下以二中庸一為レ首処中斬刑上。而身犯二大逆一、降配二遠流一、不二更断一レ罪」とあり、既に大逆罪(応天門事件)で配流されており、追加断罪はしないとあるから、あくまで伴中庸に対する推断は刑部省でなされたと考える。

(15) 『日本三代実録』貞観八年(八六六)八月十八日丙戌条。

(16) 註(14)前掲義江論文。

(17) 長谷山彰「日唐裁判手続に関する一考察―獄令郡決条における太政官覆審の意義をめぐって―」(『史学』六五―一・二、一九九五年)。

(18) 註(10)今B前掲書は、勅使による伴善男への鞫問を重視して清和天皇の積極的関与を指摘する。しかし前述のように、八月十八日の山陵への告文では応天門炎上の理由を穢によると断定しているから、応天門事件の断罪結果を踏まえれば、殺害事件の捜査が一定程度進行した段階から清和が積極的に関与し始めたとみるべきである。なお勅使による伴善男への鞫問は、清和個人の志向から発せられたものではなく、制度的なものである。

(19)『日本三代実録』貞観八年（八六六）九月二十二日条の紀夏井伝も伴善男を連座とする。仁藤智子「応天門の変と『伴大納言絵巻』―記録と記憶の間―」（『国士舘史学』一九、二〇一五年）。

(20)『日本三代実録』貞観八年（八六六）閏十二月二十八日丁巳条、伴善男薨伝。

(21) 土田直鎮「類聚三代格所収官符の上卿」（『奈良平安時代史研究』吉川弘文館、一九九二年、初出は一九六九年）。

(22) 坂上康俊『日本の歴史05　律令国家の転換と「日本」』（講談社、二〇〇一年）。

(23) 註(22)坂上前掲書では、「摂政」や「摂行」が大臣クラスの政務処理についても用いられる文言であると指摘する。なお清和から陽成への譲位宣命の中には「保二輔幼主一、摂二行天子之政一、如二忠仁公故事一」とある。これは幼帝に対する天皇権代行の前例を良房に仮託し、時期は齟齬するものの貞観八年格をその法的根拠と位置付け、かつ天皇権の代行を明確に表現するために「天下之政」を「天子之政」と書き換えたもの、と筆者は考えている。ここで基経は「摂行」する権限を「天子之政」とすることで天皇権限代行を明確に表現している。すなわち、「摂二行天下之政一」では天皇権代行を表現していないこととなる。論証は今後の課題である。

(24) 註(2)佐伯前掲書。佐伯は良房と善男の政治的良好関係を説きながら、一方で応天門事件の際には、良吏・能吏としての善男を脅威として認識し、その排除に動いたとする。しかし、後者の見解は「応天門の変」の結果に基づくものであり、容易に従うことはできない。筆者はこの両者の関係はあくまで良好であったとする佐伯の前者の見解を支持したい。

(25) 註(6)前掲角田論文。

(26) 註(10)今A前掲書。

(27)『九暦』天暦四年（九五〇）七月十一日条。

(28) 本書第八章。
(29)『日本三代実録』貞観八年（八六六）十一月四日辛巳条。
(30)『日本三代実録』貞観八年（八六六）八月二十二日甲午条。
(31)『日本三代実録』貞観六年（八六四）正月二十七日甲寅条。
(32) 多美子は入内以前の貞観五年（八六三）十月二十一日に従四位下、入内後は貞観六年（八六四）八月十七日に従三位、元慶元年（八七七）十一月二十二日に従二位、そして元慶七年（八八三）正月八日には正二位となる。以上、『日本三代実録』当該条。
(33) 服藤早苗「五節舞姫の成立と変容─王権と性をめぐって─」（『平安王朝社会とジェンダー』校倉書房、二〇〇五年、初出は一九九五年）。
(34) 服藤早苗「平安朝の父子対面儀と子どもの認知─王権内における父子秩序の成立と変容─」（『平安王朝の子どもたち─王権と家・童─』吉川弘文館、二〇〇四年、初出は一九九八年）。
(35) 遠藤みどり「日本古代王権とキサキ」（『日本古代の女帝と譲位』塙書房、二〇一五年、初出は二〇一四年）。
(36) 服藤早苗「王権と国母─王朝国家の政治と姓─」（『平安王朝社会のジェンダー』校倉書房、二〇〇五年、初出は一九九八年）、東海林亜矢子「母后の内裏居住と王権」（『平安時代の后と王権』吉川弘文館、二〇一八年、初出は二〇〇四年）。
(37) 角田文衛「藤原高子の生涯」、同「陽成天皇の退位」（『王朝の映像』東京堂出版、一九七〇年、初出はともに一九六八年）。
(38)『日本三代実録』貞観八年（八六六）九月二十五日丁卯条。

［付記］
本章は旧稿「摂関制成立史における「応天門の変」」（『国史談話会雑誌』五六、二〇一五年）を一部修正したものである。修正は誤植の訂正や体裁の調整に留めており、論旨・結論等に変更はない。

総括　大王・天皇と大臣、そして摂政へ

本書各章での考察は古代の大臣について多角的分析を行ったものであり、大臣の制度的展開を一貫した大臣制として捉えることを目的としたものである。本書の最後にあたり、総括として大臣制の展開を大王・天皇との関わりから各論点を再構成し、摂政の成立についての展望を述べる。

古代日本における大臣（オホオミ）は、君主に臣従する者の号「臣＝オミ」の中で、更に有力な者に対する呼称として成立する。そして、それは君主号「治天下大王」の成立と同じ政治的契機によるものとみて大過ないものである。おおよそ五世紀段階のことである。

古代中国において「臣」は広く民庶を対象としており、支配権者である皇帝に対置される「臣従する者」の概念である[1]。古代日本における「臣」も基本的には「臣従する者」という概念であり、明確に君臣秩序を構築する重要な要素である。しかし、古代中国とは異なり、広く民庶にいたるまでを規定する概念ではなかった。すなわち、埼玉県稲荷山古墳出土鉄剣銘文で確認できるように[2]、「杖刀人首」としてワカタケル大王に奉事した「乎獲居」は「臣」を号するのに対し、熊本県江田船山古墳出土鉄刀銘では、同じくワカタケル大王に「典曹人」として奉事した「无利弖」は「臣」を号していない。これは職名「〇〇人」に対する「首＝カシラ」の有無と深く関わり、大王への奉仕集団トモを統括するトモノミヤツコ層のみが「臣」を号していたのである[3]。よって日本における成立期の君臣関係は「君」に対する「臣」として単純に対置されるものではなく、「臣」としてこの秩序に

含まれる階層があり、さらにその「臣」の中においても階層分化がなされ、その上位のものとして「大臣」が存在していたのである。

この段階において大臣と大王との特別な関係を析出することは困難である。しかし、大臣の権能の変化を辿ると、その変化の大きな要因として次の点が指摘できる。すなわち、大臣の初源的な権能は最高執政官としてのものである。しかし一方で大臣は合議体を構成するマヘツキミであった。この合議は本来、大王を混じえた「御前」合議であった。しかしこの合議に大王が参加しなくなる。ここで大臣は大王と合議体の間に入り、大王からの合議の発議を合議体に伝え、かつ合議結果を大王に伝える「奏宣」の役割を果たすようになる。この段階にいたり大臣の権能は大きく発展し、また大王との個別人格的関係も強まったと想定される。

また作業仮説の域を出るものではないが、特に大王就任に伴う大臣任命（再任を含む）の記録が作られていた可能性がある。筆者はこれを「大臣任命表」と仮名称を与え、おそらく雄略期頃からの大臣任命の一覧であったと位置付けた。大王就任時に大臣が再任命されることは、既に通説的理解(4)となっている。この「大臣任命表」と大王就任時の大臣の再任は密接な関係にあるものと想定される。

以上を踏まえると、大臣は大王との関係を強く構築していく形で歴史的に展開していき、特に人格的な面でのつながりを強化していったものと推察される。

律令制大臣、すなわち官僚制的な官職としての大臣が成立した後も天皇（大王）と大臣とを取り結ぶ基本的な関係は人格的関係を核としていく。この点は律令制下大臣の任命儀礼、特にそこで使用される公文の問題からうかがうことができる。

律令制成立以前の大臣任命は、大王による直接的な「語りかけ」によりなされていたものと考えられる。無論、

これは大臣に限定されることなく、他の多くの政治的地位も同様であろう。

しかし、律令制成立により、官僚制的な新しい任官方法が策定される。すなわち、養老選叙令（大宝律令では選任令）では任官に勅任・奏任・判任・式部判補の四つの区分を設定し、大臣をはじめとして「大納言以上、左右大弁、八省卿、五衛府督、弾正尹、大宰帥」は勅任とされる。勅任とは字義の如く「勅」により任命される官職であり、「勅」に始まる任官者の歴名を天皇の御前で読み上げる形式で任命儀式が執り行われる。[5]

但し、大臣のみは勅任官としての任命形態に加え、詔書を宣命する儀式も行われる。これは前代大臣の任命形態を継承したものであり、大王による直接的「語りかけ」も大臣任命には必要な要素とされていたのである。大臣任官は奈良時代末期頃から宣命のみによるものとなり、平安時代の任大臣儀に継承されていく。任大臣儀で宣命された大臣任官理由をみていくと、政務能力に関わる評価が挙げられる一方、天皇とのミウチ的関係も挙げられている。すなわち、天皇とのミウチ性が大臣任官の正当性を与える要素とされているのである。このような傾向が生まれてくるのも、天皇と大臣との人格的な関係が非常に強固であったからに他ならないだろう。

無論、大臣と天皇との関係が律令制成立以前のものに遡る要素はこれのみではない。律令制大臣の職掌の内、最も重要とされている叙位に関わる政務においてそれは顕著である。叙位に直結する政務である選叙、および選叙の基礎となる毎年の考課に関わって、大臣の果たす役割は、天皇に代わり実質的な決定を下すことにあった。また、大臣は毎年の勤務評定がなされないことをも踏まえると、臣下として勤務評定を定められる立場にはなく、臣下の勤務評定を定める側に位置しているのである。

以上、律令制大臣の性格のより重要な部分は、律令制以前の大臣のもつ性格を継承したものである。このような結論から導かれる律令制大臣の成立、官僚制的大臣の成立とは前代の大臣の性格を骨子とし、これに官僚制的

要素が肉付けされたものと位置付けることができる。これが本書を通じて論じる一番の核心であり、平安時代における大臣、特に摂関制成立との関わりで論じるべき大臣の基本的な性格である。

但し、奈良時代から平安時代にかけて展開していく大臣の歴史は、右記の性格のみで結論付けることはできない。政治的な様々な側面において大臣の性格は不断に変化していくという視点もなくてはならない。

その一つが知太政官事との関わりである。持統太上天皇死去直後に設置されたこの地位は、国家的大事に関わる案件に対して、天皇に実質的判断を迫ることなく、太政官合議段階で意見の統一を図ることを目的として設置された臨時の地位である。官制上おいても大臣（左大臣）の上位に位置している。合議体を構成する議政官の本質は専制君主天皇の輔弼官とみるべきものである。[6] しかし、知太政官事は更に天皇の個人的資質を問題として設置された後見・輔弼役であって、これを太政官制度の中に制度的に組み込んだものであった。すなわち、太政官制という観点からこの体制を評価すれば、その専制君主を輔弼するための体制内に更に人格的に天皇を後見する地位が創出されたことを意味する。知太政官事の設置がみられなくなってからは、藤原氏大臣がこのような性格を有していくことになる。[7] 前述した大臣任官理由の中に天皇とのミウチ性が挙げられていくのも、このような前提があるからであろう。

一方、官制上の大臣の存在意義についても同時に理解していかねばならない。天皇との親近性のみを論じた大臣制論は偏向のそしりを免れないからである。この点に関して格好の素材となるのが大臣の執務施設、すなわち大臣曹司の問題である。

大臣曹司成立の契機は平城京段階の大納言藤原魚名の曹司にあるが、これはあくまで寵臣に対する特別優遇策的なものであり、官制上の大臣に対して個別の曹司が設営されたのは長岡京段階の藤原継縄のものが初見である。

この大臣曹司は政務処理や情報伝達の迅速化を目的として設営されたものであるが、重要なのはその立地である。おそらく長岡京段階から大臣曹司は宮に近接した場所にあるが、あくまで京域に造営される。当該期は公卿の内裏侍候が政治問題となっており、このような段階であえて宮内ではなく、京域に大臣曹司が造営されたのは、天皇の居住空間である内裏から隔絶した場所に大臣の侍候施設を設け、筆頭公卿の大臣の内裏侍候を否定したものである。

九世紀後半、たび重なる大臣の自邸籠居により京域の大臣曹司が長く使用されない状況が続いた結果、大臣曹司は廃絶する。一方、太政官政務、特に官奏や外記政・南所申文などでは筆頭公卿である大臣の出仕を必要としていた。宮内に大臣曹司が造営されたのはこの太政官諸政務への出仕の便宜を図るものであり、内裏建春門東側の太政官候庁（外記庁）や南所がある同一の区画に設けられた。すなわち、宮内大臣曹司の成立は天皇と大臣の親近性とは異なる、太政官政務上の論理に基づいているのである。

但し、天皇との親近性をうかがえる事例も存在する。それが藤原良房や良相に対して与えられた内裏直廬や中重の曹司である。この両者の執務施設は幼帝清和即位に関連するものであり、幼帝清和に代わり天皇の政務を代行する外戚良房と、実質的筆頭公卿である良相との間で［天皇―大臣］間の政務処理がなされたのである。

摂関制成立直前（ないし成立期）における支配機構上層部は、以上の大臣制の推移を踏まえて構築されている。律令国家政務の中枢にあり、かつ天皇との親近性を制度的に強めた大臣の地位が、若干の例外を除き藤原氏か賜姓源氏により占められたのも故あることであろう。

ここで摂関制、特に摂政に的を絞って今後の研究展望を述べる。摂政の成立については多くの議論があるが、

米田雄介[8]による関連史料に則した整理に基づけば、天安二年（八五八）説（『公卿補任』『大鏡』裏書）と貞観八年（八六六）説（『日本三代実録』）が主たるものである。前者は幼帝清和の即位を評価するもの、後者は応天門炎上事件に際する「摂㆓行天下之政㆒[9]」を評価するものである。ただ、両者とも藤原良房を摂政の成立とみることでは同じである。

この内、天安二年（八五八）説は摂政の任命が天皇（幼帝）の践祚とともに行われるという後世の観念に基づくものであり、ここから摂政の成立を論じることはできないとする米田の指摘は正しい。

果たして、摂政を「幼帝に代わり天皇権を代行する地位」とすることには問題ない。しかし「幼帝に代わり天皇権を代行する地位」を摂政のみに限定してはならない。この点を弁別しない場合、幼帝の出現が必然的に摂政の成立を導くことになり、史料解釈はこの結論を演繹するものとならざるを得ないからである。天安二年（八五八）成立説に立つ場合、貞観八年（八六六）の「摂㆓行天下之政㆒」は再度良房を摂政に任じたものとの理解が導かれる。すなわち、摂政は幼帝に対して任じられるものであるから、清和が元服した段階で一度摂政を解任されたという理解を伴っている。しかし、貞観八年（八六六）の段階では清和は元服を経ており成人天皇として在位している。これをもって摂政の成立を論じることもまた摂政の定義を著しく逸脱したものとなる。

筆者は摂政の成立を論じる場合、第一に「摂政」という明確な地位の成立を論点として検討すべきであると考える。この明確な地位としての「摂政」が成立する以前の段階において、臣下が幼帝代行をしていようともそれは摂政ではない。あくまで摂政の前史であり、この体制を母体として政治的地位「摂政」が成立するものと考える。このような観点から、良房の段階で摂政が成立したとする伝統的・支配的通説は見直される必要があるだろう。

管見の限り、正史上（但し『日本書紀』の神功皇后摂政は除く）で明確な地位名称として「摂政」が用いられたのは『日本三代実録』貞観十八年（八七六）十一月甲辰朔条の「右大臣従二位兼行左近衛大将藤原朝臣基経抗表辞二摂政一言」である。これは同年十一月二十九日壬寅条において、陽成天皇即位に伴い右大臣藤原基経に対して「勅二右大臣従二位兼行左近衛大将藤原朝臣基経一、保二輔幼主一、摂二行天子之政一、如二忠仁公故事一」とあること、また清和天皇の譲位宣命中に「右大臣藤原朝臣波、内外乃政乎取持天勤仕奉己止夙夜不レ懈。又皇太子乃舅氏奈利。見二其情操一尓、幼主乎寄託倍之。然則少主乃未レ親二万機一之間波、摂レ政行レ事牟許止、近久忠仁公乃如レ保二佐朕身一久相扶仕奉倍之」と幼帝陽成の「保輔」「保佐」を命じる際に使われた「摂二行天子之政一」や「摂レ政行レ事」に基づく。明らかに明確な呼称を有する地位としての摂政はここに成立するものとみられる。

ここでみられた「忠仁公故事」は、摂政という地位に就くことではなく、幼帝の補佐を指す。良房は太政大臣として幼帝清和を「保輔」「保佐」したのである。また基経への摂政任命の勅には明確に「摂二行天子之政一」（傍点は筆者）と天皇権の代行を指示しており、応天門事件の際に良房が賜った勅「摂二行天下之政一」（『日本三代実録』貞観八年（八六六）八月十九日辛卯条、傍点は筆者）とは質が異なる。右大臣であった基経に対して天皇権の代行をさせるとき、良房による幼帝の保佐と、応天門事件の際の「摂二行天下之政一」を「天子之政」に改変し、これを一体的な先例とすることが必要とされたのである。

幼帝即位時に天皇権を代行する臣下の地位は、当初は太政大臣藤原良房がこれを担い、続いて右大臣藤原基経が右大臣という地位のままではなく、改めて摂政という地位を付帯するという変遷を有する。これが筆者の有する摂政成立に対する展望である。摂政藤原伊尹も大臣という本官に基づき太政官政務において上卿を勤め[10]、また上宣の宣者ともなっている[11]。初期段階の摂政（大臣を本官としない摂政が成立する藤原兼通の頃まで）の姿として

「天皇権代行を行う大臣」を想定することも可能ではなかろうか。古代大臣制展開の一つの結末がこのあたりにありそうである。今後の大きな研究課題である。

註

（1）尾形勇「「臣某」の意義と君臣関係」（『中国古代の「家」と国家』岩波書店、一九七九年）。
（2）岸俊男・田中稔・狩野久「銘文の釈読と解説」（埼玉県教育委員会『稲荷山古墳出土鉄剣金象嵌銘概報』一九七九年）。
（3）篠川賢「カバネ「連」の成立について」（『日本常民文化紀要』二六、二〇〇七年）。
（4）吉村武彦「仕奉と氏・職位―大化前代の政治的結合関係―」（『日本古代の社会と国家』岩波書店、一九九六年、初出は一九九三年）。
（5）早川庄八「八世紀の任官関係文書と任官儀について」（『日本古代官僚制の研究』岩波書店、一九八六年、初出は一九八一年）。
（6）吉川真司「律令太政官制と合議制」（『律令官僚制の研究』塙書房、一九九八年、初出は一九八八年）。
（7）倉本一宏「律令国家の権力中枢」（『日本古代国家成立期の政権構造』吉川弘文館、一九九七年）。
（8）米田雄介『藤原摂関家の誕生―平安時代史の扉―』（吉川弘文館、二〇〇二年）。
（9）『日本三代実録』貞観八年（八六六）八月十九日辛卯条。
（10）山本信吉「摂政・関白と左右大臣」（『摂関政治史論考』吉川弘文館、二〇〇三年）。
（11）吉川真司「摂関政治の転成」（『律令官僚制の研究』塙書房、一九九八年、初出は一九九五年）。

初出一覧

序　章　新稿
第一章　新稿
第二章　新稿
第三章　新稿　二〇一六年東北史学会古代中世史部会報告「巨勢氏系譜と大臣許勢男人」を原稿化
第四章　旧題　考選・叙位制と令制大臣の職掌　『日本史研究』五九三号、二〇一二年
第五章　旧題　知太政官事の制度史的考察　『日本史研究』六四〇号、二〇一五年
第六章　旧題　奈良時代の大臣任官と宣命　『日本歴史』六七五号、二〇〇四年
第七章　旧題　平安時代の大臣任官儀礼の展開　『ヒストリア』二〇〇号、二〇〇六年
第八章　旧題　大臣曹司の基礎的研究　『古代文化』五九巻一号、二〇〇七年
第九章　旧題　太政官関係施設の修繕機関　『行政社会論集』二一巻四号、二〇〇九年
第十章　旧題　摂関制成立史における「応天門の変」　『国史談話会雑誌』五六号、二〇一五年
総　括　新稿

あとがき

私事について記すことをお許し願いたい。あとがきは私をこれまで支えてくれた方々への感謝の言葉としたいから。

本書は二〇〇八年に東北大学に提出した博士論文「古代大臣制の研究」に基づくものである。当然、東北大学大学院博士後期過程に進学しなければ存在し得ないもの。よって一番に記すべきは、ここまで学生生活を送ることを援助し、温かく見守ってくれた父敏郎、母ちか子への感謝の言葉だと思う。

私が幼いころから、両親は大学へ進学することを勧めてくれていた。特に父はそうであった。父はあの激動の一九六〇年代末から七〇年代初頭にかけて、東京の私大で学生生活を送っていた。その頃の話は夙に聞いていたが、それは「勉学」ではなく「活動」「運動」の日々の記憶である。人生経験として「勉学」以外の重要性を語っているようでもあった。打算的に「大学を卒業すれば良い仕事に就ける」というだけで、大学進学を勧めてくれたようではない気がする。ただ、父の描く人生経験修養期間は四年間であっただろう。しかし私はその先、大学院進学を希望した。それでも進学に反対することなく、「がんばりなさい」との一言をくれた。通算十三年間の大学・大学院生活を支えてくれた両親には感謝し尽くせない。

もう二人、私事として感謝の旨を記したい。妻の智子と娘の茜である。未だに定職に就けず、それでも多量・多額の研究書を購入している「無職のギャンブル依存症のダメ夫」と大して差のない私を見捨てず、否、むしろ

励ましてくれている二人がいなければ、本書は成しえなかっただろう。妻の協力はもちろん、勉強部屋の八割強のスペースをお父さんが占拠している状況に一つの文句も口に出さない娘。本書を構成する論文の中には妻の助言を組み込んだもの、幼い娘にミルクをあげながら参考文献を読み、抱っこしながら論文構成を練ったものもある。色々と思い出されることはあるが、最後には感謝の念で心が満たされる。

本書は、妻と娘、そして両親に捧げたい。

再び。本書は博士論文に基づいている。審査をしていただいた今泉隆雄先生・柳原敏昭先生・大藤修先生・安達宏昭先生・川合安先生には、改めて厚く御礼申し上げる。また博士論文の土台となった修士論文「任大臣儀試論」の審査をしていただいた福島大学大学院の伊藤喜良先生・工藤雅樹先生・坂上博康先生、そして卒業論文の指導に加え、大学院進学にむけて特別指導をしていただいた帝京大学の義江明子先生にも同じく御礼申し上げたい。

父の影響を受け歴史好きだった私は、一九九六年に帝京大学文学部史学科に進学した。当初は大学院進学を考えていたわけではなかったのだが、義江明子先生の長屋王の講義を受けたことが切っ掛けとなり、歴史研究、日本古代史研究のおもしろさにはまってしまった。「日本古代史を専攻して大学院進学を考えている方は、早めに私の研究室まで来なさい。個別指導をします」との先生のお言葉に、迷わず研究室の扉を叩いた。

義江先生の指導方針は、「研究に王道あり。勉強に王道あり」というもの。ただ興味・関心のあることを勉強するのではなく、古代史の重要課題（特に奈良・平安時代の基本的な制度史）を意識的に勉強する中で、自分の研究テーマを見つけることだった。マルクスやエンゲルスの代表的な著作を読みながら、石母田正氏の業績を勉強し

ていたこともあった。学部の二・三年次に「古代国家成立と七五三論争」「在地首長制論」「専制国家論と畿内貴族政権論」「古代国家の終焉と権門体制論」等々、代表的な国家論の勉強ができたことは、表面的ではあったものの貴重な経験であり、私の研究者としての原点である。

もう一つ先生の名言がある。「手垢塗れの史料の、手垢を落として史料を読む」である。卒業論文の準備作業の段階には「史料ノート」の作成が指示された。ルーズリーフに史料のコピーを貼り付け、その傍らに訓読と現代語訳を記す。そして先行研究がその史料をどのように読んでいるのかをまとめていく。この作業を通すと不思議と「手垢」の正体がわかってくる。自分なりの史料の読み方ができてくる。最終的に厚手のドッチファイルが史料ノートで一杯になった。今でもデジタル化はしながら、義江流史料ノートは作成している。

修士課程は福島大学で伊藤喜良先生と工藤雅樹先生に師事した。両先生とも東北大学出身ということもあり、その学風通り「好きなように勉強しなさい。史料だけは指導します」という、放任主義が貫かれていた。伊藤先生は学部長・副学長の劇職にある中、史料読みだけは徹底した指導をしていただいた。本部副学長室で『御堂関白記』を読んだこともあった。また、東北大学で行われていた自主ゼミの参加も斡旋していただき、『長秋記』の講読会に参加した。佐藤健治さん・七海雅人さん・丸山仁さん、その他、東北大学進学後に同窓となる片岡耕平さん・渡邉俊さん・柳原幸子さん等々に囲まれ、刺激的な時間を過ごすこともできた。

修士時代、私にはもう一つの学生生活があった。発掘調査である。入学後、工藤先生の勧めで岩手県北部で実施していた防御性集落の調査に参加させていただいた。毎晩の酒宴も楽しみの一つだった。これを切っ掛けに、以後、私の研究生活は考古学とも深く関わるようになる。古代史と考古学は、同じテーマを追究している部分も多く、互いに無視しえない関係にある。しかし、それぞれが無批判的に成果の借用をするのでは、学問ではなく

なってしまう。私は幸運にも以後十数年に渡り発掘調査に従事することができたおかげで、考古学を考古学として見ることだけはできるようになった。工藤先生との師弟関係は、研究者としての私の半分を形作っているのかもしれない。

この他にも個人的な史料読解の訓練として『権記』を通読していた。修士一年の四月、テキストを『権記』と決め、早速読解を始めた。その冒頭の正暦二年九月七日条は「任大臣事」から始まるもの。諸事典を引くと「任大臣節会」とも呼ばれるとある。節会は天皇が主催する饗宴であると思っていた私は「なぜ大臣が節会を？」と疑問を持った。『権記』を読み進めていくも、この疑問が頭に残り、結局、修士論文の題目は「任大臣儀試論」となった。藤原行成の日記があと一日遅く始まっていたら、私の大臣制研究はない。

博士過程は東北大学に進学した。案の定、進学後は周りについていくことで精一杯だった。今泉隆雄先生は聞きしに勝る「史料読みの鬼」。『類聚三代格』講読の講義では、一字一句の解釈をゆるがせにせず、かつ史料全体の論理を適切に把握することを求められる。歴史学の基礎とはなにかを痛感する毎日であった。私が担当した巻十五「墾田并佃事」の全十格を終えるのに半年かかった。その間の私の生活は食べる・寝る・巻十五「墾田并佃事」の三つからなっていた。今、私は「史料を最も論理的に読み説いた結果が、最も史実としての蓋然性が高い」と考えている。これは今泉先生の教えを自分なりに読み換えたものである。

今泉先生の指導の厳しさは史料のみではない。論文添削を受けて特に注意を受けるのが「そうとも考えられる」というもの。自説が成立するのであれば、それに対する学説は成立しない。自分が新しい何かを証明したければ、それと異なる説が誤りであることも証明しなさい、併立はしないのだ、と。実証主義故の論理である。今泉先生の教えはこれに留まらない。「新しい学説が正しいわけではない」というのも私にとっては特記すべ

き教えである。至極当然のことなのではあるが、それでも私にとっては決定的であった。本書の第一章から第三章では近年通説化しつつあるオホマヘツキミ制論の批判とオホオミ論の再構築を試みたが、これは今泉先生のこの教えの実践のつもりである。『日本歴史』に掲載された第六章の論文を執筆しているとき、当初は「大臣」をオホマヘツキミと捉えて論を組み立てていた。しかし先生は、オホマヘツキミ制論がオホオミ制を完全に批判しきっているかは疑問である、と。私はもうオホオミ制論は「古い」、今を時めくのはオホマヘツキミ制論なのだ、という趣旨の回答をしたが、「新しいからといって、正しいわけではない」と一蹴された。

博士論文提出後には今泉先生を始めとして、多くの方々から「著書を」とのお勧めの言葉を頂戴した。しかし、このオホマヘツキミ制論と如何に向き合うかに苦慮し、今日まで著書の刊行が遅れてしまった。オホマヘツキミ制論と向き合うということは、大臣の成立をどのように捉えるかという問題でもあったし、苦手意識のある『日本書紀』と本格的に向き合わなければならない課題でもあった。私の中でオホマヘツキミ制論は長い間、紆余曲折・右往左往したが、最終的には「史料から言えること」を胸に、本書を執筆した。

学恩はこれに尽きない。記したい思い出も山ほどある。ただ、これまでご指導を頂戴した先生方に師事できたことが私の一番の宝である、とまとめよう。

この他、大学の枠を超えて熊谷公男先生、大平聡先生には研究会等で頂戴した多大な学恩がある。特に大平先生には本書刊行にあたり塙書房に直談判までしていただき、論文の添削等もしていただいた。また今泉先生の後任として東北大学に赴任なされた堀裕先生には、特に私が助教として研究室に舞い戻ってきてからは公私に渡り大変お世話になった。樋口知志さん、鹿内浩胤さん、鈴木拓也さん、安藤邦彦さん、吉野武さん、永田英明さん、吉田歓さん、二上玲子さんなど、諸先輩方には研究会の席で、またその後の懇親の場で、熱のこもった多くのご

あとがき

指導を賜った。博士課程在学時に同窓であった中野渡俊治さん、徳竹亜紀子さん、油井航さん、手嶋みどりさん、金銀貞さん、相澤秀太郎さん、そして、学部時代にはともに義江先生に学び、仙台での古代史研究会で再会をはたした高橋一倫さんには計り知れないご恩がある。他にもお名前を挙げなければならない方々が沢山いる。

皆様のお力添えのおかげで本書を成すことができた。ただ、悔やまれるのが、本書を直接手渡ししたかった師、今泉隆雄先生と工藤雅樹先生が既に彼岸に旅立たれてしまったことである。二人の師匠はなんと言ってくれるだろうか。「これからもがんばりなさい」と、厳しく、そして温かい励ましの言葉を頂けるであろうか。

最後に、本が売れないこのご時世、私の駄文の刊行をお許し頂いた塙書房、そして編集等でご尽力を頂いた寺島正行さんに感謝の意を表し「あとがき」の締めとしたい。

二〇一八年七月

鈴木琢郎

山田純……………………………………109
山田英雄…………………165, 171, 184, 195
山中裕……………………………263, 264
山本信吉………………9, 16, 165, 169, 362

よ

横田健一……………………………195, 228
義江彰夫……………………………342, 351
義江明子…65, 67, 124, 125, 141～143, 146
吉川真司…9, 16, 70, 148, 156, 165, 167～169, 173, 175, 187, 195, 196, 199, 201, 227, 229, 257, 258, 260, 261, 264, 266, 273, 274, 301, 306, 307, 309, 311, 313, 314, 362
吉田晶……………………………………62
吉村武彦…73, 86, 107, 109, 110, 226, 362
米田雄介……………………9, 16, 360, 362

り

李在碩……………………………………62

わ

若井敏明………………73, 74, 107, 113, 141
渡辺晃宏……149, 150, 165, 166, 169, 221, 228
渡辺信一郎…………………………70, 169
渡邊誠…………………266～268, 270, 271